"十三五"高职高专会计专业规划教材

税费核算与申报实务

SHUIFEI HESUAN YU SHENBAO SHIWU

(第二版)

主　编：姚云霞
副主编：朱宜娟　章银平
主　审：章振寰

中国经济出版社

北　京

图书在版编目(CIP)数据

税费核算与申报实务 / 姚云霞主编. —2版.
北京:中国经济出版社,2018.2(2020.1重印)
"十三五"高职高专会计专业规划教材
ISBN 978-7-5136-5029-8

Ⅰ.①税… Ⅱ.①姚… Ⅲ.①税费—计算—高等职业教育—教材 ②纳税—税收管理—中国—高等职业教育—教材 Ⅳ.①F810.423 ②F812.42

中国版本图书馆 CIP 数据核字(2017)第 311148 号

责任编辑　焦晓云
责任印制　马小宾
封面设计　任燕飞装帧设计工作室

出版发行	中国经济出版社
印　刷　者	北京力信诚印刷有限公司
经　销　者	各地新华书店
开　　本	787mm×1092mm　1/16
印　　张	21.75
字　　数	516 千字
版　　次	2018 年 2 月第 2 版
印　　次	2020 年 1 月第 3 次
定　　价	39.80 元
广告经营许可证	京西工商广字第 8179 号

中国经济出版社 网址 www.economyph.com 社址 北京市东城区安定门外大街58号 邮编 100011
本版图书如存在印装质量问题,请与本社销售中心联系调换（联系电话:010-57512564）

版权所有　盗版必究（举报电话:010-57512600）
国家版权局反盗版举报中心（举报电话:12390）　　服务热线:010-57512564

前 言

《国家中长期教育改革和发展规划纲要(2010－2020)》明确指出,"职业教育要面向人人,面向社会,着力培养学生的职业道德、职业技能和创业能力……满足经济社会对高素质劳动者和技能型人才的需要。"本教材以培养高素质的技能型会计人才为目标,以最新的税收法律法规和会计准则为依据,以企业税费计算、核算和纳税申报操作为主线,按照企业税务工作流程设计学习情境,安排教学内容,全面阐述了"营改增"之后各税种和财政规费的计算、核算和纳税申报的方法和流程,体现"教、学、做一体化"的高职教学理念,目的在于让学生掌握涉税事务的办理程序,常见税费的应纳税额的计算、核算方法,会进行企业各种税费的手工和网上远程申报与缴纳。

本教材具有以下主要特点:

(1)内容新颖,结构完整。本教材根据2016年5月1日后实施的"营改增"等各项税收法规以及2014年后最新企业会计准则编写而成,教材内容涵盖了企业应缴纳的所有税费种类的计算、核算和纳税申报,财税知识更新及时,内容丰富完整。

(2)体例独特,规范统一。本教材以企业具体税费计算、核算和纳税申报操作为主线,按照企业税务工作流程设计学习情境,在每个学习情境下又设计若干学习子情境,在安排教学内容的同时,配以"温馨提示""想一想""课后查阅资料""情境训练""模拟实训""现场实训""综合实训"等小板块,体例设计独特。同时,各种应交税费金额的计算、核算和纳税申报严格按照最新修订的税收法规和会计准则准确阐述,与现行税收法律、法规和会计准则统一。

(3)教、学、做一体,通俗实用。本教材以培养学生的职业道德和职业技能为目的,将教学目标分解为"知识目标""能力目标"和"方法目标"等基本环节,以"必需、够用"为原则,注重理实结合、讲练结合,通过大量的案例进行技能训练,并加入了现场实训环节,以提高学生的实际操作能力,以及分析问题、解决问题和按规范流程办事的能力,实现了"教、学、做一体化",通俗易懂,便于操作。

本教材既可作为高职高专院校会计、财政、税务、审计、贸易等专业的教材,也可作为应用型、技能型财税人员的岗前培训教材,还可作为财会及相关从业人士的业务参考书。

本教材由安徽财贸职业学院姚云霞担任主编,安庆职业技术学院朱宜娟、安徽财贸职业学院章银平担任副主编,安徽财贸职业学院章振寰担任主审。具体编写分工:学习情境一由朱宜娟编写,学习情境二由姚云霞编写,学习情境三和学习情境四由章银平编写,学习情境五由汤志飞编写,学习情境六由倪丽编写,学习情境七由章振寰编写。全书由姚云霞负责统稿。

  在教材编写过程中,我们参考了同行专家的有关教材和案例,得到了安徽财贸职业学院相关领导、同事,有关税务专家、学者及中国经济出版社的大力支持,在此一并表示感谢!

  由于编者理论知识和实践能力有限,书中难免有不妥和疏漏之处,敬请各位专家、学者、使用教材的老师、同学和读者朋友批评指正。

编　者

2017 年 11 月

目 录

学习情境一 纳税核算与申报概述 1
  学习子情境 1.1   税收概述 2
  学习子情境 1.2   纳税申报 11
  学习子情境 1.3   税款缴纳 14
  学习子情境 1.4   涉税事务管理 16
  学习子情境 1.5   纳税核算概述 33

学习情境二 增值税核算与申报 36
  学习子情境 2.1   增值税核算与申报基础知识 37
  学习子情境 2.2   增值税应纳税额的计算与会计核算 59
  学习子情境 2.3   增值税纳税申报 99

学习情境三 消费税核算与申报 137
  学习子情境 3.1   消费税核算与申报概述 138
  学习子情境 3.2   消费税应纳税额的计算 143
  学习子情境 3.3   消费税纳税申报 145
  学习子情境 3.4   消费税会计核算 149

学习情境四 关税核算与申报 161
  学习子情境 4.1   关税核算与申报概述 162
  学习子情境 4.2   关税应纳税额的计算 169
  学习子情境 4.3   关税纳税申报 176
  学习子情境 4.4   关税会计核算 180

学习情境五　企业所得税核算与申报 ……………………………………………… 186
学习子情境 5.1　企业所得税核算与申报概述 ………………………………… 187
学习子情境 5.2　企业所得税应纳税额的计算 ………………………………… 193
学习子情境 5.3　企业所得税纳税申报 ………………………………………… 206
学习子情境 5.4　企业所得税会计核算 ………………………………………… 249

学习情境六　个人所得税核算与申报 ……………………………………………… 269
学习子情境 6.1　个人所得税核算与申报概述 ………………………………… 270
学习子情境 6.2　个人所得税应纳税额的计算 ………………………………… 277
学习子情境 6.3　个人所得税纳税申报 ………………………………………… 283
学习子情境 6.4　个人所得税会计核算 ………………………………………… 290

学习情境七　其他地方税费的核算与申报 ………………………………………… 293
学习子情境 7.1　土地增值税核算与申报 ……………………………………… 294
学习子情境 7.2　资源税核算与申报 …………………………………………… 300
学习子情境 7.3　印花税核算与申报 …………………………………………… 306
学习子情境 7.4　城镇土地使用税和耕地占用税核算与申报 ………………… 311
学习子情境 7.4.1　城镇土地使用税核算与申报 …………………………… 311
学习子情境 7.4.2　耕地占用税核算与申报 ………………………………… 315
学习子情境 7.5　房产税和契税核算与申报 …………………………………… 318
学习子情境 7.5.1　房产税核算与申报 ……………………………………… 318
学习子情境 7.5.2　契税核算与申报 ………………………………………… 322
学习子情境 7.6　车辆购置税和车船税核算与申报 …………………………… 327
学习子情境 7.6.1　车辆购置税核算与申报 ………………………………… 327
学习子情境 7.6.2　车船使用税核算与申报 ………………………………… 332
学习子情境 7.7　城市维护建设税核算与申报 ………………………………… 335
学习子情境 7.8　地方财政规费核算与申报 …………………………………… 337
学习子情境 7.8.1　教育费附加和地方教育费附加核算与申报 …………… 337
学习子情境 7.8.2　水利建设基金核算与申报 ……………………………… 339
学习子情境 7.8.3　残疾人就业保障基金核算与申报 ……………………… 340

学习情境一
纳税核算与申报概述

● 工作任务和学习子情境 ●

工作任务
- 学习税收基础知识
- 学习、理解纳税申报与缴纳基础知识
- 学习、了解税收筹划基础知识

学习子情境
- 税收概述
- 纳税申报
- 税款缴纳
- 涉税事务管理
- 纳税核算概述

● 职业能力目标 ●

专业能力
- 正确理解税收的含义、一般原则和税制要素,培养和建立依法纳税的理念
- 正确理解纳税申报与缴纳的含义和流程
- 了解税务登记的含义,掌握税务登记的流程
- 理解和掌握发票的适用范围,购买、开具及保管的方法

社会能力和方法能力
- 牢固树立依法按章纳税的理念
- 培养与主管税务机关进行良好沟通与协调的能力
- 能够根据工作任务和学习情境设计的需要查阅税收、会计相关资料
- 能够根据企业的类型正确选择应缴纳的税费种类
- 能够按照税务机关的有关规定,办理税务登记及发票领购、开具和保管
- 能够根据纳税申报与缴纳的基本流程,办理纳税申报,缴纳税款
- 能够运用税收筹划、税务代理的基本方法,进行相应的税收筹划和税务代理
- 能够向单位领导、财会人员及其他相关人员宣传税收基本知识
- 培养爱岗敬业精神、团队协作能力和良好的职业素质与道德修养

● 重点和难点 ●

重点
- 税收的含义与税制要素
- 税收的一般原则
- 发票管理
- 纳税申报与缴纳
- 税收筹划与核算的基本方法

难点
- 税制要素
- 税务登记与发票管理
- 纳税申报与缴纳的一般原则
- 税收筹划与核算的基本方法

学习子情境1.1 税收概述

情境导入▶▶▶

安徽镜湖卷烟厂是一家生产销售镜湖牌、弋江牌卷烟以及进口卷烟的有限责任公司,注册资金为5 000万元,法人机构代码为340205778。2013年6月,该厂在安徽省滨江市工商行政管理局、滨江市国家税务局、滨江市地方税务局分别办理了工商注册登记和国税、地税的税务登记,依法取得"企业法人营业执照""国家税务局税务登记证""地方税务局税务登记证"。现需要确定应缴纳的税费种类,填写"税种登记表"。自2015年5月起,按照国家统一安排实现"三证合一",2017年底结束应如何申请办理"五证合一"?

温馨提示▶▶▶

"三证合一",就是将企业依次申请的工商营业执照、组织机构代码证和税务登记证三证合为一证,提高市场准入效率;"一照一码"则是在此基础上更进一步,通过"一口受理、并联审批、信息共享、结果互认",实现由一个部门核发加载统一社会信用代码的营业执照。从2016年10月1日起,实行"五证合一、一照一码"登记制度。

一、税收的含义、特征及分类

(一)税收的含义

税收是国家为了满足社会公共需要,凭借公共(政治)权力,按照法定的标准和程序,强制地、无偿地参与社会产品分配而取得财政收入的一种方式。其内涵可以从以下几个方面来理解:①征税的目的,是实现国家的社会管理职能,满足社会公共需要。②征税的依据是公共(政治)权力。税收征收的主体只能是代表社会全体成员行使公共权力的国家,其他任何社会组织或个人是无权征税的。当然,与公共权力相对应的必然是国家管理社会和为民众提供公共产品的义务。③税收是国家筹集财政收入的主要方式。④税收具有无偿性、强制性和固定性的形式特征。

(二)税收的特征

税收具有强制性、无偿性和固定性三个特征。

(1)强制性。强制性是指国家凭借其公共权力,以法律形式对税收征纳双方的权力(权利)与义务进行制约。税收既不是纳税主体按照个人意志自愿缴纳的,也不是征税主体随意征收的。我国宪法明确规定,我国公民有依法纳税的义务,纳税人必须依法纳税,否则就要受到法律的制裁。

(2)无偿性。无偿性是指在具体征税过程中,国家征税后税款即为国家所有,一律纳入国家财政预算,由财政统一分配,而不直接向具体纳税人返还或支付报酬。税收的无偿性是相对的,个体纳税人享有的公共利益与其缴纳的税款并非完全对等,但就纳税人的整体利益而言,则是对等的。国家使用税款的目的是向社会全体成员包括具体纳税人提供社会需要的公共产品和公共服务。因此,税收的无偿性表现为个体的无偿性,整体的有偿性。体现了税收取之于民、用之于民的本质。

(3)固定性。固定性是指国家按照法律预先规定的统一的征税标准,包括纳税人、课税对象、税率、纳税期限、纳税地点等,其标准一经确定,在一定时间内是相对稳定的,任何单位和个人都不能随意改变。

(三)税收的分类

税收的分类就是对税种的分类,它是指根据每个税种构成的基本要素和基本特征,按照一定的标准将所有税种分成若干类别。

1. 按征税对象分类,可将全部税收划分为流转税类、所得税类、财产税类、行为税类和资源税类五种类型。

(1)流转税类。流转税是以流转额为课税对象的一类税。流转税是我国税制结构中的主体税类,目前包括增值税、消费税和关税等税种。

(2)所得税类。所得税也称收益税,是指以各种所得额为课税对象的一类税。所得税也是我国税制结构中的主体税类,目前包括企业所得税、个人所得税等税种。

(3)财产税类。财产税是指以纳税人所拥有或支配的财产为课税对象的一类税。我国现行税制中的房产税、契税、车辆购置税和车船使用税都属于财产税。

(4)行为税类。行为税是指以纳税人的某些特定行为为课税对象的一类税。我国现行税制中的城市维护建设税、印花税等属于行为税。

(5)资源税类。资源税是指对在我国境内从事资源开发的单位和个人征收的一类税。我国现行税制中的资源税、土地增值税、耕地占用税和城镇土地使用税都属于资源税。

2. 按征收管理的分工体系分类,可分为工商税类和关税类。

(1)工商税类。工商税收是指以从事生产、销售和服务业的单位和个人为纳税人的各种税的总称,是我国现行税制的主体部分。具体包括增值税、消费税、资源税、企业所得税、个人所得税等税种。工商税收由税务机关负责征收管理。

(2)关税类。关税是对进出境的货物、物品征收的税收总称,主要是指进出口关税,也包括由海关代征的进口环节增值税、消费税等。关税由海关负责征收管理。

3. 按照税收征收权限和收入支配权限分类,可分为中央税、地方税和中央与地方共享税。

(1)中央税。中央税是指由中央政府征收和管理使用或由地方政府征收后全部划解中央政府所有并支配使用的一类税。如我国现行的关税和消费税等。

(2)地方税。地方税是指由地方政府征收和管理使用的一类税。如我国现行企业所得税(原属于地税管理的企业)、个人所得税、城镇土地使用税、房产税、城市维护建设税、车船使用税、印花税、耕地占用税、契税、土地增值税等。

(3)中央与地方共享税。中央与地方共享税是指税收的管理权和使用权属中央政府和地方政府共同拥有的,按照一定比例分成的一类税。如我国现行的增值税(中央75%、地方25%)、营业税改为增值税后收入(暂按中央50%、地方50%)和资源税(按不同资源品种划分,大部分资源税为地方收入,海洋石油资源税为中央收入)、证券交易税(中央与地方各50%)等。

4. 按照计税标准不同分类,可分为从价税、从量税和复合税。

(1)从价税。从价税是以课税对象的价格作为计税依据,按照预先确定的征税比例计征的一类税。从价税实行比例税率和累进税率,税收负担比较合理。如我国现行的增值税、关税和各种所得税等税种。

(2)从量税。从量税是以课税对象的重量、件数、容积、面积等为标准,按预先确定的单位税额计征的一类税。从量税实行定额税率,具有计算简便等优点。如我国现行的资源税、车船使用税、土地使用税以及啤酒、黄酒等的消费税。

(3)复合税。复合税是征税时同时使用从量、从价两种税率,以两种税率计算的税额之和作为课税对象的税额计征的一类税。如我国现行的卷烟、粮食白酒、薯类白酒等的消费税。

想一想 ▶▶▶

有人认为,国家征税的目的是收钱,建议用一个税种把所有的税款都收上来,完全不需要搞现在这么复杂的税制。你认为可行吗?为什么?

二、税制要素

税制要素即税法的构成要素,是指税收法律制度应当具备的共同因素和内容。税法的构成要素包括:征税人、纳税义务人、征税对象、税率、纳税环节、纳税期限、纳税地点、减免税和法律责任。纳税义务人、征税对象和税率是构成税法的三个最基本的要素。

(1)征税人,又称征税主体,是指在税收法律关系中行使税收征管权,依法进行税款征收行为的一方当事人。判断和认定某一主体是否为征税人,主要应看其行使的权利和实施的行为的性质。

征税人在税收征纳活动中行使的是税收征管权,具体包括税收征收权、税收管理权和税收入库权;征税人在税收征纳活动中实施的行为是征税行为,即依法将应收税款及时、足额征收入库。

(2)纳税义务人,简称纳税人,是税法规定的享有纳税人权利、直接负有纳税义务的单位和个人。纳税人是缴纳税款的主体,也称纳税主体。纳税人一般分为自然人和法人两种。

在纳税实务中,与纳税人相关的概念还有:代扣(收、付)代缴义务人,也称扣缴义务人。根据税法的规定,扣缴义务人是指有义务从其持有的纳税人收入或从纳税人收款中按其应纳税款代为缴纳税款的单位和个人。代征人是指受税务机关委托代征税款的单位和个人。纳税单位是指申报缴纳税款的单位,是纳税人的有效集合。

(3)征税对象,也称纳税对象或课税对象,是指征税的目的物,也是缴纳税款的客体。每种税都有其特定的征税对象,它是区别不同税种的主要标志,体现着不同税种征税的基本界限。征税对象包括税目和计税依据。

1)税目。税目是纳税对象的具体化,即征税范围的具体化,是指各个税种所规定的具体征税项目,体现每个税种的征税广度。例如,消费税具体规定了烟、酒等15个税目。并不是所有的税种都规定了税目,对那些纳税对象简单明确的税种,如增值税、房产税等,就不必另行规定税目。税目一般分为列举税目和概括税目两种。

2)计税依据。计税依据也称课税依据、课税基数,是计算应纳税额的依据,即根据什么来计算纳税人应缴纳的税额。

(4)税率。税率是指应纳税额与计税依据之间的比例或关系,是计算应纳税额的尺度,体现课税的深度。税率是衡量税负轻重与否的重要标志。我国现行的税率主要有比例税率、定额税率、累进税率等。

比例税率是指对同一征税对象,不论金额大小,都按同一比例征税。税额与纳税对象之间的比例是固定的。如增值税税率等。

定额税率又称固定税额,是指按纳税对象的一定计量单位规定固定的税额,而不规定纳税比例。定额是税率的一种特殊形式,一般适用于从量征收的某些税种、税目。如资源税,啤酒、黄酒等的消费税。

累进税率是指按照纳税对象数额的大小,实行等级递增的税率,即把纳税对象按一定的标准划分为若干等级,从低到高分别规定逐级递增税率。这种税率制度既可适应纳税人的负担能力,又便于充分发挥税收调节纳税人收入水平的作用,一般适用于对所得和财产征收。累进税率按结构不同,又可分为全额累进税率、超额累进税率和超率累进税率。

(5)纳税环节,是指税法规定的征税对象在从生产到消费的流转过程中应当缴纳税款的环节。税法对每一种税都要确定纳税环节。有的税种纳税环节单一,如资源税;有的税种需要在两个或两个以上的多个环节征收,如增值税。

(6)纳税期限,是指纳税人在发生纳税义务后,应向税务机关申报纳税的起止时间。超过纳税期限未缴税的,属于欠税,应依法加收滞纳金。纳税期限一般分为按期纳税和按次纳税两种形式。

(7)纳税地点,是指纳税人依据税法规定向征税机关申报纳税的具体地点。它说明纳税人应向哪里的征税机关申报纳税以及哪里的征税机关有权进行税收管辖的问题。我国税法上规定的纳税地点主要有机构所在地、经济活动发生地、财产所在地、报关地等。

(8)减免税,是减税和免税的合称,指对某些纳税人或特定纳税对象、应税行为给予鼓励或照顾的一种特别规定。减税是从应征税款中减征部分税款;免征是免征全部税款。除税法另有规定外,一般减税、免税都属于定期减免的性质,期满后要恢复征税。为严肃税法,1994年税制改革特别强调将减免税权限集中于国务院。减免税一般有减税和免税、起征点、免征额等形式。

1)减税和免税。减税是对纳税人的应纳税额通过打一定折扣少征一部分税款或通过降低法定税率而减轻纳税人的一部分负担。免税是对纳税人的某一项或某几项计税对象免予征税。

2)起征点,是指计税依据达到国家规定的数额开始征税的界限。计税依据的数额未达到起征点的,不征税;达到或超过起征点的,就其全部数额征税,而不是仅就超过部分征税。

3)免征额,是指在计税依据总额中免予征税的数额,即按照一定标准从计税依据总额中预先减除的数额。免征额部分不纳税,只对超过免征额的部分征税。

(9)法律责任。税收法律责任是指税收法律关系主体,即征税主体和纳税主体,违反税法行为所引起的法律后果。税收法律责任的确认必须依照税法的规定,追究税收法律责任应以税收违法行为的存在为基本前提,必须按照法定的程序进行。税收法律责任的形式主要是行政法律责任和刑事法律责任。

温馨提示 ▶▶▶

正确辨别起征点和免征额的含义以及它们之间的不同点。

想一想 ▶▶▶

1. 纳税人是负有纳税义务的单位和个人,负税人是税款的最终负担者,纳税人缴纳了税款就负担了税款,因此,纳税人和负税人是一致的。你认为这种说法正确吗?
2. 比例税率、定额税率、复合税率之间有何区别?

课后查阅资料 ▶▶▶

请查阅新中国成立以来我国税制改革的历史资料。

三、税收的一般原则

(一)财政原则

税收的财政原则是指一国税收制度的建立和变革,必须有利于保证国家的财政收入,也即保证国家各方面支出的需要。自国家产生以来,税收一直是财政收入的基本来源。

(二)公平原则

税收的公平原则是指国家征税,包括税制的建立和税收政策的运用,应确保公平,遵循公平原则。

税收的公平原则要求纳税能力相同的人应负担相同的税(横向公平),而纳税能力不同的人,负担的税负则应不同,纳税能力越强,其承担的税负应越重(纵向公平)。公平是税收的基本原则。

(三)效率原则

税收的效率原则是指国家征税,包括税制的建立和税收政策的运用,应讲求效率,遵循效率原则。该原则要求国家征税要有利于资源的有效配置和经济机制的有效运行,提高税务行政的管理效率。

效率原则包括行政效率原则和经济效率原则。行政效率原则就是征税过程本身的效率,它要求税收在征收和缴纳过程中耗费成本最小;经济效率原则就是征税应有利于促进经济效率的提高,或者对经济效率的不利影响最小,即保持税收中性。

(四)适度原则

税收适度原则是指国家征税,包括税制的建立和税收政策的运用,应兼顾需要与可能,做到取之有度。这里,"需要"是指财政的需要;"可能"则是指税收负担的可能,即经济的承受能力。遵循适度原则,要求税收负担适中,税收收入既能满足正常的财政支出需要,又能与经济发展保持协调和同步,在此基础上,应使宏观税收负担尽量从轻。

(五)法治原则

税收的法治原则是指国家征税,包括税制的建立和税收政策的运用,应以法律为依据,依法治税。法治原则的内容包括两个方面:税收的程序规范原则和征收内容明确原则。前者要求税收程序法定——包括税收的立法程序、执法程序和司法程序;后者要求征税内容法定。

四、企业应交税费种类

工商企业、交通运输企业、建筑业、现代服务业、生活服务业企业从事商品生产、流通、运输劳务、建筑服务、现代服务和生活服务的企业应交税费种类包括：

(1)流转税：①增值税。从事商品生产、流通、运输劳务、建筑服务、现代服务和生活服务的企业生产销售货物、进口货物、提供加工、修理修配劳务、交通运输劳务、建筑安装劳务、现代服务、生活服务及转让不动产、无形资产等，应当以其应税增值额或进口额，缴纳增值税。②消费税。生产、委托加工、批发烟，生产和委托加工酒及化妆品、贵重首饰及珠宝玉石、鞭炮烟火、成品油、摩托车、小汽车、游艇、高档手表、高尔夫球及球具、实木地板、木制一次性筷子、铅蓄电池、涂料等商品，要缴纳消费税。③从事货物进出口业务的企业，还应缴纳关税。

(2)所得税。企业应税所得要缴纳企业所得税。同时，应按税法规定代扣代缴职工个人所得税。

(3)资源税。开采原油、天然气、煤炭、其他非金属矿、黑色金属矿、有色金属矿、盐等产品，要缴纳资源税。

(4)财产税。企业拥有和支配的房产等财产需要缴纳的税收。如房产税、契税等。

(5)行为税，包括城建税、城镇土地使用税、车船使用税、印花税、车辆购置税等。

(6)有偿转让国有土地使用权，地上的建筑物及其附着物还要缴纳土地增值税。

(7)政府规定需要缴纳的各项基金和收费，包括教育费附加、地方教育费附加、水利基金、矿产资源补偿费等。

以上应交税费中，增值税是以上各类企业的主流转税。

情境训练▶▶▶

【例1-1】 雨虹电器有限责任公司成立于2013年4月，2016年已办理"三证合一"，属于增值税一般纳税人。主营业务：空调器、电风扇、电暖器的生产及销售。该公司下设独立核算的安装分公司，已办理分支机构相关证件，主营空调等电器安装业务。请问该公司2017年6月需要缴纳哪些税种？

【解析】 雨虹电器有限责任公司主营空调器、电风扇、电暖器的生产及销售，因此，主要应交的税费种类有增值税、城市维护建设税、教育费附加、水利基金、企业所得税、残疾人社会保障基金、代扣代缴个人所得税等。该公司下设的独立核算的安装分公司，主营业务为空调等电器安装业务，2016年6月主要应交的税费种类有增值税、城市维护建设税、教育费附加、水利基金、残疾人社会保障基金、代扣代缴个人所得税等。但由于安装公司是雨虹电器有限责任公司的分公司，故其企业所得税应汇总到雨虹电器有限责任公司一并缴纳。

五、税收筹划

情境导入二▶▶▶

张铭拟设立一家经营数码产品的公司，预计2019年盈利100万元，请从所得税的角度思考以何种方式组建公司可获得最大税收利益？（非小型微利企业）

(一)税收筹划的含义及特点

1.税务筹划的含义。

税收筹划又称税务筹划或纳税筹划，是指纳税人或其代理人在尊重并遵守国家现行的税收法律法规和政策的前提下,通过对经营、投资、筹资、理财及兼并、重组等活动的事先安排和策划,选择最优的纳税方案,以实现最低税负或延迟纳税的经济行为。税务筹划是纳税人的一种合理且合法的理财行为。

2. 税收筹划的特点。

(1) 合法性。合法性是税务筹划的本质特点。税收筹划是纳税人或其代理人通过非违法的方式获得税收利益。非违法主要表现在两个方面:一是纳税人或其代理人遵守并利用现行税法的规定及税收优惠政策获得税收利益最大化;二是纳税人或其代理人通过税收递延或税负转移获得税收利益最大化。因此,税收筹划是在法律允许的范围内进行的,既不违法,也符合国家的立法意图和道德规范。

(2) 前置性。税收筹划一般是在纳税人的应税行为发生之前对其经营、投资、筹资、理财及兼并、重组等活动的事先安排和策划,具有明显的前置性。在纳税人的经济活动中,纳税义务的发生往往在时间上滞后,如流转税是在纳税人交易行为发生后才缴纳,这就为事先进行税收筹划提供了可能。如果纳税义务已经发生,应交税款已经确定,纳税人再去寻求少缴税款的途径,就不属于税收筹划了。

(3) 专业性。税收筹划既涉及企业经营、投资、筹资等活动,又涉及财务会计专业知识,更要求有精湛的税收法律法规水平。因此,税收筹划是一门具有很强专业性的科学,需要有专门的机构和人员从事此项业务,如专门税务师事务所、会计师事务所、律师事务所等机构的专业税收筹划部门和专业税收筹划人员。

(4) 目的性,是指纳税人通过税收筹划,减轻税收支出,取得税收利益,实现使企业自身价值或股东财富最大化的财务管理目标。

(5) 综合性,是指税收筹划不能仅考虑纳税人个别税种税负的高低或总体税负的轻重,也不能单纯以纳税人眼前税负的高低作为判断标准,而应从纳税人资本总收益的长期稳定增长角度出发。因为,在实际工作中,往往会发生一种税少交了而另一种税多交了的情况,纳税人的总体税负不一定会减轻。而且,即使总体税负减轻了,但生产成本、期间费用等可能增加了。所以,在税收筹划中,最优纳税方案并不一定是税负最轻方案,而税负减少的方案也并不一定就是资本收益最大化的方案。因此,纳税人在进行税收筹划时,应综合考虑多方面因素,选择有利于纳税人总体利益的最优方案。应当说明的是,纳税人总体利益最大的方案,多数情况下也是纳税人总体税负最低的方案。

3. 税收筹划的原则。

(1) 合法或不违法性原则。纳税人必须以现行的税收法律法规为依据,在熟知税法的前提下,利用税制构成要素中的税负弹性考虑企业长远的总体利益,选择最优纳税方案,做到符合税法或不违反税法。这是税收筹划的基本特征,也是税收筹划区别于偷税、逃税、抗税、欠税、骗税的本质所在。

(2) 合理性原则,是指税收筹划应当符合国家的税收立法精神,尽可能用好、用足税收优惠政策,而不是钻税法漏洞。利用税收优惠政策为企业创造节税利益,应该是税收筹划中最合理的一种税收筹划方法。该方法税收筹划的风险最低,得到政府的承认和积极鼓励。

(3) 综合性原则。纳税人进行税收筹划的最终目标是实现企业总体财务利益最大化。因此,在进行一种税的税收筹划时,不能只看个别税种的税负低了、税少交了,还要考虑其他税费是不是多交了,要从企业的整体税负来考量。最理想的税收筹划方案一般也是最节税的方案,但如果有多种税收筹划方案可以选择,总体利益最多但纳税并非最少的方案也应被视为理想的方案。

(4)收益和风险兼顾原则。收益和风险是一对孪生兄弟。一般情况下,纳税人的减税收益越大,风险往往也越大。因此,纳税人进行税收筹划时,不仅要考虑减少纳税人的税收支出,实现总体利益最大化,也必须保证纳税筹划的稳健性,将涉税风险降到最低,以保证纳税人真正获得财务利益。

(5)事前筹划原则,是指纳税人应在现行税收法律法规的框架下,在企业经济活动实际发生之前,有目的地为企业选择最优化的纳税方案。如果经济业务已经发生,应税收入已经实现,纳税义务已经确定,已经产生了税收法律事实,再考虑如何减轻税负,就很容易导致偷逃税款等不正当减税行为的发生。

(二)税收筹划的目标

税收筹划的基本目标是:减轻税负,使纳税人的财务利益最大化或者税后利润最大化。具体体现在以下几个方面:

(1)降低税收负担。纳税人对直接减轻税收负担的追求,是税收筹划产生的最原始动因。通过税收筹划减少企业的税费支出,无疑会直接增加企业的现金流量,从而使企财务利益增加。

(2)实现涉税零风险或低风险。涉税风险包括多缴税的风险和少缴税的风险两方面。涉税零风险或低风险是指纳税人严格按税法规定办理各种涉税事务,账目清楚,涉税事项核算和纳税申报正确,缴纳税款及时、足额,不会出现任何关于税收方面的处罚,即在税收方面没有任何风险,或风险小到可以忽略不计的一种状态。实际工作中,由于税制具有复杂性、频变性,企业交易行为、税收政策理解、会计人员及管理人员业务水平等都可能给企业带来纳税风险。企业的涉税风险是企业的净损失。税务筹划首先应该实现涉税零风险或低风险。企业通过税务筹划,正确进行涉税操作,避免税务行政处罚,即实现涉税零风险或低风险,虽然没有直接减轻企业税负,但却避免了因涉税业务而发生不必要的经济损失,还避免了因涉税业务而发生不必要的名誉损失,同时能获得诚信纳税的好声誉(较高的纳税信用等级)。企业应最大限度地避免涉税风险带来的潜在机会成本的发生,使自身财务利益最大化或者税后利润最大化。

(3)获取资金时间价值,实现税后利润最大化。资金时间价值,是指资金随着时间的推移而产生的增值。在实际工作中,往往会发生纳税人在一定时期内的纳税总额无法减少,但是通过税务筹划能够实现推迟(延缓)纳税。这就相当于从政府取得一笔无息贷款,其金额越大、时间越长,企业获取的资金时间价值越大。通过税务筹划实现的推迟(延缓)纳税,可以缓解企业负债压力,缩小债务规模,减少利息支出,降低企业筹资成本,从而增加企业的现金流量,使企业的税后利润最大化。

(4)纳税成本与税务筹划成本最低化。纳税成本包括直接纳税成本和间接纳税成本。前者是纳税人为履行纳税义务而付出的人力、物力和财力,即在计税、缴税、退税及办理有关税务凭证、手续时发生的包括税款在内的各项成本费用;后者是纳税人在履行纳税义务过程中所承受的精神负担、心理压力等。纳税人为履行纳税义务,必然会发生相应的纳税成本。在应纳税额不变的前提下,纳税成本降低意味着纳税人税收利益(税后收益)增加。企业不论是自行进行税务筹划,还是税务筹划外包,都要发生成本费用支出(购买税务筹划产品,更是直接成本),构成税务筹划成本。税务筹划应遵循成本效益原则,即通过税务筹划少缴的税款应该大于其筹划成本。只有纳税成本与税务筹划成本最低,才能使纳税人的税后利润最大化。

(三)税收筹划的基本方法

1. 缩小课税基础。

缩小课税基础不但可以直接减少应纳税额,还可适用较低税率,从而达到双重减税的效果。如充分利用各项减免税等税收优惠政策,使各项应税收入最小化,缩小流转税的课税基础;再如,在税法允许范围和限额内,使各项收入最小化,而使各项成本费用最大化,缩小以所得额作为课税对象的所得税的税基。

2. 将高纳税义务转换为低纳税义务。

这种方法是指同一经济行为有多种税收方案可供选择时,纳税人应尽量避开高税点而选择低税点,以减轻纳税义务,获得税收利益。选择适用较低税率,可以有效降低税负。一般采用累进税率、税目,节税效果最大。通常情况下,税率的高低与纳税义务的高低有着密切的关系。例如,某综合性经营企业是增值税一般纳税人,该企业销售电梯并提供安装服务,这就发生了销售货物和提供应税劳务的混合销售行为。税法规定,纳税人兼有不同税率或者征收率销售货物,提供加工、修理修配劳务或者应税服务的,应当分别核算不同税率或征收率的销售额,未分别核算销售额的,从高适用税率,且该混合销售行为涉及的应税劳务所用购进货物的进项税额,凡符合条例规定的,准予从销项税额中抵扣。可见,若这两项业务不分开核算,将合并征收17%的增值税,且由于劳务可抵扣的进项税额相对较少,企业的税负会加重;如果经过税收筹划,将电梯安装业务设立独立的子公司,则可按照现行增值税征收规定,将安装业务的税率由原来的17%降为11%,税负明显降低。

3. 税收递延。

税收递延是指延缓纳税期限,即在税法允许的时间内,允许企业分期或延迟缴纳税款。资金有时间价值,延缓纳税期限,可获得无息贷款的利益。延期纳税的方法一般有:

(1)根据税法"在被投资方会计账务上实际作利润分配处理时,投资方应确认投资所得的实现"的规定,可以把实现的利润转入低税负的子公司内不予分配,同样可以降低母公司的应纳税所得额,达到延期纳税的目的。

(2)在预缴企业所得税时,按税法"纳税人预缴所得税时,应当按纳税期限的实际数预缴。按实际数预缴有困难的,可以按上一年度应纳税所得额的1/12或1/4,或者经当地税务机关认可的其他方法分期预缴所得税。预缴方法一经确定,不得随意改变"的规定,纳税人可事先预测企业的利润实现情况,如果预计当年的效益比上一年好,可选择按上一年度应纳税所得额的一定比例预缴,反之,则按实际数预缴。

(3)合理归属所得年度。所得年度归属合理,可以通过收入、成本、损费等项目之增减或分摊而达成,但需要正确预测销售的形成、各项费用的支付,以了解企业获利的趋势,作出合理的安排,享受最大利益。如分期付款销售毛利的确认方法或时点的决定和存货计价、折旧计提方法的选择等成本认列方法的确定等。

(4)用足用好税收优惠政策。税收优惠包括:免税、减税、税率差异、税收扣除、税收抵免、税收返还、亏损弥补等。纳税人将税收优惠政策用足用好,能够在风险为零的情况下,进行税收筹划,取得税收利益。如:2008年1月1日在我国开始实施的《企业所得税法》规定,企业所得税的基本税率为25%;但经税务机关认定为小型微利企业的,其税率为20%;经税务机关认定为高新技术企业的,适用税率为15%。企业可以充分利用所得税税率差异,在企业类型上,尽量寻求税率最低化,并且寻求税率差异的稳定性和长期性,从而获得税收利益。

情境训练 >>>

【例1-2】 郭某拟设立一家经营数码产品的公司(非小型微利企业),2019年预计年盈利20万元,请从所得税的角度思考,以何种方式组建公司可获得最大税收利益?

【解析】 方案1:成立有限责任公司。

企业所得税 = 20/2 × 20% = 2(万元)

税后收益 = 20 - 2 = 18(万元)

方案2:成立个人独资企业。

个人所得税 = 20 × 35% - 1.475 = 5.525(万元)

税后收益 = 20 - 5.525 = 14.475(万元)

从所得税税收负担和税后收益的角度考虑,应选择方案1,成立有限责任公司。纳税人郭某的这一举动是法律规定所许可的,在纳税行为之前进行筹划,能达到一定的节税效果。

学习子情境1.2 纳税申报

一、纳税申报含义及原则

(一)纳税申报含义

纳税申报是指纳税人、扣缴义务人、代征人为履行纳税、扣缴税款、代征税款义务,就纳税事项向税务机关提交书面报告的法定行为。按期进行纳税申报是纳税人、扣缴义务人、代征人必须履行的法定义务。凡是国家法律法规规定的负有纳税义务的纳税人、扣缴义务人、代征人,无论本期有无应纳、应交税款,都必须按税法规定的期限如实向主管税务机关办理纳税申报。

(二)纳税申报的原则

(1)合法性原则。合法性要求企业申报纳税时,必须严格按税法规定进行调整,正确确认计税依据,计算应纳税额,并按规定申报缴纳税款,同时按会计准则进行相应的会计核算。

(2)及时性原则。及时性是指纳税申报与缴纳必须按税法规定的时间及时进行。税法的规定一般都具有很强的时效性,如发票开具的时间、认证时间、税收优惠政策的享受时间、税款的申报和缴纳的期限等。企业应密切关注税收政策的调整和变化,及时向企业管理者反馈税收信息,及时计算各种税费,并在税法规定的时间内向税务机关申报纳税,提供纳税和会计核算资料。

(3)筹划性原则。筹划性原则是指纳税人在遵守国家税收政策和税收法律法规的前提下,通过对经济活动的事先安排和策划,选择最优纳税方案,以达到税收负担最低或税收利益最大的目的。在该原则的要求下,企业税费计算、申报缴纳必须在遵守税收法律法规的前提下进行。企业应研究节税策略,降低税负,以争取效益最大化。

(4)税款支付能力原则。纳税人税款支付能力与其纳税能力有所不同。纳税能力是指纳税人应以合理的标准确定计税基数。有同等计税基数的纳税人应负担同一税种的同等税款。因此,纳税能力体现的是合理负税原则。与企业的其他费用支出不同,税款支付全部是现金流出,因此,在考虑企业纳税能力的同时,更应该考虑企业税款的支付能力。

(5)收付实现制与权责发生制相结合的原则。企业会计核算应以权责发生制为基础,但是在纳税时必须要考虑纳税人的现金支付能力,应在纳税人最有能力支付时缴纳税款。因此,在收入的确认和费用的扣除上,税费计算、申报缴纳应在遵循权责发生制原则的同时考虑收付实现制。即在以权责发生制为基础的同时,适度引用收付实现制,以达到保护政府税收收入的目的。如:《增值税暂行条例》规定,纳税人销售商品主要是以"商品所有权上的主要风险和报酬转移给购货方"作为纳税义务发生的时间,而不是以实际收到货款的时间确认纳税义务的发生。

(6)日常核算方法与财务会计一致的原则。企业税费申报、缴纳的资料来源于财务会计日常核算资料(财务会计的凭证、账簿、报表),平时的业务处理也是以财务会计的尺度进行。企业的税费计算、申报、缴纳和会计处理只对财务会计处理与现行税法不相符的事项或因税收筹划等需要进行调整的事项进行处理并作调整会计分录,再登记入账。

二、纳税申报方式

税务机关应当建立、健全纳税人自行申报纳税制度。但经税务机关批准,纳税人、扣缴义务人也可以采取邮寄、电子方式办理纳税申报或者报送代扣代缴、代收代缴税款报告表。另外,实行定期定额缴纳税款的纳税人,可以实行简易申报、简并征期等申报纳税方式。

(一)上门申报(直接申报)

上门申报是指纳税人、扣缴义务人、代征人在纳税申报期限内自行到主管国家税务机关报送纳税申报表、代扣代缴、代收代缴税款或委托代征税款报告和其他相关纳税申报资料。

(二)邮寄申报

邮寄申报是指纳税人、扣缴义务人、代征人经税务机关批准,采取邮寄方式办理纳税申报的方式。邮寄申报应当使用统一的纳税申报专用信封,并以邮政部门收据作为申报凭据。邮寄申报以寄出的邮戳日期为实际申报日期。

(三)电子申报

电子申报是指经税务机关批准,纳税人、扣缴义务人、代征人通过电子系统联网的计算机终端按照规定和系统发出的指示输入相应内容的纳税申报。纳税人采取电子方式办理纳税申报的,应当按照税务机关规定的期限和要求保存有关资料,并定期书面报送主管税务机关。

(四)简易申报

简易申报是指实行定期定额纳税的纳税人,经税务机关批准,通过以缴纳税款凭证代替申报或简并征期的一种纳税申报方式。

(五)其他纳税申报方式

其他纳税申报方式是指纳税人、扣缴义务人、代征人采用上门申报、邮寄申报、电子申报以外的方法向税务机关办理纳税申报或者报送代扣代缴、代收代缴报告的方式。

三、纳税申报的主体

下列纳税人或者扣缴义务人、代征人应当按期向主管税务机关办理纳税申报或者代扣代缴、代收代缴税款报告、委托代征税款报告。

（1）依法已向税务机关办理税务登记的纳税人。包括：各项收入均应当纳税的纳税人；全部或部分产品、项目或者税种享受减税、免税照顾的纳税人；当期营业额未达起征点或没有营业收入的纳税人；实行定期定额纳税的纳税人；应当向国家税务机关缴纳企业所得税以及其他税种的纳税人。

（2）按规定不需向税务机关办理税务登记，以及应当办理而未办理税务登记的纳税人。

（3）扣缴义务人和税务机关确定的委托代征人。

四、纳税申报的期限

（一）正常申报期限

纳税申报期限是主管税务机关根据不同税种的特点，按照相关规定确定的，能够按照固定期限纳税的，按照固定期限纳税；不能按照固定期限纳税的，可以按次纳税。

（1）增值税、消费税的纳税人，以一个月或一个季度为一期纳税的，于期满后15日内申报，以1天、3天、5天、10天、15天为一期纳税的，自期满之日起五日内预缴税款，于次月一日起十五日内申报并结算上月应纳税款。不能按固定期限申报纳税的，可以按次申报纳税。

（2）企业所得税的纳税人应当自月份或季度终了之日起15日内，向国税局报送预交企业所得税纳税申报表。

企业应当自年度终了5个月内，向税务机关报送年度企业所得税纳税申报表，并汇算清缴，结清应缴应退税款。企业在年度中间终止经营活动的，应当自实际经营终止之日起60日内，向税务机关办理企业所得税汇算清缴。企业应当在办里注销登记前，就其清算所得向税务机关申报缴纳企业所得税。

（3）其他税种，税法已明确规定纳税申报期限的，按税法规定的期限申报。

（4）税法未明确规定纳税申报期限的，按主管国家税务机关根据具体情况确定的期限申报。

（5）实行定期定额缴纳税款的纳税人，可以采用简易申报、简并征期等申报纳税方式。

（二）纳税申报期限的顺延

纳税申报期限内遇有法定休假日的，申报期限依法向后顺延。纳税人、扣缴义务人办理纳税申报的期限最后一日，如遇公休、节假日的，以休假日期满的次日为最后一日；在期限内有连续3日以上法定休假日的，按休假日天数顺延。

（三）延期纳税申报和零申报

1. 延期纳税申报。

纳税人、扣缴义务人、代征人按照规定的期限办理纳税申报或者报送代扣代缴、代收代缴税款报告表、委托代征税款报告表确有困难，需要延期的，应当在规定的申报期限内向主管国家税务机关提出《延期申报申请审批表》书面延期申请，经主管国家税务机关核准，在核准的期限内办理。纳税人、扣缴义务人、代征人因不可抗力情形,不能按期办理纳税申报或者报送代扣代缴、代收代缴税款或委托代征税款报告的,可以延期办理。但是,应当在不可抗力情形消除后立即向主管国家税务机关报告。纳税人、扣缴义务人、代征人完全出于主观原因或者有意拖交税款而不按期办理纳税申报的,税务机关可视违法行为的轻重,给予相应处罚。税务机关批准纳税人、扣缴义务人、代征人延期申报的,应向纳税人制发《核准延期申报通知书》,规定具体延期申报的期限。

2. 零申报。

零申报是纳税人在规定的纳税申报期内按照计税依据计算申报的应纳税额为零(企业所得税的纳税人在申报期内应纳税所得额为负数或零)而向税务机关办理申报的行为。

纳税人、扣缴义务人在有效期内,没有取得应税收入或所得,没有应交税款发生,或者已办理统一代码的营业执照但未开始经营或者开业期间没有经营收入的纳税人,除已办理停业审批手续以外,必须按规定的纳税申报期限进行零申报。纳税人进行零申报,应在规定申报期限内向主管税务机关正常报送纳税申报表及有关资料,并在纳税申报表上注明"零"或"无收入"字样。

五、纳税申报的内容

纳税人办理纳税申报时,应如实填写《纳税申报表》,并根据不同情况相应报送下列有关凭证、资料。纳税申报的内容主要包括:①财务会计报表及其说明材料;②与纳税有关的合同、协议及凭证;③税控装置的电子报税资料;④外出经营活动税收管理证明和异地完税凭证;⑤境内或境外公证机构出具的有关证明文件;⑥纳税人、扣缴义务人的附列资料;⑦扣缴义务人办理代扣代缴、代收代缴税款报告时,应报送代扣代缴、代收代缴税款的合法凭证以及税务机关规定的其他有关证件、资料;⑧税务机关规定应当报送的其他有关证件、资料。

六、滞纳金与罚金

税收滞纳金是纳税人或者扣缴义务人未按税法规定期限缴纳或解缴税款,从逾期之日起,按日加收滞纳税款的万分之五计算缴纳的款项。同时,税务机关应责令纳税人或扣缴义务人限期缴纳。

罚金是指纳税人或者扣缴义务人发生违章行为的,按照《税收征管法》的规定计算缴纳的一定数额的罚款。

按照《企业所得税法》的规定,纳税人或扣缴义务人支付的各种滞纳金、罚金等不得列入成本费用,不得在税前列支,应当计入企业的"营业外支出"。

学习子情境1.3 税款缴纳

税款缴纳是指纳税人按照税法规定将应纳的税款缴纳入库的法定制度。对税收征管机关来说,就是税款征收。税款缴纳是税收征收管理的核心内容,是税务登记、账簿票证管理、纳税申报等税务管理工作的目的和归宿。

一、税款征收方式

主管税务机关的税款征收方式相对于纳税人来说，就是税款缴纳方式。各类纳税人的具体情况不同，税款的征收缴纳方式也应有所区别。现阶段可供选择的税款征收方式主要有以下几种：

(1)查账征收。按照纳税人提供的账表所反映的经营情况，依照适用的税率计算缴纳税款的方法。具体程序是：先由纳税人在规定的纳税期限内，以纳税申报表的形式向国税局或地税局办理纳税申报，经国税局或地税局审查核实后，填写缴款书缴纳税款。这种缴纳方式适用于账簿、凭证、财务会计制度比较健全，能够据以如实核算，反映生产经营成果，正确计算应纳税款的纳税人。

(2)查定征收。查定征收是指由税务机关根据纳税人的生产设备等在正常情况下的生产、销售情况，对其生产的应税产品查定产量和销售额，然后依照税法规定的税率征收的一种税款征收方式。这种税款征收方式主要是生产不固定、账册不健全的单位采用。

(3)查验征收。查验征收是指由税务机关对纳税申报人的应税产品进行查验后征税，并贴上完税证、查验证或盖查验戳，并据以征税的一种税款征收方式。这种税款征收方式主要是对零星、分散的高税率产品适用。

(4)定期定额征收。定期定额征收是指税务机关依照有关法律、法规的规定，按照一定的程序核定纳税人在一定经营时期内的应纳税经营额及收益额，并以此为计税依据确定其应纳税额的一种税款征收方式。这种税款征收方式适用于生产经营规模小，又确无建账能力，经主管税务机关审核批准可以不设置账簿或暂缓建账的小型纳税人。依照《中华人民共和国税收征收管理法》的规定，纳税人有下列情形之一的，税务机关有权核定其应纳税额：①依照法律、行政法规的规定可以不设置账簿的；②依照法律、行政法规的规定应当设置但未设置账簿的；③擅自销毁账簿或者拒不提供纳税资料的；④虽设置账簿，但账目混乱或者成本资料、收入凭证、费用凭证残缺不全，难以查账的；⑤发生纳税义务，未按规定期限办理纳税申报，经税务机关责令限期申报，逾期仍不申报的；⑥纳税人申报的计税依据明显偏低，又无正当理由的。

二、税款缴纳方式

(一)纳税人直接向国库经收处缴纳

纳税人在申报前，先向税务机关领取税票，自行填写，然后到国库经收处缴纳税款，以国库经收处的回执联和纳税申报等资料，向税务机关申报纳税。这种方式适用于纳税人在设有国库经收处的银行和其他金融机构开设账户，并向税务机关申报的纳税人。

(二)税务机关自收税款并办理入库手续

税务机关自收税款并办理入库手续是指由税务机关直接收取税款并办理入库手续的缴纳方式。这种方式适用于由税务机关代开发票的纳税人缴纳的税款；临时发生纳税义务，需向税务机关直接缴纳税款；税务机关采取强制执行措施的，以拍卖所得或变卖所得缴纳税款。

(三)代扣代缴

代扣代缴是指按照税法规定,负有扣缴税款义务的单位和个人,在向纳税人支付款项时,从所支付的款项中直接扣收税款的方式。其目的是对零星分期、不易控制的税源实行源泉控制。

(四)代收代缴

代收代缴是指负有收缴税款义务的单位和个人,对纳税人应纳的税款进行代收代缴的方式,即由与纳税人有经济业务往来的单位和个人向纳税人收取款项时,依照税收的规定收取税款。这种方式一般适用于税收网络覆盖不到或很难控制的领域,如受托加工应交消费税的消费品,由受托方代收代缴的消费税。

(五)委托代征

委托代征是指受托单位按照税务机关核发的代征证书的要求,以税务机关的名义向纳税人征收一些零散税款的一种税款征收方式。

想一想 ▶▶▶

1. 税费核算与财务会计核算的原则有何不同?
2. 生产经营规模小,又确无建账能力,经主管税务机关审核批准可以不设置账簿或暂缓建账的小型纳税人,应该如何缴纳税款?

温馨提示 ▶▶▶

请注意不同税种纳税申报的时间。

学习子情境1.4 涉税事务管理

情境导入二 ▶▶▶

2017年5月8日,张威与成平两人成立凤翔商贸有限责任公司,2017年5月12日领取"一照一码"营业执照。请问:该公司还需要到税务机关办理哪些涉税事务登记?在公司未来经营过程中,如果实收资本、法人代表、经营地址等相关信息发生变化,是否需要向税务机关办理变更登记?如果企业未来发生破产清算、解散撤销等情况,需要向税务机关办理哪些手续?

一、涉税事务登记管理

(一)涉税事务登记的概念

涉税事务登记是指纳税人在开业、歇业前以及生产经营期间发生较大变动时,在法定期间内就其经营情况向主管税务机关办理书面登记的一项法定手续。

(二)涉税事务登记程序

2015年6月,国务院发布《关于加快推进"三证合一"登记制度改革的意见》,将企业登记时分别由工商行政管理部门核发营业执照、质量技术监督部门核发组织机构代码证和税务部门核发税务登记证,改为一次申请、由工商行政管理部门核发一个营业执照。为此,同年9月,国家税务总局发布《国家税务总局关于落实"三证合一"登记制度改革的通知》,具体落实"三证合一"制度。同时,在全面实施工商营业执照、组织机构代码证、税务登记证"三证合一"的基础上,整合社会保险登记证、统计登记证,从2016年10月1日起,实行"五证合一、一照一码"登记制度改革。

自2015年10月1日起,新设立企业和农民专业合作社领取由工商行政管理部门核发加载法人和其他组织统一社会信用代码(以下简称统一代码)的营业执照后,无须再次进行税务登记,不再领取税务登记证。企业办理涉税事项时,在完成补充信息采集后,加载统一代码的营业执照可代替税务登记证使用。除以上情况外,其他税务登记按照原有法律制度执行,改革前核发的原税务登记证件在2017年底前过渡期内继续有效,2018年1月1日起,一律改为使用加载统一代码的营业执照,原发税务登记证件不再有效。

工商登记"一个窗口"统一受理申请后,申请材料和登记信息在部门间共享,各部门数据互换、档案互认。各级税务机关应加强与登记机关的沟通协调,确保登记信息采集准确、完整。对于工商登记机关已经采集的信息,税务登记不再重复采集,其他必要涉税基础信息,可在新设企业和农民专业合作社办理有关涉税事宜时,及时采集,陆续补齐。发生变化的,由新设立企业和农民专业合作社直接向税务机关申报变更,税务机关及时更新税务系统中的企业信息。

已经实行"五证合一、一照一码"登记模式的新设立企业和农民专业合作社办理注销登记,须先向主管税务机关申报清税,填写《清税申报表》。新设立企业和农民专业合作社可向国税、地税任何一方主管税务机关提出清税申报,一方税务机关受理后,应将企业清税申报信息同时传递给另一方税务机关,国税、地税主管税务机关按照各自职责分别组织清税,限时办理。清税完毕后,一方税务机关及时将本部门的清税结果信息反馈给受理税务机关,由受理税务机关根据国税、地税清税结果向纳税人统一出具"清税证明",并将信息共享到交换平台。

纳税人首次办理涉税事宜,如发生纳税义务,须办理纳税申报或者领用(代开)发票,应填报"纳税人首次办税补充信息表",进行税种(基金、费)认定。税种认定后,纳税人应当按照法律法规规定,连续按期纳税申报。

"纳税人首次办税补充信息表"的主要内容包括:①统一社会信用代码和纳税人名称;②核算方式;③从业人数;④适用会计制度;⑤生产经营地址;⑥办税人员;⑦财务负责人;⑧税务代理人信息;⑨代扣代缴、代收代缴税款业务情况。

温馨提示 ▶▶▶

《纳税人首次办税补充信息表》填表说明:

1. 该表由已办理"一照一码"纳税人在首次办理涉税事项时,或者纳税人本表相关内容发生变更时使用,由税务机关根据纳税人提供资料填写,并打印交纳税人确认。当纳税人本表相关内容发生变化时,仅填报变化栏目即可。

2. "生产经营地""财务负责人"栏仅在纳税人信息发生变化时填写。

3. "统一社会信用代码"栏填写纳税人办理"一照一码"证照时工商机关赋予的社会信用代码。

4. "纳税人名称"栏填写纳税人办理"一照一码"证照时的名称。

5. "核算方式"栏选择纳税人会计核算方式,分为独立核算、非独立核算。

6."适用会计制度"栏选择纳税人适用的会计制度,在企业会计制度、企业会计准则、小企业会计准则、行政事业单位会计制度中选择其一。

7."国标行业(主)""主行业明细行业""国标行业(附)""国标行业(附)明细行业"栏根据国民经济行业分类标准(GB/T 4754-2011)进行填写。

8.该表一式一份,税务机关留存;纳税人如需留存,请自行复印。

补充信息采集时,需要提供的资料包括:①加载统一社会信用代码的营业执照;②经办人身份证明。

除以上情形外,其他税务登记按照原有法律制度执行。改革前核发的原税务登记证件在过渡期继续有效。

以上证件原件仅供补充信息采集时查验使用,税务机关不做留存。

税务机关应分类处理纳税人清税申报,并扩大即时办结范围。受理清税申报的税务机关,应根据企业经营规模、税款征收方式、纳税信用等级指标进行风险分析,对风险低的当场办结清税手续;对于存在疑点的,企业可以提供税务中介机构出具的鉴证报告。税务机关在清税检查、核查过程中发现涉嫌偷、逃、骗、抗税或虚开发票的,或者需要进行纳税调整等情形的,办理时限自然终止。在清税后,经举报等线索发现少报、少缴税款的,税务机关将相关信息传至登记机关,纳入"黑名单"管理。

过渡期间未换发"五证合一、一照一码"营业执照的企业申请注销,税务机关按原规定办理。

纳税人申报清税需要提供的资料包括:①《清税申报表》3份;②单位纳税人应提供上级主管部门批复文件或董事会决议原件及复印件;③非居民企业应提供项目完工证明、验收证明等相关文件原件及复印件;④经办人身份证明。

过渡期间未换发"一照一码"营业执照的企业申请注销,税务机关按照原规定办理。

温馨提示 ▶▶▶

账户开立后,请携带加载统一代码的营业执照副本或税务登记证副本、银行开户许可证或账户账号原件及复印件向主管税务机关办税服务厅综合服务窗口办理银行账户账号备案手续,签订《财税库银横向联网系统划缴税款协议书》。签订该协议后,纳税义务人可足不出户,网上申报,网上缴款。

课后查阅资料 ▶▶▶

1.请查阅国务院令[2002]362号《中华人民共和国税收征收管理法》《中华人民共和国税收征收管理法实施细则》和中华人民共和国第十二届全国人民代表大会常务委员会第三次会议于2013年6月29日通过的《关于修改〈中华人民共和国税收征收管理法〉的决定》。

2.请查阅2015年6月国务院办公厅发布的《关于加快推进"三证合一"登记制度改革的意见》。

情境训练 ▶▶▶

【例1-3】 下列各项中,属于纳税人在申报办理税务登记时,根据不同情况应向税务机关提供的资料和证明的有( )。

A.工商营业执照　　　　　　　　B.有关合同、章程、协议书
C.组织机构统一代码证书　　　　D.业主的居民身份证
E.办税人员居民身份证

【解析】 纳税人在办理税务登记时,应当根据不同情况向税务机关如实提供以下资料:①工商营业执照或其他核准执业证书;②有关合同、章程、协议书;③组织机构统一代码证书;④法定代表人或负责人或业主的居民身份证、护照或其他合法证件。所以,正确答案为 AE。

模拟实训 ▶▶▶

设计一家刚成立企业的资料,利用网中网税务会计模拟实训软件,让学生网上填制税务登记表,办理税务登记。

(三)增值税一般纳税人税务登记

想一想 ▶▶▶

截至 2017 年 12 月 31 日,皖都安康运输公司连续 12 个月的运输收入为 800 万元,分包给 B 运输企业 400 万元,当年度计税营业额为 400 万元,该公司是否必须进行增值税一般纳税人认定?

1. 一般纳税人的定义。

增值税一般纳税人是指年应征增值税销售额(纳税人在连续不超过 12 个月的经营期内累计应征增值税销售额,包括免税销售额)超过财政部、国家税务总局规定的小规模纳税人标准的企业和企业性单位。

年应税销售额未超过财政部、国家税务总局规定的小规模纳税人标准以及新开业的纳税人,可以向主管税务机关申请一般纳税人资格认定。对提出申请并且同时符合下列条件的纳税人,主管税务机关应当为其办理一般纳税人资格认定:①有固定的生产经营场所;②能够按照国家统一的会计制度规定设置账簿,根据合法、有效凭证核算,能够提供准确的税务资料。

下列纳税人不办理一般纳税人资格认定:①个体工商户以外的其他个人;②选择按照小规模纳税人纳税的非企业性单位;③选择按照小规模纳税人纳税的不经常发生应税行为的企业。

2. 一般纳税人的认定条件。

(1)会计核算健全,能够准确提供税务资料。

(2)预计年应税销售额达到以下标准:①从事生产货物或提供劳务,或以其为主,兼营货物批发或零售的纳税人,年应税销售额达到或超过 50 万元;②从事货物批发或零售的纳税人,年应税销售额达到或超过 80 万元;③提供服务、销售无形资产或不动产的纳税人,年应税服务销售额达到或超过 500 万元。

需要特别提醒的是,上述年应税销售额的计算期并不是按自然年度计算,如果纳税人在年度中间开业,需要跨年度计算销售额,只要在连续不超过 12 个月的经营期内累计应税销售额超过了上述标准,就要提出认定申请。

一般纳税人总、分支机构不在同一县(市)的,应分别向其机构所在地主管税务机关申请办理一般纳税人登记手续。

小规模纳税人会计核算健全,能够提供准确税务资料的,可以向主管税务机关申请一般纳税人登记管理。

想一想

1. 工商企业、交通运输业、建筑安装及服务业的一般纳税人认定标准有何不同？
2. 一般纳税人和小规模纳税人是否可以相互转换？

课后查阅资料

1. 请查阅《增值税一般纳税人资格认定管理办法》。

2. 请查阅《财政部 国家税务总局关于全面推开营业税改征增值税试点的通知》（财税〔2016〕36号）和《国家税务总局关于全面推开营业税改征增值税试点有关税收征收管理事项的公告》（2016年第23号）

3. 办理一般纳税人资格认定。

（1）基本规定。

增值税一般纳税人（简称一般纳税人）资格实行登记制，登记事项由增值税纳税人（简称纳税人）向其主管税务机关办理：①纳税人向主管税务机关填报《增值税一般纳税人资格登记表》，并提供税务登记证件（包括纳税人领取的由工商行政管理部门核发的加载法人和其他组织统一社会信用代码的营业执照）；②纳税人填报内容与税务登记信息一致的，主管税务机关当场登记；③纳税人填报内容与税务登记信息不一致，或者不符合填列要求的，税务机关应当场告知纳税人需要补正的内容。

纳税人年应税销售额超过财政部、国家税务总局规定标准（简称规定标准），且符合有关政策规定，选择按小规模纳税人纳税的，应当向主管税务机关提交书面说明。

个体工商户以外的其他个人年应税销售额超过规定标准的，不需要向主管税务机关提交书面说明。

（2）办理程序。

办税服务厅综合服务岗受理，即为登记。

根据《国家税务总局关于调整增值税一般纳税人管理有关事项的公告》（国家税务总局公告2015年第18号）的规定，纳税人年应税销售额超过规定标准的，在申报期结束后20个工作日内，按照公告第二条或第三条的规定办理相关手续；未按规定时限办理的，主管税务机关应当在规定期限结束后10个工作日内制作《税务事项通知书》，告知纳税人应当在10个工作日内向主管税务机关办理相关手续。

除财政部、国家税务总局另有规定外，纳税人自其选择的一般纳税人资格生效之日起，按照增值税一般计税方法计算应纳税额，并按照规定领用增值税专用发票。

特别提示

1. 纳税人在收到《税务事项通知书》后10日内向主管税务机关报送《增值税一般纳税人申请认定表》。如果纳税人逾期未报送，纳税人将受到按销售额依照增值税税率计算应纳税额，不得抵扣进项税额，也不得使用增值税专用发票的处罚。

2. 如果纳税人符合特定的条件，即属于个体工商户以外的其他个人，或者属于非企业性单位，包括行政单位、事业单位、军事单位、社会团体和其他单位，或者属于不经常发生应税行为的非增值税纳税人，应当在收到《税务事项通知书》后10日内向主管税务机关报送《不认定增值税一般纳税人申请表》。目前，我国实行增值税一般纳税人登记制度。按照规定，年应税销售额未超过小规模纳税人标准以及新开业的纳税人,可以向主管税务机关申请一般纳税人登记。如果纳税人有固定的生产经营场所,能够按照国家统一的会计制度规定设置账簿,根据合法、有效凭证核算,能够提供准确的税务资料,主管税务机关应当为其办理一般纳税人登记。

在实际经营中,由于一些纳税人的主要客户要求必须开具增值税专用发票,否则不接受服务和产品,这迫使部分小规模纳税人积极申请增值税一般纳税人登记。

增值税一般纳税人资格登记表如表1-1所示。

表1-1 增值税一般纳税人资格登记表

纳税人名称			纳税人识别号	
法定代表人 (负责人、业主)		证件名称及号码		联系电话	
财务负责人		证件名称及号码		联系电话	
办税人员		证件名称及号码		联系电话	
税务登记日期				
生产经营地址				
注册地址				
纳税人类别:企业□ 非企业性单位□ 个体工商户□ 其他□					
主营业务类别:工业□ 商业□ 服务业□ 其他□					
会计核算健全:是□					
一般纳税人资格生效之日:当月1日□ 次月1日□					

纳税人(代理人)承诺:
   上述各项内容真实、可靠、完整。如有虚假,愿意承担相关法律责任。
 	
     经办人: 法定代表人: 代理人:(签章)
                                          年 月 日					

以下由税务机关填写					
主管税务机 关受理情况	受理人:			主管税务机关(章) 年 月 日	

填表说明:
(1)本表由纳税人如实填写。
(2)表中"证件名称及号码"相关栏次,根据纳税人的法定代表人、财务负责人、办税人员的居民身份证、护照等有效身份证件及号码填写。
(3)表中"一般纳税人资格生效之日"由纳税人自行勾选。
(4)主管税务机关(章)指各办税服务厅业务专用章。
(5)本表一式二份,主管税务机关和纳税人各留存一份。

模拟实训 ▶▶▶

利用网中网税务会计软件,训练学生进行一般纳税人登记。

情境训练 ▶▶▶

【例1-4】 某增值税一般纳税人总、分支机构不在同一个市,总机构已申请办理了一般纳税人认定手续,其分支机构税务处理正确的是( )。

A. 在总机构所在地申请办理一般纳税人认定手续

B. 不必申请,自动被视为一般纳税人

C. 在临时销售地申请办理一般纳税人认定手续

D. 在分支机构所在地申请办理一般纳税人认定手续

【解析】 增值税一般纳税人总机构、分支机构不在同一个县市的,应分别向其机构所在地认定一般纳税人资格。所以,正确答案为D。

【例1-5】 下列各项中,符合增值税一般纳税人认定及管理有关规定的是( )。

A. 年应税销售额未超过小规模纳税人标准的企业,不得被认定为一般纳税人

B. 非企业性单位和不经常发生应税行为的企业,全部按小规模纳税人纳税,不得办理一般纳税人资格认定

C. 除国家税务总局另有规定外,纳税人一经认定为一般纳税人,不得转为小规模纳税人

D. 新认定为一般纳税人的小型商贸批发企业实行纳税辅导期管理的期限为6个月

【解析】 选项A,年应税销售额未超过小规模纳税人标准以及新开业的纳税人,可以向主管税务机关申请一般纳税人资格认定,对提出申请并符合一定条件的,主管税务机关应当为其办理一般纳税人资格认定。选项B,非企业性单位和不经常发生应税行为的企业,可以选择按小规模纳税人纳税,符合一定条件的,也可以认定为一般纳税人,并不是全部按小规模纳税人纳税。选项D,新认定为一般纳税人的小型商贸批发企业,实行纳税辅导期管理的期限为3个月,其他一般纳税人实行纳税辅导期管理的期限为6个月。所以,正确答案为C。

【例1-6】 下列纳税人中,税务机关不得为其办理一般纳税人认定的有( )。

A. 年销售额70万元的某商业企业

B. 无固定经营场所的某有限责任公司

C. 个体工商户

D. 选择按照小规模纳税人纳税的非企业性单位

E. 选择按照小规模纳税人纳税的不经常发生应税行为的企业

【解析】 (1)对提出申请并且同时符合下列条件的纳税人,主管税务机关应当为其办理一般纳税人资格认定:①有固定的生产经营场所;②能够按照国家统一的会计制度规定设置账簿,根据合法、有效凭证核算,能够提供准确的税务资料。

(2)下列纳税人不办理一般纳税人资格认定:①个体工商户以外的其他个人;②选择按照小规模纳税人纳税的非企业性单位;③选择按照小规模纳税人纳税的不经常发生应税行为的企业。所以,正确答案为B、D、E。

想一想 ▶▶▶

税务登记与工商登记有何不同?

二、发票管理

想一想 ▶▶▶

2016年2月,周某开了一家超市,销售居民生活用品。2月25日,周某办理了补充税务登记。3月8日,超市正式营业。2017年3月20日,当地国税稽查局进行纳税检查时,发现该超市一直未办理发票的领购业务,未使用正规发票,一直以销售小票进行销售结算。稽查局决定对该超市进行罚款行政处罚。请问稽查局对该超市的处罚合理吗?该超市应该怎样正确办理发票的领购和使用业务?

(一)发票的适用范围

发票是指在购销商品、提供或者接受服务以及从事其他经营活动中,开具、收取用以摘记经济业务活动的收付款凭证。它是确定经营收支行为发生的法定凭证,是会计核算的原始凭证,是购货合同的权益证明,是保护消费者合法权益的有效凭证。

1. 发票的分类。

常见的发票有三种,即增值税专用发票、普通发票和专业发票。三类发票的具体使用范围见表1-2。

表1-2 发票的适用范围

发票种类	适用范围
增值税专用发票、普通发票	●增值税专用发票只限于增值税一般纳税人领购使用,而增值税小规模纳税人和非增值税纳税人不得领购使用 ●增值税一般纳税人销售货物,提供加工、修理修配劳务和发生应税行为、运输劳务、建筑安装劳务、现代服务、生活服务,销售无形资产、不动产等,开具增值税专用发票、增值税普通发票、机动车销售统一发票、增值税电子普通发票
专业发票	专业发票可由政府主管部门自行管理,不应套印税务机关的统一发票监制章,也可以根据税收征管的要求纳入统一发票管理。主要使用的专业发票是指: ●国有金融、保险企业的存货、汇兑、转账凭证,保险凭证 ●国有邮政、电信企业的邮票、邮单、话务、电报收据 ●国有铁路、民用航空企业和交通部门、国有公路、水上运输企业的客票等

2. 发票的主管机关。

税务机关是发票的主管机关,负责发票印制、领购、开具、取得、保管、缴销的管理和监督。

想一想 ▶▶▶

1. 增值税专用发票与增值税普通发票有何区别?其适用范围是什么?
2. 发票的主管机关是哪个?

(二)发票的主要内容

发票一般包括:票头、字轨号码、联次及用途、客户名称、银行开户账号、货物或应税劳务、服务名称、规格型号、单位、数量、单价、金额、税率、税额以及大小写金额、开票人、收款人、单位印章、开票日期等。增值税普通发票如表1-3所示。

表1-3

（三）发票购买的程序

纳税人在领取税务登记证件后，应向主管税务机关提出领购发票申请，同时提供加载统一代码的营业执照副本或税务登记证副本，经办人身份证明原件及复印件（首次办理或经办人发生变化时提供），发票专用章印模（首次申请发票票种核定时提供）。主管税务机关在对纳税人的领购发票申请及有关证件进行审核后，发给"发票领购簿"。纳税人凭"发票领购簿"上核准的发票种类、数量及购票方式，向主管税务机关领购发票。发票领用后无使用时限，使用完毕，可在主管税务机关综合服务窗口办理发票验旧后再领取新发票（使用增值税发票系统升级版开具发票的纳税人无须办理发票验旧）。

增值税专用发票仅限于一般纳税人领购，小规模纳税人和非增值税一般纳税人不得领购。一般纳税人领购专用发票，首先要向主管税务机关提出申请，并提供营业执照副本，经办人身份证明，单位财务专用章或者发票专用章印模以及税务机关要求提供的其他证件资料，经县（市）税务机关审批后，由专用发票管理部门核发"发票领购簿"。纳税人凭"发票领购簿"、经办人身份证明，按照"发票领购簿"上核定的票面金额、数量和购票方式，到主管国税机关领购专用发票。

温馨提示 ▶▶▶

1. 增值税专用发票仅限于一般纳税人领购，小规模纳税人和非增值税一般纳税人不得领购。

2. 办税员证的办理流程：申请办证（提供身份证、照片等资料）→参加培训→核准办证→领取办税员证。

3. 购买发票时，需携带出示办税员证。

4. 对不需要办理税务登记临时需要使用发票的纳税人，如果向税务机关申请代开发票，税务机关对税法规定应当缴纳税款的，在开具发票的同时征税。

想一想 ▶▶▶

1. 纳税人应如何领购发票？

2."发票领购簿"的作用是什么?

3.纳税人领购普通发票与领购增值税专用发票的流程有何不同?

现场实训 ▶▶▶

与当地税务机关联系,带学生到税务机关的办税大厅进行企业领购发票的现场观摩和实训操作。

(四)发票的开具和保管

发票的开具是实现其使用价值、反映经济业务活动的重要环节,发票的保管是开具发票的重要保障。

1.发票的开具。

(1)开具发票的时限。

开具发票的单位和个人必须在发生经营业务,确认营业收入时开具发票。未发生经营业务,一律不准开具发票。同时,《增值税专用发票规定》也确定了发票开立的时限问题。这些规定同《企业会计准则》的规定精神基本一致。企业应当合理确认营业收入的实现,并将已实现的收入按时入账。企业应当在发出商品、提供劳务、同时收讫价款或者取得收取价款的凭据时确认营业收入。长期工程(包括劳务)合同,一般应当根据履约进度合理确认营业收入。税务机关在确定开具发票的时限时,应主要考虑:一是增值税、消费税等流转类税收法规、规章关于纳税义务发生时间的具体规定;二是财政部颁布的《企业会计准则》和《小企业会计准则》关于确认销售(营业)收入时间的规定等。

温馨提示 ▶▶▶

开具发票的单位和个人必须在发生经营业务,确认营业收入时开具发票。未发生经营业务,一律不准开具发票。

(2)开具发票的具体规定。

1)必须保持开具发票的真实性。发票必须如实开具。开具发票时,必须做到内容真实,全部联次内容完全一致。

2)必须保持开具发票的完整性。发票版面上的所有栏目,是为一定的税收和财务核算目的而设置的,如果随意省略不填,一方面不能满足一定的税收要求(如从量计征资源税、消费税),另一方面也容易产生漏洞,为不法分子违法犯罪提供方便。

3)必须保持开具发票的规范性。

i.购买方的填写规范。购买方的名称要写全称,不要写简称,更不要不写购买方。如购买方是××市保险公司,购买方栏就写上"××市保险公司",而不要写成"市保险公司"或"保险公司"。因为随着时间的推移,一旦该发票有问题,就会使人不知道是什么市的保险公司或者是哪个县、市等地的保险公司,造成由于购买方填写的不规范而产生差错。

ii.日期的填写规范。发票的日期是记载购销业务实际发生的时间,必须准确。不得昨日销货今天开票,或者今天销货后日开票,混淆销售时间。必须在销售行为发生的当天开出,不得提前或错后。

iii.货物或应税劳务、服务名称项目的填写规范。货物或应税劳务、服务名称项目的填写要准确,是什么商品就写什么商品,提供的是什么劳务、服务就写什么劳务、服务,绝不可按大类笼统地填写。如购买方买墨水、纸张、胶水、各种笔等,绝不可图省力省事笼统地写成文化用品。如果所购货物确实多而杂,一张发票按栏次逐项目填写确有困难,可将购买的几项主要商品(指付出金额较大)的具体名称写上,其他零星物品写成文化用品开具一张发票。在填写货物名称时,必须准确无误,不得买甲商品开成乙商品,变非法为合法,不得把 A 服务项目开成 B 服务项目,隐瞒事实真相,以假乱真。

ⅳ. 规格、单位、数量、单价的填写规范。发票的规格、单位、数量、单价是与销售商品即货物名称、劳务或服务项目相配套的。规格(型号)是所销货物的具体规格(型号);单位是所销货物或服务项目的计量单位,是箱则写箱,是件则写件;数量是指销售该商品计量单位的数量,单位与数量必须相符;单价则是每一件商品的单位价格或每个服务项目的收费标准。这四项内容是反映所销商品、劳务和服务项目具体面貌的,必须齐全地填写清楚,不得遗漏。只有这些项目填写清楚,才能便利票货核对入库,款项付出清楚,才有利于加强财务审查和税务机关进行税收监督。

ⅴ. 大小写金额的填写规范。大小写金额数目要符合规范,正确填写,大写金额不得乱造简化字。

大写金额数字一律用正楷字填写,如壹、贰、叁、肆、伍、陆、柒、捌、玖、拾、佰、仟、万、亿、圆、角、分、零、整等易于辨认不易涂改的字样;不得用一、二(两)、三、四、五、六、七、八、九、十、毛、另(或0)等字样代替,不得任意自造简化字。

大写金额数字到元或角为止的,在"元"或"角"字之后应写"整"或"正"字;大写金额数字有分的,分字后面不写"整"或"正"字。

大写金额数字前未印有人民币字样的,应加填"人民币"三字,"人民币"与金额数字之间不得留有空白。

小写金额阿拉伯数字应字迹清晰,不得连笔写。阿拉伯数字前面应写人民币符号"¥"。人民币符号"¥"与阿拉伯数字之间不得留有空白。凡阿拉伯数字前写有人民币符号"¥"的,数字后不再写"元"字。

所有以元为单位的阿拉伯数字,除表示单价等情况外,一律填写到角、分,无角、分的,角位和分位可写"00",或符号"—",有角无分的,分位应写"0",不得用符号"—"代替。

小写金额阿拉伯数字中间有"0"时,汉字大写金额要写"零"字,如¥101.50,汉字大写金额应写成人民币壹佰零壹圆伍角整。阿拉伯数字中间有几个"0"时,汉字大写金额中可以只写一个"零"字,如1004.56,汉字大写金额应写成人民币壹仟零肆圆伍角陆分。阿拉伯数字元位是"0"但角位不是"0"时,汉字大写金额可只写一个"零"字,也可不写"零"字,如¥1320.56,汉字大写金额应写成人民币壹仟叁佰贰拾圆零伍角陆分,或人民币壹仟叁佰贰拾圆伍角陆分,又如¥1000.56,汉字大写金额应写成人民币壹仟圆零伍角陆分,或人民币壹仟圆伍角陆分。如果发票大写金额栏已印明万、仟、佰、拾等字样,出现"0"时,仍应一一填上"零"字。

开具发票时,必须大小写金额填齐,不得只填小写金额,不填大写金额。

ⅵ. 开票人的填写规范。开票人必须认真填写其姓名或盖私章,不能不填或只填姓或名,或只填工号,这是分清责任的重要的一环。

ⅶ. 开票的字迹要规范。开票的字迹要书写清楚,容易辨认,汉字要写得端正清晰,切忌潦草,不得使用未经国家公布的简化字。

ⅷ.发票一般由收款方填开。发票要由依法领购发票的业户自己的经手人填开,不要"主随客便",让顾客自行填写,更不能不顾成交事实按顾客的非法要求填写,不得买小开大,给对方经济"实惠",借此手段拉生意。

ⅸ.开具发票时,必须加盖开票单位或业户财务印章或发票专用章。

ⅹ.不得重复开具发票。取得发票联的一方如丢失发票联,可向开具发票方申请出具曾于×年×月×日开具发票,说明购买方名称、购货或服务的单位数量、单价、规格、大小写金额、发票字轨号码等的书面证明,一律不重复开具发票,以免双方重复报账。

(3)移送空白发票的区域管理。发票限于领购单位和个人在本省、自治区、直辖市内开具,任何单位和个人未经批准,不得跨规定的使用范围携带、邮寄、运输空白发票。省级税务机关可以规定跨市、县开具发票的办法,凡符合规定的,就可以跨市(县)携带使用。

(4)红字发票管理。

只有发生销货退回办妥一定手续后,方可填开红字发票;发生销货折让,应在注销原发票后重新开具发票,不开具红字发票。

一笔买卖全部退货,又能取回原发票注明"作废",可以按实际销售额重新开具发票的,也不开具红字发票。

只有销货退回无法取回原发票注明"作废"的,在取得对方的有效证明,开票方确已将货物验收入库时,方可开具红字发票。

对增值税一般纳税人在销售货物并向购买方开具专用发票后,如发生退货或销售折让,应视不同情况分别按以下规定办理:①购买方在未付货款并且未作账务处理的情况下,须将原发票联和税款抵扣联主动退还销售方。销售方收到后,应在该发票联和税款抵扣联及有关的存根联、记账联上注明"作废"字样,作为扣减当期销项税额的凭证。属于销售折让的,销售方应按折让后的货款重开专用发票。②在购买方已付货款,或者货款未付但已作账务处理,发票联及抵扣联无法退还的情况下,购买方必须取得当地主管税务机关开具的进货退出或索取折让证明单(以下简称证明单)送交销售方,作为销售方开具红字专用发票的合法依据。销售方在未收到证明单以前,不得开具红字专用发票,收到证明单后,根据退回货物的数量、价款或折让金额向购买方开具红字专用发票。红字专用发票的存根联、记账联作为销售方扣减当期销项税额的凭证,其发票联、税款抵扣联作为购买方扣减进项税额的凭证。

购买方收到红字专用发票后,应将红字专用发票所注明的增值税额从当期进项税额中扣减。如不扣减,造成不纳税或少纳税的,属于偷税行为。

税务机关在税收检查中,已发现多起利用手续不全的红字发票套取现金、虚列成本偷税的案件,这应引起税务人员的高度重视。县以上税务机关如认为必要,也可公布规定,凡开具红字发票,必须由主管税务机关审查批准。

(5)发票开具的基本制度。

1)建立发票登记簿和定期向税务机关报告发票使用情况制度。税务机关应按规定,统一设计、印制发票登记簿和用票业户发票领、用、存报告表,以确保这一制度执行的规范性和统一性。

2)专人管票制度。税务机关应参照海关培训出口企业报关员的办法,对业户推荐的管票员进行严格培训和考核,考试合格的颁发管票员资格证。此项制度应与核发发票领购簿制度结合起来,避免重复工作。

3) 专人开具制度。一切用票单位和个人都应该指定专人开具发票。企业单位应由财会部门负责人开具发票,个体户应该由户主开具发票,税务所应当由发票管理员开具发票。

4) 集中开具制度。商业零售企业的特点是业务频繁、数额零星,销售对象大多为消费者个人。对销售者来说,大多采取实物负责制,经营额与开票额没有必然联系;对购货者来说,一般也无须发票报销记账。因此,如果每个柜台都配置发票,一是由于偶尔使用,容易产生疏忽,随意弃置柜台,造成发票的遗失被盗;二是由于柜台营业员多、素质参差不齐,容易产生擅自代开、赠送、买卖发票等行为。为了避免上述问题的发生,商业零售企业一般应实行集中开票,即由企业设立专门的开票者开具发票,柜台不配备发票,只配有《购物证明单》,如购买者索要发票,凭《购物证明单》向开票点补开发票。目前,商业企业(大型超市)普遍实行 POS 收银系统,均可以同时开具增值税普通发票(卷票)。自 2017 年 7 月 1 日起,纳税人可按照《中华人民共和国发票管理办法》及其实施细则的要求,书面向国税机关要求使用印有本单位名称的增值税普通发票(卷票),国税机关按规定确认印有该单位名称发票的种类和数量。纳税人通过新系统开具印有本单位名称的增值税普通发票(卷票)。印有本单位名称的增值税普通发票(卷票),由税务总局统一招标采购的增值税普通发票(卷票)中标厂商印制,其式样、规格、联次和防伪措施等与原有增值税普通发票(卷票)一致,并加印企业发票专用章。使用印有本单位名称的增值税普通发票(卷票)的企业,按照《国家税务总局财政部关于冠名发票印制费结算问题的通知》(税总发〔2013〕53 号)的规定,与发票印制企业直接结算印制费用。

5) 税务机关开具发票制度。基层税务机关应设立门市开票点。开票对象一般为以下五种:一是未领取营业执照的临时性经营者;二是不符合印制、领购发票条件的企业、单位和个体工商户;三是使用限额发票的个体户业务成交额超过限额,需要开具超限额发票者;四是外省(或外市、县)持有关税收证明到本地区经营的业户(如施工企业);五是对增值税小规模纳税人代开增值税专用发票。

温馨提示 ▶▶▶

1. 开具发票必须保持其真实性和完整性。

2. 只有发生销货退回办妥一定手续后,方可填开红字发票;发生销货折让的,应在注销原发票后重新开具发票,不开具红字发票。

3. 一笔买卖全部退货,又能取回原发票注明"作废"的,可以按实际销售额重新开具发票,也不开具红字发票。只有在销货退回无法取回原发票注明"作废"的,在取得对方的有效证明,开票方确已将货物验收入库时,方可开具红字发票。

想一想 ▶▶▶

1. 增值税一般纳税人在销售货物并向购买方开具专用发票后,如发生退货或销售折让,应该怎样正确处理?

2. 税务机关开具发票的对象有哪些?

3. 开具发票的规范有哪些?

模拟实训 ▶▶▶

提供给学生特定企业的经济业务资料,让学生在校内实训室模拟开具增值税专用发票和普通发票、红字发票。

现场实训 ▶▶▶

联系企业,带学生到企业财务部门,观摩和动手操作开具发票。

2. 发票的保管。

发票的保管要建章立制,设置台账,定期保存。已开具的发票存根联和发票登记簿应当保存5年,保存期满报经主管税务机关查验后销毁。增值税专用发票要设专人保管;放在保险柜内;设置领、用、存登记簿;取得的发票抵扣联应装订成册;未经批准,不得跨规定的区域携带、邮寄、运输空白的发票;禁止携带、邮寄、运输空白的发票出入国境。

(1) 空白发票的保管。

空白发票是指用票单位和个人向税务机关申请印制或者购买而未使用的发票。空白发票的保管,是发票保管最重要的环节,也是整个发票管理工作的一个重要方面。如果保管不善,发生遗失、被盗等现象,不但会扰乱正常的发票管理秩序,而且必将冲击经济管理秩序,给国家和企业带来损失。因此,空白发票的管理,必须建立严格的保管制度。

1) 税务机关要视具体条件全面实行发票的集中保管制度。由税务机关统一印制的各类通用发票和带有企业名头的发票,有条件的都可由税务机关集中保管。税务机关要设立专门的库房和橱柜,分类、分户、分柜存放企业的发票。企业领回的空白发票以一个月或一季的用量为宜,需用时,再向税务机关领购。税务机关要设立发票管理总账和明细分类账,对所有集中保管的发票都登记入账,做到账账相符、账表相符、账票相符。

2) 企业领回的空白发票,也要设立专柜进行保管。对税务机关没有条件实行发票集中保管的,订购、领购发票的企业,还应视具体情况,设立专库(柜)保管发票,确保发票安全,做到防盗、防失、防潮。

3) 税务机关以及用票单位和个人都要指定专人保管空白发票。领发空白发票,一律由发票管理员统一办理,其他人员不得替代,并要建立严格的发票领发制度。凡领发发票,首先必须由领用人提出申请,经发票管理员同意,注明领发发票的种类、数量、号码等,并须由领用人员签章。

4) 印刷厂和使用发票的单位以及税务机关的发票专用仓库,其设计、施工和日常安全管理,应照1990年4月公安部颁布的《仓库防火安全管理规则》执行。

(2) 作废发票的保管。

作废发票多种多样,对不同的作废发票,应当分别采取不同的管理办法。

1) 开具发票过程中出现的作废发票的管理。对由于开票人员工作失误或其他原因开错的发票,应当在发票上加盖"作废"戳记,并在电子开票系统中,做"作废"处理后,新开具发票。不得在开错的发票上涂改。开错的"作废"发票必须全部联次妥善保管,粘贴在原发票存根上,不得私自销毁,以备查核。

2) 政策调整或变化造成的作废发票的管理。税务机关实行发票统一换版或政策变化以后,一般规定一个过渡期,在过渡期内,新旧发票可以同时使用,到期后,旧版发票全部作废,由税务机关组织全面清理和收缴。此类发票应当在税务机关收缴完毕以后,指定专人集中保管,并登记清册,在经办人员和负责人签字后,统一销毁。

(3) 发票存根的保管。

用票单位和个人已使用过的发票的存根,也应妥善保管。发票存根一般保管期为5年,保存期满需要经税务机关查验后销毁。在保管期限内,任何单位和个人都不得私自销毁。

1) 税务机关对发票存根的保管。税务机关应当配备专柜,设置专账保管发票存根。对税务机关本身开具的发票存根,要分年限和种类进行保管;税务机关代用票单位和个人保管的发票存根要分年限、分行业、分经济性质、分户进行保管。

2) 用票单位和个人对发票存根的保管。用票单位和个人对已使用须自己保存的发票的存根,要分期、区分发票种类设立专柜进行保管,并按照税务机关的要求,及时报送发票存根。

温馨提示 ▶▶▶

1. 已开具的发票存根联和发票登记簿及账册应当保存5年。

2. 未经批准,不得跨规定的区域携带、邮寄、运输空白发票;禁止携带、邮寄、运输空白发票出入国境。

(4) 发票的缴销和销毁。

发票缴销是指用票单位和个人按照规定向税务机关上缴已使用或者未使用的发票;发票销毁是指由税务机关统一将自己或业户已使用或者未使用的发票进行销毁。发票缴销与发票销毁既有联系又有区别:发票销毁首先必须缴销,但缴销的发票不一定都要销毁。

1) 发票的缴销。

Ⅰ. 发票缴销的类型。

ⅰ. 用票单位和个人已使用的发票存根保管期满后,可向主管税务机关申请缴销。

ⅱ. 用票单位和个人发生合并、联营、分设、迁移、停业、歇业等事项时,应当在申报办理变更税务登记、注销税务登记的同时,对原来印制、购买的发票向各税务机关申请缴销。

ⅲ. 税务机关在统一实行发票换版、更换发票监制章等事项时,原来的发票使用期满以后,用票单位和个人应当将其登记造册、集中送税务机关缴销。

ⅳ. 用票单位和个人有严重违反税务管理和发票管理行为的,由税务机关将其发票予以收缴。

Ⅱ. 发票缴销的手续和程序。

ⅰ. 首先由用票单位和个人根据发票管理规定,说明缴销的依据和理由,从而编制详细的发票缴销清册,列清印制购领发票的年限、种类、号码、已使用发票和未使用发票情况,缴销发票的类别(比如是发票存根还是未使用发票)、种类、号码等,经财务负责人或分管厂长、经理等签章后,加盖用票单位公章,连同发票一并报送主管税务机关。

ⅱ. 主管税务机关在接到用票单位和个人报送的缴销发票申请报告及其要求缴销的发票后,应认真审查,分户分类登记,对符合规定者予以接受。发现问题应及时追查,依法处理。

ⅲ. 对依法应当缴销的发票,用票单位和个人既不能擅自销毁,也不能弃之不管、不报不缴,更不能违章使用或私自转让买卖。主管税务机关应监督用票单位和个人及时按规定缴销发票,以保障发票管理工作有秩序地进行。

2) 发票的销毁。

ⅰ. 用票单位和个人使用的发票存根,在其保管期满,依法缴销以后,凡未发现问题的,主管税务机关应及时予以销毁。

ⅱ.用票单位和个人由于发生合并、分设、联营、迁移、停业、歇业等行为缴销的空白发票,如发票冠以原企业单位名称或加盖原企业单位公章或财务专用章、发票专用章,而原企业已不存在的,应予销毁;但对其购买使用的通用发票,又未盖任何章戳,可以继续使用的,税务机关视具体情况在收缴后另行保管,并登记冲减原用票单位和个人购买发票的记录。

ⅲ.由于发票换版和更换发票监制章,原发票(指空白发票)在使用期满后统一作废,由税务机关在组织清理后,分户登记,集中销毁。

ⅳ.对涉及重大税务案件和经济案件的,在用票单位和个人缴销发票后,可作专门保管,适当延长保管期,暂不销毁。

想一想

发票的保管包括哪几种情况?应该注意什么问题?

课后查阅资料

1.请查阅新的《中华人民共和国发票管理办法》。

2.《增值税专用发票使用规定》。

3.发票丢失被盗处理。

增值税专用发票和普通发票丢失、被盗,应立即报告主管税务机关,并接受税务机关处罚。丢失、被盗增值税专用发票的,纳税人应在事发当日书面报告国税机关,并在《中国税务报》公开声明作废。

对丢失、被盗发票的处理,应注意以下问题:

(1)作废声明规范化。翻开报纸,不难发现不少业户遗失发票的作废声明很不规范:①没有说清丢失发票的全称;②只讲发票号码,讲字轨,等于把不该作废的同号码发票"作废"了;③没有讲明发票的金额位数。为了防止出现以上现象,县以上税务机关应监印统一格式的遗失声明,让业户"对号入座",填清楚有关重要事项;与有关新闻单位协商,对不使用规范格式的作废声明稿件和情况通报一律不予受理。

(2)建立必要的登记备案和情况通报制度。业户作废声明刊登或播出后,应将有关资料报送发票监制部门、专管员备查,并分类登记在案,供鉴定真伪发票时参考。丢失数量较多的大额商品销售发票,还要抄送有关税务(含进出口税收主管部门)及工商、公安等部门。

温馨提示

丢失、被盗增值税专用发票的,纳税人应在事发当日书面报告国税机关,并在《中国税务报》公开声明作废。

想一想

增值税专用发票和普通发票丢失、被盗应如何处理?

情境训练

【例1-7】《中华人民共和国发票管理办法》所称发票,是指在购销商品、提供或者接受服务以及从事其他经营活动中,开具、收取的(　　)。

A.报销凭证　　　　B.收付款凭证　　　C.收款凭证　　　D.税务凭证

【解析】《中华人民共和国发票管理办法》第三条规定,发票是指在购销商品、提供或者接受服务以及从事其他经营活动中,开具、收取的收付款凭证。所以,正确答案为 B。

【例 1-8】（　　）统一负责全国的发票管理工作。

A. 国务院 B. 财政部

C. 国务院税务主管部门 D. 财政部主管税务部门

【解析】根据《中华人民共和国发票管理办法》第四条的规定,国务院税务主管部门统一负责全国的发票管理工作。所以,正确答案为 C。

【例 1-9】登记一般纳税人一般应具备的条件有（　　）。

A. 会计核算健全,能够准确提供税务资料

B. 从事生产货物或提供劳务,或以其为主,兼营货物批发或零售的纳税人,年应税销售额达到或超过 50 万元

C. 从事货物批发或零售的纳税人,年应税销售额达到或超过 80 万元

D. 提供服务、销售无形资产或不动产的纳税人,年应税服务销售额达到或超过 500 万元

【解析】我国《增值税暂行条例》规定,以增值税年应税销售额及会计核算制度是否健全为主要标准,将增值税纳税人分为一般纳税人和小规模纳税人两类。登记一般纳税人一般应在会计核算健全,能够准确提供税务资料的同时,符合以下三条中的任一条:①从事生产货物或提供劳务,或以其为主,兼营货物批发或零售的纳税人,年应税销售额达到或超过 50 万元。②从事货物批发或零售的纳税人,年应税销售额达到或超过 80 万元。③提供服务、销售无形资产或不动产的纳税人,年应税服务销售额达到或超过 500 万元。

所以,正确答案为 A、B、C、D。

【例 1-10】一般纳税人丢失已开具专用发票的发票联和抵扣联,以下处理正确的有（　　）。

A. 如果丢失前未认证,直接凭销售方复印的记账联扫描认证通过,不需要税务机关出具证明

B. 如果丢失前已认证相符,购买方凭销售方提供的相应专用发票记账联复印件及销售方所在地主管税务机关出具的《丢失增值税专用发票已报税证明单》,经购买方主管税务机关审核同意后,可作为增值税进项税额的抵扣凭证

C. 如果丢失前未认证,购买方凭销售方提供的相应专用发票记账联复印件到主管税务机关进行认证。认证相符的,凭该专用发票记账联复印件及销售方所在地主管税务机关出具的《丢失增值税专用发票已报税证明单》,经购买方主管税务机关审核同意后,可作为增值税进项税额的抵扣凭证

D. 如果丢失前已认证相符,直接以销售方复印的记账联作为发票联和抵扣联,不需要税务机关出具证明

【解析】《增值税专用发票使用规定》(国税发〔2006〕156 号)第二十八条规定,如果丢失前已认证相符,购买方凭销售方提供的相应专用发票记账联复印件及销售方所在地主管税务机关出具的《丢失增值税专用发票已报税证明单》,经购买方主管税务机关审核同意后,可作为增值税进项税额的抵扣凭证。如果丢失前未认证,购买方凭销售方提供的相应专用发票记账联复印件到主管税务机关进行认证。认证相符的,凭该专用发票记账联复印件及

销售方所在地主管税务机关出具的《丢失增值税专用发票已报税证明单》，经购买方主管税务机关审核同意后，可作为增值税进项税额的抵扣凭证。所以，正确答案为 B、C。

【例 1-11】 不得开具增值税专用发票的情形有（ ）。
A. 向小规模纳税人销售应税项目　　　B. 销售报关出口货物
C. 将货物用于非应税项目　　　　　　D. 将货物用于集体福利或个人消费
E. 将货物用于投资入股

【解析】 《增值税专用发票使用规定》第四条规定，下列情形不得开具增值税专用发票：向消费者销售应税项目；销售免税项目；销售报关出口的货物、在境外销售应税劳务；将货物用于非应税项目；将货物用于集体福利或个人消费；将货物无偿赠送他人；提供非应税劳务（应当征收增值税的除外）；转让无形资产或销售不动产；向小规模纳税人销售应税项目，可以不开具专用发票。所以，正确答案为 B、C、D。

学习子情境 1.5　纳税核算概述

一、纳税核算的含义

纳税核算是指以税收法律法规为依据，以货币为主要计量单位，运用会计理论及其专门方法，核算和监督纳税人的涉税活动，参与税收筹划、税负预测、税收决策，实现依法纳税同时合理减轻税负的管理活动。纳税核算是整个会计核算的组成部分。

二、纳税核算与财务会计核算的区别

纳税核算与财务会计核算虽然都属于企业会计体系，但两者在会计主体、记账基础、核算前提、会计目标、会计对象、会计核算的法律依据和会计核算的基础等方面存在着一定的区别。

（一）区别

1. 核算目标不同。

纳税核算的目标主要是向国家税务机关等征税主体和企业管理部门提供纳税人纳税活动方面的信息；而财务会计核算的目标主要是向投资人、债权人、政府部门、企业管理者提供企业的财务状况、经营成果和现金流量等信息。

2. 核算对象不同。

纳税核算的对象是核算和监督纳税人的纳税活动所引起的资金运动和变化；财务会计核算的对象是核算和监督企业生产经营活动所引起的资金运动和变化，包括资金的投入、循环、周转、退出等过程。

3. 核算的法律依据不同。

纳税核算的法律依据，除《会计法》《会计准则》等法律法规外，更侧重于税收法律法规；财务会计核算的法律依据是《会计法》《会计准则》等法律法规。

4. 核算的基础不同。

纳税核算要兼顾财务会计准则和税收法规,综合考虑纳税主体的现实货币支付能力,因此,其核算基础是既要考虑权责发生制又要考虑收付实现制,同时还兼及两者的有机结合;财务会计核算要遵循《会计法》《会计准则》,强调提供信息的真实性和可靠性,因此,其核算基础是权责发生制。

(二)联系

纳税核算并不是独立于财务会计核算之外单独存在的,而是从财务会计核算中分离出来的。二者之间的联系主要体现在:企业只需要一套完整的会计凭证、账簿和报表,纳税核算不要求在企业财务会计的凭证、账簿、报表之外,再设一套会计凭证、账簿。而且,从会计机构的设置上看,中小企业也可以不专门设置纳税核算机构和专职纳税人员,纳税核算的职能由财务会计代为履行。平时只以财务会计尺度进行会计处理,当财务会计处理与税收法律法规存在差别时,再将财务会计资料按税法规定进行纳税调整,以满足纳税需要,并进行账务处理。也就是说,纳税核算资料来源于财务会计,它对财务会计与现行税法不符的事项或出于税务筹划目的需要调整的事项,按纳税核算方法计算、调整,并作调整会计分录,再融于财务会计账簿或报告之中。

三、纳税核算的目标

通过纳税核算,可以监督纳税人正确进行纳税核算,可以监督其依法履行纳税义务,保证国家财政收入正常足额入库。纳税人在纳税核算的过程中,可以依法合理选择纳税方案,科学进行纳税筹划,合理降低自身税负。同时,正确进行税务处理,可以最大限度地维护纳税人的合法权益。

四、纳税核算凭证、账簿管理

从事生产、经营的纳税人应当自领取营业执照或者发生纳税义务之日起 15 日内,按照国家有关规定设置账簿。

(一)纳税核算凭证、账簿的概念

纳税核算凭证是指纳税人、扣缴义务人用来记录经济业务,明确经济责任,并据以登记账簿的书面证明。纳税核算凭证分为原始凭证和记账凭证。

纳税核算账簿是指纳税人、扣缴义务人以会计凭证为依据,全面、连续、系统地记录各种涉税经济业务的账册或簿籍,包括总账、明细账、日记账及其他各种辅助账簿。企业核算税费一般不需要单独设置一套账证,可以直接利用财务会计日常核算的账证进行。

(二)税费核算凭证、账簿的设置

纳税人、扣缴义务人按照有关法律、行政法规和国务院财政、税务主管部门的规定设置账簿,根据合法、有效凭证记账,进行核算。但纳税人、扣缴义务人的实际情况不同,其核算税费的凭证与账簿设置的规定也有所区别。

(1)从事生产、经营的纳税人,应当自领取营业执照或者发生纳税义务之日起 15 日内,按照国家有关规定设置账簿。总账、日记账应当采用订本式。

（2）生产、经营规模小又确无建账能力的纳税人,可以聘请经批准从事会计代理记账业务的专业机构或者经税务机关认可的财会人员代为建账和办理账务;聘请上述机构或者人员有实际困难的,经县以上税务机关批准,可以按照税务机关的规定,建立收支凭证粘贴簿、进货销货登记簿或者使用税控装置。

（3）扣缴义务人应当自税收法律、行政法规规定的扣缴义务发生之日起10日内,按照所代扣、代收的税种,分别设置代扣代缴、代收代缴税款账簿。

（4）纳税人、扣缴义务人会计制度健全,能够通过计算机正确、完整计算其收入和所得或者代扣代缴、代收代缴税款情况的,其计算机输出的完整的书面会计记录,可视同会计账簿。纳税人、扣缴义务人会计制度不健全,不能通过计算机正确、完整计算其收入和所得或者代扣代缴、代收代缴税款情况的,应当建立总账及与纳税或者代扣代缴、代收代缴税款有关的其他账簿。

（三）税费核算凭证、账簿的保管

对已开具的发票存根和发票登记簿要妥善保管,保存期为5年,保存期满需要经税务机关查验后销毁。

纳税人、扣缴义务人必须按有关规定保管会计档案,对会计凭证、账簿、会计报表,以及完税凭证和其他有关纳税资料,应当保管10年,不得伪造、变造或者擅自销毁。

● 情境小结 ●

1. 税收的含义、特征及分类,税制要素,税收的一般原则。
2. 纳税筹划的目标、原则和方法,以及纳税申报的方式。
3. 涉税事务登记的程序,以及一般纳税人的税务登记方法。
4. 发票的种类,发票开具、保管的注意事项。

● 情境思考 ●

1. 什么是税收？税收具有哪些特征？税收应如何分类？
2. 简述税制要素的内容。
3. 税收的一般原则是什么？
4. 什么是纳税筹划？简述纳税筹划的特点、目标、原则和方法。
5. 什么是纳税申报？简述纳税申报的原则和方式。
6. 简述纳税申报的主体和期限。
7. 税款征收方式有哪些？
8. 企业如何缴纳税款？
9. 什么是涉税事务登记？其程序有哪些？
10. 如何办理一般纳税人税务登记？
11. 什么是发票？发票分为哪几类？
12. 发票如何购买、开具和保管？
13. 简述纳税核算的内容。

学习情境二

增值税核算与申报

● 工作任务和学习子情境 ●

工作任务
- 正确理解增值税的税制结构
- 正确确认和计算应税销售额和组成计税价格
- 正确计算一般纳税人的销项税额、进项税额和应纳税额
- 正确计算小规模纳税人的应纳税额
- 正确计算进口货物或劳务的应纳税额
- 正确理解出口货物及劳务的"免、抵、退"政策,计算出口货物及劳务的免抵退税额
- 正确填制一般纳税人和小规模纳税人增值税纳税申报表及其相关附表
- 正确进行一般纳税人和小规模纳税人增值税纳税申报
- 及时缴纳一般纳税人和小规模纳税人增值税税款
- 正确进行一般纳税人和小规模纳税人增值税会计核算

学习子情境
- 增值税核算与申报基础知识
- 增值税应纳税额的计算与会计核算
- 增值税纳税申报

● 职业能力目标 ●

专业能力
- 能够正确判断一般纳税人和小规模纳税人的认定标准及适用的税率
- 能够正确开具增值税专用发票、普通发票
- 能够正确审核增值税进项税专用发票、完税凭证和专用抵扣凭证
- 能够正确计算一般纳税人和小规模纳税人应纳税额
- 能够正确理解和计算"免、抵、退"增值税税额
- 能够正确填制一般纳税人增值税纳税申报表及其附表和小规模纳税人纳税申报表
- 能够正确进行增值税纳税申报和税款缴纳
- 能够正确进行增值税涉税业务的会计核算

社会能力和方法能力
- 能够与主管税务机关进行良好的沟通与协调,积极争取相关税务机关的理解、支持与协助
- 能够向单位领导、其他财会人员、采购、销售等相关人员宣传增值税政策法规,赢得理解和支持,并力争得到配合
- 培养爱岗敬业精神、团队协作能力和良好的职业素质与道德修养
- 能够根据工作任务和学习情境的需要查阅增值税税收及会计资料
- 能够清晰地梳理出增值税核算与申报的业务流程
- 能够利用网络资源自主学习和掌握增值税基础知识、发票管理、审核和核算、申报技能

重点和难点

重点
- 增值税的税制结构
- 一般纳税人和小规模纳税人应纳税额的计算和核算
- 进口货物和应税劳务应纳税额的计算和核算
- "免、抵、退"增值税税额的计算和核算
- 增值税一般纳税人和小规模纳税人增值税的申报和税款缴纳

难点
- 一般纳税人和小规模纳税人的认定
- 一般纳税人适用的税率及应纳税额的计算和核算
- 进口货物和应税劳务应纳税额的计算和核算
- "免、抵、退"增值税税额的计算和核算
- 增值税一般纳税人和小规模纳税人增值税的申报和税款缴纳

增值税核算与申报流程

认定纳税人类别(小规模纳税人或一般纳税人)→确定适用税率→计算应纳税额→填制纳税申报表及其附表→进行纳税申报→确定应纳税额→缴纳税款→进行增值税纳税账务处理

学习子情境2.1 增值税核算与申报基础知识

情境导入

江淮电气股份公司下设独立核算的具有法人资格的销售公司(增值税一般纳税人)和安装维修公司(增值税一般纳税人)。2017年5月,销售公司销售空调器取得不含税销售额1 800万元,购进原材料等货物,取得的增值税专用发票上注明的价款为860万元,增值税税额为146.2万元;安装维修公司取得安装收入240万元,维修收入150万元(开具普通发票),购入安装维修器材不含税价75万元,增值税税额为12.75万元,已取得增值税专用发票。已知:当月取得的发票均在当月认证并抵扣,所有款项均以银行存款支付。请计算该股份公司下设的两家公司2017年5月应缴纳多少增值税,并进行账务处理。

一、增值税的概念

(一)增值税的产生和发展

1917年,美国耶鲁大学经济学教授亚当斯(T. S. Adams)在国家税务学会《营业税》(*The Taxation of Business*)报告中首先提出了对增值额征税的概念,指出对营业毛利(销售额-进货额)的课税比对利润课税的公司所得额好得多。这里的"营业毛利"相当于工资薪金、租金、利息和利润之和,即相当于增值额。因此,他是提出增值税概念的第一人。1954年,时任法国税务局局长助理的莫里斯·洛雷积极推动法国增值税制的制定与实施,在法国首次确立并开征增值税,取得了成功。因此,莫里斯·洛雷也被誉为增值税之父。

由于增值税征税范围广泛,计税合理,能显著增加财政收入,因此,很快就在世界各国流行起来。目前,已有170多个国家和地区采用。我国于1979年开始选择了部分城市对农业

机具、机械等行业进行增值税的试点。1993年12月13日,国务院颁布《中华人民共和国增值税暂行条例》,构建起生产型增值税体系。2004年7月1日,增值税转型试点在东北三省的装备制造业等八大行业进行。2008年11月10日,国务院常务会议批准了"增值税转型的改革方案",决定将自1994年1月1日起施行的生产型增值税转变为消费型增值税,该方案于2009年1月1日起在全国施行。

2012年1月1日起,我国率先在上海实行交通运输业及部分现代服务业的营业税改征增值税试点改革。随后,北京市、天津市、江苏省、安徽省、浙江省(含宁波市)、福建省(含厦门市)、湖北省、广东省(含深圳市)自2012年9月1日起先后被纳入营业税改征增值税的试点地区。

经国务院批准,自2013年8月1日起,在全国范围内开展交通运输业和部分现代服务业营改增试点。自2014年1月1日起,铁路运输和邮政业也被纳入营业税改征增值税的试点。2014年6月1日,国务院将电信业纳入营业税改征增值税的试点范围。

2016年5月1日,国务院决定将试点范围扩大到建筑业、房地产业、金融业、生活服务业,并将所有企业新增不动产所含增值税纳入抵扣范围。

"营改增"试点工作自2012年1月1日启动,到2016年5月最终完成。

课后查阅资料 ▶▶▶

1. 增值税的起源。
2. 我国增值税的税制改革历史。

(二)增值税的概念

增值税是以单位和个人生产经营过程中取得的增值额为课税对象征收的一种税。

这里的单位,是指一切从事销售或进口货物、提供应税劳务和销售服务、无形资产、不动产的单位,包括企业、行政单位、军事单位、社会团体及其他单位。

这里的个人,是指一切从事销售或进口货物、提供应税劳务和销售服务、无形资产、不动产的个人,包括个体经营者和其他个人。

从理论上讲,增值额是企业在生产经营过程中新创造的那部分价值,即货物或劳务价值中"V+M"部分,在我国相当于净产值或国民收入部分;从一个生产经营单位来看,增值额是指该单位销售货物或提供劳务的收入额扣除为生产经营这种货物(包括劳务)而外购的那部分货物价款后的余额。

课后查阅资料 ▶▶▶

请查阅我国营业税改征增值税的范围、内容和实施时间。

想一想 ▶▶▶

我国现行的增值税是否存在重复征税的问题?

二、增值税的特点与类型

(一)增值税的特点

(1)税不重征。从理论上讲,增值税以增值额为计税基础。根据增值税的计算原则,在实际操作上采用的计算方法是:从事货物、服务、无形资产和不动产销售以及提供应税劳务的纳税人,要根据货物、服务、无形资产、不动产或应税劳务的销售额和适用税率计算税款,然后从中扣除上一环节已纳增值税款,其余为纳税人本环节应纳增值税税额。它体现的是按增值因素征税的原则,不存在重复征税的问题。

(2)道道征收,道道扣税。增值税作为流转税,是多环节征税,同时实行税款凭票抵扣制度。

(3)实行价外税。增值税不包含在商品、服务、无形资产、不动产或应税劳务的销售价格之中,按照我国《增值税暂行条例》的规定,纳税人销售商品、服务、无形资产、不动产或提供劳务的增值税在其售价之外单独计算,由销货方或劳务提供方向购买方或接受劳务方收取,并在发票上注明增值税款。

(4)税负转嫁。增值税采用价外计税,是间接税,是典型的转嫁税,企业只是增值税的缴纳者,消费者才是税款的最终负担者。另外,在零售环节出售商品和向消费者提供劳务时,新税法规定价格和税金不再分开标明,这符合我国群众的消费心理。

情境训练 ▶▶▶

【例2-1】 我国的增值税制度实行( )。
A. 价内征收 B. 价外征收
C. 多环节多次征收 D. 单一环节征收

【解析】 选项B、C符合增值税的特点。正确答案为B、C。

(二)增值税的类型

依据实行增值税的各个国家允许抵扣已纳税款的扣除项目范围大小,增值税可分为三种类型:

(1)生产型增值税。对纳税人外购的货物和应税劳务已纳的税金允许抵扣,而对固定资产所含的税金不予扣除。对整个社会而言,增值额相当于国民生产总值。

(2)收入型增值税。对纳税人外购的货物和应税劳务已纳的税金允许抵扣,而对固定资产所含的税金允许按当期折旧费分期扣除。对整个社会而言,增值额相当于国民收入。

(3)消费型增值税。对当期购入的包括固定资产在内的全部货物和应税劳务所含税金都予以抵扣。对整个社会而言,增值额只限于国民收入中用于消费资料的部分。

我国2009年1月1日之前基本实行的是生产型增值税。2009年1月1日增值税转型后,实行的是消费型增值税。

表2-1 增值税类型比较

增值税类型	特点	优点	缺点
生产型	课税基数大体相当于国民生产总值的统计口径,不允许扣除任何外购固定资产的价款,法定增值额>理论增值额	保证财政收入	对固定资产存在重复征税;不利于鼓励投资
收入型	课税基数相当于国民收入部分,外购固定资产价款只允许扣除当期计入产品价值的折旧费部分,法定增值额=理论增值额	一种标准的增值税	没有逐笔对应的外购凭证,计算存在难度
消费型(我国自2009年起全面实施)	课税基数仅限于消费资料价值的部分,允许将当期购入的固定资产价款一次全部扣除	凭票抵扣,便于操作管理,最能体现增值税优越性	购进固定资产的当期因扣除额大大增加而减少财政收入

三、增值税的纳税人

（一）增值税纳税人的含义

在中华人民共和国境内销售货物或者提供加工、修理修配劳务,销售服务、无形资产或者不动产,以及进口货物的单位和个人,为增值税的纳税人。

这里的单位,是指企业、行政单位、事业单位、军事单位、社会团体及其他单位。

这里的个人,是指个体工商户和其他个人。

单位以承包、承租、挂靠方式经营的,承包人、承租人、挂靠人(以下统称承包人)以发包人、出租人、被挂靠人(以下统称发包人)名义对外经营并由发包人承担相关法律责任的,以该发包人为纳税人。否则,以承包人为纳税人。

境外单位或个人在境内提供应税劳务,在境内未设有经营机构的,以其境内代理人为扣缴义务人;在境内没有代理人的,以购买方为扣缴义务人。

（二）增值税纳税人的管理

1. 增值税纳税人的划分标准。

为了简化增值税计算和征收,也有利于减少税收征管漏洞,我国以增值税年应税销售额及会计核算制度是否健全为主要标准,将增值税纳税人分为一般纳税人和小规模纳税人两类,二者在计税方法、凭证管理等方面有所不同。具体划分标准如表2-2所示。

表2-2 增值税纳税人划分标准

判定标准	小规模纳税人	一般纳税人
生产货物或提供劳务,或以其为主,兼营货物批发或零售的纳税人	年应税销售额在50万元(含)以下	年应税销售额在50万元以上
批发或零售货物的纳税人	年应税销售额在80万元(含)以下	年应税销售额在80万元以上
交通运输业、邮政业、电信业、建筑业、金融业、现代服务业、生活服务业、销售不动产、无形资产等纳税人应税服务年销售额在500万元以下的为小规模纳税人	年应税销售额在500万元(含)以下	年应税销售额在500万元以上

注意:

(1)年应税销售额:是指纳税人在连续不超过12个月的经营期内累计应征增值税销售额,包括免税销售额。

(2)经营期:是指在纳税人存续期内的连续经营期间,含未取得销售收入的月份。

(3)试点纳税人试点实施前年销售额=连续不超过12个月应税行为营业额合计÷(1+3%)。

(4)兼有销售货物、提供加工修理修配劳务以及应税服务的纳税人,应税货物及劳务销售额与应税服务销售额分别计算,分别适用增值税一般纳税人资格登记标准。

(5)特殊划分标准:①年应税销售额超过小规模纳税人标准的其他个人,按小规模纳税人纳税;②非企业性单位、不经常发生应税行为的企业。可选择按小规模纳税人纳税。

温馨提示▶▶▶

下列纳税人不办理一般纳税人资格认定:个体工商户以外的其他个人;选择按照小规模纳

税人纳税的非企业性单位;选择按照小规模纳税人纳税的不经常发生应税行为的企业。其中:可选择按小规模纳税人纳税的非企业性单位,必须有不经常发生应税行为的前提条件。

2. 小规模纳税人的管理。

年销售额在规定标准以下,并且会计核算不健全、不能按规定报送有关税务资料的增值税纳税人,按小规模纳税人管理——采用简易计税方法。

(1)销售货物、服务,提供应税劳务,以征收率全额计税,纳税人自己只能使用普通发票。

(2)购进货物或应税劳务、服务,即使取得增值税专用发票,也不得抵扣进项税。

3. 一般纳税人的管理。

(1)一般纳税人的认定见"学习子情境1.4 涉税事务管理"相关内容。

(2)一般纳税人的管理:

1)主管税务机关可以在一定期限内,对新认定为一般纳税人的小型商贸批发企业和国家税务总局规定的其他一般纳税人实行纳税辅导期管理。纳税辅导期管理的具体办法由国家税务总局另行制定。

2)除国家税务局另有规定外,纳税人一经认定为一般纳税人后,不得转为小规模纳税人。

3)已开业的小规模纳税人,当其年应税销售额超过小规模纳税人标准时,可以在次年1月底申请办理一般纳税人认定手续。

4)新开业的符合一般纳税人条件的企业(非商贸企业),应在办理税务登记的同时申请办理一般纳税人认定手续。税务机关对其预计年应税销售额超过小规模纳税人标准的,暂时认定为一般纳税人;其开业后实际年应税销售额未超过小规模纳税人标准的,应重新申请办理一般纳税人认定手续。

5)对于年应税销售额不低于30万元,并且会计核算健全(有称职的专职或兼职会计人员,有完整的会计账簿,能够准确核算进项税额、销项税额和应纳税额等)的小规模生产企业,可以认定为一般纳税人。

6)纳税人是总、分支机构并且实行统一核算的,其总机构年应税销售额超过小规模纳税人标准,但分支机构是商业企业(现为非从事货物生产或提供应税劳务)以外的其他企业,年应税销售额未超过小规模纳税人标准的,其分支机构可申请办理一般纳税人认定手续。在办理时,需提供总机构所在地主管税务机关批准其总机构为一般纳税人的证明(总机构申请认定表的影印件)。

7)有下列情况之一者,应当按照销售额和增值税税率计算应纳税额,不得抵扣进项税额,也不得使用增值税专用发票:①一般纳税人会计核算不健全,或者不能够提供准确税务资料的;②试点纳税人年销售额超过小规模纳税人年销售额标准,未申请一般纳税人资格认定的。

8)从事成品油销售的加油站,无论其年应税销售额是否超过80万元,一律认定为一般纳税人。

9)一般纳税人年审和临时一般纳税人转为正式一般纳税人的认定。为加强一般纳税人管理,在一般纳税人年审和临时一般纳税人转为正式一般纳税人的过程中,对已使用增值税防伪系统但年应税销售额未达到规定标准的一般纳税人,如会计核算健全,且未有下列情形之一者,不取消其一般纳税人资格:a. 虚开增值税专用发票或者偷、骗、抗税行为;b. 连续3个月未申报或者连续6个月纳税申报异常且无正当理由;c. 不按规定保管、使用增值税专用发票、税控装置,造成严重后果。

(3)"营业税改征增值税"一般纳税人资格认定的特别规定:①应税服务年销售额不超过500万元的原公路、内河货物运输业自开票纳税人可以不申请为一般纳税人。②因销售货物和提供加工修理修配劳务已被认定为一般纳税人,不需重新申请认定。③本省(市)提供公共交通运输服务(包括轮客渡、公交客运、轨道交通、出租车)的纳税人,其提供应税服务的年销售额超过500万元,可以选择按照简易计税方法计算缴纳增值税(特定应税服务)。④营改增试点实施前销售服务、无形资产或者不动产(以下简称应税行为)的年应税销售额超过500万元的试点纳税人,应向主管国税机关办理增值税一般纳税人资格登记手续。一般纳税人提供财政部和国家税务总局规定的特定应税服务,可以选择按照简易计税方法计税,但一经选择,36个月内不得变更。

温馨提示 ▶▶▶

除国家税务总局另有规定外,一经认定为一般纳税人后,不得转为小规模纳税人。

情境训练 ▶▶▶

【例2-2】 大成公司是一个从事食品生产的企业,预计不含税年销售额为45万元,该公司每年购进农产品金额为10万元,购进的其他原材料不含税的价格在30万元左右。该公司购进业务的增值税抵扣凭证齐全,会计核算健全。请根据上述资料,确定该公司是申请认定为小规模纳税人还是申请认定为一般纳税人更合理。

【解析】 如果申请认定为一般纳税人:

年应纳增值税税额 = $45 \times 17\% - (10 \times 11\% + 30 \times 17\%) = 1.45$(万元)

如果申请认定为小规模纳税人:

年应纳增值税税额 = $45 \times 3\% = 1.35$(万元)

1.35万元大于1.25万元,因此,该公司应选择申请认定为一般纳税人更合理。

课后查阅资料 ▶▶▶

1. 请查阅1994年以来,我国增值税一般纳税人认定标准的资料。
2. 请查阅现行新办商贸企业增值税一般纳税人的认定与管理办法。

想一想 ▶▶▶

一般纳税人和小规模纳税人在税收管理上有哪些区别?

模拟实训 ▶▶▶

利用会计多功能实训室办理增值税一般纳税人的认定。

四、增值税的纳税范围

(一)增值税的纳税范围的基本规定

自2016年5月1日全面营改增之后,增值税的纳税范围发生了相应的变化。按照现行《增值税暂行条例》的相关规定,凡在我国境内销售货物,进口货物或者提供加工、修理修配劳务,在境内销售服务、无形资产或者不动产等,均应缴纳增值税。

(1)在我国境内销售货物。销售货物是指有偿转让货物的所有权。这里的货物,特指有形动产,包括用于销售的产品、商品,以及电力、热力、气体。在我国境内销售货物是指销售的货物起运地或所在地在我国境内。

(2)进口货物。进口货物是指报关进入我国境内的货物。凡报关进口的应税货物,无论进口后是自用还是销售,除国家税务总局规定享受免税政策的货物外,均应在进口环节征收增值税。

(3)在境内提供加工、修理修配劳务。加工特指受托加工,即委托方提供原材料及主要材料,受托方按照委托方的要求制造货物并收取加工费的业务。修理修配特指受托对损伤和丧失功能的货物进行修复,使其恢复原状和功能的业务。在境内提供应税劳务是指所提供的应税劳务发生在我国境内。应当注意的是,单位或个体经营者聘用的员工为单位或雇主提供加工、修理修配劳务的,不包括在内。

(4)在境内销售服务、无形资产或者不动产。销售服务、无形资产或者不动产,是指有偿提供服务、有偿转让无形资产或者不动产。有偿,是指取得货币、货物或者其他经济利益。销售的服务是指"营改增"的应税服务,包括陆路运输服务、水路运输服务、航空运输服务、管道运输服务、邮政普遍服务、邮政特殊服务、其他邮政服务、基础电信服务、增值电信服务、研发和技术服务、信息技术服务、文化创意服务、物流辅助服务、有形动产租赁服务、鉴证咨询服务、广播影视服务、金融保险服务、生活服务等。但下列非营业活动除外:①非企业性单位按照法律和行政法规的规定,为履行国家行政管理和公共服务职能收取政府性基金或者行政事业性收费的活动;②单位或者个体工商户聘用的员工为本单位或者雇主提供应税服务;③单位或者个体工商户为员工提供应税服务;④财政部和国家税务总局规定的其他情形。

温馨提示

在境内销售服务、无形资产或者不动产,是指:①服务(租赁不动产除外)或者无形资产(自然资源使用权除外)的销售方或者购买方在境内;②所销售或者租赁的不动产在境内;③所销售自然资源使用权的自然资源在境内;④财政部和国家税务总局规定的其他情形。

情景训练

【例2-3】 按照现行增值税法的有关规定,下列各项应当征收增值税的是(   )。
A. 汽车的修配   B. 厂房的转让   C. 房屋的装修   D. 机器设备的修理

【解析】 按照现行增值税法的相关规定,凡在我国境内销售货物,进口货物或者提供加工、修理修配劳务,在境内销售服务、无形资产或者不动产等,均应缴纳增值税。因此,正确答案为 A、B、C、D。

(二)增值税纳税范围的特殊项目

(1)货物期货(包括商品期货和贵金属期货),应当在期货的实物交割环节征收增值税,交割时由期货交易所开具发票的,以期货交易所为纳税人。期货交易所增值税按次计算,其进项税额为该货物交割时供货会员单位开具的增值税专用发票上注明的销项税额,期货交易所本身发生的各种进项税额不得抵扣。

(2)银行销售金银的业务,应当征收增值税。

(3)典当业的死当物品销售业务和寄售业代委托人销售寄售物品的业务,均应征收增值税。

(4)缝纫业务,应征收增值税。

(5)基本建设单位和从事建筑安装业务的企业附设的工厂、车间生产的水泥预制构件、其他构件或建筑材料,用于本单位或本企业建筑工程的,在移送使用时,征收增值税。

(6)电力公司向发电企业收取的过网费,应当征收增值税。

(7)纳税人在资产重组过程中,通过合并、分立、出售、置换等方式,将全部或者部分实物资产以及与其相关联的债权、负债和劳动力一并转让给其他单位和个人,不属于增值税的征税范围。对其中涉及的货物转让,不征收增值税。

(8)纳税人提供的矿产资源开采、挖掘、切割、破碎、分拣、洗选等劳务,属于增值税应税劳务,应当缴纳增值税。

(三)增值税纳税范围的几种特殊行为

(1)视同销售行为。单位和个体工商户的下列行为,视同销售货物:①将货物交付他人代销;②销售代销货物;③设有两个以上机构并实行统一核算的纳税人,将货物从一个机构移送其他机构用于销售,但相关机构在同一县(市)的除外;④将自产或者委托加工的货物用于非增值税应税项目;⑤将自产、委托加工的货物用于集体福利或者个人消费;⑥将自产、委托加工或者购进的货物作为投资,提供给其他单位或者个体工商户;⑦将自产、委托加工或者购进的货物分配给股东或者投资者;⑧将自产、委托加工或者购进的货物无偿赠送给其他单位或者个人;⑨单位和个体工商户向其他单位或者个人无偿提供交通运输业和部分现代服务业服务,但以公益活动为目的或者以社会公众为对象的除外;⑩财政部和国家税务总局规定的其他情形。

视同销售服务、无形资产或者不动产项目有:①单位或者个体工商户向其他单位或者个人无偿提供服务,但用于公益事业或者以社会公众为对象的除外;②单位或者个体工商户向其他单位或者个人无偿转让无形资产或者不动产,但用于公益事业或者以社会公众为对象的除外;③财政部和国家税务总局规定的其他情形。

想一想▶▶▶

视同销售行为中,外购货物或应税劳务及服务的进项税额应该如何处理?

(2)混合销售行为。混合销售是指一项销售行为既涉及服务又涉及货物。销售货物和提供服务或劳务,二者之间是紧密相连的从属关系。对于混合销售行为,《营业税改征增值税试点实施办法》第四十条规定:①从事货物的生产、批发或者零售的单位和个体工商户的混合销售行为,按照销售货物缴纳增值税;②其他单位和个体工商户的混合销售行为,按照销售服务缴纳增值税。应当注意的是,从事货物的生产、批发或者零售的单位和个体工商户,包括以从事货物的生产、批发或者零售为主,并兼营销售服务的单位和个体工商户在内。

(3)兼营行为。兼营行为是指纳税人销售货物、劳务、服务、无形资产或者不动产,适用不同税率或者征收率的行为。纳税人同时从事应税货物、无形资产或者不动产销售、提供增值税应税劳务或应税服务之间没有紧密相连的从属关系的行为,应当认定为兼营行为。《营业税改征增值税试点实施办法》第三十九条规定,"纳税人兼营销售货物、劳务、服务、无形资产或者不动产,适用不同税率或者征收率的,应当分别核算适用不同税率或者征收率的销售额;未分别核算的,从高适用税率"。纳税人兼营不同税率的货物、应税劳务或服务,应按不同税率、不同类别或项目分别设账核算,有免税项目的,也应单独核算。若未分别核算或不能准确核算,则免税项目不得免税,应税项目税率从高。

(4)代购货物行为。凡代购货物行为,同时具备以下条件的,不征收增值税:①受托方不垫付资金；②销货方将发票开具给委托方，并由受托方将该项发票转交给委托方；③受托方按销售方实际收取的销售额与委托方结算货款，并另外收取手续费。不同时具备以上条件的，无论会计制度规定如何核算，均征收增值税。代理进口货物行为，属于代购货物行为，应按增值税代购货物的征税规定执行。

课后查阅资料▶▶▶

请查阅2016年5月1日起施行的《营业税改征增值税试点实施办法》（财税〔2016〕36号附件1）。

想一想▶▶▶

混合销售和兼营行为有何区别？

情境训练▶▶▶

【例2-4】 从事生产经营的单位和个人，有（　　）行为的，应视同销售货物。
A. 将自产、委托加工的货物用于集体福利和个人消费
B. 将自产、委托加工或购买的货物无偿赠送他人
C. 将自产、委托加工的货物用于非增值税应税项目
D. 将自产、委托加工的货物用于增值税应税项目

【解析】 视同销售行为是指会计上认为这些行为由于大多数不符合常规会计上的收入确认标准，不同于常规的收入；而税法认为，它们与销售行为类似，产生外部的经济利益或内部可以确认的价值增值，符合增值税的含义，需要缴纳增值税，并对其所获收益进行计量并缴纳所得税。因此，正确答案为A、B、C。

【例2-5】 根据《增值税暂行条例》的规定，下列行为应视同销售征收增值税的有（　　）。
A. 将自产的冰箱用于集体福利　　　　B. 将外购的服装作为春节福利发给企业员工
C. 将委托加工收回的卷烟用于赠送客户　D. 将新研发的玩具交付某商场代为销售

【解析】 选项B，将外购的货物用于职工福利，属于不得抵扣项目，不属于视同销售。正确答案为A、C、D。

【例2-6】 下列业务属于增值税混合销售的有（　　）。
A. 手机制造商销售手机，出租仓库
B. 软件厂销售软件并同时收取安装费、培训费
C. 房地产开发公司销售房产，转让自用过的二手车
D. 餐厅对现场餐饮消费的顾客销售香烟

【解析】 混合销售是指既涉及增值税应税货物，又涉及非增值税应税劳务的销售行为。销售货物和提供非增值税应税劳务行为，二者之间是紧密相连的从属关系。选项A、C属于兼营，因此，正确答案为B、D。

五、增值税税率和征收率

我国现行增值税税目及税率如表2-3所示。

表2-3 营改增后最新增值税税目税率表

纳税人	应税行为			具体范围	增值税税率
小规模纳税人	包括原增值税纳税人和营改增纳税人,从事货物销售,提供增值税加工、修理修配劳务,以及营改增各项应税服务,销售不动产、无形资产				征收率3%
原增值税纳税人	销售或者进口货物(另有列举的货物除外);提供加工、修理修配劳务				17%
	1. 粮食、食用植物油、鲜奶				11%
	2. 自来水、暖气、冷气、热气、煤气、石油液化气、天然气、沼气、居民用煤炭制品				
	3. 图书、报纸、杂志				
	4. 饲料、化肥、农药、农机(整机)、农膜				
	5. 国务院规定的其他货物				
	6. 农产品(指各种动、植物初级产品);音像制品;电子出版物;二甲醚;食用盐				
	出口货物				0%
一般纳税人	销售服务	交通运输服务	陆路运输服务	铁路运输服务	11%
				其他陆路运输服务	
			水路运输服务	程租业务	
				期租业务	
			航空运输服务	航空运输的湿租业务	
			管道运输服务	无运输工具承运业务	
		邮政服务	邮政普遍服务	函件	11%
				包裹	
			邮政特殊服务	邮政特殊服务	
			其他邮政服务	邮册等邮品销售、邮政代理等业务活动	
		电信服务	基础电信服务	基础电信服务	11%
			增值电信服务	增值电信服务	6%
		建筑服务	工程服务	工程服务	11%
			安装服务	安装服务	
			修缮服务	修缮服务	
			装饰服务	装饰服务	
			其他建筑服务	其他建筑服务	
		金融服务	贷款服务	贷款	6%
				融资性售后回租	

续表

纳税人	应税行为		具体范围		增值税税率
现代服务		直接收费金融服务	直接收费金融服务		
		保险服务	人身保险服务		
			财产保险服务		
		金融商品转让	金融商品转让		
			其他金融商品转让		
		研发和技术服务	研发服务		6%
			合同能源管理服务		
			工程勘察勘探服务		
			专业技术服务		
		信息技术服务	软件服务		6%
			电脑设计及测试服务		
			信息系统服务		
			业务流程管理服务		
			信息系统增值服务		
		文化创意服务	设计服务		6%
			知识产权服务		
			广告服务		
			会议展览服务		
		物流辅助服务	航空服务	航空地面服务	6%
				通用航空服务	
			港口码头服务		
			货运客运场站服务		
			打捞救助服务		
			装卸搬运服务		
			仓储服务		
			收派服务	收件服务	
				分拣服务	
				派送服务	
		租赁服务	融资租赁服务	有形动产融资租赁服务	17%

续表

纳税人	应税行为		具体范围		增值税税率
		经营租赁服务		不动产融资租赁服务	11%
				有形动产经营租赁服务	17%
				不动产经营租赁服务	11%
		鉴证咨询服务	认证服务		6%
			鉴证服务		
			咨询服务		
		广播影视服务	广播影视节目(作品)制作服务		6%
			广播影视节目(作品)发行服务		
			广播影视节目(作品)播映服务		
		商务辅助服务	商务辅助服务		6%
			经纪代理服务	货物运输代理服务	
				代理报关服务	
			人力资源服务		
			安全保护服务		
		其他现代服务	其他现代服务		6%
	生活服务	文化体育服务	文化服务		6%
			体育服务		
		教育医疗服务	教育服务		
			医疗服务		
		旅游娱乐服务	旅游服务		
			娱乐服务		
		餐饮住宿服务	餐饮服务		
			住宿服务		
		居民日常服务			
		其他生活服务			

续表

纳税人	应税行为		具体范围	增值税税率
销售无形资产	技术	专利技术		6%
		非专利技术		
	商标			
	著作权			
	商誉			
	其他权益性无形资产			
	自然资源使用权	海域使用权		11%
		探矿权		
		采矿权		
		取水权		
		其他自然资源使用权		
销售不动产	建筑物	土地使用权		11%
	构筑物			

温馨提示

1. 淀粉不属于农产品的范围,应按17%的税率征收增值税。

2. 铜砂矿及其精矿(非金属价值部分)、镍矿砂及其精矿(非黄金价值部分)、工业用盐、未焙烧的黄铁矿、石英、云母粉、天然硫酸钡(重晶石)等部分金属矿、非金属采选矿产品的增值税税率为17%。食用盐适用11%的低税率。

情境训练

【例2-7】 一般纳税人销售图书、钢材、化妆品、机械设备等货物,请问哪些适用11%的税率计征增值税?

【解析】 按照《增值税暂行条例》的规定,一般纳税人销售的图书适用11%的低税率计征增值税,其余均适用17%的税率计征。

六、增值税优惠政策

(一)增值税法定免税项目

增值税法定免税项目包括:

(1)农业生产者销售的自产农产品,指从事种植业、养殖业、林业、牧业、水产业的单位和个人销售的初级农业产品。

(2)避孕药品和用具。

(3)古旧图书,指向社会收购的古书和旧书。

(4)直接用于科学研究、科学试验和教学的进口仪器、设备。

(5)外国政府、国际组织无偿援助的进口物资和设备。

(6)由残疾人组织直接进口的供残疾人专用的物品。

(7)其他个人销售自己使用过的物品。

(8)承担粮食收储任务的国有粮食购销企业销售粮食。

(9)从事蔬菜批发、零售的纳税人销售的蔬菜(蔬菜罐头不免征)。

(10)血站供应给医疗机构的临床用血。

(11)非营利性医疗机构自产自用的制剂。

(12)营利性医疗机构3年内自产自用的制剂。

(13)铁路系统内部单位为本系统修理货车的业务。

(14)供热企业向居民个人供热而取得的采暖费。

(15)供电部门或企业在收取电价时一并向用户收取的农村电网维护费。

(16)生产销售免税饲料产品:单一大宗饲料、混合饲料、配合饲料、复合预混料、浓缩饲料(宠物饲料不免征)。

(17)对污水处理劳务免征增值税。污水处理是指将污水加工处理后符合GB18918-2002有关规定的水质标准的业务。

对销售下列自产货物的,实行免征增值税政策:

(1)再生水。再生水是指对污水处理厂出水、工业排水(矿井水)、生活污水、垃圾处理厂渗透(滤)液等水源进行回收,经适当处理后达到一定水质标准,并在一定范围内重复利用的水资源。再生水应当符合水利部《再生水水质标准》(SL368-2006)的有关规定。

(2)以废旧轮胎为全部生产原料生产的胶粉。胶粉的性能指标应当符合GB/T19208-2008的规定。

(3)翻新轮胎。翻新轮胎的性能指标应当符合GB7037-2007、GB14646-2007或者HG/T3979-2007的规定,且翻新轮胎的胎体100%来自废旧轮胎。

(4)生产原料中掺兑废渣比例不低于30%的特定建材产品。特定建材产品,是指砖(不含烧结普通砖)、砌块、陶粒、墙板、管材、混凝土、砂浆、道路井盖、道路护栏、防火材料、耐火材料、保温材料、矿(岩)棉。

(二)营改增过渡政策规定免征增值税项目

(1)托儿所、幼儿园提供的保育和教育服务。

(2)养老机构提供的养老服务。

(3)残疾人福利机构提供的育养服务。

(4)婚姻介绍服务。

(5)殡葬服务。

(6)残疾人员本人为社会提供的服务。

(7)医疗机构提供的医疗服务。

(8)从事学历教育的学校提供的教育服务。

(9)学生勤工俭学提供的服务。

(10)农业机耕、排灌、病虫害防治、植物保护、农牧保险以及相关技术培训业务,家禽、牲畜、水生动物的配种和疾病防治。

(11)纪念馆、博物馆、文化馆、文物保护单位管理机构、美术馆、展览馆、书画院、图书馆在自己的场所提供文化体育服务取得的第一道门票收入。

(12)寺院、宫观、清真寺和教堂举办文化、宗教活动的门票收入。

(13)行政单位之外的其他单位收取的符合《试点实施办法》第十条规定条件的政府性基金和行政事业性收费。

(14)个人转让著作权。

(15)个人销售自建自用住房。

(16)2018年12月31日前,公共租赁住房经营管理单位出租的公共租赁住房。

(17)台湾航运公司、航空公司从事海峡两岸海上直航、空中直航业务在大陆取得的运输收入。

(18)纳税人提供的直接或者间接国际货物运输代理服务。

(19)以下利息收入:①2016年12月31日前,金融机构农户小额贷款;②国家助学贷款;③国债、地方政府债;④中国人民银行对金融机构的贷款;⑤住房公积金管理中心用住房公积金在指定的委托银行发放的个人住房贷款;⑥外汇管理部门在从事国家外汇储备经营过程中,委托金融机构发放的外汇贷款;⑦统借统还业务中,企业集团或企业集团中的核心企业以及集团所属财务公司按不高于支付给金融机构的借款利率水平或者支付的债券票面利率水平,向企业集团或者集团内下属单位收取的利息。

(20)被撤销金融机构以货物、不动产、无形资产、有价证券、票据等财产清偿债务。

(21)保险公司开办的一年期以上人身保险产品取得的保费收入。

(22)下列金融商品转让收入:①合格境外投资者(QFII)委托境内公司在我国从事证券买卖业务;②香港市场投资者(包括单位和个人)通过沪港通买卖上海证券交易所上市A股;③对香港市场投资者(包括单位和个人)通过基金互认买卖内地基金份额;④证券投资基金(封闭式证券投资基金,开放式证券投资基金)管理人运用基金买卖股票、债券;⑤个人从事金融商品转让业务。

(23)金融同业往来利息收入。

(24)担保机构从事中小企业信用担保或者再担保业务取得的收入(不含信用评级、咨询、培训等收入)3年内免征增值税。

(25)国家商品储备管理单位及其直属企业承担商品储备任务,从中央或者地方财政取得的利息补贴收入和价差补贴收入。

(26)纳税人提供技术转让、技术开发和与之相关的技术咨询、技术服务。

(27)符合条件的合同能源管理服务。

(28)2017年12月31日前,科普单位的门票收入,以及县级及以上党政部门和科协开展科普活动的门票收入。

(29)政府举办的从事学历教育的高等、中等和初等学校(不含下属单位),举办进修班、培训班取得的全部归该学校所有的收入。

(30) 政府举办的职业学校设立的主要为在校学生提供实习场所，并由学校出资自办、由学校负责经营管理、经营收入归学校所有的企业，从事《销售服务、无形资产或者不动产注释》中"现代服务"（不含融资租赁服务、广告服务和其他现代服务）、"生活服务"（不含文化体育服务、其他生活服务和桑拿、氧吧）业务活动取得的收入。

(31) 家政服务企业由员工制家政服务员提供家政服务取得的收入。家政服务企业，是指在企业营业执照规定的经营范围中包括家政服务内容的企业。

(32) 福利彩票、体育彩票的发行收入。

(33) 军队空余房产租赁收入。

(34) 为了配合国家住房制度改革，企业、行政事业单位按房改成本价、标准价出售住房取得的收入。

(35) 将土地使用权转让给农业生产者用于农业生产。

(36) 涉及家庭财产分割的个人无偿转让不动产、土地使用权。

(37) 土地所有者出让土地使用权和土地使用者将土地使用权归还给土地所有者。

(38) 县级以上地方人民政府或自然资源行政主管部门出让、转让或收回自然资源使用权（不含土地使用权）。

(39) 随军家属就业。

特别提示

纳税人提供应税服务适用免税、减税规定的，可以放弃免税、减税，依照《增值税暂行条例》的规定缴纳增值税。放弃免税、减税后 36 个月不得再申请免税、减税。纳税人一经放弃免税权，其生产销售的全部增值税应税货物或劳务以及应税服务均应按照适用税率征税，不得选择某一免税项目而放弃免税权，也不得根据不同的销售对象选择部分货物以及应税服务放弃免税权。

纳税人在免税期内购进用于免税项目的货物或者应税劳务，以及应税服务所取得的增值税扣税凭证，一律不得抵扣。

情境训练

【例 2-8】 纳税人销售的下列项目中，（　　）属于增值税免税项目。

A. 古旧图书　　　　　　　　　　B. 农业生产者销售的自产农业产品
C. 企业销售的自己使用过的小汽车　D. 企业销售粮油

【解析】 按照《增值税暂行条例》的规定，古旧图书和农业生产者销售的自产农业产品属于增值税直接免税项目，因此，正确答案为 A、B。

（三）增值税起征点的规定

为贯彻落实国务院关于支持小型和微型企业发展的要求，《财政部 国家税务总局关于全面推开营业税改征增值税试点的通知》（财税〔2016〕36 号）规定：按期纳税的，增值税起征点为月销售额（服务额）5 000～20 000 元（含本数）；按次纳税的，增值税起征点为每次（日）销售额 300～500 元（含本数）。起征点的调整由财政部和国家税务总局规定。省、自治区、直辖市财政厅（局）和国家税务局应当在规定的幅度内，根据实际情况确定本地区适用的起征点，并报财政部和国家税务总局备案。

特别提示 ▶▶▶

增值税起征点适用于个体工商户及其他个人,不适用于认定为一般纳税人的个体工商户。个人提供应税服务的销售额未达到增值税起征点的,免征增值税;达到起征点的,全额计算缴纳增值税。

(四) 即征即退、先征后退(返)的规定

1. 纳税人销售下列符合条件的自产货物,实行增值税全额即征即退的政策:

(1)以工业废气为原料生产的高纯度二氧化碳产品。高纯度二氧化碳产品应当符合 GB10621-2006 的有关规定。

(2)以垃圾为燃料生产的电力或者热力。垃圾用量占发电燃料的比重不低于80%,并且生产排放达到 GB13223-2003 第1时段标准或者 GB18485-2001 的有关规定。这里所称垃圾,是指城市生活垃圾、农作物秸秆、树皮废渣、污泥、医疗垃圾。

(3)以煤炭开采过程中伴生的舍弃物油母页岩为原料生产的页岩油。

(4)以废旧沥青混凝土为原料生产的再生沥青混凝土。废旧沥青混凝土用量占生产原料的比重不低于30%。

(5)采用旋窑法工艺生产并且生产原料中掺兑废渣比例不低于30%的水泥(包括水泥熟料)。

(6)利用工业生产过程中产生的余热、余压生产的电力或热力。

(7)以餐厨垃圾、畜禽粪便、稻壳、花生壳、玉米芯、油茶壳、棉籽壳、三剩物、次小薪材、含油污水、有机废水、污水处理后产生的污泥、油田采油过程中产生的油污泥(浮渣),包括利用上述资源发酵产生的沼气为原料生产的电力、热力、燃料。

(8)以污水处理后产生的污泥为原料生产的干化污泥、燃料。

(9)以废弃的动物油、植物油为原料生产的饲料级混合油。

(10)以回收的废矿物油为原料生产的润滑油基础油、汽油、柴油等工业油料。

(11)以油田采油过程中产生的油污泥(浮渣)为原料生产的乳化油调和剂及防水卷材辅料产品。

(12)以人发为原料生产的档发。

(13)上海期货交易所会员、客户或上海黄金交易所会员单位通过上海期货交易所或上海黄金交易所销售标准黄金,发生实物交割的,由税务机关按照实际成交价格代开增值税专用发票,并实行增值税即征即退政策。

(14)纳税人销售软件产品并随同销售一并收取的软件安装费、维护费、培训费等收入。

2. 营业税改征增值税后,注册在洋山保税港区内试点纳税人提供的国内货物运输服务、仓储服务和装卸搬运服务,实行即征即退政策。

3. 纳税人销售下列符合条件的自产货物、提供劳务或服务,实行增值税限额即征即退的政策:

(1)对安置残疾人的单位,符合一定条件的,实行由纳税机关按单位实际安置残疾人的人数,限额即征即退增值税。对于"营改增"的企业,上述政策仅适用于从事原营业税"服务业"税目(广告服务除外)范围内业务取得的收入占其增值税和营业税业务合计收入的比例

达到50%的单位。享受增值税优惠政策单位的条件、定义、管理要求等,按照《财政部国家税务总局关于促进残疾人就业税收优惠政策的通知》(财税〔2007〕92号)中的有关规定执行。

(2)"营改增"的试点纳税人中的一般纳税人提供管道运输服务,对其增值税实际税负超过3%的部分实行增值税即征即退政策。

(3)经中国人民银行、银监会、商务部批准经营融资租赁业务的"营改增"试点纳税人中的一般纳税人提供有形动产融资租赁服务,对其增值税实际税负超过3%的部分实行增值税即征即退政策。

(4)对增值税一般纳税人销售其自行开发生产或将进口的软件进行转换等本地化改造的软件产品,按17%的法定税率征收增值税后,对其增值税实际税负超过3%的部分实行即征即退政策。

(5)对飞机维修劳务增值税实际税负超过6%的部分实行即征即退政策。

(6)已进行资格备案符合条件的一般纳税人销售其自行开发生产的动漫产品,按17%的法定税率征收增值税后,增值税实际税负超过3%的部分,可以享受增值税即征即退优惠政策。纳税人应提出申请,主管税务机关按规定办理。

(7)装机容量超过100万千瓦的水力发电站销售自产电力产品,对其增值税实际税负超过8%的部分实行即征即退政策。

(8)对销售下列自产货物实现的增值税实行即征即退50%的政策:①以退伍军用发射药为原料生产的涂料硝化棉粉。退役军用发射药在生产原料中的比重不低于90%。②对燃煤发电厂及各类工业企业产生的烟气、高硫天然气进行脱硫生产的副产品。副产品是指石膏(其二水硫酸钙含量不低于85%)、硫酸(其浓度不低于15%)、硫酸铵(其总氮含量不低于18%)和硫黄。③以废弃酒糟和酿酒底锅水为原料生产的蒸汽、活性炭、白炭黑、乳酸、乳酸钙、沼气。废弃酒糟和酿酒底锅水在生产原料中所占的比重不低于80%。④以煤矸石、煤泥、石煤、油母页岩为燃料生产的电力和热力。煤矸石、煤泥、石煤、油母页岩用量占发电燃料的比重不低于60%。⑤利用风力生产的电力。⑥部分新型墙体材料产品。具体范围按《享受增值税优惠政策的新型墙体材料目录》执行。⑦自2016年1月1日至2018年12月31日,对纳税人销售自产的利用太阳能生产的电力产品,实行增值税即征即退50%的政策。

4.对销售自产的综合利用生物柴油实行增值税先征后退政策。综合利用生物柴油是指以废弃的动物油和植物油为原料生产的柴油。废弃的动物油和植物油用量占生产原料的比重不低于70%。

温馨提示 ▶▶▶

1.先征后返:指税务机关正常将增值税征收入库,然后由财政机关按税收政策规定审核并返还企业所缴入库的增值税,返税机关为财政机关。如对数控机床产品实行增值税先征后返政策。

2.即征即退:指税务机关将应征的增值税征收入库后,即时退还,时间较短,退税机关为税务机关。如黄金交易所会员单位销售标准黄金。

3.先征后退:指税款先入国库,达到一定条件才能退还,而且不一定是全额退回,和即征即退在时间上有差异。

4. 免税：指按照税法规定，对某些项目可以直接免予征税。

课后查阅资料 ▶▶▶

请查阅 2016 年 5 月 1 日以后的增值税优惠政策。

七、增值税专用发票的使用和管理

（一）增值税发票开具的基本规定

《中华人民共和国发票管理办法》规定：销售商品、提供服务以及从事其他经营活动的单位和个人，对外发生经营业务收取款项，收款方应当向付款方开具发票；特殊情况下，由付款方向收款方开具发票。所有单位和从事生产、经营活动的个人在购买商品、接受服务以及从事其他经营活动支付款项，应当向收款方取得发票。取得发票时，不得要求变更品名和金额。开具发票应当按照规定的时限、顺序、栏目，全部联次一次性如实开具，并加盖发票专用章。任何单位和个人不得有下列虚开发票行为：为他人、为自己开具与实际经营业务情况不符的发票；让他人为自己开具与实际经营业务情况不符的发票；介绍他人开具与实际经营业务情况不符的发票。

一般纳税人销售货物或者提供应税劳务，应向购买方开具专用发票。增值税小规模纳税人需要开具专用发票的，可向主管税务机关申请代开。销售免税货物或劳务、服务不得开具专用发票，法律、法规及国家税务总局另有规定的除外。

专用发票应按下列要求开具：①项目齐全，与实际交易相符；②字迹清楚，不得压线、错格；③发票联和抵扣联加盖财务专用章或者发票专用章；④按照增值税纳税义务的发生时间开具。

对不符合上列要求的专用发票，购买方有权拒收。

自 2016 年 5 月 1 日起，纳入新系统推行范围的营改增纳税人及新办增值税纳税人，应使用新系统选择相应的编码开具增值税发票。税收编码分为税收分类编码和企业自定义代码。企业自定义代码由 10 层 20 位数字构成。税收分类编码以统计部门的产品代码和国民经济行业代码为基础，涵盖包括本次营改增试点征收品目在内的所有增值税征收范围。

货物和劳务分类编码表由税务总局统一维护，未经同意，任何人不得变动。纳税人不得修改目前税务总局已有的编码，允许纳税人自行修改的编码，只能是在现有商品和服务分类再细分的情况下，在已有编码基础上增加下一层编码，纳税人自行增加的编码为系统自动赋码，如：包装饮用水（103030704），纳税人可以在这个基础上增加为 10303070401 和 10303070402，分别代表农夫山泉和雀巢纯净水。税务机关做后期开票量统计分析时，按照"纳税人识别号＋税务总局编码＋纳税人增加编码"为要素采集并统计数据。除特殊纳税人可以按汇总项开票外，其他纳税人在开票时均不允许按上一级代码开具发票。

（二）发票的使用

（1）增值税一般纳税人销售货物、提供加工修理修配劳务和应税行为，使用增值税发票管理新系统（以下简称新系统）开具增值税专用发票、增值税普通发票、机动车销售统一发票、增值税电子普通发票。

（2）增值税小规模纳税人销售货物、提供加工修理修配劳务月销售额超过 3 万元（按季纳税9万元),或者销售服务、无形资产月销售额超过3万元(按季纳税9万元),使用新系统开具增值税普通发票、机动车销售统一发票、增值税电子普通发票。

(3)增值税普通发票(卷式)启用前,纳税人可通过新系统使用国税机关发放的现有卷式发票。

(4)门票、过路(过桥)费发票、定额发票、客运发票和二手车销售统一发票继续使用。

(5)采取汇总纳税的金融机构,省、自治区所辖地市以下分支机构可以使用地市级机构统一领取的增值税专用发票、增值税普通发票、增值税电子普通发票;直辖市、计划单列市所辖区县及以下分支机构可以使用直辖市、计划单列市机构统一领取的增值税专用发票、增值税普通发票、增值税电子普通发票。

(6)国税机关、地税机关使用新系统代开增值税专用发票和增值税普通发票。代开增值税专用发票使用六联票,代开增值税普通发票使用五联票。

(7)自2016年5月1日起,地税机关不再向试点纳税人发放发票。试点纳税人已领取地税机关印制的发票以及印有本单位名称的发票,可继续使用至2016年6月30日,特殊情况经省国税局确定,可适当延长使用期限,最迟不超过2016年8月31日。

纳税人在地税机关已申报营业税未开具发票,2016年5月1日以后需要补开发票的,可于2016年12月31日前开具增值税普通发票(税务总局另有规定的除外)。

(三)增值税发票的开具范围

纳税人的经营业务日趋多元化,在主营范围以外也会发生其他属于增值税应税范围的经营活动。所以,纳税人自行开具增值税发票或向税务机关申请代开增值税发票时,不受其营业执照中的营业范围限制,只要发生真实的应税业务,均可开具增值税发票。

(四)不得开具增值税专用发票的规定

商业企业一般纳税人零售的烟、酒、食品、服装、鞋帽(不包括劳保专用部分)、化妆品等消费品不得开具专用发票。

销售免税货物不得开具专用发票,法律、法规及国家税务总局另有规定的除外。

(五)丢失发票的处理

使用发票的单位和个人应当妥善保管发票。发生发票丢失情形时,应当于发现丢失当日书面报告税务机关,并登报声明作废。

(六)商业(销售)折扣的开票处理

《国家税务总局关于印发〈增值税若干具体问题的规定〉的通知》(国税发〔1993〕154号)第二条第(二)项规定:"纳税人采取折扣方式销售货物,如果销售额和折扣额在同一张发票上分别注明的,可按折扣后的销售额征收增值税。""纳税人采取折扣方式销售货物,销售额和折扣额在同一张发票上分别注明"是指销售额和折扣额在同一张发票上的"金额"栏分别注明的,可按折扣后的销售额征收增值税。未在同一张发票"金额"栏注明折扣额,而仅在发票的"备注"栏注明折扣额的,折扣额不得从销售额中减除。

因此,发生商业折扣时,销售额和折扣额一定要在同一张发票上的"金额"栏分别注明。

(七)红字发票的开具

(1)增值税一般纳税人开具增值税专用发票(以下简称专用发票)后,发生销货退回、开票有误、应税服务中止等情形但不符合发票作废条件,或者因销货部分退回及发生销售折让,需要开具红字专用发票的,按以下方法处理:

1)购买方取得专用发票已用于申报抵扣的,购买方可在新系统中填开并上传"开具红字增值税专用发票信息表"(以下简称信息表)。在填开信息表时,不填写相对应的蓝字专用发票信息,应暂依信息表所列增值税税额从当期进项税额中转出,待取得销售方开具的红字专用发票后,与信息表一并作为记账凭证。

购买方取得专用发票未用于申报抵扣、但发票联或抵扣联无法退回的,购买方填开《信息表》时应填写相对应的蓝字专用发票信息。

销售方开具专用发票尚未交付购买方,以及购买方未用于申报抵扣并将发票联及抵扣联退回的,销售方可在新系统中填开并上传信息表。销售方填开信息表时,应填写相对应的蓝字专用发票信息。

2)主管税务机关通过网络接收纳税人上传的信息表,系统自动校验通过后,生成带有"红字发票信息表编号"的信息表,并将信息同步至纳税人端系统中。

3)销售方凭税务机关系统校验通过的信息表开具红字专用发票,在新系统中以销项负数开具。红字专用发票应与信息表一一对应。

4)纳税人也可凭信息表电子信息或纸质资料到税务机关对信息表内容进行系统校验。

(2)税务机关为小规模纳税人代开专用发票,需要开具红字专用发票的,按照一般纳税人开红字专用发票的方法处理。

(3)纳税人需要开具红字增值税普通发票的,可以在所对应的蓝字发票金额范围内开具多份红字发票。红字机动车销售统一发票需与原蓝字机动车销售统一发票一一对应。

(八)差额征税开票处理

财税〔2016〕36号《财政部 国家税务总局关于全面推开营改增试点的通知》附件2《营业税改征增值税试点有关事项的规定》规定:试点纳税人提供有形动产融资性售后回租服务,向承租方收取的有形动产价款本金,不得开具增值税专用发票,可以开具普通发票。试点纳税人提供旅游服务,可以选择以取得的全部价款和价外费用,扣除向旅游服务购买方收取并支付给其他单位或者个人的住宿费、餐饮费、交通费、签证费、门票费和支付给其他接团旅游企业的旅游费用后的余额为销售额。选择上述办法计算销售额的试点纳税人,向旅游服务购买方收取并支付的上述费用,不得开具增值税专用发票,可以开具普通发票。

按照现行政策规定,适用差额征税办法缴纳增值税,且不得全额开具增值税发票的(财政部、税务总局另有规定的除外),纳税人自行开具或者税务机关代开增值税发票时,通过新系统中差额征税开票功能,录入含税销售额(或含税评估额)和扣除额,系统自动计算税额和不含税金额,备注栏自动打印"差额征税"字样,发票开具不应与其他项目混开。

例如:某纳税人销售商品房适用差额征税。含税销售额100万元,扣除额80万元,征收率5%。

增值税额 = (1 000 000 - 800 000) × 5%/(1 + 5%) = 9 523.81(元)

销售金额 = 1 000 000 - 9 523.81 = 990 476.19(元)

(九)试点小规模纳税人自开增值税专用发票的规定

试点纳税人提供住宿服务、销售货物或发生其他应税行为,需要开具专用发票的,可以通过增值税发票管理新系统自行开具,主管国税机关不再为其代开。

试点范围限于全国91个城市(名单见国家税务总局公告2016年第44号附件)月销售额超过3万元(或季销售额超过9万元)的住宿业增值税小规模纳税人(以下简称试点纳税人)。

(十)税务机关代开发票

(1)按照《营改增委托地税机关代征税款和代开增值税发票的公告》(国家税务总局公告2016年第19号)、《国家税务总局关于营业税改征增值税委托地税局代征税款和代开增值税发票的通知》(税总发〔2016〕145号)的有关规定,为保证"营改增"工作平稳顺利地开展,方便纳税人办税,明确部分业务由地税机关负责代开增值税发票。小规模纳税人销售取得的不动产以及其他个人出租不动产,购买方或承租方不属于其他个人,纳税人缴纳增值税后,可以申请地税局代开增值税专用发票。不能自开增值税普通发票的小规模纳税人销售取得的不动产,以及其他个人出租不动产,可以申请地税局代开增值税普通发票。

(2)按照《纳税人跨县(市、区)提供建筑服务增值税征收管理暂行办法》的有关规定:小规模纳税人跨县(市、区)提供建筑服务,不能自行开具增值税发票的,可向建筑服务发生地主管国税机关按照其取得的全部价款和价外费用申请代开增值税发票。

(3)按照《纳税人提供不动产经营租赁服务增值税征收管理暂行办法》的有关规定,小规模纳税人中的单位和个体工商户出租不动产,不能自行开具增值税发票的,可向不动产所在地主管国税机关申请代开增值税发票。

(十一)取消增值税发票认证的规定

增值税发票认证是指通过增值税发票税控系统对增值税发票所包含的数据进行识别、确认。纳税人通过增值税发票税控系统开具发票时,系统会自动将发票上的开票日期、发票号码、发票代码、购买方纳税人识别号、销售方纳税人识别号、金额、税额等要素,经过加密形成防伪电子密文打印在发票上。认证时,税务机关利用扫描仪采集发票上的密文和明文图像,或由纳税人自行采集发票电子信息传送至税务机关,通过认证系统对密文解密还原,再与发票明文进行比对,比对一致则通过认证。

税务总局发布的《国家税务总局关于纳税信用A级纳税人取消增值税发票认证有关问题的公告》(国家税务总局公告2016年第7号),决定自2016年3月1日起对纳税信用A级增值税一般纳税人取消增值税发票认证,纳税人取得销售方使用增值税发票系统升级版开具的增值税发票(包括增值税专用发票、货物运输业增值税专用发票、机动车销售统一发票,下同),可以不再进行扫描认证,通过增值税发票税控开票软件登录本省增值税发票查询平台,可以查询、选择用于申报抵扣或者出口退税的增值税发票信息。增值税发票查询平台的登录地址由各省国税局确定并公布。纳税人取得增值税发票,通过增值税发票查询平台未查询到对应发票信息的,仍可进行扫描认证。

为保障"营改增"顺利实施,有效缓解大厅压力,减轻纳税人负担,税务总局决定,自2016年5月1日起,扩大取消增值税发票认证的纳税人范围,纳税信用B级增值税一般纳税人取消发票认证,此次新纳入"营改增"试点的增值税一般纳税人,2016年5月至7月期间取消增值税发票认证,8月起按照纳税信用等级分别适用发票认证的有关规定。

课后查阅资料 ▶▶▶

请查阅国家税务总局关于修订《增值税专用发票使用规定》(国税发〔2006〕156 号)的通知。

想一想 ▶▶▶

1. 开具专用发票后发生退货或销售折让应该如何处理？
2. 对收到的增值税专用发票，应该如何正确审核和认证？

情境训练 ▶▶▶

【例 2-9】 徽商公司于 2017 年 5 月 6 日销售一批货物给黄山公司，开具专用发票后发生退货。如果你是徽商公司的税务会计人员，该如何处理才能冲减收入和销项税额？

【解析】 根据上述材料，徽商公司的税务会计人员必须分两种情况进行处理，方可冲减收入和销项税额。

第一种情况：在黄山公司未付款并且未认证也未入账的情况下，必须收到黄山公司退回原专用发票的发票联和抵扣联，符合作废条件的，按作废处理。作废专用发票须在防伪税控系统中将相应的数据电文按"作废"处理，在纸质专用发票(含未打印的专用发票)各联次上注明"作废"字样，全联次留存。然后，冲减收入和销项税额。

第二种情况：在黄山公司已收付货款，或者货款虽未付但已认证或已入账的情况下，必须收到黄山公司所在地主管税务机关开具的证明单，开具红字专用发票，依据红字专用发票冲减收入和销项税额。

学习子情境 2.2 增值税应纳税额的计算与会计核算

情境导入二 ▶▶▶

华联商场为一般纳税人，于 2017 年 8 月购买 H215 型冰箱 60 台，紫砂锅 70 只。冰箱不含税进价为 2 095 元/台，进项税额为 21 369 元，紫砂锅不含税进价为 180 元/台，进项税额为 2 142 元，两者均取得增值税专用发票并已认证相符。当月以"买一赠一"方式销售冰箱，每销售一台冰箱赠送一只紫砂锅。当月采用该方式共销售 H215 型冰箱 50 台，每台不含税售价 2 680 元，已开具增值税专用发票，同时赠送紫砂锅 50 只(账面含税售价为 234 元/台)。增值税税率为 17%，款项均以银行存款收付。请计算该商场 2017 年 8 月应缴纳的增值税并进行相关账务处理。

一、增值税的计算

增值税是对纳税人销售货物或者提供应税劳务、服务的增值额征收的一种流转税，其计税依据是增值额。但在实际工作中，增值额往往很难准确地确定。因此，我国目前对一般纳税人采用的计税方法是国际上通行的购进扣税法(凭票)，即先按当期销售额(或应税劳务额、应税服务额)和适用税率计算出销项税额(这是对不含税销售金额的征税)，然后对当期购进项目已经缴纳的税款进行抵扣(凭票)，从而间接计算出对当期增值额部分的应纳税额。

而对小规模纳税人,由于其会计核算不健全等原因,采用简易征收办法,即以当期不含税销售额乘以征收率直接计算出当期应纳增值税税额。不管是一般纳税人的购进扣税法还是小规模纳税人的简易征收办法,首先都必须确定应税销售额。

(一)一般纳税人应纳增值税额的计算

1. 应税销售额(应税劳务额、应税服务额)的计算。

(1)一般销售方式下应税销售额(应税劳务额、应税服务额)的确定。

应税销售额是指纳税人销售货物或者提供应税劳务、服务向购买方收取的全部价款和价外费用。其中,收取的全部价款是不含税价款。向购买方收取的价外费用包括手续费、补贴、基金、集资费、返还利润、奖励费、违约金、滞纳金、延期付款利息、赔偿金、代收款项、代垫款项、包装费、包装物租金、储备费、优质费、运输装卸费以及其他各种性质的价外收费,即:

应税销售额 = 全部价款(不含税) + 价外费用(不含税)

但下列项目不包括在内:①向购买方收取的销项税额。②受托加工应征消费税的消费品所代收代缴的消费税。③同时符合以下条件的代垫运输费用:a. 承运部门的运输费用发票开具给购买方的;b. 纳税人将该项发票转交给购买方的。④符合以下条件代为收取的政府性基金或者行政事业性收费:a. 由国务院或者财政部批准设立的政府性基金,由国务院或者省级人民政府及其财政、价格主管部门批准设立的行政事业性收费;b. 收取时开具省级以上财政部门印制的财政票据;c. 所收款项全额上缴财政;d. 销售货物的同时代办保险等而向购买方收取的保险费,以及向购买方收取的代购买方缴纳的车辆购置税、车辆牌照费。

应当注意的是,对增值税一般纳税人(包括纳税人自己或代其他部门)向购买方收取的价外费用和逾期包装物押金,以及混合销售中非增值税应税劳务或服务,应视为含税收入,在征税时换算成不含税收入再并入销售额。

如果纳税人销售货物、提供应税劳务或服务取得的收入,采用销售额和销项税额合并定价的方法,如零售等,应按下列公式计算确定计税销售额:

不含税销售额 = 含税销售额 ÷ (1 + 税率或征收率)

温馨提示 ▶▶▶

含税销售额的判断原则:①普通发票(价税分离的普通发票除外)中注明的价格,一般为含税收入;②纳税人销售货物同时收取的价外费用或逾期包装物的押金收入等,一般为含税收入;③混合销售中非增值税应税劳务或服务,应视为含税收入;④纳税人销售货物,提供应税劳务或服务,未开具发票的一律视为含税收入。

情境训练 ▶▶▶

【例2-10】 江淮电气股份公司下设的销售公司(增值税一般纳税人)2017年8月3日向某学校销售23GW空调器10台,金额21 000元,价外收取运费117元,开具普通发票,款项已存入银行,增值税税率为17%,请计算应税销售额。

【解析】 应税销售额 = (21 000 + 117) ÷ (1 + 17%) = 18 048.72(元)

需要说明的是:在纳税人销售货物、提供应税劳务或服务售价明显偏低且无正当理由,或者发生视同销售行为而无销售额的情况下,主管税务机关有权按照下列顺序确定其销售额:①按纳税人当月同类货物的平均销售价格确定。②按其他纳税人最近时期同类货物的平均销售价格确定。③按组成计税价格确定:组成计税价格 = 成本 × (1 + 成本利润率);若是属于应征消费税的货物,其组成计税价格中应加计消费税税额。组成计税价格 = 成本 × (1 + 成本利润率) + 消费税税额,或组成计税价格 = 成本 × (1 + 成本利润率) ÷ (1 − 消费税税率)。公式中的成本是指:销售自产货物的为实际生产成本,销售外购货物的为实际采购成本。公式中的成本利润率由国家税务总局统一规定为10%,但属于从价定率征收消费税的货物,为消费税有关法规规定的成本利润率。

情境训练 ▶▶▶

【例2−11】 江淮电气股份公司下设的销售公司(增值税一般纳税人)2017年7月向中宜商场销售35GW空调器50台,单价4 500元,总额225 000元;销售给科文公司35GW空调器8台,单价4 450元,总额35 600元;销售给控股子公司明发公司35GW空调器1台,单价2 500元。价外共收取运费1 755元,开具普通发票,款项已存入银行,增值税税率为17%,请计算应税销售额。

【解析】 销售给控股子公司明发公司的价格明显偏低,应按同期同类产品(35GW空调器)加权平均售价确定计税售价:

35GW空调器加权平均售价 = (225 000 + 35 600) ÷ (50 + 8) = 4 493.10(元)

应税销售额 = (225 000 + 35 600 + 4 493.1 × 1 + 1 755) ÷ (1 + 17%) = 228 075.3(元)

【例2−12】 江淮电气股份公司2017年7月7日将本月新产品40WT空调器2台捐赠给社区敬老院,该空调器每台生产成本为4 100元,成本利润率为10%。货已交给敬老院,请计算应税销售额。

【解析】 此业务属于以暂无市场售价的新产品对外捐赠,应按成本加利润的方法确定应税销售额:

应税销售额 = 2 × 4 100 × (1 + 10%) = 9 020(元)

(2)特殊销售方式下销售额的确定。

1)折扣销售方式下应税销售额的确定。折扣销售包括商业折扣方式销售和现金折扣方式销售。商业折扣是指销售方在销售货物或应税劳务、应税服务时,因购买方购货数量较大等原因而给予购买方的价格优惠(如:购买5件,销售价格折扣10%;购买10件,销售价格折扣20%等)。税法规定,纳税人采取商业折扣方式销售货物,如果销售额和折扣额在同一张发票上分别注明,可按折扣后的销售额计征增值税;如果将折扣额另开发票,不论其在财务上如何处理,均不得从销售额中减除折扣额。商业折扣仅限于货物价格折扣,如为实物折扣,该实物款额不仅不能从货物销售额中减除,还应按照赠送他人另行计征增值税。现金折扣是指销售方在销售货物或应税劳务、服务后,为了鼓励购买方及早偿还货款而协议许诺给予购买方的一种折扣优待(如:10天内付款,折扣2%;20天内付款,折扣1%;30天内全价付款,即2/10,1/20,n/30)。现金折扣发生在销货之后,是一种融资性质的理财费用,因此,无论财务上如何处理,均不得从当期销售额中扣除。

温馨提示 ▶▶▶

折扣销售方式下应税销售额的计算:

1. 商业折扣:看发票,同票可以扣除。①如果销售额和折扣额在同一张发票上分别注明,可按折扣后的销售额征收增值税;②如果将折扣额另开发票,不论其在财务上如何处理,均不得从销售额中减除折扣额。

2. 现金折扣:不得从销售额中扣除,全额计税。

3. 折让销售:可以折让后的货款为销售额,余额计税。

情境训练 >>>

【例2-13】 江淮电气股份公司2017年7月向江南商场销售40WR空调器110台,不含税单价5 060元,由于江南商场一次购货的数量超过100台,双方协议按照售价的5%给予优惠。折扣部分在同一张发票上注明。货款已全部收存银行,请计算应税销售额。

【解析】 应税销售额 = 110 × 5 060 × (1 - 5%) = 528 770(元)

【例2-14】 江淮电气股份公司2017年7月12日向华东公司销售KF50W空调器100台,不含税单价4 050元,付款期为30天。为鼓励华东公司尽快付款,双方协议,江淮电气股份公司给予华东公司现金折扣,条件为"4/10,2/20,n/30"。7月15日,收到华东公司支付的货款,全部收存银行,请计算应税销售额(假定现金折扣不考虑增值税)。

【解析】《增值税暂行条例》规定,现金折扣应采用总额法计算应税销售额。因此:

应税销售额 = 100 × 4 050 = 405 000(元)

想一想 >>>

1. 商业折扣和现金折扣的税务处理有何区别?对企业税负有何影响?
2. 计算现金折扣时,考虑增值税和不考虑增值税有何区别?

2)以旧换新方式下销售额的确定。以旧换新是指纳税人在销售自己的货物时,有偿收回旧货物的行为。根据税法规定,采取以旧换新方式销售货物的,应按新货物的同期销售价格确定销售额,不得扣减旧货物的收购价格(金银首饰除外)。

情境训练 >>>

【例2-15】 江淮电气股份公司为了促销,2017年7月采用以旧换新的方式销售空调器,公司规定,旧空调不分型号一律作价350元,7月共以旧换新销售KF50W空调器15台,单价4 797元;销售KF70W空调器10台,单价6 025元。开具普通发票,并注明已扣除空调折扣款,销售余款已收存银行,税率为17%,请计算应税销售额。

【解析】 按规定,纳税人采取以旧换新方式销售货物的,应按新货物的同期销售价格确定销售额,不得扣除旧货物的收购价格。因此:

应税销售额 = (4 797 × 15 + 6 025 × 10) ÷ (1 + 17%) = 112 995.73(元)

【例2-16】 南风金店(中国人民银行批准的金银首饰经销单位)为增值税一般纳税人,2017年7月采取以旧换新方式销售24K纯金项链5条,新项链对外销售价格为每条5 000元,旧项链每条作价3 000元,开具普通发票,收取的新旧差额款已收存银行,请计算该金店7月增值税应税销售额。

【解析】《增值税暂行条例》规定,纳税人采取以旧换新方式销售金银首饰的,应按新货物的同期销售价格扣减旧货物的收购价格后的差额确定计税销售额。

应税销售额 = [(5 000 - 3 000) × 5] ÷ (1 + 17%) = 8 547.01(元)

3)还本销售方式下销售额的确定。还本销售是指纳税人在销售货物后,到一定期限由销售方一次或分次退还给购买方全部或部分价款。这种方式实际上是一种筹资,是以货物换取资金的使用价值,到期还本不付息的方法。税法规定,采取还本销售方式销售货物,其销售额就是货物的销售价格,不得从销售额中减除还本支出。

情境训练 ▶▶▶

【例 2-17】 江淮电气股份公司 2017 年 7 月 15 日采用还本销售的方式销售 KF26GW 空调器 10 台给个人,每台售价 3 099 元。协议规定,3 年后公司将货款全部退回。开具普通发票,货款已收存银行,税率为 17%,请计算应税销售额。

【解析】 《增值税暂行条例》规定,纳税人采取还本销售方式销售货物的,应税销售额就是货物的销售价格,不得从销售额中扣除还本支出金额。因此:

应税销售额 = $10 \times 3\,099 \div (1 + 17\%) = 26\,487.18$(元)

4) 以物易物方式下购销额的确定。以物易物是一种较为特殊的购销活动,是指购销双方不是以货币结算,而是以同等价款的货物相互结算,实现货物购销的一种方式。税法规定,以物易物双方都应作购销处理,以各自发出的货物核算销售额并计算销项税额,以各自收到的货物按规定核算购货额并计算进项税额。以物易物双方应分别开具合法的票据,双方收到的货物如未取得相应的增值税专用发票或其他合法票据,不能抵扣进项税额。

5) 包装物押金涉税销售额的确定。根据税法规定,纳税人为销售货物而出租出借包装物收取的押金,单独记账核算的,时间在 1 年以内又未过期的,不并入销售额征税,但对因逾期未收回包装物不再退还的押金,应按所包装货物的适用税率计算销项税额。其中,"逾期"以 1 年为期限,对收取 1 年以上的押金,无论是否退还,均并入销售额征税。自 1995 年 6 月 1 日起,对销售除啤酒、黄酒外的其他酒类产品而收取的包装物押金,无论是否返还以及会计上如何核算,均应并入当期销售额征税。对销售啤酒、黄酒所收取的押金,按上述一般押金的规定处理。

情境训练 ▶▶▶

【例 2-18】 玉泉公司 2017 年 8 月共销售白酒 2 000 斤,不含税单价 25 元,收取销售白酒的包装物押金 5 850 元,货款已存入银行;没收到期未退还的白酒包装物押金 4 000 元。增值税税率为 17%,请计算增值税应税销售额(不考虑消费税)。

【解析】 《增值税暂行条例》规定,对销售除啤酒、黄酒外的其他酒类产品而收取的包装物押金,无论是否返还以及会计上如何核算,均应并入当期销售额征税。因此,当期收取的白酒包装物押金 5 850 元应计入当期应税销售额,没收的到期未退还的白酒包装物押金 4 000 元,当期不再计税。

应税销售额 = $2\,000 \times 25 + 5\,850 \div (1 + 17\%) = 55\,000$(元)

温馨提示 ▶▶▶

1. 包装物押金并入当期销售额计税时,应进行价税分离,换算成不含税金额计税。

2. 包装物押金应与包装物租金区分开来,销售货物的同时收取的包装物租金,应作为价外费用并入销售额计税。

3. 销售除啤酒、黄酒外的其他酒类产品而收取的包装物押金,无论是否返还以及会计上如何核算,均应并入当期销售额征税。没收逾期未还的包装物押金时不再计税。

(3)特殊销售行为下销售额的确定。

1)混合销售行为销售额的确定。一项销售行为如果既涉及货物又涉及增值税应税劳务、应税服务,为混合销售行为。从事货物的生产、批发或者零售的单位和个体工商户的混合销售行为,按照销售货物缴纳增值税;其他单位和个体工商户的混合销售行为,按照销售服务缴纳增值税。

情境训练 ▶▶▶

【例2-19】 莲花商场为增值税一般纳税人,2017年7月销售壁挂式电视机20台,每台不含税售价3 500元,商场派人负责安装,每台收取安装费50元,请计算增值税应税销售额。

【解析】 应税销售额 = 20 × 3 500 + 20 × 50 ÷ (1 + 17%) = 70 854.71(元)

2)兼营应税劳务、应税服务销售额的确定。增值税纳税人销售货物、加工修理修配劳务、服务、无形资产或者不动产适用不同税率或者征收率的,应当分别核算适用不同税率或者征收率的销售额,未分别核算销售额的,从高适用税率。

情境训练 ▶▶▶

【例2-20】 天威商业超市为增值税一般纳税人,2017年7月实现销售收入100万元(含税),同时经营风味小吃,实现营业收入10万元。当月购进存货成本为70万元,增值税税额为11.9万元,专用发票已于当月认证相符,请计算该超市增值税应税销售额。

【解析】 增值税应税销售额 = (100 + 10) ÷ (1 + 17%) = 94.02(万元)

想一想 ▶▶▶

在兼营增值税应税劳务、应税服务的情况下,增值税应税收入和应税劳务、应税服务收入在会计上分开核算和不分开核算哪种更节税?

模拟实训 ▶▶▶

提供企业销售业务的原始票据(普通发票、增值税专用发票、收款收据、银行收账通知等),让学生进行审核,确定增值税计税销售额。

2. 一般纳税人应纳税额的计算。

增值税一般纳税人销售货物、不动产和无形资产或者提供应税劳务、应税服务的应纳税额,应该等于当期销项税额抵扣当期进项税额后的余额。其计算公式如下:

当期应纳税额 = 当期销项税额 - 当期进项税额

(1)销项税额的计算和确定。销项税额是指纳税人销售货物,转让不动产、无形资产,提供应税劳务或服务等应税行为按照不含税销售额和增值税税率计算并收取的增值税税额。销项税额计算公式:

销项税额 = 不含税销售额 × 适用税率

(2)进项税额的计算和确定。进项税额是指纳税人购进货物,提供加工、修理修配劳务、服务,销售无形资产或不动产,支付或者负担的增值税额。进项税额是与销项税额相对应的另一个概念。在开具增值税专用发票的情况下,它们之间的对应关系是,销售方收取的销项税额,就是购买方支付的进项税额。对于任何一个一般纳税人而言,由于其在经营活动中既会销售货物或提供应税劳务,又会购进货物或接受应税劳务,因此,每一个一般纳税人都会有收取的销项税额和支付的进项税额。

我国增值税实行的是凭票抵扣的间接计算法,用纳税人收取的销项税额抵扣其支付的进项税额,其余额为纳税人实际应缴纳的增值税税额。如果当期销项税额小于当期进项税额,则当期进项税额不足抵扣的部分可以结转下期继续抵扣。需要注意的是,并不是纳税人支付的所有进项税额都可以从销项税额中抵扣。税法对不能抵扣进项税额的项目作了严格的规定,违反规定,随意抵扣进项税额将以偷税论处。

1) 准予从销项税额中抵扣的进项税额的规定。准予从销项税额中抵扣的进项税额,限于下列增值税扣税凭证上注明的增值税税额和按规定的扣除率计算的进项税额:

a. 从销售方取得的增值税专用发票(含税控机动车销售统一发票,下同)上注明的增值税税额。

b. 从海关取得的海关进口增值税专用缴款书上注明的增值税税额。

c. 购进农产品,除取得增值税专用发票或者海关进口增值税专用缴款书外,按照农产品收购发票或者销售发票上注明的农产品买价(如果收购的是烟叶,则含烟叶税)和11%的扣除率计算的进项税额。计算公式为:

准予抵扣的进项税额 = 买价 × 扣除率

烟叶收购金额包括纳税人支付给烟叶销售者的烟叶收购价款和价外补贴,价外补贴统一暂按烟叶收购价款的10%计算。计算公式如下:

收购烟叶准予抵扣的进项税额 = (收购金额 + 烟叶税) × 11%

收购金额 = 收购价款 × (1 + 10%)

烟叶税 = 收购金额 × 20%

温馨提示 ▶▶▶

"免税农产品"是指直接从事植物的种植、收割和动物的饲养、捕捞的单位和个人销售的自产而且免征增值税的农业产品。

d. 购进或者销售货物以及在生产经营过程中支付运输费用的,按照运输费用结算单据上注明的运输费用金额和11%的扣除率计算的进项税额。进项税额计算公式:

准予抵扣的进项税额 = 运输费用金额 × 扣除率

温馨提示 ▶▶▶

购买或销售免税货物(购进免税农业产品除外)所发生的运输费用,不得计算进项税额抵扣。

e. 接受应税服务,从服务提供方取得的增值税专用发票上注明的增值税额。

f. 混合销售行为和兼营所涉及的应税劳务所用购进货物的进项税额,有符合规定的扣税凭证,准予从销项税额中扣除。

g. 增值税一般纳税人购进服务、固定资产(包括不动产)、无形资产,取得的增值税专用发票上注明的增值税额为进项税额,准予从销项税额中抵扣,其中2016年5月1日后取得并在会计制度上按固定资产核算的不动产或者2016年5月1日后取得的不动产在建工程,其进项税额应自取得之日起分2年从销项税额中抵扣,第一年抵扣比例为60%,第二年抵扣比例为40%。融资租入的不动产以及在施工现场修建的临时建筑物、构筑物,其进项税额不适用上述分 2 年抵扣的规定。

h. 从境外单位或者个人购进服务、无形资产或者不动产,自税务机关或者扣缴义务人取得的解缴税款的完税凭证上注明的增值税额。

温馨提示 ▶▶▶

1. 2016 年 5 月 1 日后取得并在会计制度上按固定资产核算的不动产或者 2016 年 5 月 1 日后取得的不动产在建工程,其进项税额应自取得之日起分 2 年从销项税额中抵扣,第一年抵扣比例为 60%,第二年抵扣比例为 40%。融资租入的不动产以及在施工现场修建的临时建筑物、构筑物,其进项税额不适用上述分 2 年抵扣的规定。

2. 原增值税一般纳税人自用的应征消费税的摩托车、汽车、游艇,其进项税额准予从销项税额中抵扣。

2) 不准抵扣的进项税额。按照《增值税暂行条例》的规定,下列项目的进项税额不得从销项税额中抵扣:

a. 纳税人购进货物、接受应税劳务或服务,未按照规定取得并保存增值税扣税凭证,或者增值税扣税凭证未按照规定注明增值税额及其他相关事项的。

b. 用于简易计税方法计税项目、免征增值税项目、集体福利或者个人消费的购进货物、加工修理修配劳务、服务、无形资产和不动产。其中涉及的固定资产、无形资产、不动产,仅指专用于上述项目的固定资产、无形资产(不包括其他权益性无形资产)、不动产。

纳税人的交际应酬消费属于个人消费,不准抵扣进项税额。

c. 非正常损失的购进货物,以及相关的加工修理修配劳务和交通运输服务。非正常损失是指因管理不善造成被盗、丢失、霉烂变质,以及因违反法律法规造成货物或者不动产被依法没收、销毁、拆除的情形,不包括因自然灾害造成的货物损失。

d. 非正常损失的在产品、产成品所耗用的购进货物(不包括固定资产)、加工修理修配劳务和交通运输服务。

e. 非正常损失的不动产、不动产在建工程,以及该不动产和不动产在建工程所耗用的购进货物、设计服务和建筑服务。纳税人新建、改建、扩建、修缮、装饰不动产,均属于不动产在建工程。

f. 购进的旅客运输服务、贷款服务、餐饮服务、居民日常服务和娱乐服务。

g. 国务院财政、税务主管部门规定的其他情形。

h. 一般纳税人兼营简易计税方法计税项目、免征增值税项目而无法划分不得抵扣的进项税额,按照下列公式计算不得抵扣的进项税额:

不得抵扣的进项税额 = 当期无法划分的全部进项税额 × (当期简易计税方法计税项目销售额 + 免征增值税项目销售额) ÷ 当期全部销售额

模拟实训 ▶▶▶

提供企业购进业务的原始票据(增值税专用发票抵扣联、发票联,农副产品专用收购凭证,进口货物、应税劳务或服务的海关完税凭证等),让学生进行审核,确定准予抵扣的进项税额和不准抵扣的增值税进项税额,并说明原因。

情境训练 ▶▶▶

【例 2-21】 江淮公司为增值税一般纳税人,生产销售各类食品。2017 年 7 月,该公司发生如下业务：

(1) 从高科公司购进面粉，价款 60 000 元，取得增值税专用发票（已认证相符），注明增值税税额为 6 600 元。面粉已验收入库。以现金支付不含税运输费 800 元，税款 88 元，已取得运输费增值税专用发票，已认证相符。

(2) 向农民购进价值 20 000 元的大枣，已验收入库。按规定开具农副产品专用收购凭证，其中 1/4 发放给职工。

(3) 购进送货用卡车一辆，价款 50 000 元，取得增值税专用发票（已认证相符），注明增值税税额为 8 500 元。卡车已交运输队使用。

(4) 向滨湖粮油公司购入食品添加剂 15 000 元。取得增值税专用发票，注明增值税税额为 2 550 元（已认证相符）。面粉已验收入库。

(5) 仓库因管理不善，导致部分库存面粉霉烂，经盘点，损失面粉 6 000 元（不含税）。

请根据上述资料，计算确定该公司 7 月准予抵扣的进项税额和不准抵扣的进项税额。

【解析】 (1) 从高科公司购进面粉，取得面粉和运输费的增值税专用发票（已认证相符），注明的增值税税额为 6 600 元和 88 元，准予抵扣。

(2) 向农民购进大枣已验收入库。按规定开具农副产品专用收购凭证。其中 1/4 发放给职工的部分，属于个人消费，1/4 部分的增值税进项税额【20 000×11%×1/4=550（元）】不准抵扣，3/4 部分的增值税进项税额【20 000×11%×3/4=1 650（元）】准予抵扣。

(3) 购进送货用的卡车，属于生产经营用固定资产，取得增值税专用发票（已认证相符），增值税进项税额 8 500 元，准予抵扣。

(4) 向滨湖粮油公司购入食品添加剂，取得增值税专用发票（已认证相符），注明增值税进项税额为 2 550 元，准予抵扣。

(5) 仓库因管理不善，导致部分库存面粉霉烂，其进项税额【6 000×11%=660（元）】转出。

7 月准予抵扣的进项税额 = 6 600 + 88 + 1 650 + 8 500 + 2 550 = 20 888（元）

7 月不准抵扣的进项税额 = 550（元）

7 月进项税额转出 = 660（元）

(3) 增值税应纳税额的计算。

1) 销项税额的时间限定。一般纳税人在按规定时限开具发票（专用发票、普通发票）的当天，要及时足额计缴销项税额。凡开具了发票，其销售额未按规定计入销售账户的，一律按偷税论处。部分视同销售货物行为的，为货物移送的当天。进口货物为报关进口的当天。

2) 进项税额抵扣的时间限定。增值税一般纳税人申请抵扣的防伪税控系统开具的增值税专用发票和进口货物取得的海关完税凭证，自 2010 年 1 月 1 日起取得的 2010 年 1 月 1 日以后开具的增值税专用发票，必须自该专用发票或完税凭证开具之日起 180 日内到税务机关办理认证，并于当月或次月申报纳税，否则不予抵扣进项税额。

3) 进项税额不足抵扣的税务处理。在计算应纳税额时，可能会出现当期销项税额小于当期进项税额的情况，其不足抵扣的部分，规定将其结转到下期继续抵扣，直至销项税额减去进项税额后有余额时再纳税。

4) 销货退回或折让的税务处理。税法规定，增值税一般纳税人因销售货物退回或者折让而退还给购买方的增值税额,应从发生销售货物退回或者折让当期的销项税额中扣减;因购进货物退出或者折让而收回的增值税额,应从发生购进货物退出或者折让当期的进项税额中扣减。一般纳税人销售货物或者应税劳务开具增值税专用发票后,发生销售货物退回或者折让、开票有误等情形,应按国家税务总局的规定开具红字增值税专用发票。未按规定开具红字增值税专用发票的,增值税额不得从销项税额中扣减。纳税人在发生进货退出或折让并收回价款和增值税额时不按规定扣减进项税额,造成进项税额虚增,不纳或少纳增值税的属偷税行为,按偷税予以处罚。

5)向供货方取得返还收入的税务处理。对商业企业向供货方收取的与商品销售量、销售额挂钩(如以一定比例、金额、数量计算)的各种返还收入,均应按照平销返利行为的有关规定冲减当期增值税进项税额。应冲减进项税额的计算公式:

当期应冲减进项税额 = 当期取得的返利资金 ÷(1 + 适用税率)× 适用税率

商业企业向供货方收取的各种返还收入,一律不得开具增值税专用发票。

情境训练

【例2-22】 长江贸易公司为增值税一般纳税人,适用税率为17%。2017年7月,该公司发生以下业务:

(1)购进商品,不含税款200 000元,进项税额34 000元,另支付运费不含税金额5 000元,进项税额550元。取得货物和运输费专用发票,货已入库。发票已认证相符。

(2)购进商品,取得普通发票,列明价款10 600元(含税),货已入库。

(3)从农民手中收购农副产品,收购凭证上列明金额30 000元,农副产品增值税扣除率11%,另支付运费不含税金额1 000元,进项税额110元,取得运输费专用发票,货已入库。运费发票已认证相符。

(4)收回委托加工商品,支付加工费50 000元,进项税额8 500元,取得专用发票。发票已认证相符。

(5)销售商品开出专用发票,价款250 000元,销项税额42 500元,款项已存入银行。另用现金支付应由本单位负担的运费不含税金额1 000元,进项税额110元。取得运输单位开具的运输费专用发票。发票已认证相符。

(6)向个人销售商品,开出普通发票,金额为23 400元,将货物运到指定地点,价外收取运费117元,款项已存入银行。

(7)以物易物销售,用委托加工收回商品换明发公司产品,双方分别开出专用发票,列明价款200 000元,增值税额34 000元。

(8)将一批商品用于职工集体福利,该批商品原不含税进价为20 000元,进项税额3 400元,不含税售价为30 000元,适用税率17%。

(9)本月共收取销售白酒的包装物押金1 170元,没收到期未退还白酒包装物押金500元。

(10)销售2009年7月购入并投入使用的固定资产(机器),账面原值70 000元,已折旧20 000元,新售价为93 600元(含税)。

假设上述票据都在当月申请抵扣。请计算该公司2017年7月的增值税应纳税额。

【解析】 (1)购进商品,取得专用发票,并在当期认证。税额34 000元允许抵扣。运费进项税额550元准予抵扣。

(2)购进货物,取得普通发票,税法规定,不能抵扣进项税额。
(3)收购农副产品,抵扣进项税额为 3 300 元(30 000×11%),运费进项税额 110 元准予抵扣。
(4)收回委托加工物资,提货时支付 8 500 元增值税,取得专用发票,准予抵扣。
(5)销售货物,销项税额 42 500 元,支付运费的进项税额 110 元,准予抵扣。
(6)销售货物,销项税额为 23 400÷(1+17%)×17% = 3 400(元);价外收取的运费属于价外费用,销项税额为 117÷(1+17%)×17% = 17(元)。
(7)用商品换商品,换出商品计算销项税额为 34 000 元,换入产品因取得了专用发票,进项税额为 34 000 元,准予抵扣。
(8)将货物用于职工福利,进项税额转出:20 000×17% = 3 400(元)。
(9)销售白酒的押金销项税额为 1 170÷(1+17%)×17% = 170(元),没收押金不计增值税。
(10)销售 2009 年 1 月 1 日后购入的机器,应交增值税销项税额:
93 600÷(1+17%)×17% = 13 600(元)
7 月准予抵扣的进项税额合计:
34 000 + 550 + 3 300 + 110 + 8 500 + 110 + 34 000 − 3 400 = 77 170(元)
7 月销项税额合计:42 500 + 3 400 + 17 + 34 000 + 170 + 13 600 = 93 687(元)
7 月应纳税额:93 687 − 77 170 = 16 517(元)

模拟实训

提供特定企业实际发生的涉及增值税业务的原始票据(增值税专用发票抵扣联、发票联、农副产品专用收购凭证、进口货物、应税劳务或服务的海关完税凭证等),要求学生在对原始票据进行审核的基础上,计算该企业增值税应纳税额。

(二)小规模纳税人应纳税额的计算

小规模纳税人销售货物、不动产、无形资产,提供应税劳务或应税服务,实行按照销售额和征收率计算应纳税额的简易办法,并不得抵扣进项税额。其应纳税额计算公式为:

应纳税额 = 不含税销售额 × 征收率(3%)

小规模纳税人取得的销售额是销售货物、不动产、无形资产或提供应税劳务、应税服务向购买方收取的全部价款和价外费用,其含义与一般纳税人相同。由于小规模纳税人在销售货物、不动产、无形资产,提供应税劳务或应税服务时,一般只能开具普通发票,取得的销售收入均为含税销售额,因此,当小规模纳税人采用价税合并计价时,按下列公式换算不含税销售额:

不含税销售额 = 含税销售额 ÷ (1 + 征收率)

情境训练

【例 2-23】 自立汽车修理厂为增值税小规模纳税人,主要从事各种汽车、摩托车的修理和修配业务,该修理厂 2017 年 8 月取得修理修配收入总额 123 600 元,当月外购各种零配件价值 35 000 元,增值税进项税额 5 950 元,取得增值税专用发票,请计算该修理厂 8 月应缴纳的增值税税额。

【解析】 按照增值税有关政策的规定,小规模纳税人提供应税劳务应以其应税劳务收入额和征收率来计算应税销售额,不得抵扣进项税额。

应纳税额 = 123 600 ÷ (1 + 3%) × 3% = 3 600(元)

> **温馨提示** ▶▶▶
>
> 1. 小规模纳税人外购货物、接受应税劳务或应税服务的进项税额不准抵扣,即使取得增值税专用发票,也不准抵扣进项税额。
> 2. 小规模纳税人因销售货物退回或者折让退还给购买方的销售额,应从发生销售货物退回或者折让当期的销售额中扣减。

(三)进口货物应纳税额的计算

1. 进口货物征税的范围。

根据《增值税暂行条例》的规定,申报进入中华人民共和国海关境内的货物,均应缴纳增值税。确定一项货物是否属于进口货物,必须首先看其是否有报关进口手续。一般来说,境外产品要输入境内,都必须向我国海关申报进口,并办理有关报关手续。只要是报关进口的应税货物,不论其是国外产制还是我国已出口而转销国内的货物,是进口者自行采购还是国外捐赠的货物,是进口者自用还是作为贸易或其他用途等,均应按照规定缴纳进口环节的增值税。

国家在规定对进口货物征税的同时,对某些进口货物制定了减免税的特殊规定。如属于"来料加工、进料加工"贸易方式进口国外的原材料、零部件等在国内加工后复出口的,对进口的料、件按规定给予免税或减税,但这些进口免、减税的料件若不能加工复出口,而是销往国内的,就要予以补税。对进口货物是否减免税由国务院统一规定,任何地方、部门都无权规定减免税项目。

2. 进口货物的纳税人。

进口货物的收货人或办理报关手续的单位和个人,为进口货物增值税的纳税义务人。它包括国内一切从事进口业务的企事业单位、机关团体和个人。对于企业、单位和个人委托代理进口应征增值税的货物,鉴于代理进口货物的海关完税凭证有的开具给委托方、有的开具给受托方的特殊性,对代理进口货物,以海关开具的完税凭证上的纳税人为增值税纳税人。在实际工作中,一般由进口代理者代缴进口环节增值税。纳税后,由代理者将已纳税款和进口货物价款费用等与委托方结算,由委托者承担已纳税款。

3. 进口货物应纳税额的计算。

纳税人进口货物,按照组成计税价格和《增值税暂行条例》规定的税率计算应纳税额。对于进口的货物,使用的增值税税率有两档:11%和17%。组成计税价格是指在没有实际销售价格时,按照税法规定计算出作为计税依据的价格。进口货物增值税组成计税价格和应纳税额的计算公式为:

组成计税价格 = 关税完税价格 + 关税 + 消费税
进口货物应纳税额 = 组成计税价格 × 税率
或   = 关税完税价格 × (1 + 关税税率)/(1 - 消费税税率)

纳税人在计算进口货物的增值税时应该注意以下问题:

(1)进口货物增值税的组成计税价格中包括已纳关税税额,如果进口货物属于消费税应税消费品,其组成计税价格中还要包括进口环节已纳消费税税额。

(2)在计算进口环节的应纳增值税税额时,不得抵扣任何税额,即在计算进口环节的应纳增值税税额时,不得抵扣发生在我国境外的各种税金。

(3)按照《海关法》和《进出口关税条例》的规定,一般贸易下进口货物的关税完税价格以海关审定的成交价格为基础的到岸价格作为完税价格。所谓成交价格,是一般贸易项下进口货物的买方为购买该项货物向卖方实际支付或应当支付的价格;到岸价格,是指货价加上货物运抵我国关境内输入地点起卸前的包装费、运费、保险费和其他劳务费等费用构成的一种价格。特殊贸易下进口的货物,由于进口时没有"成交价格"可作依据,为此,《进出口关税条例》对这些进口货物制定了确定其完税价格的具体办法。

(4)纳税人进口货物取得的合法海关完税凭证,是计算增值税进项税额的唯一依据,其价格差额部分以及从境外供应商取得的退还或返还的资金,不作进项税额转出处理。

情境训练 ▶▶▶

【例2-24】 湖滨公司是增值税一般纳税人,2017年7月,该公司从国外进口一批原材料,海关审定的完税价格为100万元,该批原材料分别按10%和17%的税率向海关缴纳了关税和进口环节增值税,并取得了相关的完税凭证。该批原材料当月加工成产品后全部在国内销售,取得销售收入200万元(不含增值税),同时支付运输费8万元,增值税进项税额8 800元,取得运费增值税专用发票。已知:该企业适用的增值税税率为17%。海关完税凭证和运输费专用发票均于当月认证相符。请计算该企业7月应缴纳的增值税税额。

【解析】 进口原材料的应纳增值税税额 = (1 000 000 + 1 000 000 × 10%) × 17%
= 187 000(元)
允许抵扣的增值税进项税额 = 187 000 + 8 800 = 195 800(元)
应纳增值税税额 = 2 000 000 × 17% - 195 800 = 144 200(元)

【例2-25】 大同办公家具有限公司是增值税一般纳税人,2017年8月,该公司进口一批生产加工用的木材,该批木材在国外的买价折算为人民币20万元,运抵我国海关前发生的包装费、运输费、保险费等共计人民币10万元。货物报关后按规定缴纳了进口环节的增值税并取得海关开具的完税凭证。假定该批进口货物在国内全部销售,取得不含税销售额50万元。请计算该批货物进口环节、国内销售环节分别应缴纳的增值税额(进口关税税率为12%,增值税税率为17%)。

【解析】 关税的完税价格 = 20 + 10 = 30(万元)
应缴纳进口关税税额 = 30 × 12% = 3.6(万元)
进口环节应纳增值税的组成计税价格 = 30 + 3.6 = 33.6(万元)
进口环节应纳增值税额 = 33.6 × 17% = 5.712(万元)
国内销售环节应纳增值税额 = 50 × 17% - 5.712 = 2.788(万元)

温馨提示 ▶▶▶

在计算进口环节的应纳增值税税额时,不得抵扣任何税额,即在计算进口环节的应纳增值税税额时,不得抵扣发生在我国境外的各种税金。

(四)出口货物退(免)税的计算

1. 出口货物退免税的含义。

我国的出口货物退(免)税是指在国际贸易业务中,对我国报关出口的货物退还或免征其在国内各生产和流转环节按税法规定缴纳的增值税和消费税,即对增值税出口货物实行零税率,对消费税出口货物免税。

按照现行规定,出口货物退(免)税的方式主要有免退税、免抵退税、免税三种。免退税方式主要适用于外贸出口企业出口的货物;免抵退税方式适用于生产企业自营或委托出口货物。对认定为增值税小规模纳税人的对外贸易经营者出口的货物,按现行小规模纳税人出口货物的规定,免征增值税、消费税。

2. 出口货物退免税的基本政策。

我国对出口货物按不同情况实行出口退税、出口免税和出口不退税也不免税三种不同的出口退免税政策。

(1)下列企业出口的货物,除另有规定外,给予免税并退税:①生产企业自营出口或委托外贸企业代理出口的自产货物;②有出口经营权的外贸企业收购后直接出口或委托其他外贸企业代理出口的货物。

(2)下列企业出口货物,除另有规定外,给予免税但不退税:① 属于生产企业的小规模纳税人自营出口或委托外贸企业代理出口的自产货物;② 外贸企业从小规模纳税人购进并持普通发票的货物出口,特准退税的情况除外;③ 外贸企业直接购进国家规定的免税货物(包括免税农产品)出口的。

(3)下列出口货物,免税但不予退税:①来料加工复出口的货物,即原材料进口免税,加工自制的货物出口不退税;②避孕药品和用具、古旧图书,内销免税,出口也免税;③出口卷烟;④军品以及军队系统企业出口军需工厂生产或军需部门调拨的货物免税。

(4)除经批准属于进料加工复出口贸易外,下列出口货物不免税也不退税:原油;援外出口货物以及国家禁止出口的货物,包括天然牛黄、麝香、白银等。

3. 出口退免税的货物范围。

除国家明文规定不予退免税的货物和出口企业从小规模纳税人购进并持普通发票的部分货物外,都是出口退免税的货物范围。一般必须具备以下四个条件:①必须是属于增值税、消费税征税范围的货物;②必须是报关离境的货物;③必须是在财务上作销售处理的货物;④必须是出口收汇并已核销的货物。

4. 出口货物的退税率。

现行出口货物的退税率有17%、16%、15%、14%、11%、9%、6%、5%等。

5. 出口货物"免、抵、退"税计算方法。

(1)适用范围。按照我国《出口货物退(免)税管理办法》的规定,出口货物退(免)税的计算方法主要有"免、抵、退"和"先征后退"两种。其中,"免、抵、退"办法主要适用于生产企业自营或委托出口货物;"先征后退"办法主要适用于收购货物出口的外(工)贸企业出口的货物。

(2)"免、抵、退"的含义:实行"免、抵、退"税办法的,"免"税是指生产企业出口的自产和视同自产货物,免征本企业生产销售环节增值税;"抵"税是指生产企业出口自产和视同自产货物所耗用的原材料、零部件、燃料、动力等所含应予退还的进项税额,抵顶内销货物的应纳税额;"退"税是指生产企业出口自产和视同自产货物在当月内应抵顶的进项税额大于应纳税额时,经过主管税务机关批准,对未抵顶完的部分予以退税。

(3)"免、抵、退"税额的计算。

1)当期应纳税额的计算：

a. 当期应纳税额＝当期内销货物的销项税额－（当期进项税额－当期"免、抵、退"税不得免征和抵扣税额）－上期留抵税额

b. 当期"免、抵、退"税不得免征和抵扣税额＝当期出口货物离岸价×外汇人民币牌价×（出口货物征税率－出口货物退税率）－"免、抵、退"税不得免征和抵扣税额抵减额

c. "免、抵、退"税不得免征和抵扣税额抵减额＝免税购进原材料价格×（出口货物征税率－出口货物退税率）

2)"免、抵、退"税额的计算：

"免、抵、退"税额＝出口货物离岸价×外汇人民币牌价×出口货物退税率－"免、抵、退"税额抵减额

其中：

"免、抵、退"税额抵减额＝免税购进原材料价格×出口货物退税率

3)当期应退税额和当期"免、抵"税额的计算：

a. 若当期应纳税额＞0，当期不需要退税，当期"免、抵"税额＝当期"免、抵、退"税额

b. 若当期应纳税额＜0，且当期应纳税额≤当期"免、抵、退"税额，则：

当期应退税额＝当期应纳税额

当期"免、抵"税额＝当期"免、抵、退"税额－当期应退税额

c. 若当期应纳税额＜0，且当期应纳税额＞当期"免、抵、退"税额，则：

当期应退税额＝当期"免、抵、退"税额

当期"免、抵"税额＝期末留抵税额＝当期应纳税额－当期"免、抵、退"税额

情境训练

【例2－26】 天都公司是自营出口的生产企业，为增值税一般纳税人，出口货物的征税税率为17%，退税率为11%。该公司2017年8月的有关经营业务为：购进原材料一批，取得的增值税专用发票上注明的价款为200万元，外购货物准予抵扣的进项税额34万元通过认证。上月末留抵税款3万元，本月内销货物不含税销售额100万元，收款117万元存入银行，本月出口货物的销售额折合人民币200万元。请计算该企业当期的"免、抵、退"税额。

【解析】 当期"免、抵、退"税不得免征和抵扣税额＝200×（17%－11%）＝12（万元）

当期应纳税额＝100×17%－（34－12）－3＝17－22－3＝－8（万元）＜0

出口货物"免、抵、退"税额＝200×11%＝22（万元）

按规定，如果当期应纳税额小于当期"免、抵、退"税额，则当期应退税额等于当期应纳税额，即该企业当期应退税额为8万元。

当期"免、抵"税额＝当期"免、抵、退"税额－当期应退税额，即当期"免、抵"税额为14（22－8）万元。

【例2－27】 华丰公司是自营出口的生产企业，为增值税一般纳税人，出口货物的征税税率为17%，退税率为11%。该公司2017年8月的有关经营业务为：购原材料一批，取得的增值税专用发票上注明的价款为400万元，外购货物准予抵扣的进项税额68万元通过认证。上期末留抵税款5万元。本月内销货物不含税销售额100万元，收款117万元存入银行。本月出口货物的销售额折合人民币200万元。请计算该企业当期的"免、抵、退"税额。

【解析】 当期"免、抵、退"税不得免征和抵扣税额 = 200×(17% - 11%) = 12(万元)

当期应纳税额 = 100×17% - (68 - 12) - 5 = 17 - 56 - 5 = -44(万元) < 0

出口货物"免、抵、退"税额 = 200×11% = 22(万元)

按规定,如果当期应纳税额大于当期"免、抵、退"税额,则当期应退税额等于当期免、抵、退税额,即该企业当期应退税额为22万元。

当期"免、抵"税额 = 当期"免、抵、退"税额 - 当期应退税额,即该企业当期"免、抵"税额为0(22 - 22)万元。

6月期末留抵结转下期继续抵扣税额为22(44 - 22)万元。

6. 外贸企业出口退税的计算。

外贸企业出口退税主要采用"先征后退"办法。对认定为小规模纳税人的对外贸易经营者出口的货物,按现行小规模纳税人出口货物的规定,免征增值税和消费税。

(1)外贸企业以及实行外贸企业财务制度的工贸企业收购货物出口,其出口销售环节的增值税免征;其收购货物的成本部分,在货物出口后按收购成本与退税率计算退税退还给外贸企业,征、退税之差计入企业成本。外贸企业出口货物应退增值税的计算应依据购进出口货物增值税专用发票上所注明的进项金额和退税率计算。

应退税额 = 外贸收购不含增值税购进金额 × 退税率

= 出口货物数量 × 加权平均单价 × 退税率

情境训练

【例2-28】 长海外贸公司2017年7月出口一批服装,出口销售额为400万元,国内购进该服装取得的增值税发票上列明价款300万元,增值税款51万元;同时出口在国内收购的农产品一批,收购价为200万元。服装退税率为11%。请计算应退税额。

【解析】 国内收购农产品,农民出售免征增值税,所以,外贸企业收购后出口不办理退税。

出口服装应退税额 = 300×11% = 33(万元)

【例2-29】 东华进出口公司2017年7月出口美国平纹布2 000米,进货增值税专用发票上列明单价20元/平方米,计税金额40 000元,退税率为11%。请计算应退税额。

【解析】 外贸企业出口货物应退增值税的计算,应依据购进出口货物增值税专用发票上注明的进项税额和退税率计算。其应退税额为:2 000×20×11% = 4 400(元)。

(2)外贸企业收购小规模纳税人出口货物增值税的退税规定。根据国家税务总局的规定,出口企业从小规模纳税人处购进的货物出口,一律凭增值税专用发票及有关凭证办理退税。小规模纳税人向出口企业销售这些产品,可到税务机关代开增值税专用发票。对出口企业以境外带料加工装配业务方式出口的非自产二手设备,一律凭增值税专用发票及有关凭证办理退税。值得注意的是,从属于增值税小规模纳税人的商贸公司购进的货物出口,按增值税专用发票上注明的征收率计算办理退税。

计算公式为:应退税额 = 增值税专用发票上注明的金额 × 征收率

温馨提示

当出口企业对从小规模纳税人的商贸公司购入用于出口的货物实际退税率大于征收率

3%时,也应当按3%计算办理退税。

情境训练 ▶▶▶

【例2-30】 2017年8月,凯丰进出口公司(具有进出口经营权)从某生产企业(小规模纳税人)购进出口印花布20 000米,取得由对方国税部门代开的增值税专用发票,发票上注明的价款为50 000元,进项税额为1 500元,货款已用银行存款支付。当月该批商品已全部出口,出口总价折合人民币60 000元,申请退税的单证齐全(按现行税法规定,从小规模纳税人购进的税率为3%)。请计算应退增值税税额。

【解析】 应退增值税税额 = 增值税专用发票上注明的金额 × 3%
= 50 000 × 3%
= 1 500(元)

(3)外贸企业委托生产企业加工出口货物的退税规定。外贸企业委托生产企业加工收回后报关出口的货物,按购进国内原辅材料的增值税专用发票上注明的进项税额,依原辅材料的退税率计算原辅材料应退税额。支付的加工费,凭受托方开具货物的退税率计算加工费的应退税额。应退税额的计算公式为:

应退税额 = 原材料的购进金额 × 原材料的退税率 + 加工费金额 × 出口货物的退税率

情境训练 ▶▶▶

【例2-31】 欧亚服装进出口公司从经纬棉纺厂购进棉布100吨,不含税单价1 600元,委托某服装厂加工6 000套服装出口,并签订委托加工合同,每套加工费25元,共支付加工费150 000元,分别取得棉布和服装加工费的增值税专用发票。该批服装于2017年8月全部出口,并取得出口货物报关单、出口核销单,办妥出口退税手续。出口货物离岸价格为60 000美元,棉布退税率为14%,服装退税率为11%。请计算应退增值税税额。

【解析】 税法规定,应按购进国内原辅材料的增值税专用发票上注明的进项税额,依原辅材料的退税率计算原辅材料应退税额。支付的加工费,凭受托方开具货物的退税率计算加工费的应退税额。

应退增值税税额 = 100 × 1 600 × 14% + 150 000 × 11% = 22 400 + 16 500 = 38 900(元)

温馨提示 ▶▶▶

1."免、抵、退"办法主要适用于生产企业自营或委托出口货物;"先征后退"办法主要适用于收购货物出口的外(工)贸企业出口的货物。

2.对认定为小规模纳税人的对外贸易经营者出口的货物,按现行小规模纳税人出口货物的规定,免征增值税和消费税。

二、增值税会计核算账户设置

为了正确核算、反映企业的经营成果及应纳增值税的形成过程,根据现行增值税会计处理的规定,工商企业一般纳税人应当在"应交税费"账户下设置"应交增值税""未交增值税""预交增值税""待抵扣进项税额""待认证进项税额""待转销项税额""增值税留抵税额""简易计税""转让金融商品应交增值税""代扣代交增值税"等明细账户。

（一）"应交税费——应交增值税"账户

增值税一般纳税人应在"应交增值税"明细账内设置"进项税额""销项税额抵减""已交税金""减免税额""出口抵减内销产品应纳税额""转出未交增值税""销项税额""出口退税""进项税额转出""转出多交增值税"等专栏。

表2-4 应交税费——应交增值税

借方							贷方					借或贷	余额
合计	进项税额	销项税额抵减	已交税金	减免税额	出口抵减内销产品应纳税额	转出未交增值税额	合计	销项税额	出口退税	进项税额转出	转出多交增值税		

（1）"进项税额"专栏，记录一般纳税人购进货物、加工修理修配劳务、服务、无形资产或不动产而支付或负担的、准予从当期销项税额中抵扣的增值税税额。

（2）"销项税额抵减"专栏，记录一般纳税人按照现行增值税制度规定因扣减销售额而减少的销项税额。

（3）"已交税金"专栏，记录一般纳税人当月已缴纳的应交增值税税额。

（4）"转出未交增值税"和"转出多交增值税"专栏，分别记录一般纳税人月度终了转出当月应交未交或多交的增值税税额。

（5）"减免税款"专栏，记录一般纳税人按现行增值税制度规定准予减免的增值税税额。

（6）"出口抵减内销产品应纳税额"专栏，记录实行"免、抵、退"办法的一般纳税人按规定计算的出口货物的进项税抵减内销产品的应纳税额。

（7）"销项税额"专栏，记录一般纳税人销售货物，提供加工、修理修配劳务、服务，销售无形资产或不动产应收取的增值税税额。

（8）"出口退税"专栏，记录一般纳税人出口货物，提供加工、修理修配劳务、服务，销售无形资产或不动产按规定退回的增值税税额。

（9）"进项税额转出"专栏，记录一般纳税人购进货物，提供加工、修理修配劳务、服务，销售无形资产或不动产等发生非正常损失以及其他原因而不应从销项税额中抵扣、按规定转出的进项税额。

（二）"应交税费——未交增值税"账户

核算一般纳税人月度终了从"应交增值税"或"预交增值税"明细账户转入当月应交未交、多交或预交的增值税税额，以及当月交纳以前期间未交的增值税税额。

（三）"应交税费——预交增值税"账户

核算一般纳税人转让不动产、提供不动产经营租赁服务、提供建筑服务、采用预收款方式销售自行开发的房地产项目等,以及其他按现行增值税制度规定应预交的增值税税额。

(四)"应交税费——待抵扣进项税额"账户

核算一般纳税人已取得增值税扣税凭证并经税务机关认证,按照现行增值税制度规定准予以后期间从销项税额中抵扣的进项税额。包括:一般纳税人自2016年5月1日后取得并按固定资产核算的不动产或者2016年5月1日后取得的不动产在建工程,按现行增值税制度规定准予以后期间从销项税额中抵扣的进项税额;实行纳税辅导期管理的一般纳税人取得的尚未交叉稽核比对的增值税扣税凭证上注明或计算的进项税额。

(五)"应交税费——待认证进项税额"账户

核算一般纳税人由于未经税务机关认证而不得从当期销项税额中抵扣的进项税额。包括:一般纳税人已取得增值税扣税凭证、按照现行增值税制度规定准予从销项税额中抵扣,但尚未经税务机关认证的进项税额;一般纳税人已申请稽核但尚未取得稽核相符结果的海关缴款书进项税额。

(六)"应交税费——待转销项税额"账户

核算一般纳税人销售货物,提供加工、修理修配劳务、服务,销售无形资产或不动产,已确认相关收入(或利得)但尚未发生增值税纳税义务而需于以后期间确认为销项税额的增值税税额。

(七)"应交税费——增值税留抵税额"账户

核算兼有销售服务、无形资产或者不动产的原增值税一般纳税人,截止到纳入"营改增"试点之日前的增值税期末留抵税额按照现行增值税制度规定不得从销售服务、无形资产或不动产的销项税额中抵扣的增值税留抵税额。

(八)"应交税费——简易计税"账户

核算一般纳税人采用简易计税方法发生的增值税计提、扣减、预缴、缴纳等业务。

(九)"应交税费——转让金融商品应交增值税"账户

核算增值税纳税人转让金融商品发生的增值税税额。

(十)"应交税费——代扣代交增值税"账户

核算纳税人购进在境内未设经营机构的境外单位或个人在境内的应税行为代扣代缴的增值税。

小规模纳税人只需在"应交税费"账户下设置"应交增值税"明细账户,不需要设置上述专栏及除"转让金融商品应交增值税""代扣代交增值税"外的明细账户。

想一想 ▶▶▶

在实际工作中,核算增值税不设置"应交税费——未交增值税"二级账户的情况下,"应交税费——应交增值税(已交税金)"明细账户核算哪些内容?

课后查阅资料 ▶▶▶

请查阅不设置"应交税费——未交增值税"账户时,增值税账务处理的方法。

三、增值税涉税业务的会计核算

(一)一般纳税人进项税额的会计核算

1. 允许抵扣进项税额的账务处理。

一般纳税人购进货物、加工修理修配劳务、服务、无形资产或不动产,按应计入相关成本费用或资产的金额,借记"在途物资"或"原材料""库存商品""生产成本""无形资产""固定资产""管理费用"等账户,按当月已认证的可抵扣增值税税额,借记"应交税费——应交增值税(进项税额)"账户,按当月未认证的可抵扣增值税税额,借记"应交税费——待认证进项税额"账户,按当月已认证但须延期抵扣增值税税额,借记"应交税费——待抵扣进项税额"账户;按应付或实际支付的金额,贷记"应付账款""应付票据""银行存款"等账户。发生退货的,如原增值税专用发票已认证,应根据税务机关开具的红字增值税专用发票作相反的会计分录;如原增值税专用发票未认证,应将发票退回并作相反的会计分录。

情境训练 ▶▶▶

【例 2-32】 江淮电器股份有限公司存货采用实际成本计价。2017 年 10 月,从江南钢铁公司购进钢材,取得增值税专用发票,列明价款 200 000 元,增值税税额 34 000 元。取得的钢材运费的增值税专用发票上列明运费 1 000 元,增值税税额 110 元。专用发票已通过税务机关认证,在当期申请抵扣。该厂开出银行承兑汇票支付货款和税款。钢材已经入库。请进行会计核算。

【解析】 允许抵扣的进项税额:34 000 + 110 = 34 110(元)

根据专用发票、验收入库单、认证通知等,作会计分录如下:

借:原材料——A 材料　　　　　　　　　　　　　　　201 000.00
　　应交税费——应交增值税(进项税额)　　　　　　 34 110.00
　　贷:应付票据——银行承兑汇票(江南钢铁公司)　　235 110.00

如果该例中的企业在进行会计处理时,专用发票尚未经过主管税务机关认证,则进项税额不能进行抵扣,而应计入"应交税费——待认证进项税额"账户。会计分录如下:

借:原材料——A 材料　　　　　　　　　　　　　　　201 000.00
　　应交税费——待认证进项税额　　　　　　　　　　 34 110.00
　　贷:应付票据——银行承兑汇票(江南钢铁公司)　　235 110.00

待发票经主管税务机关认证后,根据认证通知,再作如下账务处理:

借:应交税费——应交增值税(进项税额)　　　　　　 34 110.00
　　贷:应交税费——待认证进项税额　　　　　　　　 34 110.00

温馨提示 ▶▶▶

企业国内购进货物取得增值税专用发票,经主管税务机关认证相符后,当期必须申请抵扣。

情境训练 ▶▶▶

【例 2-33】 江淮电器股份有限公司 2017 年 9 月以银行存款支付车间修理费,增值税专用发票上注明的修理费为 2 000 元,增值税税额为 340 元,价税合计 2 340 元。增值税专用发票已于当月认证并申请抵扣。请进行会计核算。

【解析】 根据车间修理费增值税专用发票、认证通知、转账支票存根等,作会计处理如下:

借:管理费用——修理费　　　　　　　　　　　　　　　　2 000.00
　　应交税费——应交增值税(进项税额)　　　　　　　　　340.00
　　贷:银行存款　　　　　　　　　　　　　　　　　　　　2 340.00

2. 不得抵扣进项税额的账务处理。

一般纳税人购进货物、加工修理修配劳务、服务、无形资产或不动产,直接用于简易计税方法计税项目、免征增值税项目、集体福利或个人消费等,其进项税额按照现行增值税法规规定不得从销项税额中抵扣,取得增值税专用发票时,应借记相关成本费用或资产账户,贷记"银行存款""应付账款"等账户。购入后改变用途,用于简易计税方法计税项目、免征增值税项目、集体福利或个人消费等,应借记相关成本费用或资产账户,贷记"应交税费——应交增值税(进项税额转出)""原材料"等账户。

情境训练▶▶▶

【例 2 - 34】 光华有限责任公司 2017 年 7 月开出现金支票购进一批电暖气,用于集体福利,取得的增值税专用发票上注明的价款为 200 000 元,增值税税额为 34 000 元,增值税专用发票于当月认证。请进行会计核算。

【解析】 根据增值税专用发票、现金支票存根等,作会计处理如下:

借:应付职工薪酬——非货币福利　　　　　　　　　　　234 000
　　贷:银行存款　　　　　　　　　　　　　　　　　　234 000

3. 分年抵扣进项税额的账务处理。

一般纳税人自 2016 年 5 月 1 日后取得并按固定资产核算的不动产或者 2016 年 5 月 1 日后取得的不动产在建工程,其进项税额按现行增值税制度规定,自取得之日起分 2 年从销项税额中抵扣的,应当按取得成本,借记"固定资产""在建工程"等账户,按当期可抵扣的增值税税额,借记"应交税费——应交增值税(进项税额)"账户,按以后期间可抵扣的增值税税额,借记"应交税费——待抵扣进项税额"账户,按应付或实际支付的金额,贷记"应付账款""应付票据""银行存款"等账户。尚未抵扣的进项税额待以后期间允许抵扣时,按允许抵扣的金额,借记"应交税费——应交增值税(进项税额)"账户,贷记"应交税费——待抵扣进项税额"账户。

情境训练▶▶▶

【例 2 - 35】 2017 年 6 月 5 日,纳税人购进办公大楼一座,该大楼用于公司办公经营,计入固定资产,并于次月开始计提折旧。6 月 20 日,该纳税人取得该大楼增值税专用发票并认证相符,专用发票上注明税额 1 000 万元。根据相关规定,该 1 000 万元进项税额中的 60% 于当期(2017 年 6 月)抵扣,剩余 40% 于当期的第 13 个月(2018 年 6 月)抵扣。

【解析】 编制会计分录如下:

借:应交税费——应交增值税(进项税额)　　　　　　　6 000 000.00
　　　　　　——待抵扣进项税额　　　　　　　　　　　4 000 000.00

  贷：银行存款   10 000 000.00

2017年6月允许抵扣时，编制会计分录如下：

  借：应交税费——应交增值税（进项税额）   4 000 000.00
    贷：应交税费——待抵扣进项税额   4 000 000.00

  4. 货到单未到增值税的账务处理。

  一般纳税人购进的货物等已到达并验收入库，但尚未收到增值税扣税凭证并未付款的，应在月末按货物清单或相关合同协议上的价格暂估入账，不需要将增值税的进项税额暂估入账。下月初，用红字冲销原暂估入账金额，待取得相关增值税扣税凭证并经认证后，按应计入相关成本费用或资产的金额，借记"原材料""库存商品""固定资产""无形资产"等账户，按可抵扣的增值税税额，借记"应交税费——应交增值税（进项税额）"账户，按应付金额，贷记"应付账款"等账户。

情境训练 ▶▶▶

【**例2-36**】 华联股份有限公司2017年6月从星力公司购进一批甲材料，材料已经验收入库，但增值税专用发票未到，款未付，月末仍未收到发票。按暂估价值31 000元入账。

  【**解析**】 月末作如下会计处理：

  借：原材料——甲材料   31 000
    贷：应付账款——星力公司   31 000

下月初用红字冲回：

  借：应付账款——星力公司   31 000
    贷：原材料——甲材料   31 000

【**例2-37**】 接上例，华联股份有限公司于2017年7月初收到供货方寄来的增值税专用发票，发票上注明材料价款30 000元，增值税额5 100元，发票当月经税务机关认证相符。华联公司开出转账支票支付材料价税款。

  【**解析**】 作会计处理如下：

  借：原材料——甲材料   30 000
    应交税费——应交增值税（进项税额）   5 100
    贷：银行存款   35 100

  5. 购进免税农产品进项税额的会计处理。

  以免税农产品为原料的工业企业和经销农副产品的商业企业，在购进免税农产品时，根据农副产品专用收购凭证、收购码单、验收入库单及交售人身份证明文件、合同、付款单据等，可按规定扣除率11%计算抵扣进项税额。借记"原材料——××材料""库存商品——××商品""应交税费——应交增值税（进项税额）"账户，贷记"银行存款"等账户。

情境训练 ▶▶▶

【**例2-38**】 包河食品厂2017年10月向农民收购山核桃一批，收购价为30 000元，开具农副产品收购凭证，山核桃已验收入库。收购款以现金支付。请进行会计核算。

  【**解析**】 根据农副产品收购凭证、收购码单、验收入库单及现金付款凭证，作如下账务处理：

借:原材料——山核桃	30 000.00	
应交税费——应交增值税(进项税额)	3 300.00	
贷:库存现金		33 300.00
借:原材料——山核桃	26 700.00	
应交税费——应交增值税(进项税额)	3 300.00	
贷:库存现金		30 000.00

6. 接受投资、捐赠的货物、不动产、无形资产进项税额的会计处理。

企业接受投资、捐赠的货物、不动产和无形资产,按照接受投资、接受捐赠确认的价值,借记"原材料""固定资产""无形资产"等账户,按照专用发票上注明的增值税税额,借记"应交税费——应交增值税(进项税额)""应交税费——待抵扣进项税额"(不动产40%进项税)账户,按照约定的投资份额,贷记"实收资本"或"股本"账户,接受投资货物确认价值大于约定投资份额的差额,贷记"资本公积"账户。接受捐赠货物、不动产及无形资产,按照受捐货物价值计交所得税,贷记"递延所得税负债"账户,按其差额,贷记"营业外收入——捐赠利得"账户。

7. 进口货物进项税额的会计处理。

进口货物,应根据海关开具的"完税凭证"、国内运费发票、货物验收单等记账。借记"原材料——××材料""应交税费——应交增值税(进项税额)"等账户,贷记"银行存款"等账户。

情境训练▶▶▶

【例2-39】 友谊贸易公司从美国进口家电一批,关税完税价格为400 000美元,关税税率为20%,增值税税率为17%,另转账支付国内运杂费2 400元(运输费2 000元),已取得运输费增值税专用发票,列明增值税税额为220元。该公司开出人民币转账支票从银行购入400 000美元,转入美元存款户。当日外汇牌价为USD1 = RMB6.30。已取得关税完税凭证,相关税票已经税务机关认证并申请抵扣。家电已经入库。请进行会计核算。

【解析】 根据海关完税凭证、运输费增值税专用发票、国税机关认证通知、转账支票存根、付汇通知、验收入库单等单据,作会计处理如下:

购入美元时的账务处理:

借:银行存款——美元户(USD400 000×6.3)	2 520 000	
贷:银行存款——人民币户		2 520 000

支付货款、进口关税、增值税、国内运杂费。

应交关税 = 400 000×6.3×20% = 504 000(元)

家电进口应交增值税税额 = (2 520 000 + 504 000)×17% = 514 080(元)

运输费进项税额 = 220(元)

应抵扣进项税额合计 = 514 080 + 220 = 514 300(元)

进口家电成本 = 2 520 000 + 504 000 + 2 400 = 3 026 400.00(元)

借:库存商品——××家电	3 026 400.00	
应交税费——应交增值税(进项税额)	514 300.00	
贷:银行存款——美元户(USD400 000×6.3)		2 520 000.00

银行存款——人民币户　　　　　　　　　　　　　　　　　1 020 700.00

8. 进货退出进项税额的核算。

一般纳税人购进货物发生退货时,购买方应区别下列两种情况进行具体处理。

(1) 购买方未付款,也未作账务处理。这种情况下,购买方应将发票联和抵扣联退还给销售方。既然购买方进货后未付款也未作账务处理,退货时也无须进行账务处理。如果购进货物时已经验收入库,则应开具"红字入库单"抵销原"蓝字入库单"。如果是部分退货,将发票联和抵扣联退还给销售方后,由销售方按实际数量重新开具增值税专用发票,购买方也不用对退货进行账务处理,只要按实购数量、金额进行正常的购货账务处理即可。如果购进货物时已经验收入库,则应开具退货部分的"红字入库单"抵销原"蓝字入库单"。

(2) 购买方已付货款,或货款未付但已作账务处理。这种情况下,发票联及抵扣联无法退还,购买方必须取得当地主管税务机关开具的"开具红字增值税专用发票通知单"送交销售方,作为销售方开具红字增值税专用发票的合法依据。如果购进货物已经验收入库,则应开具"红字入库单"抵销原"蓝字入库单"。购买方根据销售方转来的红字发票联、抵扣联,借记"银行存款"或"应付账款——×××""应交税费——应交增值税(进项税额)(红字)"或贷记"应交税费——应交增值税(进项税额)"账户;贷记"原材料——××材料"或"在途物资——×××"等账户。如果采用贷记"应交税费——应交增值税(进项税额)"账户的处理方法,在登记"应交税费——应交增值税(进项税额)"多栏式明细账户时,用红字。

情境训练 ▶▶▶

【例2-40】 江淮电器股份有限公司2017年11月购进甲辅助材料一批,增值税专用发票上注明价款200 000元,税款34 000元。2017年12月,因上述材料存在质量问题退回部分材料,价款20 000元。取得当地主管税务机关开具的"开具红字增值税专用发票通知单"送交销售方,已收到对方开具的退货部分的红字增值税专用发票。请进行会计核算。

【解析】 根据红字发票联、抵扣联、"开具红字增值税专用发票通知单""红字入库单"等,作会计处理如下:

　　借:银行存款　　　　　　　　　　　　　　　　　　　　　23 400.00
　　　贷:原材料——甲辅助材料　　　　　　　　　　　　　　　20 000.00
　　　　　应交税费——应交增值税(进项税额)　　　　　　　　 3 400.00

应当注意的是,登记"应交税费——应交增值税(进项税额)"多栏式明细账户时,应用红字登记3 400元。

9. 进项税额抵扣情况发生改变的账务处理。

因发生非正常损失或改变用途等,原已计入进项税额、待抵扣进项税额或待认证进项税额,但按现行增值税制度规定不得从销项税额中抵扣的,应借记"待处理财产损溢""应付职工薪酬""固定资产""无形资产"等账户,贷记"应交税费——应交增值税(进项税额转出)""应交税费——待抵扣进项税额"或"应交税费——待认证进项税额"账户;原不得抵扣且未抵扣进项税额的固定资产、无形资产等,因改变用途等用于允许抵扣进项税额的应税项目的,应按允许抵扣的进项税额,借记"应交税费——应交增值税(进项税额)"账户,贷记"固定资产""无形资产"等账户。固定资产、无形资产等经上述调整后,应按调整后的账面价值在剩余尚可使用寿命内计提折旧或摊销。

一般纳税人购进时已全额计提进项税额的货物或服务等转用于不动产在建工程的,对于结转以后期间的进项税额,应借记"应交税费——待抵扣进项税额"账户,贷记"应交税费——应交增值税(进项税额转出)"账户。

情境训练 ▶▶▶

【例2-41】 江淮电器股份有限公司2017年8月因管理不善,造成部分外购器件和库存产成品——电风扇锈蚀报废。其外购器件的购进成本为5 000元,增值税税率为17%。库存产成品成本为4 000元,其中原材料成本占50%。增值税税率也为17%。处理结果未定。请进行会计核算。

【解析】 待处理财产损失金额 = 5 000 × (1 + 17%) + 4 000 + (4 000 × 50% × 17%)
= 5 850 + 4 340 = 10 190(元)

借:待处理财产损溢——待处理流动资产损溢	10 190.00
贷:原材料——外购器件	5 000.00
库存商品——电风扇	4 000.00
应交税费——应交增值税(进项税额转出)	1 190.00

【例2-42】 乐购公司是一家从事家电批发的商业企业,2017年11月,该公司将购进的库存商品抽油烟机20台作为福利发放给职工。该抽油烟机不含税进价为500元/台;职工食堂领用作为库存商品的电风扇4台,其不含税进价为260元/台。请进行会计核算。

【解析】 应转出的进项税额 = 20 × 500 × 17% + 4 × 260 × 17% = 1 876.80(元)

借:应付职工薪酬——非货币性福利	12 916.80
贷:库存商品——抽油烟机	10 000.00
——电风扇	1 040.00
应交税费——应交增值税(进项税额转出)	1 876.80

想一想 ▶▶▶

哪些情况下需要进行进项税额转出?

课后查阅资料 ▶▶▶

请查阅《中华人民共和国增值税暂行条例》中所规定的增值税进项税额转出的全部行为。

模拟实训 ▶▶▶

提供特定企业实际发生的涉及增值税购进业务的原始票据(增值税专用发票发票联和抵扣联,农副产品专用收购凭证,进口货物、应税劳务或服务的海关完税凭证等),要求学生在对原始票据进行审核的基础上,编制购进业务的记账凭证并据此登记"应交税费——应交增值税"明细账户,练习涉及增值税进项税额的相关业务处理。

(二)一般纳税人增值税销项税额的会计核算

1. 一般销售方式下销项税额的会计核算。

企业现销货物,不论货物是否发出,均应于收到货款或索取销货款凭据、销货发票交给购买方的当日,确认销售成立并发生纳税义务。而且,即使是不符合收入确认条件的销售业务,只要已向对方开出专用发票或普通发票,也应确认销项税额。企业根据销售结算凭证和银行存款进账单等,借记"银行存款""应收账款"等账户,按不含税价款,贷记"主营业务收入"或"其他业务收入"等账户。按增值税发票上所列明的增值税税额,贷记"应交税费——应交增值税(销项税额)"账户。

情境训练 ▶▶▶

【例2-43】 接【例2-10】资料,进行销售业务的会计账务处理。

【解析】 应税销售额 = (21 000 + 117) ÷ (1 + 17%) = 18 048.72(元)

增值税销项税额 = 18 048.72 × 17% = 3 068.28(元)

会计账务处理如下:

借:银行存款　　　　　　　　　　　　　　　　　　　　　21 117.00
　　贷:主营业务收入　　　　　　　　　　　　　　　　　　18 048.72
　　　　应交税费——应交增值税(销项税额)　　　　　　　 3 068.28

【例2-44】 江淮电器股份有限公司2017年5月向国美公司销售三门冰箱200台,开具的增值税专用发票上列明的不含税单价为2 199元/台。收到转账支票一张。以现金支付送货上门的运费800元,已取得运费专用发票,列明增值税进项税额为88元,并已认证相符。请进行会计核算。

【解析】 应税销售额 = 200 × 2 199 = 439 800(元)

销项税额 = 200 × 2 199 × 17% = 74 766(元)

支付运费的进项税额 = 88(元)

根据销售凭证(专用发票记账联)和转账支票编制会计分录如下:

借:银行存款——××　　　　　　　　　　　　　　　　　514 566.00
　　贷:主营业务收入　　　　　　　　　　　　　　　　　 439 800.00
　　　　应交税费——应交增值税(销项税额)　　　　　　　74 766.00

支付销货运费的会计处理:

借:销售费用——运杂费　　　　　　　　　　　　　　　　　800.00
　　应交税费——应交增值税(进项税额)　　　　　　　　　 88.00
　　贷:库存现金　　　　　　　　　　　　　　　　　　　　888.00

温馨提示 ▶▶▶

企业销货中支付运费的增值税税额,应当计入"进项税额"明细账户。

情境训练 ▶▶▶

【例2-45】 2017年5月,江淮电器股份有限公司采用汇兑方式向长城公司销售变频空调100台,不含税单价2 830元/台,开出的专用发票上注明价款283 000元,增值税税额48 110元,款项尚未收到。该空调生产成本为214 000元。但发货后即得知长城公司发生重大火灾,出现严重财务困难,款项收回的可能性极小。请进行会计核算。

【解析】 (1)由于不符合会计确认销售收入的标准,故作发出商品处理。

会计分录如下:

借:发出商品——长城公司(变频空调)　　　　　　　　　 214 000.00

贷：库存商品——变频空调　　　　　　　　　　　　　　　　214 000.00
同时,确认纳税义务。
　　借：应收账款——长城公司(应收增值税款)　　　　　　　　　48 110.00
　　　　贷：应交税费——应交增值税(销项税额)　　　　　　　　48 110.00
　　(2)如果以后长城公司财务状况好转,约定归还货款,收到价税款存入银行。
　　借：银行存款——××　　　　　　　　　　　　　　　　　　331 110.00
　　　　贷：应收账款——长城公司(应收增值税款)　　　　　　　48 110.00
　　　　　　主营业务收入　　　　　　　　　　　　　　　　　　283 000.00
结转销售成本时：
　　借：主营业务成本　　　　　　　　　　　　　　　　　　　　214 000.00
　　　　贷：发出商品——变频空调　　　　　　　　　　　　　　214 000.00

温馨提示 ▶▶▶

增值税销项税额的确认标准与会计上销售收入的确认标准存在一定的差异。

情境训练 ▶▶▶

【例2-46】　接【例2-12】资料,请进行会计核算。

【解析】　【例2-12】资料,属于以暂无市场售价的新产品对外捐赠,应按成本加利润的方法确定销项税额。

应税销售额 = 2 × 4 100 × (1 + 10%) = 9 020(元)

销项税额 = 9 020 × 17% = 1 533.40(元)

账务处理如下：

　　借：营业外支出——捐赠支出　　　　　　　　　　　　　　　10 553.40
　　　　贷：主营业务收入　　　　　　　　　　　　　　　　　　9 020.00
　　　　　　应交税费——应交增值税(销项税额)　　　　　　　　1 533.40

2.特殊销售方式业务销项税额的会计核算。

(1)折扣方式销售货物销项税额的会计核算。

1)商品折扣销售。税法规定,如果销售额和折扣额在同一张发票上分别注明,可以折扣后的余额作为销售额计算增值税；按照实际销售额及销项税额,借记"银行存款""应收账款"等账户,按实际销售额贷记"主营业务收入"等账户,销项税额贷记"应交税费——应交增值税(销项税额)"账户。如果将折扣额另开发票,不论其在财务上如何处理,均不得从销售额中扣减折扣额。按照全额,作上述会计处理。

2)现金折扣销售。属于一种筹资理财行为,按税法规定,这种折扣不得从销售额中抵减,只能作为一种理财行为,记入"财务费用"账户。

(2)销售退回和折让销项税额的会计核算。

1)购买方未付款并且未入账情况下的会计处理。

在此种情况下,销售方在收到购买方主动退还的原发票联和税款抵扣联后,应将该份发票的电子和纸质的发票联和税款抵扣联及有关的存根联、记账联上注明"作废"字样或"负数"处理,作为扣减当期销售收入和销项税额的凭证。销货退回,收到退回货物入库时,还应同时开具红字"出库单"。未收到购买方退还的专用发票前,销售方不得扣减销售收入和当期销项税额。如果是销售折让,则按折让后的金额和税额重新开具发票入账。

2)购买方已付货款或者货款未付但已入账情况下的会计处理。

如果购买方已入账,无法退回发票联和抵扣联,而是取得税务机关开具的"进货退出及索取折让通知单",如果是销货退回,销售方则据此通知单开具红字发票。用红字做与原来销售时相同的分录。红字专用发票的记账联作为销售方扣减当期销售收入和销项税额的凭证,其发票联、抵扣联作为购买方扣减进项税额的凭证。收到退回货物入库时,还应同时开具红字"出库单"。如果是销售折让,则应按折让的金额和税额开具红字发票。用红字做与原来销售时相同的分录。红字专用发票的存根联、记账联作为销售方扣减当期销项税额的凭证,其发票联、抵扣联作为购买方扣减进项税额的凭证。借记"主营业务收入"账户;贷记"应交税费——应交增值税(销项税额)红字""应收账款——银行存款等"账户。

▶情境训练▶▶▶

【例2-47】 江淮电器股份有限责任公司2017年5月销售给长江公司双开门冰箱10台,增值税专用发票上注明销售额为60 000元,增值税税额为10 200元,货款已支付,双方均已做账务处理。由于质量原因,双方协商折让10%,5月收到长江公司转来的当地主管税务机关开具的"开具红字增值税专用发票通知单",开具红字增值税专用发票,折扣款已用银行存款支付。请进行会计核算。

【解析】 根据"开具红字增值税专用发票通知单"开具折让部分的"红字增值税专用发票"记账联,冲减销售额和销项税额。

冲减销售额 = 60 000 × 10% = 6 000(元)

冲减销项税额 = 6 000 × 17% = 1 020(元)

做账务处理如下:

借:主营业务收入　　　　　　　　　　　　　　　　　　　　　　　　6 000.00

　　贷:应交税费——应交增值税(销项税额)　　　　　　　　　　　1 020.00

　　　　银行存款　　　　　　　　　　　　　　　　　　　　　　　21 060.00

【例2-48】 接【例2-13】资料,进行会计账务处理。

【解析】 账务处理如下:

借:银行存款　　　　　　　　　　　　　　　　　　　　　　　　618 660.90

　　贷:主营业务收入　　　　　　　　　　　　　　　　　　　　528 770.00

　　　　应交税费——应交增值税(销项税额)　　　　　　　　　　89 890.90

【例2-49】 接【例2-14】资料,请进行会计核算。

【解析】 (1)2017年7月12日销售空调器:

借:应收账款——华东公司　　　　　　　　　　　　　　　　　　473 850.00

　　贷:主营业务收入　　　　　　　　　　　　　　　　　　　　405 000.00

　　　　应交税费——应交增值税(销项税额)　　　　　　　　　　68 850.00

(2)如果华东公司10天之内付款:

现金折扣 = 405 000 × 4% = 16 200(元)

账务处理如下:

借:银行存款　　　　　　　　　　　　　　　　　　　　　　　　457 650.00

    财务费用——现金折扣   16 200.00

     贷：应收账款——华东公司   473 850.00

 （3）如果华东公司在超过10天，不超过20天之内付款：

 现金折扣 = 405 000 × 2% = 8 100（元）

 账务处理如下：

  借：银行存款   465 750.00

    财务费用——现金折扣   8 100.00

     贷：应收账款——华东公司   473 850.00

 （4）如果华东公司超过20天付款，不享受现金折扣。

 账务处理如下：

  借：银行存款   473 850.00

     贷：应收账款——华东公司   473 850.00

温馨提示▶▶▶

 计算现金折扣考虑增值税是指折扣额按含税销售额计算，不考虑增值税是指折扣额按不含税销售额计算。

想一想▶▶▶

 存在现金折扣的情况下，现金折扣为什么记入"财务费用"账户？

 （3）"以旧换新"方式销售货物销项税额的会计核算。

 按新货物的售价确定计税销售额，不得冲减旧货的收购价格（金银首饰除外）。借记"库存现金/银行存款（实收的价款）""原材料/库存商品等（旧货物的抵偿价值）"账户；贷记"主营业务收入（新货物的售价）""应交税费——应交增值税（销项税额）"账户。

情境训练▶▶▶

 【例2-50】 接【例2-15】资料，请进行会计核算。

 【解析】 编制会计分录如下：

  借：银行存款   123 455.00

    原材料——旧空调器   8 750.00

     贷：主营业务收入   112 995.73

      应交税费——应交增值税（销项税额）   19 209.27

 【例2-51】 2017年5月，江淮电气股份公司采用以旧换新方式销售三门冰箱一批，含税售价3 510元/台。顾客可用同品牌的旧电冰箱换回全新电冰箱。旧电冰箱每台作价500元，交差价3 010元/台。当月采用此种方式销售该型号冰箱100台。增值税税率为17%，款项已收存银行。请进行会计核算。

 【解析】 编制会计分录如下：

  借：银行存款   301 000.00

    原材料——旧冰箱   50 000.00

     贷：主营业务收入   300 000.00

      应交税率——应交增值税（销项税额）   51 000.00

【例2-52】 金店进行金银首饰以旧换新活动,旧首饰作价3 000元,新首饰零售价为5 000元,实际收现金2 000元。金银首饰以旧换新业务,以实际收取的价款为基础来计算增值税。

【解析】 应交增值税=2000/(1+17%)×17%=290.60(元)

倒挤出商品销售收入=3000+2000-290.6=4 709.40(元)

借:库存商品　　　　　　　　　　　　　　　　　　　　　3 000.00
　　库存现金　　　　　　　　　　　　　　　　　　　　　2 000.00
　贷:主营业务收入　　　　　　　　　　　　　　　　　　　4 709.40
　　　应交税费——应交增值税(销项税额)　　　　　　　　　290.60

(4)以物易物方式销售货物销项税额的核算。

按税法规定,属货物以物易物的,双方都应作购销处理,以各自发出的货物核算销售额并计算销项税,以各自收到的货物按规定核算购货额并计算进项税额,即同时反映进项税额、销项税额。换出资产的公允价值与账面价值之间的差额计入当期损益。应注意的是,在以物易物活动中,应分别开具合法的票据,如收到的货物不能取得相应的增值税专用发票或其他合法票据,不能抵扣进项税额。

(5)采用分期收款方式销售货物销项税额的会计核算。

按税法规定,企业采用分期收款方式销售货物,其增值税销项税额按合同约定的收款日期的当天来确认。

发出商品时,按其成本借记"发出商品"账户,贷记"库存商品——××产品"账户;按合同约定的收款日期开具发票时,确认收入同时确认销项税额,借记"银行存款""应收账款"等账户,贷记"主营业务收入"" 应交税费——应交增值税(销项税额)"账户。

情境训练▶▶▶

【例2-53】 江淮电气股份公司2017年6月采用分期收款方式向广泰公司销售变频空调300台,不含税单价5 000元/台,成本3 800元/台。按合同约定,货款分3个月平均收取。另外,江淮电气股份公司用本单位车辆将货物运到广泰公司指定的地点,共收取运费11 700元。货物发出后,收到第一期货款和相应的增值税款及运费。请进行会计核算。

【解析】 (1)发货后,根据销售凭证编制会计分录如下:

借:发出商品——广泰公司(变频空调)　　　　　　　　1 140 000.00
　贷:库存商品——变频空调　　　　　　　　　　　　　　1 140 000.00

(2)用本单位车辆将货物运到客户指定地点收取运费的行为属于混合销售行为,收到的运费属于价外收费,为含税金额,应将其换算为不含税金额。

增值税销项税额=11 700÷(1+17%)×17%=1 700(元)

(3)收到第一期款项时,编制会计分录如下:

借:银行存款　　　　　　　　　　　　　　　　　　　　　596 700.00
　贷:主营业务收入　　　　　　　　　　　　　　　　　　　500 000.00
　　　其他业务收入　　　　　　　　　　　　　　　　　　　 10 000.00
　　　应交税费——应交增值税(销项税额)　　　　　　　　 86 700.00

同时,结转收到的第一批货款的商品销售成本(结转全部商品总成本的1/3):

借：主营业务成本   380 000.00
  贷：发出商品——广泰公司（变频空调）   380 000.00

(6)销售自己使用过的固定资产。

自2009年1月1日起，纳税人销售自己使用过的固定资产（以下简称已使用过的固定资产），应区分不同情形征收增值税。

1)销售自己使用过的2009年1月1日以后购进或者自制的固定资产，按照适用税率征收增值税。

2)2008年12月31日以前未纳入扩大增值税抵扣范围试点的纳税人，销售自己使用过的2008年12月31日以前购进或者自制的固定资产，按简易办法依3%征收率减按2%征收增值税。

3)2008年12月31日以前已纳入扩大增值税抵扣范围试点的纳税人，销售自己使用过的在本地区扩大增值税抵扣范围试点以前购进或者自制的固定资产，按简易办法依3%征收率减按2%征收增值税；销售自己使用过的在本地区扩大增值税抵扣范围试点以后购进或者自制的固定资产，按照适用税率征收增值税。

销售固定资产时，借记"银行存款"或"应收账款"等账户，贷记"固定资产清理""应交税费——应交增值税（销项税额）"等账户。

3.视同销售货物行为的销项税额的会计核算。

视同销售货物的行为包括：将货物交付他人代销或销售代销货物；将产品或外购的货物对外投资、捐赠、分配股利；将产品对内用于集体福利等。

（1）将货物交付他人代销。代销是指受托方按委托方的要求销售委托方的货物，并收取手续费或获取差价的经营活动。代销货物有三个特点：①代销货物的所有权属于委托方；②受托方按委托方规定的条件出售；③货物的销售收入归委托方所有，受托方只收取手续费或相当于手续费的差价。

根据委托方与受托方签订协议的不同，可将代销分为视同买断方式和收取手续费方式。

1)视同买断方式，即由委托方和受托方签订协议，委托方按协议价格收取委托代销商品的货款，实际售价可由受托方自定，实际售价与协议价之间的差额归受托方所有的销售方式。由于这种销售本质上仍是代销，委托方将商品交付给受托方时，商品所有权上的风险和报酬并未转移给受托方，因此，委托方在交付商品时不确认收入，受托方也不作为购进商品处理。受托方将商品销售后，应按实际售价确认销售收入，并向委托方开具代销清单。委托方收到代销清单时，再确认收入。

具体账务处理为：

委托方：将商品交付给受托方时，按发出代销商品的成本价，借记"发出商品——××受托方（××产品）"账户，贷记"库存商品——××产品"账户。收到受托方的代销清单时，向受托方开具增值税专用发票，按双方协议价确认销售收入和销项税额，同时按成本价结转销售商品的成本。借记"应收账款——××受托方"账户，贷记"主营业务收入""应交税费——应交增值税（销项税额）"账户，同时，结转销售成本，借记"主营业务成本"账户，贷记"发出商品——××受托方（××产品）"账户。实际收到受托方支付的货款时，借记"银行存款"账户，贷记"应收账款——××受托方"账户。

受托方：收到委托方的代销商品时，按双方协议价，借记"受托代销商品——××委托方（××产品）"账户，贷记"受托代销商品款——××委托方"账户。实际销售受托代销商品时，按自定价确认销售收入和销项税额，同时按双方协议价，结转受托代销商品销售成本和代销商品货款。借记"银行存款"账户，贷记"主营业务收入""应交税费——应交增值税（销项税额）"账户。结转销售成本，借记"主营业务成本"账户，贷记"受托代销商品——××委托方（××产品）"账户。同时，转销"受托代销商品款"，借记"受托代销商品款——××委托方"账户，贷记"应付账款——××委托方"账户。按合同协议价将款项付给委托方时，借记"应付账款——××委托方""应交税费——应交增值税（进项税额）"账户，贷记"银行存款"账户。

2）收取手续费方式。收取手续费方式是指委托方按和受托方签订的协议价收取所代销货物的货款，受托方按委托方的协议价销售代销货物，委托方按代销货物协议售价的一定比例给付受托方的代销手续费作为劳务报酬的方式。对受托方来说，收取的手续费实际上是一般劳务收入。因此，委托方在发出商品时通常不应确认收入，而应在收到受托方开出的代销清单时确认销售商品收入；而受托方应在商品销售后，按合同或协议约定的方法计算确定的手续费确认收入。

具体账务处理如下：

委托方：发出商品时，按发出商品成本价，借记"发出商品——××受托方（××产品）"账户，贷记"库存商品——××产品"账户。收到受托方代销清单时，开出增值税专用发票，按双方协议价确认收入和销项税额，并结转成本，借记"应收账款——××受托方"账户，贷记"主营业务收入""应交税费——应交增值税（销项税额）"账户。同时，借记"主营业务成本"账户，贷记"发出商品——××受托方（××产品）"账户。收到货款时，借记"银行存款""销售费用——代销手续费"账户，贷记"应收账款——××受托方"账户。

受托方：收到委托方代销商品时，按协议价，借记"受托代销商品——××委托方"账户，贷记"受托代销商品款——××委托方"账户。对外销售时，按协议价，借记"银行存款"账户，贷记"受托代销商品——××委托方""应交税费——应交增值税（销项税额）"账户。交付委托方代销清单，收到委托方开具的增值税专用发票时，借记"应交税费——应交增值税（进项税额）"账户，贷记"应付账款——××委托方"账户。同时，借记"受托代销商品款——××委托方"账户，贷记"应付账款——××委托方"账户。支付货款并计算代销手续费时，借记"应付账款——××委托方"账户，贷记"银行存款""其他业务收入——代购代销收入"账户。

情境训练 ▶▶▶

【例 2-54】 江淮电器股份公司委托联华公司销售家用吸尘器 100 台，协议不含税价为 600 元/台，该商品成本为 360 元/件，增值税税率为 17%。江淮电器股份公司在收到联华公司开来的代销清单时开具增值税专用发票，发票上注明售价为 60 000 元，增值税税额为 10 200元。联华公司按每件 600 元销售给顾客，江淮电器股份公司按售价的 10% 支付联华公司手续费。联华公司在实际销售时，即向买方开具一张增值税专用发票，发票上注明甲商品售价为 60 000 元，增值税税额为 10 200 元。江淮电器股份公司在收到联华公司交来的代销清单时，向联华公司开具一张相同金额的增值税专用发票。请进行会计核算。

【解析】 江淮电器股份公司的账务处理如下：

(1) 将家用吸尘器交付联华公司时：
借：发出商品——联华公司(家用吸尘器)　　　　　　　　　　36 000.00
　　贷：库存商品——家用吸尘器　　　　　　　　　　　　　　　36 000.00
(2) 收到联华公司代销清单时：
借：应收账款——联华公司　　　　　　　　　　　　　　　　70 200.00
　　贷：主营业务收入　　　　　　　　　　　　　　　　　　　　60 000.00
　　　　应交税费——应交增值税(销项税额)　　　　　　　　　10 200.00
借：主营业务成本　　　　　　　　　　　　　　　　　　　　36 000.00
　　贷：发出商品——联华公司(家用吸尘器)　　　　　　　　　36 000.00
(3) 收到货款时：
借：银行存款　　　　　　　　　　　　　　　　　　　　　　64 200.00
　　销售费用——代销手续费　　　　　　　　　　　　　　　　6 000.00
　　贷：应收账款——联华公司　　　　　　　　　　　　　　　　70 200.00
联华公司的账务处理如下：
(1) 收到江淮电器股份公司家用吸尘器时：
借：受托代销商品——江淮电器股份公司(家用吸尘器)　　　60 000.00
　　贷：受托代销商品款——江淮电器股份公司　　　　　　　　60 000.00
(2) 实际销售时：
借：银行存款　　　　　　　　　　　　　　　　　　　　　　70 200.00
　　贷：受托代销商品——江淮电器股份公司(家用吸尘器)　　　60 000.00
　　　　应交税费——应交增值税(销项税额)　　　　　　　　　10 200.00
(3) 交付江淮电器股份公司代销清单时：
借：应交税费——应交增值税(进项税额)　　　　　　　　　　10 200.00
　　贷：应付账款——江淮电器股份公司　　　　　　　　　　　10 200.00
借：受托代销商品款——江淮电器股份公司　　　　　　　　　60 000.00
　　贷：应付账款——江淮电器股份公司　　　　　　　　　　　60 000.00
(4) 交还江淮电器股份公司货款并计算代销手续费时：
借：应付账款——江淮电器股份公司　　　　　　　　　　　　70 200.00
　　贷：银行存款　　　　　　　　　　　　　　　　　　　　　　64 200.00
　　　　其他业务收入——代购代销收入　　　　　　　　　　　　6 000.00

想一想 ▶▶▶

委托代销两种方式会计核算的主要区别在哪里？

(2) 将自产、委托加工或外购商品对外投资、捐赠、分配股利。税法规定：纳税人将自产、委托加工或外购商品对外投资、捐赠、分配股利等，均应确认销售收入，作为收入处理，并计交增值税销项税。货物移交的当天，开具增值税专用发票或普通发票。借记"长期股权投资——××(对外投资)""应付股利(分配股利)"或"营业外支出——捐赠支出(对外捐赠)"账户；贷记"主营业务收入/其他业务收入""应交税费——应交增值税(销项税额)"账户。

(3)将自产、委托加工的产品用于职工福利、个人消费或行政管理部门。企业将自产、委托加工的产品用于职工福利、个人消费或行政管理部门等方面,是一种内部结转关系。企业不会因为将自产产品对内用于管理部门、非生产机构、职工福利等方面而增加现金流量,也不会增加企业的营业利润,所以不确认销售收入。但企业以自产产品作为职工薪酬发放给职工时,应当确认为销售收入,计交销项税额,同时结转成本。借记"应付职工薪酬——非货币性福利"账户,贷记"主营业务收入""应交税费——应交增值税(销项税额)"账户。同时结转成本,借记"主营业务成本"账户,贷记"库存商品——××产品"账户。

情境训练 ▶▶▶

【例2-55】 2017年5月,江淮电器股份公司向爱心小学捐赠3台2P柜式空调,该空调无同类产品的销售价格,已知其实际生产成本为4 000元/台,成本利润率为10%。请进行会计核算。

【解析】 组成计税价格 = 4 000 × (1 + 10%) × 3 = 13 200.00(元)

增值税销项税额 = 13 200 × 17% = 2 244.00(元)

借:营业外支出——捐赠支出	15 444.00
贷:主营业务收入	13 200.00
应交税费——应交增值税(销项税额)	2 244.00

结转销售成本:

借:主营业务成本	12 000.00
贷:库存商品——2P柜式空调	12 000.00

【例2-56】 2017年5月,江淮电器股份公司将自产的一批微波炉以市场价发放给职工用作职工福利,该批商品的成本是80 000元,市场价格为100 000元,增值税税率为17%。请进行会计核算。

【解析】 编制会计分录如下:

借:应付职工薪酬——非货币性福利	117 000.00
贷:主营业务收入	100 000.00
应交税费——应交值税(销项税额)	17 000.00
借:主营业务成本	80 000.00
贷:库存商品——微波炉	80 000.00

想一想 ▶▶▶

将自产货物作为职工福利发放给职工个人与用于企业内部的公共福利在税法规定与会计处理上有何区别?

情境训练 ▶▶▶

【例2-57】 2017年5月,江淮电器股份公司将自产的滚筒洗衣机100台作为利润分配给投资者,该批产品的实际成本为250 000元,不含税售价为300 000元。将50台三门电冰箱投资给大华公司,该批产品的成本为200 000元,公允价为250 000元,占大华公司股份的10%。请进行会计核算。

【解析】 分配股利时:

借:应付股利		351 000.00
贷:主营业务收入		300 000.00
应交税费——应交增值税(销项税额)		51 000.00

同时:

借:主营业务成本   250 000.00
 贷:库存商品——滚筒洗衣机   250 000.00

投资大华公司时:

借:长期股权投资——大华公司   292 500.00
 贷:主营业务收入   250 000.00
  应交税费——应交增值税(销项税额)   42 500.00

同时:

借:主营业务成本   200 000.00
 贷:库存商品——三门电冰箱   200 000.00

4. 特殊销售行为销项税额的会计核算。

(1)混合销售行为销项税额的核算。混合销售作为一项销售行为,适用一种税率,并根据经营主体性质使用适用税率。借记"银行存款""应收账款"等账户,贷记"主营业务收入""应交税费——应交增值税(销项税额)"账户。

(2)兼营销售行为销项税额的核算。兼营销售行为一般泛指纳税人兼有两项及以上不同属性的生产经营项目。它与混合销售的本质区别在于兼营属于不同属性的相互独立的销售行为,而且肯定不是同一项销售行为。兼营行为要分别核算销售额,分别使用适用税率,未分别核算的,从高适用税率。

情境训练

【例2-58】 联华公司为从事商品零售的增值税一般纳税人,附带经营一家餐厅,2017年5月,公司不含税商品销售额为2 000 000元,餐饮收入为50 000元(不含税)。请进行会计核算。

【解析】 (1)如果该公司将商品销售收入与餐饮收入分别核算:

销售商品收入:

借:银行存款   2 340 000.00
 贷:主营业务收入   2 000 000.00
  应交税费——应交增值税(销项税额)   340 000.00

餐饮收入:

借:银行存款   53 000.00
 贷:其他业务收入   50 000.00
  应交税费——应交增值税(销项税额)   3 000.00

(2)如果未分别核算:

借:银行存款   2 398 500.00
 贷:主营业务收入   2 050 000.00
  应交税费——应交增值税(销项税额)   348 500.00

5. 包装物销项税额的会计核算。

(1)销售包装物销项税额的会计核算。

1)企业随同产品销售不单独计价的包装物,其价值直接包含在主营业务收入中,借记"银行存款""应收账款"账户;贷记"主营业务收入""应交税费——应交增值税(销项税额)";成本结转记入"销售费用"账户。

2)随同产品销售并单独计价的包装物,其售价记入"其他业务收入"账户,计交增值税销项税额,借记"银行存款""应收账款"账户,贷记"其他业务收入""应交税费——应交增值税(销项税额)";成本结转记入"其他业务成本"账户。

(2)出租包装物租金收入销项税额的会计核算。企业随同产品销售出租的包装物租金收入属于价外费用,应交增值税。借记"银行存款""应收账款"账户,贷记"主营业务收入""其他业务收入(包装物租金收入)""应交税费——应交增值税(销项税额)"账户。包装物租金属于"营改增"的有形动产租赁服务收入,一旦收取,就适用17%的增值税税率。

(3)包装物押金收入销项税额的会计核算。包装物押金视不同情况,按照下列规则进行增值税处理。

1)一年以内且未超过企业规定期限,单独核算者,不做销售处理。借记"银行存款"账户,贷记"主营业务收入""应交税费——应交增值税(销项税额)""其他应付款——存入保证金"账户。

2)一年以内但超过企业规定期限不再退还的,单独核算者,做销售处理。借记"其他应付款——存入保证金"账户,贷记"其他业务收入""应交税费——应交增值税(销项税额)"账户。

3)一年以上,一般做销售处理。

4)酒类(黄酒、啤酒除外)包装物押金,收到就做销售处理。

情境训练 ▶▶▶

【例2-59】 亿丰公司2017年5月销售给粤港公司50千克/袋的一级面粉5 000袋,售价830 000元,增值税税额为141 100元;面粉袋5 000条出租,承租期两个月,共计租金58 500元,一次收取包装物押金75 000元,单独入账。总计结算金额1 104 600元。两个月期满,粤港公司未退还面粉袋,没收其押金。请进行会计核算。

【解析】 销售面粉:

包装物租金销售额 = 58 500 ÷ (1 + 17%) = 50 000(元)

包装物租金应计销项税额 = 50 000 × 17% = 8 500(元)

借:银行存款　　　　　　　　　　　　　　　　　　　　　　　1 104 600.00

　　贷:主营业务收入　　　　　　　　　　　　　　　　　　　　　830 000.00

　　　　其他业务收入——包装物租金　　　　　　　　　　　　　　50 000.00

　　　　应交税费——应交增值税(销项税额)　　　　　　　　　　149 600.00

　　　　其他应付款——存入保证金　　　　　　　　　　　　　　　75 000.00

承租期两个月期满,未收回包装物,没收押金:

借:其他应付款——存入保证金　　　　　　　　　　　　　　　　75 000.00

　　贷:其他业务收入　　　　　　　　　　　　　　　　　　　　　 64 102.56

　　　　应交税费——应交增值税(销项税额)　　　　　　　　　　 10 897.44

6. 出口退税的会计核算。

实行"免、抵、退"办法的有进出口经营权的工业企业,按规定计算出当期应退税额时,借记"其他应收款——应收出口退税款""应交税费——应交增值税(出口抵减内销产品应纳税额)"账户,贷记"应交税费——应交增值税(出口退税)"账户。收到退回的税款,借记"银行存款"账户,贷记"其他应收款——应收出口退税款"。

情境训练 ▶▶▶

【例2-60】 接【例2-26】资料,请进行会计核算。

【解析】 (1)不得免征和抵扣的税额12万元。

借:主营业务成本	120 000.00
贷:应交税费——应交增值税(进项税额转出)	120 000.00

(2)当月当期应纳税额-8万元,应退税额22万元,实际退税额为8万元,实际抵顶税额14万元。

借:其他应收款——应收出口退税款	80 000.00
应交税费——应交增值税(出口抵减内销产品应纳税额)	140 000.00
贷:应交税费——应交增值税(出口退税)	220 000.00

(3)实际收到退税款时:

借:银行存款	80 000.00
贷:其他应收款——应收出口退税	80 000.00

7. 增值税优惠的会计核算。

增值税优惠的会计核算主要包括直接减免、先征后返、即征即退等内容。

(1)直接减免增值税的会计处理。直接免税的货物销售时,不使用增值税专用发票,其不含税销售收入记入"主营业务收入"账户,按适用的税率计算出免税的增值税税额,记入"应交税费——应交增值税(销项税额)"账户。同时,借记"应交税费——应交增值税(减免税款)"账户,贷记"营业外收入——政府补助"账户。

情境训练 ▶▶▶

【例2-61】 光明公司(增值税一般纳税人)成立于2017年1月1日,2017年5月销售一批产品,不含税价款100 000元,销项税额17 000元,货款以银行存款收讫。该公司经国税机关批准,在成立后的1年内,享受增值税直接免税的优惠政策。请进行会计核算。

【解析】 相关账务处理如下:

借:银行存款	117 000.00
贷:主营业务收入	100 000.00
应交税费——应交增值税(销项税额)	17 000.00
结转免交的增值税:	
借:应交税费——应交增值税(减免税款)	17 000.00
贷:营业外收入——政府补助	17 000.00

(2)先征后返、即征即退增值税的会计处理。对于先征后返、即征即退的增值税纳税人,计缴税款时,按正常销售处理;返还税款时,借记"银行存款"账户,贷记"营业外收入——政

府补助"账户。

> **情境训练** ▶▶▶

【例 2-62】 绿源废旧物资公司为增值税一般纳税人,增值税实行先征后返政策,返还率为 50%。该企业 2017 年 5 月已交增值税税额为 20 000 元,5 月底计算出应返还增值税 10 000 元。6 月收到返还的税款。请进行会计核算。

【解析】 该企业 5 月应返还增值税:

借:其他应收款——应收增值税退税款   10 000.00
　　贷:营业外收入——政府补助   10 000.00

6 月收到返还的增值税税款:

借:银行存款   10 000.00
　　贷:其他应收款——应收增值税退税款   10 000.00

8. 月末,结转"应交税费——应交增值税"账户。

(1)月末,如果"应交税费——应交增值税"账户为贷方余额,则应由"应交税费——应交增值税(转出未交增值税)"账户转入"应交税费——未交增值税"账户贷方。借记"应交税费——应交增值税(转出未交增值税)"账户,贷记"应交税费——未交增值税"账户。

(2)月末,如果"应交税费——应交增值税"账户为借方余额,则应分析其借方余额的内容,如果借方余额为当月多交的增值税税额,则应将其由"应交税费——应交增值税(转出多交增值税)"账户转入"应交税费——未交增值税"账户,借记"应交税费——未交增值税"账户,贷记"应交税费——应交增值税(转出多交增值税)"账户。如果借方余额为当月尚未抵扣的进项税额,则继续留在"应交税费——应交增值税"账户借方,下月继续抵扣,不需要转出。

> **温馨提示** ▶▶▶

在设置"应交税费——未交增值税"账户的情况下,"应交税费——应交增值税"账户的月末借方余额应对当月"多交增值税"和当月"尚未抵扣的进项税额"两种情况分别进行处理。

9. 实际缴纳增值税的会计核算。

(1)缴纳当月应交增值税,借记"应交税费——应交增值税(已交税金)",贷记"银行存款"账户。

(2)每月 1—15 日实际缴纳上月未交的增值税款时,借记"应交税费——未交增值税"账户,贷记"银行存款"账户。

> **情境训练** ▶▶▶

【例 2-63】 2017 年 5 月 12 日,天都公司缴纳上月未交增值税 39 000 元;5 月 27 日缴纳当月应交增值税 33 000 元,"应交税费——应交增值税"账户 5 月末贷方余额为 26 200 元。请进行会计核算。

【解析】 5 月 12 日缴纳上月未交增值税:

借:应交税费——未交增值税   39 000.00
　　贷:银行存款   39 000.00

5 月 27 日交纳当月增值税:

借:应交税费——应交增值税(已交税金)   33 000.00

　　　　贷：银行存款　　　　　　　　　　　　　　　　　　　　　　33 000.00
结转当月应交未交增值税：
　　借：应交税费——应交增值税(转出未交增值税)　　　　　　　26 200.00
　　　　贷：应交税费——未交增值税　　　　　　　　　　　　　　26 200.00

【例2-64】 接"情境导入一"资料,请作相关会计处理。

【解析】 (1)销售公司销售空调器：

5月销项税额=1 800×17%=306(万元)

5月进项税额=146.20(万元)

5月销售公司应交税额=306-146.20=159.80(万元)

相关会计处理：

销售空调器：

　　借：银行存款　　　　　　　　　　　　　　　　　　　21 060 000.00
　　　　贷：主营业务收入　　　　　　　　　　　　　　　　18 000 000.00
　　　　　　应交税费——应交增值税(销项税额)　　　　　 3 060 000.00

购进原材料等：

　　借：原材料　　　　　　　　　　　　　　　　　　　　 8 600 000.00
　　　　应交税费——应交增值税(进项税额)　　　　　　　 1 462 000.00
　　　　贷：银行存款　　　　　　　　　　　　　　　　　 10 062 000.00

(2)安装维修公司(安装、维修收入均缴纳增值税)：

5月销项税额=(1 500 000+2 400 000)÷(1+17%)×17%=566 666.67(元)

5月进项税额=127 500.00(元)

5月安装维修公司应交增值税税额=566 666.67-127 500.00=439 166.67(元)

相关账务处理：

提供维修劳务：

　　借：银行存款　　　　　　　　　　　　　　　　　　　 1 500 000.00
　　　　贷：其他业务收入——维修业务　　　　　　　　　　 1 282 051.28
　　　　　　应交税费——应交增值税(销项税额)　　　　　　　217 948.72
　　借：银行存款　　　　　　　　　　　　　　　　　　　 2 400 000.00
　　　　贷：其他业务收入——安装业务　　　　　　　　　　 2 051 282.05
　　　　　　应交税费——应交增值税(销项税额)　　　　　　　348 717.95

购进维修材料：

　　借：原材料　　　　　　　　　　　　　　　　　　　　　 750 000.00
　　　　应交税费——应交增值税(进项税额)　　　　　　　　 127 500.00
　　　　贷：银行存款　　　　　　　　　　　　　　　　　　 877 500.00

【例2-65】 接"情境导入二"资料,请进行会计处理。

【解析】 销售冰箱销项税额=2 680×50×17%=22 780(元)

赠送砂锅销项税额=234×50÷(1+17%)×17%=1 700(元)

购进冰箱进项税额=21 369(元)

购进砂锅进项税额 = 2 142(元)

5月应交增值税税额 = (22 780 + 1 700) − (21 369 + 2 142) = 969(元)

销售空调：

借：银行存款　　　　　　　　　　　　　　　　　　　　156 780.00
　　贷：主营业务收入　　　　　　　　　　　　　　　　　134 000.00
　　　　应交税费——应交增值税(销项税额)　　　　　　 22 780.00

赠送砂锅：

借：销售费用　　　　　　　　　　　　　　　　　　　　 10 700.00
　　贷：库存商品——砂锅　　　　　　　　　　　　　　　 9 000.00
　　　　应交税费——应交增值税(销项税额)　　　　　　 1 700.00

模拟实训 ▶▶▶

1. 提供特定的一般纳税人企业实际发生的涉及增值税销售业务的原始票据(增值税专用发票记账联、普通发票记账联、收款凭证等)，要求学生在对原始票据进行审核的基础上，编制销售业务的记账凭证并据此登记"应交税费——应交增值税"明细账户，练习涉及增值税销项税额的相关业务处理。

2. 根据上述一般纳税人企业实际发生的涉及增值税购、销业务的记账凭证，要求学生计算增值税应交税额，并进行月末结转"应交税费——应交增值税"明细账户的余额，练习应交税费的账务处理。

(三)小规模纳税人的会计核算

1. 账户设置。

小规模纳税人应设置"应交税费——应交增值税"账户，核算增值税的应交、已交和欠交情况，采用三栏式账页。

2. 会计核算：

(1)购进货物。购进货物无论取得何种发票，均应将全部支出计入所购货物成本，包括支付的增值税额。借记"原材料——××材料"或"库存商品——××商品"账户，贷记"银行存款"或"应付账款——××企业"等账户。

(2)销售货物。销售货物时，开出普通发票，价税分离后，分别计入"主营业务收入"和"应交税费——应交增值税"账户，借记"银行存款""库存现金"或"应收账款"等账户，贷记"主营业务收入""应交税费——应交增值税"账户。

(3)实际缴纳增值税款。借记"应交税费——应交增值税"账户，贷记"银行存款"账户。

情境训练 ▶▶▶

【例2-66】 帅特皮具公司为小规模纳税人，2017年7月购进皮革，增值税专用发票上注明的价款为22 000元，增值税税额为3 740元。材料已验收入库，款项已支付。帅特皮具公司销售一批皮包给长淮商店(小规模纳税人)，开具普通发票一张，金额为30 900元，产品已售出，货款尚欠。请进行会计核算。

【解析】 编制会计分录如下：
借：原材料——皮包　　　　　　　　　　　　　　　　25 740.00
　　贷：银行存款　　　　　　　　　　　　　　　　　　　　25 740.00
7月应纳增值税额 = 30 900 ÷ (1 + 3%) × 3% = 900(元)
借：应收账款——长淮商店　　　　　　　　　　　　30 900.00
　　贷：主营业务收入　　　　　　　　　　　　　　　　　　30 000.00
　　　　应交税费——应交增值税　　　　　　　　　　　　　　900.00

【例2-67】 接上例，帅特皮具公司于2017年8月10日以银行存款缴纳7月增值税900元。取得完税凭证。

【解析】 编制会计分录如下：
借：应交税费——应交增值税　　　　　　　　　　　900.00
　　贷：银行存款　　　　　　　　　　　　　　　　　　　　900.00

温馨提示 ▶▶▶

小规模纳税人采用简易办法计算缴纳增值税，只设"应交税费——应交增值税"账户进行核算。

想一想 ▶▶▶

一般纳税人和小规模纳税人核算增值税的账户设置有何区别？

学习子情境2.3　增值税纳税申报

情境导入三 ▶▶▶

江淮电器股份公司为增值税一般纳税人，机构所在地为安徽省合肥市。根据市场需要，2017年5月，该公司将部分家电运往安徽省芜湖市销售，由于时间紧迫，未向机构所在地税务机关申请外出经营活动的税收管理证明。请问：该公司2017年5月的增值税款应在合肥市还是芜湖市申报纳税？

一、增值税纳税申报的基本规定

(一)增值税纳税义务发生的时间

1. 纳税人销售货物纳税义务发生的时间。

(1)基本规定：①销售货物或者应税劳务，为收讫销售款项或者取得索取销售款项凭据的当天；先开具发票的，为开具发票的当天。②进口货物，为报关进口的当天。③增值税扣缴义务发生时间为纳税人增值税纳税义务发生的当天。

(2)具体规定：①采取直接收款方式销售货物，不论货物是否发出，均为收到销售额或取得索取销售额的凭据并将提货单交给买方的当天。②采取托收承付和委托银行收款方式销售货物的,为发出货物并办妥托收手续的当天。③采取赊销和分期收款方式销售货物的,为合同约定的收款日期当天。④采取预收货款方式销售货物的,为货物发出的当天。⑤委托其他纳税人代销货物的,为收到代销单位销售的代销清单的当天;在收到代销清单前已收到全部或部分货款的,其纳税义务发生的时间为收到全部或部分货款的当天;对于发出代销商品超过180天仍未收到代销清单及货款的,视同销售实现,一律征收增值税,其纳税义务发生的时间为发出代销商品满180天的当天。⑥销售应税劳务的,为提供劳务同时收讫销售额或取得索取销售额的凭据的当天。⑦纳税人发生视同销售货物行为的,为货物移送的当天。

2. 纳税人提供应税服务纳税义务发生的时间。

(1) 纳税人发生应税行为并收讫销售款项或者取得索取销售款项凭据的当天;先开具发票的,为开具发票的当天。

收讫销售款项,是指纳税人在销售服务、无形资产、不动产过程中或者完成后收到款项。

取得索取销售款项凭据的当天,是指书面合同确定的付款日期;未签订书面合同或者书面合同未确定付款日期的,为服务、无形资产转让完成的当天或者不动产权属变更的当天。

(2) 纳税人提供建筑服务、租赁服务采取预收款方式的,其纳税义务发生的时间为收到预收款的当天。

(3) 纳税人从事金融商品转让的,为金融商品所有权转移的当天。

(4) 纳税人发生《营业税改征增值税试点实施办法》第十四条规定情形的,其纳税义务发生的时间为服务、无形资产转让完成的当天或者不动产权属变更的当天。

(5) 增值税扣缴义务发生的时间为纳税人增值税义务发生的当天。

(6) 纳税人发生《营业税改征增值税试点实施办法》第十四条视同发生应税行为的,其纳税义务发生的时间为应税行为完成的当天。

情境训练 ▶▶▶

【例 2-68】 下列关于增值税纳税义务发生时间的表述不正确的是( )。

A. 视同销售货物行为的,为货物移送的当天

B. 采用预收货款方式销售货物的,为预收货款的当天

C. 进口货物纳税义务发生的时间为报关进口的当天

D. 以赊销方式销售货物的,为合同约定的收款日期的当天

【答案】 B。

温馨提示 ▶▶▶

纳税人提供有形动产租赁服务采取预收款方式的,其纳税义务发生的时间为收到预收款的当天。

课后查阅资料 ▶▶▶

1. 请查阅财政部、国家税务总局 2011 年第 40 号《关于增值税纳税义务发生时间有关问题的公告》。

2. 请查阅财政部、国家税务总局下发的《营业税改征增值税试点实施办法》(财税〔2016〕36 号附件 1)。

（二）增值税纳税期限

增值税的纳税期限分别为 1 日、3 日、5 日、10 日、15 日、1 个月或者 1 个季度。纳税人的具体纳税期限，由主管税务机关根据纳税人应纳税额的大小分别核定；不能按照固定期限纳税的，可以按次纳税。

以 1 个季度为纳税期限的规定适用于小规模纳税人、银行、财务公司、信托投资公司、信用社，以及财政部和国家税务总局规定的其他纳税人。不能按照固定期限纳税的，可以按次纳税。

纳税人以 1 个月或者 1 个季度为 1 个纳税期的，自期满之日起 15 日内申报纳税；以 1 日、3 日、5 日、10 日或者 15 日为 1 个纳税期的，自期满之日起 5 日内预缴税款，于次月 1 日起 15 日内申报纳税并结清上月应纳税款。

扣缴义务人解缴税款的期限，按照前两款规定执行。

纳税人进口货物，应当自海关填发海关进口增值税专用缴款书之日起 15 日内缴纳税款。

（三）增值税纳税地点

（1）固定业户的纳税地点：《增值税暂行条例》第二十二条第（一）项规定，固定业户应当向其机构所在地主管税务机关申报纳税。

（2）固定业户总分支机构的纳税地点：《增值税暂行条例》第二十二条第（一）项规定，总机构和分支机构不在同一县（市）的，应当分别向各自所在地主管税务机关申报纳税；经国家税务总局或其授权的税务机关批准，可以由总机构汇总向总机构所在地主管税务机关申报纳税。固定业户的总机构和分支机构不在同一县（市），但在同一省、自治区、直辖市范围内的，其分支机构应纳的增值税是否可以由总机构汇总缴纳，由省、自治区、直辖市国家税务局决定。

（3）连锁经营企业的纳税地点：财政部、国家税务总局《关于连锁经营企业增值税纳税地点问题的通知》（财税字〔1997〕97 号）规定，对跨地区经营直营连锁企业，即连锁店的门店均由总部全资或控股开设，在总部领导下统一经营的连锁企业，凡按照国内贸易部《连锁店经营管理规范意见》（内贸政体法字〔1997〕第 24 号）的要求，采取微机联网，实行统一采购配送商品，统一核算，统一规范化管理和经营，并符合以下条件的，可对总店和分店实行由总店向其所在地主管税务机关统一申报缴纳增值税：①在直辖市范围内连锁经营的企业，报经直辖市国家税务局会同市财政局审批同意；②在计划单列市范围内连锁经营的企业，报经计划单列市国家税务局会同市财政局审批同意；③在省（自治区）范围内连锁经营的企业，报经省（自治区）国家税务局会同省财政厅审批同意；④在同一县（市）范围内连锁经营的企业，报经县（市）国家税务局会同县（市）财政局审批同意。

对自愿连锁企业，即连锁店的门店均为独立法人，各自的资产所有权不变的连锁企业和特许连锁企业，即连锁店的门店同总部签订合同，取得使用总部商标、商号、经营技术及销售总部开发商品的特许权的连锁企业，其纳税地点不变，仍由各独立核算门店分别向所在地主管税务机关申报缴纳增值税。

（4）企业所属机构的纳税地点。《增值税暂行条例实施细则》第四条视同销售货物行为的第（三）项（设有两个以上机构并实行统一核算的纳税人，将货物从一个机构移送其他机构用于销售，但相关机构设在同一县（市）的除外）所称的用于销售，是指接受移送货物机构

(以下简称受货机构)发生以下情形之一的经营行为:①向购货方开具发票;②向购货方收取货款。受货机构的货物移送行为有上述两种情形之一的,应当向所在地税务机关缴纳增值税;未发生上述两种情形的,则应由总机构统一缴纳增值税。如果受货机构只就部分货物向购买方开具发票或收取货款,则应当区别不同情况计算并分别向总机构所在地或分支机构所在地缴纳税款。

(5)固定业户到外县(市)销售货物或应税劳务的纳税地点:《增值税暂行条例》第二十二条第(二)项规定,固定业户到外县(市)销售货物的,应当向其机构所在地主管税务机关申请开具外出经营活动税收管理证明,向其机构所在地主管税务机关申报纳税。未持有其机构所在地主管税务机关核发的外出经营活动税收管理证明,到外县(市)销售货物或者应税劳务的,应当向销售地主管税务机关申报纳税;未向销售地主管税务机关申报纳税的,由其机构所在地主管税务机关补征税款。

(6)非固定业户的纳税地点:《增值税暂行条例》第二十二条第(三)项规定,非固定业户销售货物或者应税劳务,应当向销售地主管税务机关申报纳税。《增值税暂行条例实施细》第三十五条规定,非固定业户到外县(市)销售货物或者应税劳务未向销售地主管税务机关申报纳税的,由其机构所在地或者居住地主管税务机关补征税款。

(7)进口货物的纳税地点:《增值税暂行条例》第二十二条第(四)项规定,进口货物,应当由进口人或其代理人向报关地海关申报纳税。

(8)扣缴义务人应向其机构所在地或居住地的主管税务机关申报缴纳其扣缴的税款。

(9)其他个人提供建筑服务,销售或者租赁不动产,转让自然资源使用权,应向建筑服务发生地、不动产所在地、自然资源所在地主管税务机关申报纳税。

课后查阅资料 ▶▶▶

请查阅财政部、国家税务总局《关于连锁经营企业增值税纳税地点问题的通知》(财税字〔1997〕97号)。

情境训练 ▶▶▶

【例2-69】 关于增值税纳税义务发生时间和纳税地点,下列表述正确的有(　　)。

A.纳税人发生视同销售货物行为的,纳税义务发生时间为货物移送的当天

B.委托其他纳税人代销货物,未收到代销清单不发生纳税义务

C.固定业户到外县(市)提供应税劳务并持有"外管证"的,应向劳务发生地主管税务机关申报纳税

D.固定业户的分支机构与总机构不在同一县(市)的,应该分别向各自所在地主管税务机关申报纳税

E.非固定业户销售货物,应向销售地主管税务机关申报纳税

【答案】 ADE。

【例2-70】 接"情境导入三"资料。

【解析】 固定业户到外县(市)销售货物的,应当向其机构所在地主管税务机关申请开具外出经营活动税收管理证明(以下简称外管证),向其机构所在地主管税务机关申报纳税。

未持有其机构所在地主管税务机关核发的外管证,到外县(市)销售货物或者应税劳务的,应当向销售地主管税务机关申报纳税;未向销售地主管税务机关申报纳税的,由其机构所在地主管税务机关补征税款。所以,江淮电器股份公司2017年5月的增值税款应在销售地芜湖市主管国税机关申报缴税,如果未向芜湖市主管国税机关申报纳税,由其机构所在地合肥市主管国税机关补征税款。

二、一般纳税人增值税纳税申报与税款缴纳

增值税一般纳税人一般按月申报纳税,申报期为次月1日起至15日,到期日遇法定节假日顺延。

(一)一般纳税人增值税纳税申报流程

一般纳税人进行纳税申报和税款缴纳的基本流程为:专用发票的认证—抄税—报税—办理申报—税款缴纳。

1. 专用发票认证。

增值税一般纳税人取得2010年1月1日以后开具的增值税专用发票、货物运输增值税专用发票和机动车销售统一发票,应在开具之日起180日内到税务机关办理认证,并在认证通过的次月申报期内,向主管税务机关申报抵扣进项税额。增值税专用发票的认证方式可选择手工认证和网上认证。

(1)手工认证,是指一般纳税人将每个月收到的增值税专用发票抵扣联、海关税收缴款书、农副产品专用收购凭证、境外汇款完税凭证等原件拿到税务机关认证仪器上进行扫描对比,认证相符,税务局回复认证结果通知单和认证相符清单,认证清单上的进项合计数,在申报增值税时进行抵扣。认证不符的,进项不准抵扣。

(2)网上认证,是指增值税一般纳税人自己使用扫描仪采集专用发票抵扣联票面信息,生成电子数据,通过互联网报送税务机关,由税务机关进行解密认证,并将认证结果返回纳税人的一种专用发票认证方式。

2. 抄税。

抄税是国家通过金税工程来控制增值税专用发票的过程之一。如果企业是增值税一般纳税人,且需要开具增值税专用发票,则必须购买税控电脑,在申请成为一般纳税人后,须到税务机关指定的单位购买金税卡及IC卡(用于开具发票及抄税、购买增值税发票使用)。抄税是指一般纳税人在月末终了,根据当地税务机关规定的抄税期限(一般是次月的1—5日),将本月已经开具使用的发票信息抄入IC卡中,然后打印出纸质报表并加盖公章,持IC卡和报表去税务部门,将IC卡上的开票信息读入税务部门的服务器,以此作为本单位计算税额的依据。抄税相当于对一个月的开出销项税的结清。一般是执行了抄税才能报税,而且抄过税后才能开具下个月发票,但不能开具当月的发票。在每月抄税成功后,方可进行纳税申报。

IC卡是纳税人购发票、开发票和抄税的工具。购发票时,持IC卡和发票准购证去税务局办理,购买回来后,将IC卡插入读卡器中,读到防伪税控开票软件中,用以开具发票时所用。开发票时,首先将IC卡插入读卡器,然后进入开票系统中进行开具发票的操作。需要

注意的是,电子版的发票与打印的发票用纸必须是同一张发票。

3. 报税。

报税是指一般纳税人在报税期内(一般是在次月的 15 日前),把抄完税的 IC 卡和打印出的汇总表带到国税机关,由国税人员将 IC 卡的信息读入国税机关的金税系统。经过抄税,国税机关确保了企业所有开具的销项发票都进入了金税系统;经过认证,国税机关确保了所有抵扣的进项发票都进入了金税系统。这样就可以在系统内由系统进行自动比对,确保任何一张进项发票都有销项发票与之对应。

4. 办理申报。

纳税申报可以是上门申报,也可以是网上申报。上门申报是指一般纳税人在次月 1—15 日上班时间,携带填写好的增值税纳税申报表及其附表、资产负债表、利润表以及其他相关资料,到主管国税机关所属各办税服务厅纳税申报窗口办理纳税申报。若申报期限的最后一日为法定休假日,以休假日的次日为期限的最后一日;在每月 1 日至 15 日内有连续 3 日以上为法定休假日的,按休假日天数顺延。主管国税机关受理审核后,将纳税申报表的纳税人留存联退还给纳税人。网上申报是指纳税人在申报期内任一时刻,登录当地国税局网站,通过互联网将增值税纳税申报表主表、附表及其他必报资料的电子信息按规定的方式传送到国税机关的电子申报系统,并需确认申报是否成功。若申报成功,即完成纳税申报工作;若电子申报不成功,纳税人应到办税服务厅上门申报。网上申报的申报期一般是次月 1 日 00:00—15 日 24:00(期间有连续 3 日以上为法定休假日的,按休假日天数顺延)。

5. 税款缴纳。

增值税一般纳税人应于每月 1 日至 15 日缴纳上月税款,若期限的最后一日为法定休假日,以休假日的次日为期限的最后一日;在每月 1 日至 15 日内有连续 3 日以上为法定休假日的,按休假日天数顺延。对于已实行税库银联网的纳税人,缴纳税款时由国税机关将申报表单据送到开户银行,由银行进行自动转账处理。未实行税库银联网的纳税人,则需要自己到税务机关指定的银行进行转账或现金缴纳。

(二)一般纳税人增值税纳税申报表及附列资料的填报

(1)一般纳税人增值税纳税申报表主表的填列,见表 2 – 5。

(2)一般纳税人增值税纳税申报附列资料(一)的填列,见表 2 – 6。

(3)一般纳税人增值税纳税申报附列资料(二)的填列,见表 2 – 7。

(4)一般纳税人增值税纳税申报附列资料(三)的填列,见表 2 – 8。

(5)一般纳税人增值税纳税申报附列资料(四)的填列,见表 2 – 9。

(6)一般纳税人增值税纳税申报附列资料(五)的填列,见表 2 – 10。

(7)固定资产(不含不动产)进项税额抵扣情况表的填列,见表 2 – 11。

(8)本期抵扣进项税额结构明细表的填列,见表 2 – 12。

(9)增值税减免税申报明细表的填列,见表 2 – 13。

表 2-5 增值税纳税申报表

（一般纳税人适用）

根据《中华人民共和国增值税暂行条例》和《交通运输业和部分现代服务业营业税改征增值税试点实施办法》的规定制定本表。纳税人不论有无销售额，均应按主管税务机关核定的纳税期限按期填报本表，并向当地税务机关申报。

税款所属时间：自　年　月　日至　年　月　日　　填表日期：　年　月　日　金额单位：元至角分

纳税人识别号							所属行业：		
纳税人名称	（公章）		法定代表人姓名			注册地址		生产经营地址	
开户银行及账号					登记注册类型			电话号码	

	项目	栏次	一般货物、劳务和应税服务		即征即退货物、劳务和应税服务	
			本月数	本年累计	本月数	本年累计
销售额	（一）按适用税率计税销售额	1				
	其中：应税货物销售额	2				
	应税劳务销售额	3				
	纳税检查调整的销售额	4				
	（二）按简易办法计税销售额	5				
	其中：纳税检查调整的销售额	6				
	（三）"免、抵、退"办法出口销售额	7			—	—
	（四）免税销售额	8			—	—
	其中：免税货物销售额	9			—	—
	免税劳务销售额	10			—	—
税款计算	销项税额	11				
	进项税额	12				
	上期留抵税额	13			—	—
	进项税额转出	14				
	"免、抵、退"应退税额	15				
	按适用税率计算的纳税检查应补缴税额	16			—	—
	应抵扣税额合计	17 = 12 + 13 − 14 − 15 + 16			—	—
	实际抵扣税额	18（如17 < 11，则为17，否则为11）				
	应纳税额	19 = 11 − 18				
	期末留抵税额	20 = 17 − 18			—	—

续表

	项目	栏次	一般货物、劳务和应税服务		即征即退货物、劳务和应税服务	
			本月数	本年累计	本月数	本年累计
	简易计税办法计算的应纳税额	21				
	按简易计税办法计算的纳税检查应补缴税额	22				
	应纳税额减征额	23				
	应纳税额合计	24＝19＋21－23				
税款缴纳	期初未缴税额（多缴为负数）	25				
	实收出口开具专用缴款书退税额	26				
	本期已缴税额	27＝28＋29＋30＋31				
	其中：①分次预缴税额	28			—	—
	②出口开具专用缴款书预缴税额	29			—	—
	③本期缴纳上期应纳税额	30				
	④本期缴纳欠缴税额	31				
	期末未缴税额（多缴为负数）	32＝24＋25＋26－27				
	其中：欠缴税额（≥0）	33＝25＋26－27			—	—
	本期应补（退）税额	34＝24－28－29			—	—
	即征即退实际退税额	35	—	—		
	期初未缴查补税额	36			—	—
	本期入库查补税额	37			—	—
	期末未缴查补税额	38＝16＋22＋36－37			—	—

授权声明	如果你已委托代理人申报，请填写下列资料： 　　　　为代理一切税务事宜，现授权 （地址） 为本纳税人的代理申报人，任何与本申报表有关的往来文件，都可寄予此人。 　　　　　　　　　　　　　　　授权人签字：	申报人声明	本纳税申报表是根据国家税收法律法规及相关规定填报的，我确定它是真实的、可靠的、完整的。 　　　　　　　　　　声明人签字：

主管税务机关：　　　　　　　　　　接收人：　　　　　　　　　　接收日期：

《增值税纳税申报表（一般纳税人适用）》填写说明

（一）"税款所属时间"：指纳税人申报的增值税应纳税额的所属时间，应填写具体的起止年、月、日。

（二）"填表日期"：指纳税人填写本表的具体日期。

（三）"纳税人识别号"：填写纳税人的税务登记证件号码。

（四）"所属行业"：按照国民经济行业分类与代码中的小类行业填写。

（五）"纳税人名称"：填写纳税人单位名称全称。

（六）"法定代表人姓名"：填写纳税人法定代表人的姓名。

（七）"注册地址"：填写纳税人税务登记证件所注明的详细地址。

（八）"生产经营地址"：填写纳税人实际生产经营地的详细地址。

（九）"开户银行及账号"：填写纳税人开户银行的名称和纳税人在该银行的结算账户号码。

（十）"登记注册类型"：按纳税人税务登记证件的栏目内容填写。

（十一）"电话号码"：填写可联系到纳税人的常用电话号码。

（十二）"即征即退项目"列：填写纳税人按规定享受增值税即征即退政策的货物、劳务和服务、不动产、无形资产的征（退）税数据。

（十三）"一般项目"列：填写除享受增值税即征即退政策以外的货物、劳务和服务、不动产、无形资产的征（免）税数据。

（十四）"本年累计"列：一般填写本年度内各月"本月数"之和。其中，第13、20、25、32、36、38栏及第18栏"实际抵扣税额""一般项目"列的"本年累计"分别按本填写说明第（二十七）、（三十四）、（三十九）、（四十六）、（五十）、（五十二）、（三十二）条要求填写。

（十五）第1栏"（一）按适用税率计税销售额"：填写纳税人本期按一般计税方法计算缴纳增值税的销售额，包含：在财务上不作销售但按税法规定应缴纳增值税的视同销售和价外费用的销售额；外贸企业作价销售进料加工复出口货物的销售额；税务、财政、审计部门检查后按一般计税方法计算调整的销售额。

营业税改征增值税的纳税人，服务、不动产和无形资产有扣除项目的，本栏应填写扣除之前的不含税销售额。

本栏"一般项目"列"本月数"=《附列资料（一）》第9列第1至5行之和－第9列第6、7行之和；本栏"即征即退项目"列"本月数"=《附列资料（一）》第9列第6、7行之和。

（十六）第2栏"其中：应税货物销售额"：填写纳税人本期按适用税率计算增值税的应税货物的销售额，包含在财务上不作销售但按税法规定应缴纳增值税的视同销售货物和价外费用销售额，以及外贸企业作价销售进料加工复出口货物的销售额。

（十七）第3栏"应税劳务销售额"：填写纳税人本期按适用税率计算增值税的应税劳务的销售额。

（十八）第4栏"纳税检查调整的销售额"：填写纳税人因税务、财政、审计部门检查，并按一般计税方法在本期计算调整的销售额。但享受增值税即征即退政策的货物、劳务和服务、不动产、无形资产，经纳税检查属于偷税的，不填入"即征即退项目"列，而应填入"一般项目"列。

营业税改征增值税的纳税人，服务、不动产和无形资产有扣除项目的，本栏应填写扣除之前的不含税销售额。

本栏"一般项目"列"本月数"=《附列资料（一）》第7列第1至5行之和。

（十九）第5栏"按简易办法计税销售额"：填写纳税人本期按简易计税方法计算增值税的销售额。包含纳税检查调整按简易计税方法计算增值税的销售额。

营业税改征增值税的纳税人，服务、不动产和无形资产有扣除项目的，本栏应填写扣除之前的不含税销售额；服务、不动产和无形资产按规定汇总计算缴纳增值税的分支机构，其当期按预征率计算缴纳增值税的销售额也填入本栏。

本栏"一般项目"列"本月数"≥《附列资料（一）》第9列第8至13b行之和－第9列第14、15行之和；本栏"即征即退项目"列"本月数"≥《附列资料（一）》第9列第14、15行之和。

（二十）第6栏"其中：纳税检查调整的销售额"：填写纳税人因税务、财政、审计部门检查，并按简易计税方法在本期计算调整的销售额。但享受增值税即征即退政策的货物、劳务和服务、不动产、无形资产，经纳税检查属于偷税的，不填入"即征即退项目"列，而应填入"一般项目"列。

营业税改征增值税的纳税人，服务、不动产和无形资产有扣除项目的，本栏应填写扣除之前的不含税销

（二十一）第 7 栏"免、抵、退办法出口销售额"：填写纳税人本期适用免、抵、退税办法的出口货物、劳务和服务、无形资产的销售额。

营业税改征增值税的纳税人，服务、无形资产有扣除项目的，本栏应填写扣除之前的销售额。

本栏"一般项目"列"本月数"=《附列资料（一）》第 9 列第 16、17 行之和。

（二十二）第 8 栏"免税销售额"：填写纳税人本期按照税法规定免征增值税的销售额和适用零税率的销售额，但零税率的销售额中不包括适用免、抵、退税办法的销售额。

营业税改征增值税的纳税人，服务、不动产和无形资产有扣除项目的，本栏应填写扣除之前的免税销售额。

本栏"一般项目"列"本月数"=《附列资料（一）》第 9 列第 18、19 行之和。

（二十三）第 9 栏"其中：免税货物销售额"：填写纳税人本期按照税法规定免征增值税的货物销售额及适用零税率的货物销售额，但零税率的销售额中不包括适用免、抵、退办法出口货物的销售额。

（二十四）第 10 栏"免税劳务销售额"：填写纳税人本期按照税法规定免征增值税的劳务销售额及适用零税率的劳务销售额，但零税率的销售额中不包括适用免、抵、退办法的劳务的销售额。

（二十五）第 11 栏"销项税额"：填写纳税人本期按一般计税方法计税的货物、劳务和服务、不动产、无形资产的销项税额。

营业税改征增值税的纳税人，服务、不动产和无形资产有扣除项目的，本栏应填写扣除之后的销项税额。

本栏"一般项目"列"本月数"=《附列资料（一）》（第 10 列第 1、3 行之和－第 10 列第 6 行）+（第 14 列第 2、4、5 行之和－第 14 列第 7 行）。

本栏"即征即退项目"列"本月数"=《附列资料（一）》第 10 列第 6 行+第 14 列第 7 行。

（二十六）第 12 栏"进项税额"：填写纳税人本期申报抵扣的进项税额。

本栏"一般项目"列"本月数"+"即征即退项目"列"本月数"=《附列资料（二）》第 12 栏"税额"。

（二十七）第 13 栏"上期留抵税额"：

1.上期留抵税额按规定须挂账的纳税人，按以下要求填写本栏的"本月数"和"本年累计"。

上期留抵税额按规定须挂账的纳税人是指试点实施之日前一个税款所属期的申报表第 20 栏"期末留抵税额""一般货物、劳务和应税服务"列"本月数"大于零，且兼有营业税改征增值税服务、不动产和无形资产的纳税人（下同）。其试点实施之日前一个税款所属期的申报表第 20 栏"期末留抵税额""一般货物、劳务和应税服务"列"本月数"，以下称为货物和劳务挂账留抵税额。

（1）本栏"一般项目"列"本月数"：试点实施之日的税款所属期填写"0"；以后各期按上期申报表第 20 栏"期末留抵税额""一般项目"列"本月数"填写。

（2）本栏"一般项目"列"本年累计"：反映货物和劳务挂账留抵税额本期期初余额。试点实施之日的税款所属期按试点实施之日前一个税款所属期的申报表第 20 栏"期末留抵税额""一般货物、劳务和应税服务"列"本月数"填写；以后各期按上期申报表第 20 栏"期末留抵税额""一般项目"列"本年累计"填写。

（3）本栏"即征即退项目"列"本月数"：按上期申报表第 20 栏"期末留抵税额""即征即退项目"列"本月数"填写。

2.其他纳税人，按以下要求填写本栏"本月数"和"本年累计"。

其他纳税人是指除上期留抵税额按规定须挂账的纳税人之外的纳税人（下同）。

（1）本栏"一般项目"列"本月数"：按上期申报表第 20 栏"期末留抵税额""一般项目"列"本月数"填写。

（2）本栏"一般项目"列"本年累计"：填写"0"。

（3）本栏"即征即退项目"列"本月数"：按上期申报表第 20 栏"期末留抵税额""即征即退项目"列"本月数"填写。

（二十八）第 14 栏"进项税额转出"：填写纳税人已经抵扣，但按税法规定本期应转出的进项税额。

本栏"一般项目"列"本月数"+"即征即退项目"列"本月数"=《附列资料（二）》第 13 栏"税额"。

（二十九）第 15 栏"免、抵、退应退税额"：反映税务机关退税部门按照出口货物、劳务和服务、无形资产免、抵、退办法审批的增值税应退税额。

(三十)第16栏"按适用税率计算的纳税检查应补缴税额":填写税务、财政、审计部门检查,按一般计税方法计算的纳税检查应补缴的增值税税额。

本栏"一般项目"列"本月数"≤《附列资料(一)》第8列第1至5行之和+《附列资料(二)》第19栏。

(三十一)第17栏"应抵扣税额合计":填写纳税人本期应抵扣进项税额的合计数。按表中所列公式计算填写。

(三十二)第18栏"实际抵扣税额":

1. 上期留抵税额按规定须挂账的纳税人,按以下要求填写本栏的"本月数"和"本年累计"。

(1)本栏"一般项目"列"本月数":按表中所列公式计算填写。

(2)本栏"一般项目"列"本年累计":填写货物和劳务挂账留抵税额本期实际抵减一般货物和劳务应纳税额的数额。将"货物和劳务挂账留抵税额本期期初余额"与"一般计税方法的一般货物及劳务应纳税额"两个数据相比较,取二者中小的数据。

其中:货物和劳务挂账留抵税额本期期初余额=第13栏"上期留抵税额""一般项目"列"本年累计"。

一般计税方法的一般货物及劳务应纳税额=(第11栏"销项税额""一般项目"列"本月数"-第18栏"实际抵扣税额""一般项目"列"本月数")×一般货物及劳务销项税额比例。

一般货物及劳务销项税额比例=(《附列资料(一)》第10列第1、3行之和-第10列第6行)÷第11栏"销项税额""一般项目"列"本月数"×100%。

(3)本栏"即征即退项目"列"本月数":按表中所列公式计算填写。

2. 其他纳税人,按以下要求填写本栏的"本月数"和"本年累计":

(1)本栏"一般项目"列"本月数":按表中所列公式计算填写。

(2)本栏"一般项目"列"本年累计":填写"0"。

(3)本栏"即征即退项目"列"本月数":按表中所列公式计算填写。

(三十三)第19栏"应纳税额":反映纳税人本期按一般计税方法计算并应缴纳的增值税额。按以下公式计算填写:

1. 本栏"一般项目"列"本月数"=第11栏"销项税额""一般项目"列"本月数"-第18栏"实际抵扣税额""一般项目"列"本月数"-第18栏"实际抵扣税额""一般项目"列"本年累计"。

2. 本栏"即征即退项目"列"本月数"=第11栏"销项税额""即征即退项目"列"本月数"-第18栏"实际抵扣税额""即征即退项目"列"本月数"。

(三十四)第20栏"期末留抵税额":

1. 上期留抵税额按规定须挂账的纳税人,按以下要求填写本栏的"本月数"和"本年累计":

(1)本栏"一般项目"列"本月数":反映试点实施以后货物、劳务和服务、不动产、无形资产共同形成的留抵税额。按表中所列公式计算填写。

(2)本栏"一般项目"列"本年累计":反映货物和劳务挂账留抵税额,在试点实施以后抵减一般货物和劳务应纳税额后的余额。按以下公式计算填写:

本栏"一般项目"列"本年累计"=第13栏"上期留抵税额""一般项目"列"本年累计"-第18栏"实际抵扣税额""一般项目"列"本年累计"。

(3)本栏"即征即退项目"列"本月数":按表中所列公式计算填写。

2. 其他纳税人,按以下要求填写本栏"本月数"和"本年累计":

(1)本栏"一般项目"列"本月数":按表中所列公式计算填写。

(2)本栏"一般项目"列"本年累计":填写"0"。

(3)本栏"即征即退项目"列"本月数":按表中所列公式计算填写。

(三十五)第21栏"简易计税办法计算的应纳税额":反映纳税人本期按简易计税方法计算并应缴纳的增值税额,但不包括按简易计税方法计算的纳税检查应补缴税额。按以下公式计算填写:

本栏"一般项目"列"本月数"=《附列资料(一)》(第10列第8、9a、10、11行之和-第10列第14行)+(第14列第9b、12、13a、13b行之和-第14列第15行)。

本栏"即征即退项目"列"本月数"=《附列资料(一)》第10列第14行+第14列第15行。

营业税改征增值税的纳税人,服务、不动产和无形资产按规定汇总计算缴纳增值税的分支机构,应将预征增值税额填入本栏。预征增值税额=应预征增值税的销售额×预征率。

（三十六）第22栏"按简易计税办法计算的纳税检查应补缴税额"：填写纳税人本期因税务、财政、审计部门检查并按简易计税方法计算的纳税检查应补缴税额。

（三十七）第23栏"应纳税额减征额"：填写纳税人本期按照税法规定减征的增值税应纳税额。包含按照规定可在增值税应纳税额中全额抵减的增值税税控系统专用设备费用以及技术维护费。

当本期减征额小于或等于第19栏"应纳税额"与第21栏"简易计税办法计算的应纳税额"之和时，按本期减征额实际填写；当本期减征额大于第19栏"应纳税额"与第21栏"简易计税办法计算的应纳税额"之和时，按本期第19栏与第21栏之和填写。本期减征额不足抵减部分结转下期继续抵减。

（三十八）第24栏"应纳税额合计"：反映纳税人本期应交增值税的合计数。按表中所列公式计算填写。

（三十九）第25栏"期初未缴税额（多缴为负数）"："本月数"按上一税款所属期申报表第32栏"期末未缴税额（多缴为负数）""本月数"填写。"本年累计"按上年度最后一个税款所属期申报表第32栏"期末未缴税额（多缴为负数）""本年累计"填写。

（四十）第26栏"实收出口开具专用缴款书退税额"：本栏不填写。

（四十一）第27栏"本期已缴税额"：反映纳税人本期实际缴纳的增值税额，但不包括本期入库的查补税款。按表中所列公式计算填写。

（四十二）第28栏"①分次预缴税额"：填写纳税人本期已缴纳的准予在本期增值税应纳税额中抵减的税额。

营业税改征增值税的纳税人，分以下几种情况填写：

1. 服务、不动产和无形资产按规定汇总计算缴纳增值税的总机构，其可以从本期增值税应纳税额中抵减的分支机构已缴纳的税款，按当期实际可抵减数填入本栏，不足抵减部分结转下期继续抵减。

2. 销售建筑服务并按规定预缴增值税的纳税人，其可以从本期增值税应纳税额中抵减的已缴纳的税款，按当期实际可抵减数填入本栏，不足抵减部分结转下期继续抵减。

3. 销售不动产并按规定预缴增值税的纳税人，其可以从本期增值税应纳税额中抵减的已缴纳的税款，按当期实际可抵减数填入本栏，不足抵减部分结转下期继续抵减。

4. 出租不动产并按规定预缴增值税的纳税人，其可以从本期增值税应纳税额中抵减的已缴纳的税款，按当期实际可抵减数填入本栏，不足抵减部分结转下期继续抵减。

（四十三）第29栏"②出口开具专用缴款书预缴税额"：本栏不填写。

（四十四）第30栏"③本期缴纳上期应纳税额"：填写纳税人本期缴纳上一税款所属期应缴未缴的增值税额。

（四十五）第31栏"④本期缴纳欠缴税额"：反映纳税人本期实际缴纳和留抵税额抵减的增值税欠税额，但不包括缴纳入库的查补增值税额。

（四十六）第32栏"期末未缴税额（多缴为负数）"："本月数"反映纳税人本期期末应缴未缴的增值税额，但不包括纳税检查缴未缴的税额。按表中所列公式计算填写。"本年累计"与"本月数"相同。

（四十七）第33栏"其中：欠缴税额（≥0）"：反映纳税人按照税法规定已形成欠税的增值税额。按表中所列公式计算填写。

（四十八）第34栏"本期应补（退）税额"：反映纳税人本期应纳税额中应补缴或应退回的数额。按表中所列公式计算填写。

（四十九）第35栏"即征即退实际退税额"：反映纳税人本期因符合增值税即征即退政策规定，而实际收到的税务机关退回的增值税额。

（五十）第36栏"期初未缴查补税额"："本月数"按上一税款所属期申报表第38栏"期末未缴查补税额""本月数"填写。"本年累计"按上年度最后一个税款所属期申报表第38栏"期末未缴查补税额""本年累计"填写。

（五十一）第37栏"本期入库查补税额"：反映纳税人本期因税务、财政、审计部门检查而实际入库的增值税额，包括按一般计税方法计算并实际缴纳的查补增值税额和按简易计税方法计算并实际缴纳的查补增值税额。

（五十二）第38栏"期末未缴查补税额"："本月数"反映纳税人接受纳税检查后应在本期期末缴纳而未缴纳的查补增值税额。按表中所列公式计算填写，"本年累计"与"本月数"相同。

学习情境二 增值税核算与申报

表2-6 增值税纳税申报表附列资料(一)
（本期销售情况明细）

纳税人名称：(公章)

税款所属时间： 年 月 日 至 年 月 日

金额单位：元至角分

项目及栏次			开具增值税专用发票		开具其他发票		未开具发票		纳税检查调整		合计		价税合计	服务、不动产和无形资产扣除项目本期实际扣除金额	扣除后	
			销售额	销项(应纳)税额	销售额	销项(应纳)税额	销售额	销项(应纳)税额	销售额	销项(应纳)税额	销售额	销项(应纳)税额			含税(免税)销售额	销项(应纳)税额
			1	2	3	4	5	6	7	8	9=1+3+5+7	10=2+4+6+8	11=9+10	12	13=11-12	14=13÷(100%+税率或征收率)×税率或征收率
一、一般计税方法计税	全部征税项目	17%税率的货物及加工修理修配劳务	1														
		17%税率的服务、不动产和无形资产	2														
		13%税率	3														
		11%税率	4														
		6%税率	5														
	其中：即征即退项目	即征即退货物及加工修理修配劳务	6				—	—	—	—	—	—	—	—	—	—	—
		即征即退服务、不动产和无形资产	7				—	—	—	—	—	—	—	—	—	—	—
二、简易计税方法计税	全部征税项目	6%征收率	8														
		5%征收率的货物及加工修理修配劳务	9a														
		5%征收率的服务、不动产和无形资产	9b														
		4%征收率	10												—	—

续表

项目及栏次		开具增值税专用发票		开具其他发票		未开具发票		纳税检查调整		合计		价税合计	服务、不动产和无形资产扣除项目本期实际扣除金额	扣除后	
		销售额	销项（应纳）税额	销售额	销项（应纳）税额	销售额	销项（应纳）税额	销售额	销项（应纳）税额	销售额	销项（应纳）税额			含税（免税）销售额	销项（应纳）税额
		1	2	3	4	5	6	7	8	9=1+3+5+7	10=2+4+6+8	11=9+10	12	13=11-12	14=13÷(100%+税率或征收率)×税率或征收率
3%征收率的货物及加工修理修配劳务	11														
3%征收率的服务、不动产和无形资产	12														
预征率 %	13a		—		—		—		—		—	—	—	—	—
预征率 %	13b		—		—		—		—		—	—	—	—	—
预征率 %	13c		—		—		—		—		—	—	—	—	—
其中：即征即退项目	即征即退货物及加工修理修配劳务	14	—											—	—
	即征即退服务、不动产和无形资产	15	—											—	—
三、免抵退税	货物及加工修理修配劳务	16	—			—		—		—		—	—	—	—
	服务、不动产和无形资产	17	—			—		—		—		—	—	—	—
四、免税	货物及加工修理修配劳务	18	—			—		—		—		—	—	—	—
	服务、不动产和无形资产	19	—			—		—		—		—	—	—	—

《增值税纳税申报表附列资料(一)》(本期销售情况明细)
填写说明

(一)"税款所属时间""纳税人名称"的填写同主表。

(二)各列说明。

1. 第1至2列"开具增值税专用发票":反映本期开具增值税专用发票(含税控机动车销售统一发票,下同)的情况。

2. 第3至4列"开具其他发票":反映除增值税专用发票以外本期开具的其他发票的情况。

3. 第5至6列"未开具发票":反映本期未开具发票的销售情况。

4. 第7至8列"纳税检查调整":反映经税务、财政、审计部门检查并在本期调整的销售情况。

5. 第9至11列"合计":按照表中所列公式填写。

营业税改征增值税的纳税人,服务、不动产和无形资产有扣除项目的,第1至11列应填写扣除之前的征(免)税销售额、销项(应纳)税额和价税合计额。

6. 第12列"服务、不动产和无形资产扣除项目本期实际扣除金额":营业税改征增值税的纳税人,服务、不动产和无形资产有扣除项目的,按《附列资料(三)》第5列对应各行次数据填写,其中本列第5栏等于《附列资料(三)》第5列第3行与第4行之和;服务、不动产和无形资产无扣除项目的,本列填写"0"。其他纳税人不填写。

营业税改征增值税的纳税人,服务、不动产和无形资产按规定汇总计算缴纳增值税的分支机构,当期服务、不动产和无形资产有扣除项目的,填入本列第13行。

7. 第13列"扣除后""含税(免税)销售额":营业税改征增值税的纳税人,服务、不动产和无形资产有扣除项目的,本列各行次=第11列对应各行次-第12列对应各行次。其他纳税人不填写。

8. 第14列"扣除后""销项(应纳)税额":营业税改征增值税的纳税人,服务、不动产和无形资产有扣除项目的,按以下要求填写本列,其他纳税人不填写。

(1)服务、不动产和无形资产按照一般计税方法计税。

本列各行次=第13列÷(100%+对应行次税率)×对应行次税率

本列第7行"按一般计税方法计税的即征即退服务、不动产和无形资产"不按本列的说明填写。具体填写要求见"各行说明"第2条第(2)项第③点的说明。

(2)服务、不动产和无形资产按照简易计税方法计税。

本列各行次=第13列÷(100%+对应行次征收率)×对应行次征收率

本列第13行"预征率　%"不按本列的说明填写。具体填写要求见"各行说明"第4条第(2)项。

(3)服务、不动产和无形资产实行免、抵、退税或免税的,本列不填写。

(三)各行说明。

1. 第1至5行"一、一般计税方法计税""全部征税项目"各行:按不同税率和项目分别填写按一般计税方法计算增值税的全部征税项目。有即征即退征税项目的纳税人,本部分数据中既包括即征即退征税项目,又包括不享受即征即退政策的一般征税项目。

2. 第6至7行"一、一般计税方法计税""其中:即征即退项目"各行:只反映按一般计税方法计算增值税的即征即退项目。按照税法规定不享受即征即退政策的纳税人,不填写本行。即征即退项目是全部征税项目的其中数。

(1)第6行"即征即退货物及加工修理修配劳务":反映按一般计税方法计算增值税且享受即征即退政策的货物和加工修理修配劳务。本行不包括服务、不动产和无形资产的内容。

①本行第9列"合计""销售额"栏:反映按一般计税方法计算增值税且享受即征即退政策的货物及加工修理修配劳务的不含税销售额。该栏不按第9列所列公式计算,应按照税法规定据实填写。

②本行第10列"合计""销项(应纳)税额"栏:反映按一般计税方法计算增值税且享受即征即退政策的

货物及加工修理修配劳务的销项税额。该栏不按第10列所列公式计算,应按照税法规定据实填写。

(2)第7行"即征即退服务、不动产和无形资产":反映按一般计税方法计算增值税且享受即征即退政策的服务、不动产和无形资产。本行不包括货物及加工修理修配劳务的内容。

①本行第9列"合计""销售额"栏:反映按一般计税方法计算增值税且享受即征即退政策的服务、不动产和无形资产的不含税销售额。服务、不动产和无形资产有扣除项目的,按扣除之前的不含税销售额填写。该栏不按第9列所列公式计算,应按照税法规定据实填写。

②本行第10列"合计""销项(应纳)税额"栏:反映按一般计税方法计算增值税且享受即征即退政策的服务、不动产和无形资产的销项税额。服务、不动产和无形资产有扣除项目的,按扣除之前的销项税额填写。该栏不按第10列所列公式计算,应按照税法规定据实填写。

③本行第14列"扣除后""销项(应纳)税额"栏:反映按一般计税方法征收增值税且享受即征即退政策的服务、不动产和无形资产实际应计提的销项税额。服务、不动产和无形资产有扣除项目的,按扣除之后的销项税额填写;服务、不动产和无形资产无扣除项目的,按本行第10列填写。该栏不按第14列所列公式计算,应按照税法规定据实填写。

3.第8至12行"二、简易计税方法计税""全部征税项目"各行:按不同征收率和项目分别填写按简易计税方法计算增值税的全部征税项目。有即征即退税项目的纳税人,本部分数据中既包括即征即退项目,也包括不享受即征即退政策的一般征税项目。

4.第13a至13c行"二、简易计税方法计税""预征率　%":反映营业税改征增值税的纳税人,服务、不动产和无形资产按规定汇总计算缴纳增值税的分支机构,预征增值税销售额、预征增值税应纳税额。其中,第13a行"预征率　%"适用于所有实行汇总计算缴纳增值税的分支机构试点纳税人;第13b、13c行"预征率　%"适用于部分实行汇总计算缴纳增值税的铁路运输试点纳税人。

(1)第13a至13c行第1至6列按照销售额和销项税额的实际发生数填写。

(2)第13a至13c行第14列,纳税人按"应预征缴纳的增值税=应预征增值税销售额×预征率"公式计算后据实填写。

5.第14至15行"二、简易计税方法计税""其中:即征即退项目"各行:只反映按简易计税方法计算增值税的即征即退项目。按照税法规定不享受即征即退政策的纳税人,不填写本行。即征即退项目是全部征税项目的其中数。

(1)第14行"即征即退货物及加工修理修配劳务":反映按简易计税方法计算增值税且享受即征即退政策的货物及加工修理修配劳务。本行不包括服务、不动产和无形资产的内容。

①本行第9列"合计""销售额"栏:反映按简易计税方法计算增值税且享受即征即退政策的货物及加工修理修配劳务的不含税销售额。该栏不按第9列所列公式计算,应按照税法规定据实填写。

②本行第10列"合计""销项(应纳)税额"栏:反映按简易计税方法计算增值税且享受即征即退政策的货物及加工修理修配劳务的应纳税额。该栏不按第10列所列公式计算,应按照税法规定据实填写。

(2)第15行"即征即退服务、不动产和无形资产":反映按简易计税方法计算增值税且享受即征即退政策的服务、不动产和无形资产。本行不包括货物及加工修理修配劳务的内容。

①本行第9列"合计""销售额"栏:反映按简易计税方法计算增值税且享受即征即退政策的服务、不动产和无形资产的不含税销售额。服务、不动产和无形资产有扣除项目的,按扣除之前的不含税销售额填写。该栏不按第9列所列公式计算,应按照税法规定据实填写。

②本行第10列"合计""销项(应纳)税额"栏:反映按简易计税方法计算增值税且享受即征即退政策的服务、不动产和无形资产的应纳税额。服务、不动产和无形资产有扣除项目的,按扣除之前的应纳税额填写。该栏不按第10列所列公式计算,应按照税法规定据实填写。

③本行第14列"扣除后""销项(应纳)税额"栏:反映按简易计税方法计算增值税且享受即征即退政策的服务、不动产和无形资产实际应计提的应纳税额。服务、不动产和无形资产有扣除项目的,按扣除之后的

应纳税额填写;服务、不动产和无形资产无扣除项目的,按本行第 10 列填写。

6. 第 16 行"三、免抵退税""货物及加工修理修配劳务":反映适用免、抵、退税政策的出口货物、加工修理修配劳务。

7. 第 17 行"三、免抵退税""服务、不动产和无形资产":反映适用免、抵、退税政策的服务、不动产和无形资产。

8. 第 18 行"四、免税""货物及加工修理修配劳务":反映按照税法规定免征增值税的货物及劳务和适用零税率的出口货物及劳务,但零税率的销售额中不包括适用免、抵、退税办法的出口货物及劳务。

9. 第 19 行"四、免税""服务、不动产和无形资产":反映按照税法规定免征增值税的服务、不动产、无形资产和适用零税率的服务、不动产、无形资产,但零税率的销售额中不包括适用免、抵、退税办法的服务、不动产和无形资产。

表 2-7 增值税纳税申报表附列资料(二)
(本期进项税额明细)

税款所属时间：　　年　月　日至　　年　月　日

纳税人名称:(公章)　　　　　　　　　　　　　　　　　　　　　　金额单位:元至角分

一、申报抵扣的进项税额				
项目	栏次	份数	金额	税额
(一)认证相符的增值税专用发票	1 = 2 + 3			
其中:本期认证相符且本期申报抵扣	2			
前期认证相符且本期申报抵扣	3			
(二)其他扣税凭证	4 = 5 + 6 + 7 + 8			
其中:海关进口增值税专用缴款书	5			
农产品收购发票或者销售发票	6			
代扣代缴税收缴款凭证	7	—		
其他	8			
(三)本期用于购建不动产的扣税凭证	9			
(四)本期不动产允许抵扣进项税额	10	—		
(五)外贸企业进项税额抵扣证明	11	—		
当期申报抵扣进项税额合计	12 = 1 + 4 - 9 + 10 + 11			
二、进项税额转出额				
项目	栏次		税额	
本期进项税额转出额	13 = 14 至 23 之和			
其中:免税项目用	14			
集体福利、个人消费	15			
非正常损失	16			
简易计税方法征税项目用	17			
"免、抵、退"税办法不得抵扣的进项税额	18			

续表

项目	栏次	税额
纳税检查调减进项税额	19	
红字专用发票信息表注明的进项税额	20	
上期留抵税额抵减欠税	21	
上期留抵税额退税	22	
其他应作进项税额转出的情形	23	

三、待抵扣进项税额

项目	栏次	份数	金额	税额
（一）认证相符的增值税专用发票	24	—		
期初已认证相符但未申报抵扣	25			
本期认证相符且本期未申报抵扣	26			
期末已认证相符但未申报抵扣	27			
其中:按照税法规定不允许抵扣	28			
（二）其他扣税凭证	29＝30至33之和			
其中:海关进口增值税专用缴款书	30			
农产品收购发票或者销售发票	31			
代扣代缴税收缴款凭证	32		—	
其他	33			
	34			

四、其他

项目	栏次	份数	金额	税额
本期认证相符的增值税专用发票	35			
代扣代缴税额	36	—	—	

《增值税纳税申报表附列资料（二）》（**本期进项税额明细**）
填写说明

（一）"税款所属时间""纳税人名称"的填写同主表。

（二）第1至12栏"一、申报抵扣的进项税额"：分别反映纳税人按税法规定符合抵扣条件,在本期申报抵扣的进项税额。

1. 第1栏"（一）认证相符的增值税专用发票"：反映纳税人取得的认证相符本期申报抵扣的增值税专用发票情况。该栏应等于第2栏"本期认证相符且本期申报抵扣"与第3栏"前期认证相符且本期申报抵扣"数据之和。

2. 第2栏"其中：本期认证相符且本期申报抵扣"：反映本期认证相符且本期申报抵扣的增值税专用发票的情况。本栏是第1栏的其中数,本栏只填写本期认证相符且本期申报抵扣的部分。

适用取消增值税发票认证规定的纳税人,当期申报抵扣的增值税发票数据,也填报在本栏中。

3. 第3栏"前期认证相符且本期申报抵扣"：反映前期认证相符本期申报抵扣的增值税专用发票的

情况。

辅导期纳税人依据税务机关告知的稽核比对结果通知书及明细清单注明的稽核相符的增值税专用发票填写本栏。本栏是第1栏的其中数,只填写前期认证相符且本期申报抵扣的部分。

4. 第4栏"(二)其他扣税凭证":反映本期申报抵扣的除增值税专用发票之外的其他扣税凭证的情况。具体包括:海关进口增值税专用缴款书、农产品收购发票或者销售发票(含农产品核定扣除的进项税额)、代扣代缴税收完税凭证和其他符合政策规定的抵扣凭证。该栏应等于第5至8栏之和。

5. 第5栏"海关进口增值税专用缴款书":反映本期申报抵扣的海关进口增值税专用缴款书的情况。按规定执行海关进口增值税专用缴款书先比对后抵扣的,纳税人需依据税务机关告知的稽核比对结果通知书及明细清单注明的稽核相符的海关进口增值税专用缴款书填写本栏。

6. 第6栏"农产品收购发票或者销售发票":反映本期申报抵扣的农产品收购发票和农产品销售普通发票的情况。执行农产品增值税进项税额核定扣除办法的,填写当期允许抵扣的农产品增值税进项税额,不填写"份数""金额"。

7. 第7栏"代扣代缴税收缴款凭证":填写本期按规定准予抵扣的完税凭证上注明的增值税额。

8. 第8栏"其他":反映按规定本期可以申报抵扣的其他扣税凭证情况。

纳税人按照规定不得抵扣且未抵扣进项税额的固定资产、无形资产、不动产,发生用途改变,用于允许抵扣进项税额的应税项目,可在用途改变的次月将按公式计算出的可以抵扣的进项税额填入"税额"栏。

9. 第9栏"(三)本期用于购建不动产的扣税凭证":反映按规定本期用于购建不动产并适用分2年抵扣规定的扣税凭证上注明的金额和税额。购建不动产是指纳税人2016年5月1日后取得并在会计制度上按固定资产核算的不动产或者2016年5月1日后取得的不动产在建工程。

取得不动产,包括以直接购买、接受捐赠、接受投资入股、自建以及抵债等各种形式取得不动产,不包括房地产开发企业自行开发的房地产项目。

本栏次包括第1栏中本期用于购建不动产的增值税专用发票和第4栏中本期用于购建不动产的其他扣税凭证。

本栏"金额""税额"<第1栏+第4栏且本栏"金额""税额"≥0。

纳税人按照规定不得抵扣且未抵扣进项税额的不动产,发生用途改变,用于允许抵扣进项税额的应税项目,可在用途改变的次月将按公式计算出的可以抵扣的进项税额填入"税额"栏。

本栏"税额"列=《附列资料(五)》第2列"本期不动产进项税额增加额"。

10. 第10栏"(四)本期不动产允许抵扣进项税额":反映按规定本期实际申报抵扣的不动产进项税额。本栏"税额"列=《附列资料(五)》第3列"本期可抵扣不动产进项税额"。

11. 第11栏"(五)外贸企业进项税额抵扣证明":填写本期申报抵扣的税务机关出口退税部门开具的《出口货物转内销证明》列明允许抵扣的进项税额。

12. 第12栏"当期申报抵扣进项税额合计":反映本期申报抵扣进项税额的合计数。按表中所列公式计算填写。

(三)第13至23栏"二、进项税额转出额"各栏:分别反映纳税人已经抵扣但按规定应在本期转出的进项税额明细情况。

1. 第13栏"本期进项税额转出额":反映已经抵扣但按规定应在本期转出的进项税额合计数。按表中所列公式计算填写。

2. 第14栏"免税项目用":反映用于免征增值税项目,按规定应在本期转出的进项税额。

3. 第15栏"集体福利、个人消费":反映用于集体福利或个人消费,按规定应在本期转出的进项税额。

4. 第16栏"非正常损失":反映纳税人发生非正常损失,按规定应在本期转出的进项税额。

5. 第17栏"简易计税方法征税项目用":反映用于按简易计税方法征税项目,按规定应在本期转出的进项税额。

营业税改征增值税的纳税人，服务、不动产和无形资产按规定汇总计算缴纳增值税的分支机构，当期应由总机构汇总的进项税额也填入本栏。

6. 第18栏"免抵退税办法不得抵扣的进项税额"：反映按照免、抵、退税办法的规定，由于征税税率与退税税率存在税率差，在本期应转出的进项税额。

7. 第19栏"纳税检查调减进项税额"：反映税务、财政、审计部门检查后而调减的进项税额。

8. 第20栏"红字专用发票信息表注明的进项税额"：填写主管税务机关开具的"开具红字增值税专用发票通知单"注明的在本期应转出的进项税额。

9. 第21栏"上期留抵税额抵减欠税"：填写本期经税务机关同意，使用上期留抵税额抵减欠税的数额。

10. 第22栏"上期留抵税额退税"：填写本期经税务机关批准的上期留抵税额退税额。

11. 第23栏"其他应作进项税额转出的情形"：反映除上述进项税额转出情形外，其他应在本期转出的进项税额。

（四）第24至34栏"三、待抵扣进项税额"各栏：分别反映纳税人已经取得，但按税法规定不符合抵扣条件，暂不予在本期申报抵扣的进项税额情况及按税法规定不允许抵扣的进项税额情况。

1. 第24至28栏均为增值税专用发票的情况。

2. 第25栏"期初已认证相符但未申报抵扣"：反映前期认证相符，但按照税法规定暂不予抵扣及不允许抵扣，结存至本期的增值税专用发票情况。辅导期纳税人填写认证相符但未收到稽核比对结果的增值税专用发票期初情况。

3. 第26栏"本期认证相符且本期未申报抵扣"：反映本期认证相符，但按税法规定暂不予抵扣及不允许抵扣，而未申报抵扣的增值税专用发票情况。辅导期纳税人填写本期认证相符但未收到稽核比对结果的增值税专用发票情况。

4. 第27栏"期末已认证相符但未申报抵扣"：反映截至本期期末，按照税法规定仍暂不予抵扣及不允许抵扣且已认证相符的增值税专用发票情况。辅导期纳税人填写截至本期期末已认证相符但未收到稽核比对结果的增值税专用发票期末情况。

5. 第28栏"其中：按照税法规定不允许抵扣"：反映截至本期期末已认证相符但未申报抵扣的增值税专用发票中，按照税法规定不允许抵扣的增值税专用发票情况。

6. 第29栏"（二）其他扣税凭证"：反映截至本期期末仍未申报抵扣的除增值税专用发票之外的其他扣税凭证情况。具体包括：海关进口增值税专用缴款书、农产品收购发票或者销售发票、代扣代缴税收完税凭证和其他符合政策规定的抵扣凭证。该栏应等于第30至33栏之和。

7. 第30栏"海关进口增值税专用缴款书"：反映已取得但截至本期期末仍未申报抵扣的海关进口增值税专用缴款书情况，包括纳税人未收到稽核比对结果的海关进口增值税专用缴款书情况。

8. 第31栏"农产品收购发票或者销售发票"：反映已取得但截至本期期末仍未申报抵扣的农产品收购发票和农产品销售普通发票情况。

9. 第32栏"代扣代缴税收缴款凭证"：反映已取得但截至本期期末仍未申报抵扣的代扣代缴税收完税凭证情况。

10. 第33栏"其他"：反映已取得但截至本期期末仍未申报抵扣的其他扣税凭证的情况。

（五）第35至36栏"四、其他"各栏。

1. 第35栏"本期认证相符的增值税专用发票"：反映本期认证相符的增值税专用发票的情况。

2. 第36栏"代扣代缴税额"：填写纳税人根据《中华人民共和国增值税暂行条例》第十八条扣缴的应税劳务增值税额与根据营业税改征增值税有关政策规定扣缴的服务、不动产和无形资产增值税额之和。

表 2-8 增值税纳税申报表附列资料(三)
(服务、不动产和无形资产扣除项目明细)

税款所属时间： 年 月 日至 年 月 日

纳税人名称:(公章) 金额单位:元至角分

项目及栏次		本期服务、不动产和无形资产价税合计额(免税销售额)	服务、不动产和无形资产扣除项目				
			期初余额	本期发生额	本期应扣除金额	本期实际扣除金额	期末余额
		1	2	3	4=2+3	5(5≤1且5≤4)	6=4-5
17%税率的项目	1						
11%税率的项目	2						
6%税率的项目(不含金融商品转让)	3						
6%税率的金融商品转让项目	4						
5%征收率的项目	5						
3%征收率的项目	6						
"免、抵、退"税的项目	7						
免税的项目	8						

《增值税纳税申报表附列资料(三)》
(服务、不动产和无形资产扣除项目明细)
填写说明

(一)本表由服务、不动产和无形资产有扣除项目的营业税改征增值税纳税人填写。其他纳税人不填写。

(二)"税款所属时间""纳税人名称"的填写同主表。

(三)第1列"本期服务、不动产和无形资产价税合计额(免税销售额)":营业税改征增值税的服务、不动产和无形资产属于征税项目的,填写扣除之前的本期服务、不动产和无形资产价税合计额;营业税改征增值税的服务、不动产和无形资产属于免抵退税或免税项目的,填写扣除之前的本期服务、不动产和无形资产免税销售额。本列各行次等于《附列资料(一)》第11列对应行次,其中本列第3行和第4行之和等于《附列资料(一)》第11列第5栏。

营业税改征增值税的纳税人,服务、不动产和无形资产按规定汇总计算缴纳增值税的分支机构,本列各行次之和等于《附列资料(一)》第11列第13a、13b行之和。

(四)第2列"服务、不动产和无形资产扣除项目""期初余额":填写服务、不动产和无形资产扣除项目上期期末结存的金额,试点实施之日的税款所属期填写"0"。本列各行次等于上期《附列资料(三)》第6列对应行次。

本列第4行"6%税率的金融商品转让项目""期初余额"年初首期填报时应填"0"。

(五)第3列"服务、不动产和无形资产扣除项目""本期发生额":填写本期取得的按税法规定准予扣除的服务、不动产和无形资产扣除项目金额。

(六)第4列"服务、不动产和无形资产扣除项目""本期应扣除金额":填写服务、不动产和无形资产扣除项目本期应扣除的金额。

本列各行次＝第2列对应各行次＋第3列对应各行次

（七）第5列"服务、不动产和无形资产扣除项目""本期实际扣除金额"：填写服务、不动产和无形资产扣除项目本期实际扣除的金额。

本列各行次≤第4列对应各行次且本列各行次≤第1列对应各行次。

（八）第6列"服务、不动产和无形资产扣除项目""期末余额"：填写服务、不动产和无形资产扣除项目本期期末结存的金额。

本列各行次＝第4列对应各行次－第5列对应各行次

表2－9 增值税纳税申报表附列资料（四）

（税额抵减情况表）

税款所属时间： 年 月 日至 年 月 日

纳税人名称：（公章） 金额单位：元至角分

序号	抵减项目	期初余额	本期发生额	本期应抵减税额	本期实际抵减税额	期末余额
		1	2	3＝1＋2	4≤3	5＝3－4
1	增值税税控系统专用设备费及技术维护费					
2	分支机构预征缴纳税款					
3	建筑服务预征缴纳税款					
4	销售不动产预征缴纳税款					
5	出租不动产预征缴纳税款					

《增值税纳税申报表附列资料（四）》（税额抵减情况表）

填写说明

本表第1行由发生增值税税控系统专用设备费用和技术维护费的纳税人填写，反映纳税人增值税税控系统专用设备费用和技术维护费按规定抵减增值税应纳税额的情况。

本表第2行由营业税改征增值税纳税人，服务、不动产和无形资产按规定汇总计算缴纳增值税的总机构填写，反映其分支机构预征缴纳税款抵减总机构应纳增值税税额的情况。

本表第3行由销售建筑服务并按规定预缴增值税的纳税人填写，反映其销售建筑服务预征缴纳税款抵减应纳增值税税额的情况。

本表第4行由销售不动产并按规定预缴增值税的纳税人填写，反映其销售不动产预征缴纳税款抵减应纳增值税税额的情况。

本表第5行由出租不动产并按规定预缴增值税的纳税人填写，反映其出租不动产预征缴纳税款抵减应纳增值税税额的情况。

未发生上述业务的纳税人不填写本表。

表 2-10　增值税纳税申报表附列资料(五)
(不动产分期抵扣计算表)

税款所属时间：　　年　月　日至　　年　月　日

纳税人名称：(公章)　　　　　　　　　　　　　　　　　　金额单位：元至角分

期初待抵扣不动产进项税额	本期不动产进项税额增加额	本期可抵扣不动产进项税额	本期转入的待抵扣不动产进项税额	本期转出的待抵扣不动产进项税额	期末待抵扣不动产进项税额
1	2	3≤1+2+4	4	5≤1+4	6=1+2-3+4-5

《增值税纳税申报表附列资料(五)》(不动产分期抵扣计算表)
填写说明

(一)本表由分期抵扣不动产进项税额的纳税人填写。

(二)"税款所属时间""纳税人名称"的填写同主表。

(三)第1列"期初待抵扣不动产进项税额"：填写纳税人上期期末待抵扣不动产进项税额。

(四)第2列"本期不动产进项税额增加额"：填写本期取得的符合税法规定的不动产进项税额。

(五)第3列"本期可抵扣不动产进项税额"：填写符合税法规定可以在本期抵扣的不动产进项税额。

(六)第4列"本期转入的待抵扣不动产进项税额"：填写按照税法规定本期应转入的待抵扣不动产进项税额。

本列数≤《附列资料(二)》第23栏"税额"。

(七)第5列"本期转出的待抵扣不动产进项税额"：填写按照税法规定本期应转出的待抵扣不动产进项税额。

(八)第6列"期末待抵扣不动产进项税额"：填写本期期末尚未抵扣的不动产进项税额,按表中公式填写。

表 2-11　固定资产(不含不动产)进项税额抵扣情况表

纳税人名称(公章)：　　　　　　填表日期：　　年　月　日　　　　金额单位：元至角分

项目	当期申报抵扣的固定资产进项税额	申报抵扣的固定资产进项税额累计
增值税专用发票		
海关进口增值税专用缴款书		
合　计		

《固定资产(不含不动产)进项税额抵扣情况表》
填写说明

本表反映纳税人在《附列资料(二)》"一、申报抵扣的进项税额"中固定资产的进项税额。本表按增值税专用发票、海关进口增值税专用缴款书分别填写。

表 2-12　本期抵扣进项税额结构明细表

税款所属时间：　　年　月　日至　　年　月　日

纳税人名称：(公章)　　　　　　　　　　　　　　　　　　　　　金额单位：元至角分

项目	栏次	金额	税额
合计	1=2+4+5+11+16+18+27+29+30		
一、按税率或征收率归集(不包括购建不动产、通行费)的进项			
17%税率的进项	2		
其中：有形动产租赁的进项	3		
13%税率的进项	4		
11%税率的进项	5		
其中：运输服务的进项	6		
电信服务的进项	7		
建筑安装服务的进项	8		
不动产租赁服务的进项	9		
受让土地使用权的进项	10		
6%税率的进项	11		
其中：电信服务的进项	12		
金融保险服务的进项	13		
生活服务的进项	14		
取得无形资产的进项	15		
5%征收率的进项	16		
其中：不动产租赁服务的进项	17		
3%征收率的进项	18		
其中：货物及加工、修理修配劳务的进项	19		
运输服务的进项	20		
电信服务的进项	21		
建筑安装服务的进项	22		
金融保险服务的进项	23		
有形动产租赁服务的进项	24		
生活服务的进项	25		
取得无形资产的进项	26		
减按1.5%征收率的进项	27		
	28		
二、按抵扣项目归集的进项			
用于购建不动产并一次性抵扣的进项	29		
通行费的进项	30		
	31		
	32		

《本期抵扣进项税额结构明细表》
填写说明

（一）"税款所属时间""纳税人名称"的填写同主表。

（二）第1栏反映本期申报抵扣进项税额的合计数。按表中所列公式计算填写。

本栏"税额"列＝《附列资料（二）》第12栏"税额"列。

（三）第2至17栏分别反映纳税人按税法规定符合抵扣条件，在本期申报抵扣的不同税率（或征收率）的进项税额。其中，用于购建不动产的进项税额按照本期实际抵扣的进项税额填写。

（四）第18栏反映纳税人按照农产品增值税进项税额核定扣除办法计算抵扣的进项税额。

（五）第19栏反映纳税人按照外贸企业进项税额抵扣证明注明的进项税额。

（六）本表内各栏间逻辑关系如下：

第1栏表内公式为 1＝2＋4＋5＋11＋16＋18＋27＋29＋30；

第2栏≥第3栏；

第5栏≥第6栏＋第7栏＋第8栏＋第9栏；

第10栏≥第11栏＋第12栏；

第13栏≥第14栏；

第15栏≥第16栏。

表 2-13　增值税减免税申报明细表

税款所属时间：自　　年　月　日至　　年　月　日

纳税人名称（公章）：　　　　　　　　　　　　　　　　　　　　　　　金额单位：元至角分

减税性质代码及名称	栏次	期初余额	本期发生额	本期应抵减税额	本期实际抵减税额	期末余额
一、减税项目						
合计	1	1	2	3＝1＋2	4≤3	5＝3－4
	2					
	3					
	4					
	5					
	6					
合　计	7					
出口免税	8		—	—	—	—
其中：跨境服务	9		—	—	—	—
	10					
	11					
	12					
	13					
	14					
	15					
	16					

《增值税减免税申报明细表》
填写说明

（一）本表由享受增值税减免税优惠政策的增值税一般纳税人和小规模纳税人填写。

（二）"税款所属时间""纳税人名称"的填写同增值税纳税申报表主表（以下简称主表）。

（三）"一、减税项目"由本期按照税收法律、法规及国家有关税收规定享受减征（包含税额式减征、税率式减征）增值税优惠的纳税人填写。

1. "减税性质代码及名称"：根据国家税务总局最新发布的《减免性质及分类表》所列减免性质代码、项目名称填写。同时有多个减征项目的，应分别填写。

2. 第1列"期初余额"：填写应纳税额减征项目上期"期末余额"，为对应项目上期应抵减而不足抵减的余额。

3. 第2列"本期发生额"：填写本期发生的按照规定准予抵减增值税应纳税额的金额。

4. 第3列"本期应抵减税额"：填写本期应抵减增值税应纳税额的金额。本列按表中所列公式填写。

5. 第4列"本期实际抵减税额"：填写本期实际抵减增值税应纳税额的金额。本列各行≤第3列对应各行。

一般纳税人填写时，第1行"合计"本列数 = 主表第23行"一般项目"列"本月数"。

小规模纳税人填写时，第1行"合计"本列数 = 主表第11行"本期应纳税额减征额""本期数"。

6. 第5列"期末余额"：按表中所列公式填写。

（四）"二、免税项目"由本期按照税收法律、法规及国家有关税收规定免征增值税的纳税人填写。仅享受小微企业免征增值税政策或未达起征点的小规模纳税人不需填写，即小规模纳税人申报表主表第8栏"出口免税销售额""本期数"无数据时，不需填写本栏。

1. "免税性质代码及名称"：根据国家税务总局最新发布的《减免性质及分类表》所列减免性质代码、项目名称填写。同时有多个免税项目的，应分别填写。

2. "出口免税"填写纳税人本期按照税法规定出口免征增值税的销售额，但不包括适用免、抵、退税办法出口的销售额。小规模纳税人不填写本栏。

3. 第1列"免征增值税项目销售额"：填写纳税人免税项目的销售额。免税销售额按照有关规定允许从取得的全部价款和价外费用中扣除价款的，应填写扣除之前的销售额。

一般纳税人填写时，本列"合计"等于主表第8行"一般项目"列"本月数"。

小规模纳税人填写时，本列"合计"等于主表第8行"出口免税销售额""本期数"。

4. 第2列"免税销售额扣除项目本期实际扣除金额"：免税销售额按照有关规定允许从取得的全部价款和价外费用中扣除价款的，据实填写扣除金额；无扣除项目的，本列填写"0"。

5. 第3列"扣除后免税销售额"：按表中所列公式填写。

6. 第4列"免税销售额对应的进项税额"：本期用于增值税免税项目的进项税额。小规模纳税人不填写本列，一般纳税人按下列情况填写：

（1）纳税人兼营应税和免税项目的，按当期免税销售额对应的进项税额填写。

（2）纳税人本期销售收入全部为免税项目，且当期取得合法扣税凭证的，按当期取得的合法扣税凭证注明或计算的进项税额填写。

（3）当期未取得合法扣税凭证的，纳税人可根据实际情况自行计算免税项目对应的进项税额；无法计算的，本栏次填"0"。

7. 第5列"免税额"：一般纳税人和小规模纳税人分别按下列公式计算填写，且本列各行数应大于或等于0。

一般纳税人公式：第5列"免税额"≤第3列"扣除后免税销售额"×适用税率−第4列"免税销售额对应的进项税额"。

小规模纳税人公式：第5列"免税额" = 第3列"扣除后免税销售额"×征收率。

情境训练 ▶▶▶

增值税一般纳税人纳税申报表填报实例

【例2-71】 接【例2-22】资料,假定长江贸易公司2017年6月留抵进项税额为4 500元,7月购货取得的增值税专用发票均已通过主管国税机关认证相符,销货专用发票均通过企业防伪税控系统开具。增值税纳税期限为1个月。请填报长江贸易公司7月增值税纳税申报表及附表。

长江贸易公司基本资料如下:

纳税人识别号:340101058679200

法人代表:张铭

开户银行:徽商银行合肥市分行经开区支行

账号:3401088008723002156

经营地址:合肥市莲信路1号

营业地址:合肥市莲信路1号

电话:0551-63879652

【解析】 操作步骤:

第一步:根据资料填报增值税纳税申报表附列资料(一),见表2-15。

按适用税率征收增值税货物及劳务的销售额和销项税额明细(17%):

防伪税控系统开具的增值税专用发票销售额=450 000(元)

防伪税控系统开具的增值税专用发票销项税额=76 500(元)

开具普通发票销售额=100 100(元)

开具普通发票销项税额=17 017(元)

未开具发票销售额=1 170(元)

未开具发票销项税额=170(元)

第二步:填列增值税纳税申报表附列资料(二),见表2-16。

申报抵扣的进项税额:

本期认证相符并且本期申报抵扣金额=200 000+5 000+1 000+50 000+1 000+200 000
=457 000(元)

本期认证相符并且本期申报抵扣税额=34 000+550+110+8 500+110+34 000
=77 270(元)

农副产品专用收购凭证金额=30 000(元)

农副产品专用收购凭证税额=3 900(元)

第三步:填报固定资产进项税额抵扣情况表。(略)

第四步:填报增值税纳税申报表主表。填表结果见表2-14。

表2-14 增值税纳税申报表
（一般纳税人适用）

根据《中华人民共和国增值税暂行条例》和《交通运输业和部分现代服务业营业税改征增值税试点实施办法》的规定制定本表。纳税人不论有无销售额，均应按主管税务机关核定的纳税期限按期填报本表，并向当地税务机关申报。

税款所属时间：自2017年7月1日至2017年7月31日　填表日期：2017年8月5日　金额单位：元至角分

纳税人识别号	3	4	0	1	0	1	5	8	6	7	9	2	0	0	所属行业：		

纳税人名称	长江贸易公司（公章）	法定代表人姓名	张铭	注册地址	合肥市莲信路1号	生产经营地址	合肥市莲信路1号
开户银行及账号	徽商银行合肥市分行经开区支行 3401088008723002156	登记注册类型	有限责任公司	电话号码	0561-63879652		

	项目	栏次	一般货物、劳务和应税服务		即征即退货物、劳务和应税服务	
			本月数	本年累计	本月数	本年累计
销售额	（一）按适用税率计税销售额	1	551 100	略		
	其中：应税货物销售额	2	551 100	略		
	应税劳务销售额	3				
	纳税检查调整的销售额	4				
	（二）按简易办法计税销售额	5				
	其中：纳税检查调整的销售额	6				
	（三）免、抵、退办法出口销售额	7			—	—
	（四）免税销售额	8				
	其中：免税货物销售额	9				
	免税劳务销售额	10				
税款计算	销项税额	11	93 687			
	进项税额	12	80 570			
	上期留抵税额	13	4 500		—	
	进项税额转出	14	3 400			
	免、抵、退应退税额	15			—	
	按适用税率计算的纳税检查应补缴税额	16				
	应抵扣税额合计	17=12+13-14-15+16	81 670	—		
	实际抵扣税额	18（如17<11,则为17,否则为11）	81 670			

126

续表

	项目	栏次	一般货物、劳务和应税服务		即征即退货物、劳务和应税服务	
			本月数	本年累计	本月数	本年累计
税款计算	应纳税额	19 = 11 − 18	12 017			
	期末留抵税额	20 = 17 − 18			—	—
	按简易计税办法计算的应纳税额	21				
	按简易计税办法计算的纳税检查应补缴税额	22			—	—
	应纳税额减征额	23				
	应纳税额合计	24 = 19 + 21 − 23	12 017			
税款缴纳	期初未缴税额(多缴为负数)	25				
	实收出口开具专用缴款书退税额	26			—	—
	本期已缴税额	27 = 28 + 29 + 30 + 31				
	①分次预缴税额	28			—	—
	②出口开具专用缴款书预缴税额	29			—	—
	③本期缴纳上期应纳税额	30				
	④本期缴纳欠缴税额	31				
	期末未缴税额(多缴为负数)	32 = 24 + 25 + 26 − 27	12 017			
	其中:欠缴税额(≥0)	33 = 25 + 26 − 27			—	—
	本期应补(退)税额	34 = 24 − 28 − 29			—	—
	即征即退实际退税额	35	—	—		
	期初未缴查补税额	36			—	—
	本期入库查补税额	37			—	—
	期末未缴查补税额	38 = 16 + 22 + 36 − 37			—	—

授权声明	如果你已委托代理人申报,请填写下列资料: 为代理一切税务事宜,现授权 (地址) 为本纳税人的代理申报人,任何与本申报表有关的往来文件,都可寄予此人。 授权人签字:	申报人声明	本纳税申报表是根据国家税收法律法规及相关规定填报的,我确定它是真实的、可靠的、完整的。 声明人签字:

主管税务机关:　　　　　　　　接收人:　　　　　　　　接收日期:

表 2-15 增值税纳税申报表附列资料（一）

（本期销售情况明细）

税款所属时间：2017年7月1日至2017年7月31日

纳税人名称：（公章）　　　　金额单位：元至角分

项目及栏次			开具增值税专用发票		开具其他发票		未开具发票		纳税检查调整		合计		价税合计	服务、不动产和无形资产扣除项目本期实际扣除金额	扣除后	
			销售额	销项（应纳）税额	销售额	销项（应纳）税额	销售额	销项（应纳）税额	销售额	销项（应纳）税额	销售额	销项（应纳）税额			含税（免税）销售额	销项（应纳）税额
			1	2	3	4	5	6	7	8	9=1+3+5+7	10=2+4+6+8	11=9+10	12	13=11-12	14=13÷(100%+税率或征收率)×征收率
一、一般计税方法计税	全部征税项目	17%税率的货物及加工修理修配劳务	1	450 000	76 500	100 100		1 000	170		8	551 100	93 687				
		17%税率的服务、不动产和无形资产	2														
		13%税率	3														
		11%税率	4														
		6%税率	5														
	其中：即征即退项目	即征即退货物及加工修理修配劳务	6	—	—	—	—	—	—					—	—	—	—
		即征即退服务、不动产和无形资产	7	—	—	—	—	—	—					—	—	—	—
二、简易计税方法计税	全部征税项目	6%征收率	8														
		5%征收率的货物及加工修理修配劳务	9a														
		5%征收率的服务、不动产和无形资产	9b														
		4%征收率	10											—	—		

续表

项目及栏次		开具增值税专用发票		开具其他发票		未开具发票		纳税检查调整		合计			服务、不动产和无形资产扣除项目本期实际扣除金额	扣除后	
		销售额	销项(应纳)税额	销售额	销项(应纳)税额	销售额	销项(应纳)税额	销售额	销项(应纳)税额	销售额	销项(应纳)税额	价税合计		含税(免税)销售额	销项(应纳)税额
		1	2	3	4	5	6	7	8	9=1+3+5+7	10=2+4+6+8	11=9+10	12	13=11−12	14=13÷(100%+税率或征收率)×税率或征收率
3%征收率的货物及加工修理修配劳务	11														
3%征收率的服务、不动产和无形资产	12														
预征率　　　%	13a	—	—	—	—	—	—	—	—	—	—	—	—	—	—
预征率　　　%	13b	—	—	—	—	—	—	—	—	—	—	—	—	—	—
预征率　　　%	13c	—	—	—	—	—	—	—	—	—	—	—	—	—	—
即征即退货物及加工修理修配劳务	14														
即征即退服务、不动产和无形资产	15														
其中:即征即退项目 货物及加工修理修配劳务	16	—	—	—	—	—	—	—	—	—	—	—	—	—	—
其中:即征即退项目 服务、不动产和无形资产	17	—	—	—	—	—	—	—	—	—	—	—	—	—	—
三、免抵退税 货物及加工修理修配劳务	18	—	—	—	—	—	—	—	—	—	—	—	—	—	—
三、免抵退税 服务、不动产和无形资产	19	—	—	—	—	—	—	—	—	—	—	—	—	—	—
四、免税																

表 2－16 增值税纳税申报表附列资料(二)

(本期进项税额明细)

税款所属时间:2017 年 7 月 1 日至 2017 年 7 月 31 日

纳税人名称:(公章)　　　　　　　　　　　　　　　　　　　　　金额单位:元至角分

一、申报抵扣的进项税额				
项目	栏次	份数	金额	税额
(一)认证相符的增值税专用发票	1 = 2 + 3	6	457 000	77 270
其中:本期认证相符且本期申报抵扣	2	6	457 000	77 270
前期认证相符且本期申报抵扣	3			
(二)其他扣税凭证	4 = 5 + 6 + 7 + 8	1	30 000	3 300
其中:海关进口增值税专用缴款书	5			
农产品收购发票或者销售发票	6	1	30 000	3 300
代扣代缴税收缴款凭证	7			—
其他	8			
(三)本期用于购建不动产的扣税凭证	9			
(四)本期不动产允许抵扣进项税额	10	—	—	
(五)外贸企业进项税额抵扣证明	11	—	—	
当期申报抵扣进项税额合计	12 = 1 + 4 − 9 + 10 + 11		487 000	80 570
二、进项税额转出额				
项目	栏次			税额
本期进项税额转出额	13 = 14 至 23 之和			7 900
其中:免税项目用	14			
集体福利、个人消费	15			3 400
非正常损失	16			
简易计税方法征税项目用	17			
免抵退税办法不得抵扣的进项税额	18			
纳税检查调减进项税额	19			
红字专用发票信息表注明的进项税额	20			
上期留抵税额抵减欠税	21			4 500
上期留抵税额退税	22			
其他应作进项税额转出的情形	23			
三、待抵扣进项税额				
项目	栏次	份数	金额	税额
(一)认证相符的增值税专用发票	24	—	—	—

续表

期初已认证相符但未申报抵扣	25			
本期认证相符且本期未申报抵扣	26			
期末已认证相符但未申报抵扣	27			
其中:按照税法规定不允许抵扣	28			
(二)其他扣税凭证	29＝30至33之和			
其中:海关进口增值税专用缴款书	30			
农产品收购发票或者销售发票	31			
代扣代缴税收缴款凭证	32		—	
其他	33			
	34			
四、其他				
项目	栏次	份数	金额	税额
本期认证相符的增值税专用发票	35			
代扣代缴税额	36	—	—	

(三)一般纳税人应提供的纳税申报资料

(1)必报资料:①"增值税纳税申报表(一般纳税人适用)"。②"增值税纳税申报表附列资料(一)(本期销售情况明细)"。③"增值税纳税申报表附列资料(二)(本期进项税额明细)"。④"增值税纳税申报表附列资料(三)(服务、不动产和无形资产扣除项目明细)"。一般纳税人销售服务、不动产和无形资产,在确定服务、不动产和无形资产销售额时,按照有关规定可以从取得的全部价款和价外费用中扣除价款的,需填报此表。其他情况不填写该附列资料。⑤"增值税纳税申报表附列资料(四)(税额抵减情况表)"。⑥"增值税纳税申报表附列资料(五)(不动产分期抵扣计算表)"。⑦"固定资产(不含不动产)进项税额抵扣情况表"。⑧"本期抵扣进项税额结构明细表"。⑨"增值税减免税申报明细表"(凡是享受税收优惠政策的纳税人,必须填写此表)。其中,④～⑨如当月未发生该业务,则不需要报送。

(2)备查资料:①已开具的税控机动车销售统一发票和普通发票的存根联。②符合抵扣条件且在本期申报抵扣的增值税专用发票(含税控机动车销售统一发票)的抵扣联。③符合抵扣条件且在本期申报抵扣的海关进口增值税专用缴款书、购进农产品取得的普通发票的复印件。④符合抵扣条件且在本期申报抵扣的税收完税凭证及其清单、书面合同、付款证明和境外单位的对账单或者发票。⑤已开具的农产品收购凭证的存根联或报查联。⑥纳税人销售服务、不动产和无形资产,在确定服务、不动产和无形资产销售额时,按照有关规定从取得的全部价款和价外费用中扣除价款的合法凭证及其清单。⑦主管税务机关规定的其他资料。

温馨提示▶▶▶

纳税申报可以上门申报,也可以网上申报。上门申报是指一般纳税人在次月1日至15日上班时间,携带填写好的增值税纳税申报表及其附表、资产负债表、利润表以及其他相关资料,到主管国税机关所属各办税服务厅纳税申报窗口办理纳税申报。若申报期限的最后一日为法定休假日,以休假日的次日为期限的最后一日;在每月1日至15日内有连续3日以上为法定休假日的,按休假日天数顺延。主管国税机关受理审核后,将纳税申报表的纳税人留存联退还给纳税人。网上申报是指纳税人在申报期内(一般是次月1日00:00至15日24:00)任一时刻,登录当地国税局网站,通过互联网将增值税纳税申报表主表、附表及其他必报资料的电子信息按规定的方式传送到国税机关的电子申报系统,并需确认申报是否成功。若申报成功,即完成纳税申报工作;若电子申报不成功,纳税人应到办税服务厅上门申报。网上申报期间有连续3日以上为法定休假日的,按休假日天数顺延。

模拟实训 ▶▶▶

提供给学生一份增值税一般纳税人发生的经济业务的资料,要求学生根据资料进行该纳税人应纳增值税额的计算和核算,并据此填列一般纳税人增值税纳税申报表主表及附列资料。利用学生仿真实训室和税务会计报税软件,练习上门申报纳税和网上申报纳税。

现场实训 ▶▶▶

与当地税务机关联系,带领学生到税务机关的办税大厅进行现场纳税申报。

三、小规模纳税人增值税纳税申报与税款缴纳

(一)小规模纳税人增值税纳税申报流程

小规模纳税人增值税纳税申报的基本流程:计算应纳税款—纳税申报—缴纳税款。

一般情况下,办完税务登记的纳税人当月就应该进行纳税申报。如果登记证办完时接近月末,也可能被要求次月申报。没有收入的情况下(包括有收入而没开发票,虽然这样是不合规定的),则进行零申报。

纳税申报可以上门申报,也可以网上申报。上门申报是指小规模纳税人在次月1日至15日上班时间,携带填写好的小规模纳税人增值税纳税申报表、资产负债表、利润表以及其他相关资料,到主管国税机关所属各办税服务厅纳税申报窗口办理纳税申报。若申报期限的最后一日为法定休假日,以休假日的次日为期限的最后一日;在每月1日至15日内有连续3日以上为法定休假日的,按休假日天数顺延。主管国税机关受理审核后,将纳税申报表的纳税人留存联退还给纳税人。网上申报是指小规模纳税人在申报期内任一时刻,登录当地国税局网站,通过互联网将增值税纳税申报表主表及其他必报资料的电子信息按规定的方式传送到国税机关的电子申报系统,并需确认申报是否成功。若申报成功,即完成纳税申报工作;若电子申报不成功,纳税人应到办税服务厅上门申报。网上申报的申报期一般是次月1日00:00至15日24:00(期间有连续3日以上为法定休假日的,按休假日天数顺延。

增值税小规模纳税人应于每月1日至15日缴纳上月税款,具体手续可参照增值税一般纳税人。

对于已实行税库银联网的纳税人,缴纳税款时由国税机关将申报表单据送到开户银行,由银行进行自动转账处理。未实行税库银联网的纳税人则需要自己到税务机关指定的银行进行转账或现金缴纳。

(二)小规模纳税人增值税纳税申报表

小规模纳税人增值税纳税申报表格式见表2-17和表2-18。

表2-17 增值税纳税申报表
(小规模纳税人适用)

纳税人识别号:□□□□□□□□□□□□□□□□□□□
纳税人名称(公章): 金额单位:元至角分
税款所属期: 年 月 日至 年 月 日 填表日期: 年 月 日

	项 目	栏次	本期数		本年累计	
			应税货物及劳务	应税服务	应税货物及劳务	应税服务
一、计税依据	(一)应征增值税不含税销售额	1				
	税务机关代开的增值税专用发票不含税销售额	2				
	税控器具开具的普通发票不含税销售额	3				
	(二)销售使用过的应税固定资产不含税销售额	4(4≥5)			—	—
	其中:税控器具开具的普通发票不含税销售额	5			—	—
	(三)免税销售额	6(6≥7)				
	其中:税控器具开具的普通发票销售额	7				
	(四)出口免税销售额	8(8≥9)				
	其中:税控器具开具的普通发票销售额	9				
二、税款计算	本期应纳税额	10				
	本期应纳税额减征额	11				
	应纳税额合计	12=10-11				
	本期预缴税额	13			—	—
	本期应补(退)税额	14=12-13			—	—

纳税人或代理人声明: 本纳税申报表是根据国家税收法律法规及相关规定填报的,我确定它是真实的、可靠的、完整的。	如纳税人填报,由纳税人填写以下各栏:			
	办税人员:		财务负责人:	
	法定代表人:		联系电话:	
	如委托代理人填报,由代理人填写以下各栏:			
	代理人名称(公章):	经办人:		联系电话:

主管税务机关: 接收人: 接收日期:

《增值税纳税申报表(小规模纳税人适用)》
填写说明

(一)填报范围

本申报表适用于增值税小规模纳税人(以下简称纳税人)填报。本表"应税货物及劳务"与"应税服务"各项目应分别填写,不得合并计算。

应税服务有扣除项目的纳税人,应填报本表附列资料。

(二)填报项目

1. 本表"税款所属期"是指纳税人申报的增值税应纳税额的所属时间,应填写具体的起止年、月、日。

2. 本表"纳税人识别号"栏,填写税务机关为纳税人确定的识别号,即税务登记证号码。

3. 本表"纳税人名称"栏,填写纳税人单位名称全称,不得填写简称。

4. 本表第1项"应征增值税不含税销售额"栏数据,填写应税货物及劳务、应税服务的不含税销售额,不包括销售使用过的应税固定资产和销售旧货的不含税销售额、免税销售额、出口免税销售额、稽查查补销售额。

对应税服务有扣除项目的纳税人,本栏数据为减除应税服务扣除额后计算的不含税销售额,其数据与当期《增值税纳税申报表(适用于增值税小规模纳税人)附列资料》第8栏数据一致。

5. 本表第2项"税务机关代开的增值税专用发票不含税销售额"栏数据,填写税务机关代开的增值税专用发票注明的金额合计。

6. 本表第3项"税控器具开具的普通发票不含税销售额"栏数据,填写税控器具开具的应税货物及劳务、应税服务的普通发票注明的金额换算的不含税销售额。本栏数据不包括销售使用过的应税固定资产和销售旧货、免税项目、出口免税项目数据。

7. 本表第4项"销售使用过的应税固定资产不含税销售额"栏数据,填写销售自己使用过的应税固定资产和销售旧货的不含税销售额,销售额=含税销售额/(1+3%)。

8. 本表第5项"税控器具开具的普通发票不含税销售额"栏数据,填写税控器具开具的销售自己使用过的应税固定资产和销售旧货的普通发票金额换算的不含税销售额。

9. 本表第6项"免税销售额"栏数据,填写销售免征增值税的应税货物及劳务、免征增值税的应税服务的销售额。

对应税服务有扣除项目的纳税人,本栏数据为未减除应税服务扣除额的销售额。

10. 本表第7项"税控器具开具的普通发票销售额"栏数据,填写税控器具开具的销售免征增值税的应税货物及劳务、免征增值税的应税服务的普通发票注明的金额。

11. 本表第8项"出口免税销售额"栏数据,填写出口免征增值税的应税货物及劳务、出口免征增值税的应税服务的销售额。

对应税服务有扣除项目的纳税人,本栏数据为未减除应税服务扣除额的销售额。

12. 本表第9项"税控器具开具的普通发票销售额"栏数据,填写税控器具开具的出口免征增值税的应税货物及劳务、出口免征增值税的应税服务的普通发票注明的金额。

13. 本表第10项"本期应纳税额"栏数据,填写本期按征收率计算缴纳的应纳税额。

14. 本表第11项"本期应纳税额减征额"栏数据,填写纳税人本期按照税法规定减征的增值税应纳税额。包含可在增值税应纳税额中全额抵减的增值税税控系统专用设备费用以及技术维护费,可在增值税应纳税额中抵免购置税控收款机的增值税税额。

当本期减征额小于或等于第10栏"本期应纳税额"时,按本期减征额实际填写;当本期减征额大于第10栏"本期应纳税额"时,按本期第10栏填写,本期减征额不足抵减部分结转下期继续抵减。

15. 本表第13项"本期预缴税额"栏数据,填写纳税人本期预缴的增值税额,但不包括稽查补缴的应纳增值税额。

表 2-18 增值税纳税申报表(小规模纳税人适用)附列资料

税款所属期： 年 月 日至 年 月 日　　　　　　　　　　　填表日期： 年 月 日
纳税人名称(公章)：　　　　　　　　　　　　　　　　　　　　金额单位：元至角分

应税服务扣除额计算			
期初余额	本期发生额	本期扣除额	期末余额
1	2	3(3≤1+2之和,且3≤5)	4=1+2-3

应税服务计税销售额计算			
全部含税收入	本期扣除额	含税销售额	不含税销售额
5	6=3	7=5-6	8=7÷1.03

《增值税纳税申报表(小规模纳税人适用)附列资料》
填写说明

本附列资料由销售服务有扣除项目的纳税人填写,各栏次均不包含免征增值税项目的金额。

(一)"税款所属期"是指纳税人申报的增值税应纳税额的所属时间,应填写具体的起止年、月、日。

(二)"纳税人名称"栏,填写纳税人名称全称。

(三)第1栏"期初余额":填写服务扣除项目上期期末结存的金额,试点实施之日的税款所属期填写"0"。

(四)第2栏"本期发生额":填写本期取得的按税法规定准予扣除的服务扣除项目金额。

(五)第3栏"本期扣除额":填写服务扣除项目本期实际扣除的金额。

第3栏"本期扣除额"≤第1栏"期初余额"与第2栏"本期发生额"之和,且第3栏"本期扣除额"≤第5栏"全部含税收入"。

(六)第4栏"期末余额":填写服务扣除项目本期期末结存的金额。

(七)第5栏"全部含税收入":填写纳税人销售服务、无形资产取得的全部价款和价外费用数额。

(八)第6栏"本期扣除额":填写本附列资料第3项"本期扣除额"栏数据。

第6栏"本期扣除额" = 第3栏"本期扣除额"

(九)第7栏"含税销售额":填写服务、无形资产的含税销售额。

第7栏"含税销售额" = 第5栏"全部含税收入" – 第6栏"本期扣除额"

(十)第8栏"不含税销售额":填写服务、无形资产的不含税销售额。

第8栏"不含税销售额" = 第7栏"含税销售额" ÷ 1.03,与《增值税纳税申报表(小规模纳税人适用)》第1栏"应征增值税不含税销售额""本期数""服务、不动产和无形资产"栏数据一致。

(三)小规模纳税人应提供的纳税申报资料

小规模纳税人进行纳税申报时,应该提供以下资料:①《增值税纳税申报表(小规模纳税人适用)》。②《增值税纳税申报表(小规模纳税人适用)附列资料》,本表由销售服务有扣除项目的纳税人填写,其他小规模纳税人不填报。③《增值税减免税申报明细表》,本表为增值税一般纳税人和增值税小规模纳税人共用表,享受增值税减免税优惠的增值税小规模纳税人需填写本表。发生增值税税控系统专用设备费用、技术维护费以及购置税控收款机费用的增值税小规模纳税人也需填报本表。仅享受月销售额不超过3万元(按季纳税9万元)免征增值税政策或未达起征点的增值税小规模纳税人不需填本表。

温馨提示▶▶▶

1. 小规模纳税人纳税申报可以上门申报,也可以网上申报。申报方法参照一般纳税人。

2. 小规模纳税人纳税申报的流程比一般纳税人简单，因为小规模纳税人不需要进行税票的认证、抄税、报税的环节。

模拟实训 >>>

提供给学生一份增值税小规模纳税人发生的经济业务的资料，要求学生根据资料进行该纳税人应纳增值税额的计算和核算，并据此填列小规模纳税人增值税纳税申报表主表及附列资料。利用学生仿真实训室和税务会计报税软件，练习上门申报纳税和网上申报纳税。

情境训练 >>>

练习小规模纳税人增值税纳税申报表的填列。

【例2-72】 接【例2-66】，假设帅特皮具公司为小规模纳税人，该公司相关信息如下：

纳税识别号：340104097800561　　　　法人代表：陈帅
开户银行：建行合肥市分行经开区支行　账号：340100008900705321
注册地址：合肥市经开区莲川路691号
营业地址：合肥市经开区莲花路3691号　电话：0551-67896543

填报帅特公司2017年7月的增值税纳税申报表，见表2-17和表2-18。

● 情境小结 ●

1. 正确认定增值税一般纳税人和小规模纳税人。
2. 增值税一般纳税人纳税申报流程：企业发生涉税义务→确定计税依据→计算增值税销项税额→进行进项税票认证→计算当期准予抵扣的进项税额→办理抄税、报税手续→计算当期应纳增值税额→填制增值税纳税申报表及附列资料→进项纳税申报→缴纳增值税款。
3. 增值税一般纳税人税款计算：

当期应纳税额 = 当期销项税额 - 当期进项税额
销项税额 = 不含税销售额或组成计税价格 × 适用税率

4. 增值税小规模纳税人纳税申报流程：企业发生涉税义务→确定计税依据→计算增值税应纳税额→填制增值税纳税申报表及附列资料→进项纳税申报→缴纳增值税款
5. 增值税小规模纳税人税款计算：

当期应纳税额 = 不含税销售额或组成计税价格 × 征收率(3%)

● 情境思考 ●

1. 增值税的特点有哪些？增值税的征税范围和计税依据是什么？
2. 增值税的纳税人分为几类？分类标准是什么？
3. 增值税的税率有几种？简述低税率适用的范围。
4. 如何正确界定增值税视同销售和进项税额转出？
5. 出口货物增值税实行"零税率"和"免征增值税"有何不同？
6. 销售退回、销售折让、销售折扣等业务中，已开出的增值税专用发票应如何正确处理？
7. 如何理解增值税一般纳税人出口货物增值税的"免、抵、退"政策的规定和涉税业务操作？

学习情境三
消费税核算与申报

● 工作任务和学习子情境 ●

工作任务
- 理解消费税的概念和现实意义
- 正确确认消费税的纳税环节和纳税人
- 正确判断消费税的征税范围和税率
- 准确计算消费税的应纳税额
- 正确确定消费税的纳税地点、纳税时间
- 正确填制消费税纳税申报表
- 及时申报、缴纳消费税款
- 正确进行消费税会计核算

学习子情境
- 消费税核算与申报概述
- 消费税应纳税额的计算
- 消费税纳税申报
- 消费税会计核算

● 职业能力目标 ●

专业能力
- 能够正确确认消费税的纳税环节和纳税人
- 能够正确判断消费税的征税范围和税率
- 能够根据消费税涉税业务资料,准确计算消费税的应纳税额
- 能够正确填写消费税纳税申报表,准确及时进行消费税的纳税申报
- 能够根据消费税涉税业务凭证,正确进行消费税的会计核算

社会能力
- 能够与主管税务机关进行良好的沟通与协调,积极争取相关税务机关的理解、支持与协助
- 能够向单位领导、其他财会人员及其他相关人员宣传消费税政策法规,并力争达成共识
- 培养爱岗敬业精神、团队协作能力和良好的职业素质与道德修养

方法能力
- 能够根据工作任务和学习情境设计的需要查阅相关税收、会计资料
- 能够清晰地梳理出消费税核算与申报的业务流程
- 能够利用网络资源自主学习和掌握消费税基础知识与核算、申报技能

● 重点和难点 ●

重点
- 消费税的纳税环节、纳税人、征税范围及税率
- 消费税应纳税额的计算和核算
- 消费税的纳税申报

难点
- 消费税应纳税额的计算和核算
- 消费税的纳税申报表的填制与纳税申报

消费税核算与申报工作流程

确定应交消费税税目、税率→计算应纳税额和可扣除税额→填制纳税申报表→进行纳税申报(报送主管税务机关审核)→确定应纳税款→缴纳税款→消费税账务处理(根据发票、税款计算单、税收缴款书等编制记账凭证、登记账簿等)

学习子情境 3.1 消费税核算与申报概述

情境导入

盛红鞭炮厂 2017 年 6 月对外销售某高档鞭炮 1 550 箱,不含税出厂价 207.5 元/箱,将 400 箱同类鞭炮移送给本厂非独立核算门市部对外销售,当月销售同类鞭炮 260 箱,零售价为 269.1 元/箱。请判断确定该厂应缴纳哪些税种?计算该厂当月应纳消费税税额(已知鞭炮的增值税税率为 17%、消费税税率为 15%)。

一、消费税的概念

消费税是对在我国境内从事生产、委托加工和进口应税消费品的单位和个人,就其销售额、销售数量或组成计税价格,在特定环节征收的一种流转税。消费税主要以消费品作为课税对象,属于间接税,税收随价格转嫁给消费者负担。消费税的征收具有较强的选择性,是国家贯彻消费政策、引导消费结构从而引导产业结构的重要手段,因而在保证国家财政收入、体现国家经济政策等方面具有十分重要的意义。

二、消费税的纳税环节

(一)生产销售环节

(1)纳税人生产应税消费品用于销售的,于销售时缴纳消费税。

(2)视同销售。自产自用的应税消费品没有对外销售的,按其不同用途区别对待:将生产的应税消费品用于连续生产应税消费品的,不征收消费税;将生产的应税消费品用于生产非应税消费品和在建工程、管理部门、非生产机构、提供劳务,以及用于馈赠、赞助、集资、广告、样品、职工福利、奖励等方面的,于消费品移送使用时缴纳消费税。

(二)委托加工环节

委托加工应税消费品的纳税人,委托加工应税消费品,以委托方为纳税人,由受托方代收代缴消费税。委托加工的消费品在提货时已缴纳消费税的,若委托方对外销售,不再缴纳消费税;若委托方用于连续生产应税消费品,所纳税款允许按规定扣除。

(三)批发、零售环节

金银珠宝首饰在零售环节征收。卷烟在批发环节征收 5% 的消费税。

(四)进口环节

进口应税消费品的纳税人,由货物进口人或代理人在报关进口时缴纳消费税。

消费税是在对应税消费品征收一道增值税的基础上,再征收的流转税。它与增值税在纳税环节上的区别见表3-1。

表3-1 消费税与增值税纳税环节比较

项目	生产、委托加工环节	批发环节	零售环节
增值税	√	√	√
消费税	√	×（卷烟除外）	×（金银首饰、钻石及钻石饰品除外）

课后查阅资料

请查阅:①我国消费税改革史。②我国烟草、白酒消费税的调整过程。

三、消费税的纳税人

(一)一般规定

《中华人民共和国消费税暂行条例》规定,在中华人民共和国境内生产、委托加工和进口《消费税暂行条例》规定的消费品的单位和个人,以及国务院确定的销售《消费税暂行条例》规定的消费品的其他单位和个人,为消费税的纳税义务人。"中华人民共和国境内"是指生产、委托加工和进口应税消费品的起运地或所在地在境内。"单位"是指企业(包括国有企业、集体企业、私营企业、股份制企业、外商投资企业、外国企业和其他企业)以及行政单位、事业单位、社会团体及其他单位。"个人"是指个体经营者和其他个人。

(二)特殊规定

(1)在我国境内从事金银首饰零售业务的,以零售单位和个人为消费税的纳税义务人。生产、进口和批发不征收消费税。

(2)委托加工应税消费品,由受托方在委托方提货时代收代缴(受托方为个体经营者的除外)。委托加工、委托代销金银首饰的,受托方也是纳税义务人。

(3)在我国境内从事卷烟批发的单位和个人,为卷烟消费税的纳税人。

(4)自产自用的应税消费品,自产自用单位和个人为消费税纳税义务人,在其移送使用时缴纳消费税。

(5)进口应税消费品,尽管其产地不在我国境内,但在我国境内销售或者消费,为了平衡进口和国产应税消费品的消费税负,必须由从事进口应税消费品的进口人或其代理人按规定缴纳消费税。个人携带或者邮寄入境的应税消费品的消费税,连同关税一并计征,由携带者或者收件人缴纳消费税。

情境训练

【例3-1】 请确认下列各企业哪些属于消费税的纳税人:①金银饰品商店;②高档化妆品专卖店;③卷烟厂;④进口轿车的贸易公司。

【解析】 根据我国《消费税暂行条例》的规定,金银饰品商店为经营金银饰品的零售企业,因而需依法缴纳消费税。进口轿车的贸易公司从事轿车的进口业务,应该为消费税的纳税人。卷烟厂从事卷烟的生产经营,也应该缴纳消费税。但是,高档化妆品专卖店由于是商业企业,因此不需要缴纳消费税。

想一想▶▶▶

高档化妆品和卷烟应在哪一环节缴纳消费税?

四、消费税的征税范围及税率

(一)消费税的征税范围

(1)过度消费会对人身健康、社会秩序和生态环境等造成危害的特殊消费品,如烟、酒、鞭炮、焰火等。

(2)奢侈品、非生活必需品,如高档化妆品、贵重首饰、珠宝玉石、高档手表等。

(3)高能耗及高档消费品,如小轿车、摩托车等。

(4)不可再生和替代的稀缺资源消费品,如汽油、柴油、实木地板等。

(5)税基宽广、消费普遍、征税后不影响居民基本生活并具有一定财政意义的消费品,如电池等。

具体体现在15个税目中。

(二)消费税的税目

现行消费税有15个税目(见表3-2)。

表3-2 消费税税目税率(税额)表

税 目	税 率
一、烟	
1. 卷烟	
(1)甲类卷烟(每标准条调拨价≥70元)	56%加0.003元/支
(2)乙类卷烟(每标准条调拨价<70元)	36%加0.003元/支
(3)批发环节	11%加0.005元/支
2. 雪茄烟	36%
3. 烟丝	30%
二、酒	
1. 白酒	20%加0.5元/500克(或者500毫升)
2. 黄酒	240元/吨
3. 啤酒	
(1)甲类啤酒	250元/吨
(2)乙类啤酒	220元/吨
4. 其他酒	10%
三、高档化妆品	15%

续表

税　目	税　率
四、贵重首饰及珠宝玉石	
1. 金银首饰、铂金首饰和钻石及钻石饰品	5%
2. 其他贵重首饰和珠宝玉石	10%
五、鞭炮、焰火	15%
六、成品油	
1. 汽油	1.52 元/升
2. 柴油	1.2 元/升
3. 航空煤油	1.2 元/升
4. 石脑油	1.52 元/升
5. 溶剂油	1.52 元/升
6. 润滑油	1.52 元/升
7. 燃料油	1.2 元/升
七、小汽车	
1. 乘用车	
(1) 气缸容量(排气量,下同)在1.0升(含1.0升)以下的	1%
(2) 气缸容量在1.0升以上至1.5升(含1.5升)的	3%
(3) 气缸容量在1.5升以上至2.0升(含2.0升)的	5%
(4) 气缸容量在2.0升以上至2.5升(含2.5升)的	9%
(5) 气缸容量在2.5升以上至3.0升(含3.0升)的	12%
(6) 气缸容量在3.0升以上至4.0升(含4.0升)的	25%
(7) 气缸容量在4.0升以上的	40%
2. 中轻型商用客车	5%
八、摩托车	
1. 气缸容量为250毫升的	3%
2. 气缸容量在250毫升以上的	10%
九、高尔夫球及球具	10%
十、高档手表	20%
十一、游艇	10%
十二、木制一次性筷子	5%
十三、实木地板	5%
十四、电池	4%
十五、涂料	4%

消费税的征税范围不是一成不变的,随着我国经济的发展,今后还会根据国家经济政策和经济发展情况及税制结构等的变化进行适当调整。

课后查阅资料 ▶▶▶

1. 我国消费税征税范围变革的具体时间。
2. 请查阅消费税15个税目征税范围的具体规定。

温馨提示 ▶▶▶

15个应税消费品中,烟、酒、小汽车、摩托车等日常工作中常用的税目,其征收范围、税率和政策必须熟练掌握并力求记忆。

情境训练 ▶▶▶

【例3-2】 依据消费税的有关规定,下列消费品中属于消费税征税范围的是(　　)。
A. 高尔夫球包　　　B. 护肤护发品　　　C. 竹制筷子　　　D. 电动汽车
【解析】根据我国《消费税暂行条例》的规定,高尔夫球包属于消费税税目中"高尔夫球及球具"的范围,因此需要缴纳消费税。而护肤护发品不属于高档化妆品,不征消费税。竹制筷子不属于"木质一次性筷子"的范围,电动汽车不属于"小汽车"的范围,均不征消费税。

想一想 ▶▶▶

1. 消费税与增值税在征税范围上有何区别和联系?
2. 消费税和增值税的计税依据是否一致?

五、消费税优惠政策

(一)消费税的减免

消费税是对少数特定消费品选择征收的一种商品税,应税消费品的购买者一般都具有较高的负担能力。因此,除了极少数特殊情况外,消费税一般不予以减免税优惠。消费税的税收减免,主要有以下两种情形:

(1)纳税人出口应税消费品,除法律另有规定外,免征消费税。因为消费税只是对我国境内的消费品征收的一种税。出口产品在境内未实现消费,故不应征税,应由进口消费国在进口时依照该国的规定征税。按照国际通行做法,对于出口的消费品,为鼓励出口,提高本国产品在国际市场的竞争力,均免税。税法明确规定,对应税消费品,除出口的实行免税外,一律不得减税、免税。出口应税消费品的免税办法,由国务院财政、税务主管部门规定。

(2)纳税人自产自用的应税消费品,用于连续生产应税消费品的,不纳税。

(二)消费税的退税

消费税的退税主要包括以下两种情形:

(1)纳税人销售的应税消费品,如因质量等原因由购买者退回,经机构所在地或者居住地主管税务机关审核批准后,可退还已缴纳的消费税税款。

(2)纳税人出口按规定可以免税的应税消费品,在货物出口后,可以按照国家有关规定办理退税手续。

计算出口应税消费品的税率和单位税额,按"消费税税目税率(税额)表"执行,这是消费税退(免)税与增值税退(免)税的重要区别。

当出口货物是应税消费品时,在退还增值税时要按规定的退税率计算,而退还消费税时则按应税消费品所适用的消费税税率计算。

(三)消费税的补税

消费税的补税与出口退税制度相关。

出口的应税消费品办理退税后发生退关,或者国外退货进口时予以免税的,报关出口者必须及时向其机构所在地或者居住地主管税务机关申报补缴已退的消费税税款。

纳税人直接出口的应税消费税办理免税后,发生退关或国外退货,进口时已予以免税的,经机构所在地或者居住地主管税务机关批准,可暂不办理补税,待其转为国内销售时,再申报补缴消费税。

出口应税消费品同时涉及退(免)增值税和消费税,且增值税与消费税的退(免)范围、程序、管理等方面都是较为一致的,但应退消费税税额应按照消费税的法定税率(税额)执行,这与应退增值税税额适用比法定增值税税率更低的退税率是不同的。

课后查阅资料 ▶▶▶

请查阅现行消费税退补税的规定。

学习子情境 3.2　消费税应纳税额的计算

情境导入二 ▶▶▶

江陵汽车制造厂 2017 年 5 月销售小轿车 30 辆,气缸容量为 2 200 毫升,出厂每辆不含税售价 120 000 元,款项已到,存入银行。已知:消费税税率为 9%。请计算江陵汽车制造厂 5 月应交的消费税并进行账务处理。

一、从价定率应税消费品应纳税额的计算

适用比例税率的应税消费品,其应纳税额应从价定率计征,此时的计税依据是销售额。其计算公式为:

应纳税额 = 销售额 × 比例税率

销售额为纳税人销售应税消费品向购买方收取的全部价款和价外费用。销售额不包括应向购买方收取的增值税税款,如果销售额为增值税价税合并销售额,应换算为不含增值税税款的销售额。

应税销售额 = 含增值税的销售额 ÷ (1 + 增值税税率或征收率)

价外费用及包装物销售收入、包装物租金、包装物押金等的确定与增值税的处理方法相同。

情境训练 ▶▶▶

【情境导入一解析】　对外销售鞭炮应纳消费税税额:207.5 × 1 550 × 15% = 48 243.75(元)

零售鞭炮应纳消费税税额:269.1÷(1+17%)×260×15%=8 970(元)
应纳消费税税额=48 243.75+8 970=57 213.75(元)

【例3-3】 江南木制品公司2017年7月销售给经销商大地公司实木地板200箱,增值税专用发票上注明的销售价为1 500元/箱,销售给经销商环瑞公司同类实木地板130箱,增值税专用发票上注明的销售价为1 600元/箱;当月,还将70箱同类实木地板发给其原材料供应商木森公司以抵偿上月的应付货款。计算该木制品公司当月应缴纳的消费税税额(实木地板的消费税税率为5%)。

【解析】 纳税人用于抵偿债务的应税消费品,应当以纳税人同类应税消费品的最高销售价格作为计税依据计算消费税。

应纳消费税税额=[200×1 500+(130+70)×1 600]×5%=3.1(万元)

温馨提示 ▶▶▶

纳税人用于换取生产资料和消费资料、投资入股和抵偿债务等方面的应税消费品,应当以纳税人同类应税消费品的最高销售价格作为计税依据计算消费税。

二、从量定额应税消费品应纳税额的计算

适用定额税率的应税消费品,其应纳税额应从量定额计征,此时的计税依据是销售数量。其计算公式为:应纳税额=销售数量×定额税率。

销售数量是指应纳消费税的消费品的销售数量。

情境训练 ▶▶▶

【例3-4】 江陵汽车制造厂是增值税一般纳税人,2017年6月销售小轿车30辆,气缸容量为2 200毫升,出厂每辆不含税售价120 000元。请计算江陵汽车制造厂5月应交的消费税。

【解析】 江陵汽车厂6月应纳消费税税额=30×120 000×9%=324 000(元)

【例3-5】 2017年6月,宜城石油化工厂销售无铅汽油500吨、柴油680吨,提供给本厂在建工程车辆、设备使用柴油13吨,将10吨含铅汽油进行提炼生产无铅优质汽油。已知:汽油1吨=1388升,柴油1吨=1176升。请计算该厂当月应纳消费税额。

【解析】 含铅汽油提炼生产无铅优质汽油免征消费税。

销售无铅汽油应纳消费税税额=500×1 388×1.52=1 054 880(元)
销售柴油应纳消费税税额=(680+13)×1 176×1.2=977 961.6(元)
该厂当月应纳消费税税额=1 054 880+977 961.6=2 032 841.6(元)

想一想 ▶▶▶

1. 上例中,宜城石油化工厂将含铅汽油提炼生产成无铅优质汽油,为何免征消费税?
2. 上例中,提供给本厂在建工程车辆、设备使用柴油13吨,为何要计征消费税?

三、复合计税应税消费品应纳税额的计算

既规定了比例税率,又规定了定额税率的卷烟、白酒,其应纳税额实行从价定率和从量定额相结合的复合计征办法。其计算公式为:

应纳税额=销售额×比例税率+销售数量×定额税率

目前只有卷烟、白酒实行复合计征的方法,其计税依据分别是销售应税消费品向购买方收取的全部价款、价外费用和实际销售(或海关核定、委托方收回、移送使用)数量。

情境训练 ▶▶▶

【例3-6】 江城卷烟厂是增值税一般纳税人。2017年6月,该厂销售某品牌卷烟1 000标准条,取得销售收入(含增值税)96 525元。已知:卷烟消费税定率为0.003元/支,1标准条有200支;比例税率为56%。计算该企业应缴纳的消费税税额。

【解析】 江城卷烟厂2017年6月销售的卷烟不含税单价大于70元/条,选择56%的比例税率。采用复合计征方法,该厂2017年6月应纳消费税税额为:

96 525÷(1+17%)×56%+200×1 000×0.003=46 200+600=46 800(元)

想一想 ▶▶▶

卷烟消费税有几档比例税率?应该如何正确确定?

课后查阅资料 ▶▶▶

请查阅卷烟消费税制调整的时间和内容。

情境训练 ▶▶▶

【例3-7】 皖北酒厂以试产的白酒30箱(每箱20斤)换回原料小麦3 000斤,已知试产白酒共投入成本8 000元,该白酒无参考价,计算应交的消费税。

【解析】 该酒厂以试产白酒换原材料,因试产白酒无市场参考价,应按组成计税价格,采用复合计征方法,计算该换购业务白酒应交的消费税。

组成计税价格=[8 000×(1+10%)+(30×20×0.5)]÷(1-20%)=11 375(元)

应交的消费税额=11 375×20%+(30×20×0.5)=2 575(元)

学习子情境3.3 消费税纳税申报

情境导入三 ▶▶▶

皖北酒厂为增值税一般纳税人,2017年7月生产销售滋补酒3 000吨,每吨不含税销售额1万元;生产销售啤酒2 000吨,每吨不含税销售额0.5万元;生产销售粮食白酒1 000吨,每吨不含税销售额2万元。货物已经发出,款项已经收到并存入银行。各种产品分别核算。请进行皖北酒厂2017年7月消费税纳税申报。

一、消费税纳税申报表的填制

消费税的纳税人应按条例的有关规定及时办理纳税申报,并如实填写纳税申报表。消费税纳税申报表见表3-3和表3-4。

表3-3 酒类应税消费品消费税纳税申报表

税款所属期： 年 月 日 至 年 月 日

纳税人名称(公章)： 纳税人识别号：

填表日期： 年 月 日 金额单位：元至角分

应税消费品名称 \ 项目	适用税率 定额税率	适用税率 比例税率	销售数量	销售额	应纳税额
粮食白酒	0.5元/斤	20%			
薯类白酒	0.5元/斤	20%			
啤酒	250元/吨	—			
啤酒	220元/吨	—			
黄酒	240元/吨	—			
其他酒	—	10%			
合计	—	—	—		

本期准予抵减税额：	声明
本期减(免)税额：	此纳税申报表是根据国家税收法律的规定填报的，我确定它是真实的、可靠的、完整的。
期初未缴税额：	经办人(签章)： 财务负责人(签章)： 联系电话：
本期缴纳前期应纳税额：	(如果你已委托代理人申报，请填写)
本期预缴税额：	授权声明 为代理一切税务事宜，现授权_____(地址)_____为本纳税人的代理申报人，任何与本申报表有关的往来文件，都可寄予此人。
本期应补(退)税额：	
期末未缴税额：	授权人签章：

以下由税务机关填写

受理人(签章)： 受理日期： 年 月 日 受理税务机关(章)：

填表说明

一、本表仅限酒类应税消费品消费税纳税人使用。

二、本表"销售数量"为《中华人民共和国消费税暂行条例》《中华人民共和国消费税暂行条例实施细则》及其他法规、规章规定的当期应申报缴纳消费税的酒类消费品销售(不含出口免税)数量。计量单位：粮食白酒和薯类白酒为斤(如果实际销售商品按照体积标注计量单位，应按500毫升为1斤换算)，啤酒、黄酒和其他酒为吨。

三、本表"销售额"为《中华人民共和国消费税暂行条例》《中华人民共和国消费税暂行条例实施细则》及其他法规、规章规定的当期应申报缴纳消费税的酒类消费品销售(不含出口免税)收入。

四、根据《中华人民共和国消费税暂行条例》和《财政部国家税务总局关于调整酒类产品消费税政策的通知》(财税〔2001〕84号)的规定，本表"应纳税额"计算公式如下：

(一)粮食白酒、薯类白酒

应纳税额=销售数量×定额税率+销售额×比例税率

(二)啤酒、黄酒

应纳税额＝销售数量×定额税率

(三)其他酒

应纳税额＝销售额×比例税率

五、本表"本期准予抵减税额"按本表附件一的本期准予抵减税款合计金额填写。

六、本表"本期减(免)税额"不含出口退(免)税额。

七、本表"期初未缴税额"填写本期期初累计应缴未缴的消费税额,多缴为负数。其数值等于上期"期末未缴税额"。

八、本表"本期缴纳前期应纳税额"填写本期实际缴纳入库的前期消费税额。

九、本表"本期预缴税额"填写纳税申报前已预先缴纳入库的本期消费税额。

十、本表"本期应补(退)税额"计算公式如下,多缴为负数:

本期应补(退)税额＝应纳税额(合计栏金额) − 本期准予抵减税额 − 本期减(免)税额 − 本期预缴税额

十一、本表"期末未缴税额"计算公式如下,多缴为负数:

期末未缴税额＝期初未缴税额＋本期应补(退)税额 − 本期缴纳前期应纳税额

十二、本表为 A4 竖式,所有数字小数点后保留两位。一式两份,一份纳税人留存,一份税务机关留存。

表3−4 其他应税消费品消费税纳税申报表

税款所属期： 年 月 日至 年 月 日

纳税人名称(公章)： 纳税人识别号：

填表日期： 年 月 日 金额单位:元至角分

项目 应税消费品名称	适用税率		销售数量	销售额	应纳税额
	定额税率	比例税率			
合计	—	—	—		

本期准予抵减税额：	声明
	此纳税申报表是根据国家税收法律的规定填报的,我确定它是真实的、可靠的、完整的。
本期减(免)税额：	经办人(签章)：
	财务负责人(签章)：
期初未缴税额：	联系电话：
本期缴纳前期应纳税额：	(如果你已委托代理人申报,请填写)
	授权声明
本期预缴税额：	为代理一切税务事宜,现授权_____(地址)_____为本纳税人
本期应补(退)税额：	的代理申报人,任何与本申报表有关的往来文件,都可寄于此人。
期末未缴税额：	授权人签章：

以下由税务机关填写

受理人(签章)： 受理日期： 年 月 日 受理税务机关(章)：

二、消费税应纳税款的缴纳

（一）确定纳税地点

《中华人民共和国消费税暂行条例》规定，消费税由税务机关征收，进口的应税消费品的消费税由海关代征。

（1）个人携带或者邮寄进境的应税消费品的消费税，连同关税一并计征。具体办法由国务院关税税则委员会会同有关部门制定。

（2）纳税人销售的应税消费品，以及自产自用的应税消费品，除国务院财政、税务主管部门另有规定外，应当向纳税人机构所在地或者居住地的主管税务机关申报纳税。

（3）委托加工的应税消费品，除受托方为个人外，由受托方向机构所在地或者居住地的主管税务机关解缴消费税税款。

（4）进口的应税消费品，应当向报关地海关申报纳税。

（二）确定纳税期限

消费税的纳税期限分别为1日、3日、5日、10日、15日、1个月或者1个季度。纳税人的具体纳税期限，由主管税务机关根据纳税人应纳税额的大小分别核定；不能按照固定期限纳税的，可以按次纳税。

纳税人以1个月或者1个季度为1个纳税期的，自期满之日起15日内申报纳税；以1日、3日、5日、10日或者15日为1个纳税期的，自期满之日起5日内预缴税款，于次月1日起15日内申报纳税并结清上月应纳税款。

纳税人进口应税消费品的，应当自海关填发海关进口消费税专用缴款书之日起15日内缴纳税款。

（三）办理纳税申报

纳税人持填写好的消费税纳税申报表、附表和以下资料到办税服务厅申报纳税窗口进行申报，或通过网络远程报送创建的电子申报表。

纳税人到办税服务厅申报纳税窗口申报还需报送：

（1）外购应税消费品连续生产应税消费品的，提供外购应税消费品增值税专用发票（抵扣联）原件和复印件。如果外购应税消费品的增值税专用发票属于汇总填开，除提供增值税专用发票（抵扣联）原件和复印件外，还应提供随同增值税专用发票取得的由销售方开具并加盖财务专用章或发票专用章的销货清单原件和复印件。

（2）委托加工收回应税消费品连续生产应税消费品的，提供"代扣代收税款凭证"原件和复印件。

（3）进口应税消费品连续生产应税消费品的，提供"海关进口消费税专用缴款书"原件和复印件。

（4）扣缴义务人必须报送《消费税代扣代缴税款报告表》。

（5）抵减进口葡萄酒消费税退税纳税人还需报送《海关进口消费税专用缴款书》复印件。

（6）享受免征石脑油消费税的生产企业还需报送《石脑油使用管理证明单》。

（7）税务机关要求报送的其他资料。

通过网络远程申报的，还需在规定的时限内向主管税务局办税服务大厅打印、报送在网络申报提交成功的纸质整套申报表和申报资料。

（四）办理税款抵扣手续

纳税人在办理纳税申报时，如需办理消费税税款抵扣手续，除应按有关规定提供纳税申报所需资料外，还应当提供以下资料：

（1）外购应税消费品连续生产应税消费品的，提供外购应税消费品增值税专用发票（抵扣联）原件和复印件。

（2）如果外购应税消费品的增值税专用发票属于汇总填开，除提供增值税专用发票（抵扣联）原件和复印件外，还应提供随同增值税专用发票取得的由销售方开具并加盖财务专用章或发票专用章的销货清单原件和复印件。

（3）委托加工收回应税消费品连续生产应税消费品的，提供"代扣代收税款凭证"原件和复印件。

（4）进口应税消费品连续生产应税消费品的，提供"海关进口消费税专用缴款书"原件和复印件。

主管税务机关在受理纳税申报后将以上原件退还纳税人，复印件留存。

（五）缴纳税款

经税务机关审核，纳税人提供的资料完整、填写内容准确、各项手续齐全、无违章问题，符合条件的，当场办结，并在《消费税纳税申报表》上签章，返还一份给纳税人。当期申报有税款的，纳税人需缴纳税款，税务机关开具"中华人民共和国税收通用缴款书"，确认税款缴纳后予以办结。

学习子情境3.4　消费税会计核算

情境导入四 ▶▶▶

兴华外贸公司从德国进口10辆小汽车用于销售，海关核定的关税完税价格为每辆30万元，关税税率为100%，消费税税率为5%。请计算该批小汽车进口环节应纳的消费税额，并作出相应会计处理。

一、消费税会计核算科目与账户设置

消费税纳税人应设置"应交税费——应交消费税"账户，核算应交消费税的计算、实际缴纳或待抵扣及多缴纳的消费税金额。贷方核算应缴纳的消费税额，借方核算实际缴纳、待抵扣的消费税及多缴消费税额，期末余额在贷方为尚未缴纳消费税，期末余额在借方为待抵扣及多缴纳的消费税额。

二、消费税涉税业务的账务处理

（一）销售应税消费品的核算

纳税人生产销售应税消费品，在销售实现时，应按应税消费品的全部价款借记"应收账

款""银行存款"等账户,按不含增值税金额贷记"主营业务收入"账户,增值税销项税额贷记"应交税费——应交增值税(销项税额)"账户。按规定计算应缴纳的消费税额,借记"税金及附加"账户,贷记"应交税费——应交消费税"账户。实际缴纳消费税时,借记"应交税费——应交消费税"账户,贷记"银行存款"账户。

情境训练 ▶▶▶

【例3-8】 按"情境导入二",江陵汽车制造厂2017年5月销售小轿车30辆,气缸容量为2 200毫升,出厂每辆不含税售价120 000元,款项已到并存入银行。消费税税率为9%。请计算江陵汽车制造厂2017年5月应交的消费税并进行相关账务处理。

【解析】 (1)应交消费税额 = 30 × 120 000 × 9% = 324 000(元)
(2)应交增值税销项税额 = 30 × 120 000 × 17% = 612 000(元)
(3)销售汽车账务处理:

借:银行存款　　　　　　　　　　　　　　　　　4 212 000.00
　　贷:主营业务收入　　　　　　　　　　　　　　3 600 000.00
　　　　应交税费——应交增值税(销项税额)　　　612 000.00

计缴消费税:

借:税金及附加——消费税　　　　　　　　　　　　324 000.00
　　贷:应交税费——应交消费税　　　　　　　　　324 000.00

【例3-9】 皖北酒厂2017年7月生产销售滋补酒3 000吨,每吨不含税销售额1万元;生产销售啤酒2 000吨,每吨不含税销售额0.5万元;生产销售粮食白酒1 000吨,每吨不含税销售额2万元。货物已经发出,款项已经收到并存入银行。各种产品分别核算。请计算该企业当月应纳消费税税额,并作出相应会计处理已知:粮食消费税税率为20%加0.5元/500克(或者500毫升)、其他酒消费税税率为10%、啤酒消费税税率为250元/吨。

【解析】 计算当月应纳消费税税额:
(1)滋补酒从价定率计税 = 1 × 3 000 × 10% = 300(万元)
(2)啤酒从量定额计税 = 2 000 × 0.025 = 50(万元)
(3)粮食白酒复合计税 = 2 × 1 000 × 20% + 1 000 × 2 000 × 0.00005 = 500(万元)
(4)当月共应纳消费税税额 = 300 + 50 + 500 = 850(万元)

相关会计处理如下:
(1)销售实现时:

借:税金及附加　　　　　　　　　　　　　　　　8 500 000.00
　　贷:应交税费——应交消费税　　　　　　　　　8 500 000.00

(2)实际缴纳时:

借:应交税费——应交消费税　　　　　　　　　　8 500 000.00
　　贷:银行存款　　　　　　　　　　　　　　　　8 500 000.00

(3)如果考虑增值税:
当月销售额 = 1 × 3 000 + 0.5 × 2 000 + 2 × 1 000 = 6 000(万元)
当月应纳增值税税额 = 6 000 × 17% = 1 020(万元)

借:银行存款　　　　　　　　　　　　　　　　　70 200 000.00

贷：主营业务收入　　　　　　　　　　　　　　　　　　60 000 000.00
　　　　应交税费——应交增值税(销项税额)　　　　　　　10 200 000.00
消费税的计提与缴纳见上述(1)和(2)编制的会计分录。

想一想

为什么应缴纳的消费税记入"税金及附加"账户？

温馨提示

消费税是价内税，其会计核算的账户与增值税不同。

(二)应税消费品视同销售核算

1. 以生产的应税消费品作为投资、分配股利、抵偿债务等。

企业以生产的应税消费品用于投资、分配股利、抵偿债务等时，按税法规定视同销售缴纳消费税。根据新会计准则的规定，在会计上按照当期同类应税消费品的最高售价确认收入，作销售处理。按规定计算的应缴消费税应计入长期投资的账面成本，借记"长期股权投资""应付股利"等账户，贷记"主营业务收入""应交税费——应交消费税"等账户。

情境训练

【例3-10】 大成汽车制造公司2017年7月用自产2.8升乘用车8辆投资于飞雁客运公司，每辆车市场不含税售价12.5万元，消费税税率为12%。每辆乘用车的生产成本为9.8万元。计算大成汽车制造公司该项投资应缴纳的消费税额，并进行账务处理。

【解析】 应交增值税额＝125 000×8×17%＝170 000(元)

应交消费税额＝125 000×8×12%＝120 000(元)

账务处理如下：

借：长期股权投资　　　　　　　　　　　　　　　　　　1 290 000.00
　　贷：主营业务收入　　　　　　　　　　　　　　　　　　1 000 000.00
　　　　应交税费——应交增值税(销项税额)　　　　　　　　170 000.00
　　　　应交税费——应交消费税　　　　　　　　　　　　　120 000.00

温馨提示

以生产的应税消费品作为投资、分配股利、抵偿债务等，应视同销售，并确认为主营业务收入，计交增值税销项税和消费税。

2. 自产自用应税消费品的账务处理。

按税法规定，自产自用的应税消费品，用于连续生产应税消费品的，不缴纳消费税；用于在建工程、职工福利等其他方面的，于移送使用时缴纳消费税。缴纳消费税时，按同类消费品的销售价格计算；没有同类消费品销售价格的，按组成计税价格计算。

企业将生产的应税消费品用于在建工程等方面，按规定应缴纳的消费税，借记"在建工程""应付职工薪酬""管理费用""营业外支出"等账户，贷记"应交税费——应交消费税"账户。

情境训练

【例3-11】 珠峰啤酒厂为了扩大产品销路，2017年5月举办了啤酒节，向顾客免费提供珠峰纯生啤酒20吨,每吨啤酒的出厂价为3 600元,啤酒的消费税税率为250元/吨。请计算该厂此次啤酒节应交的消费税税额,并进行账务处理(假设不考虑增值税)。

【解析】 应交消费税额 = 20 × 250 = 5 000(元)

账务处理如下:

借:销售费用　　　　　　　　　　　　　　　　　　　　　　　　5 000.00
　　贷:应交税费——应交消费税　　　　　　　　　　　　　　　　5 000.00

【例3-12】 黄山卷烟厂为增值税一般纳税人,2017年5月投产新产品银黄山卷烟110箱,全部用于广告样品,生产成本13万元,无同牌号、规格卷烟的调拨价格及市场价格。已知:卷烟消费税定额税率为0.003元/支,1标准条有200支,每标准箱250条;比例税率56%,卷烟的平均成本利润率为10%。请计算该企业当月应纳的消费税税额,并作出相应会计处理。

【解析】 该企业当月应缴纳消费税的组成计税价格为:

[(成本+利润+自产自用数量×定额税率)] ÷ (1-比例税率)
= [13 × (1 + 10%) + 110 × 250 × 200 × 0.003 ÷ 10000] ÷ (1 - 56%)
= (14.3 + 1.65) ÷ (1 - 56%) = 36.25(万元)

应纳消费税税额 = 36.25 × 56% + 110 × 250 × 200 × 0.003 ÷ 10000
　　　　　　　 = 20.3 + 1.65 = 21.95(万元)

增值税销项税额 = 36.25 × 17% = 6.1625(万元)

(1)移送使用时:

借:销售费用——广告费　　　　　　　　　　　　　　　　　　411 125.00
　　贷:库存商品——银黄山　　　　　　　　　　　　　　　　130 000.00
　　　　应交税费——应交增值税(销项税额)　　　　　　　　　61 625.00
　　　　应交税费——应交消费税　　　　　　　　　　　　　　219 500.00

(2)实际缴纳消费税时:

借:应交税费——应交消费税　　　　　　　　　　　　　　　　219 500.00
　　贷:银行存款　　　　　　　　　　　　　　　　　　　　　219 500.00

温馨提示▶▶▶

自产自用的应税消费品,用于在建工程、职工福利等其他方面的,应视同销售,计交增值税和消费税,但不确认为主营业务收入。

(三)包装物应交消费税核算

(1)应税消费品连同包装销售的,无论包装物是否单独计价,均应并入应税消费品的销售额中缴纳消费税。应缴纳的消费税均记入"税金及附加"账户。其中:随同产品销售且不单独计价的包装物,其收入随同所销售的产品一起记入"主营业务收入"账户;随同产品销售但单独计价的包装物,其收入记入"其他业务收入"账户。

(2)出租出借包装物收取的押金,借记"银行存款"账户,贷记"其他应付款"账户;待包装物到期未收回而将押金没收时,借记"其他应付款"账户,贷记"其他业务收入"账户;这部分押金收入应缴纳的消费税应记入"税金及附加"账户。

(3)包装物逾期的相关规定:《国家税务总局关于取消包装物押金逾期期限审批后有关

问题的通知》(国税函〔2004〕827 号)对纳税人出租出借包装物收取的押金是否征税的问题重新作出了规定:纳税人为销售货物出租出借包装物而收取的押金,无论包装物周转使用的期限长短,只要超过一年以上仍未退还,均应并入销售额征收税款。

(4)关于酒类包装物的相关规定:根据财政部、国家税务总局国税字〔1995〕53 号《关于酒类产品包装物押金征税问题的通知》的规定,从 1995 年 6 月 1 日起,对酒类产品生产企业销售酒类产品而收取的包装物押金,无论押金是否返还以及会计上如何核算,均需并入酒类产品销售额中依酒类产品的适用税率征收消费税。又根据国家税务总局国税发〔1995〕192 号《关于加强增值税征收管理若干具体问题的通知》第三条关于酒类产品包装物的征税问题的规定,从 1995 年 6 月 1 日起,对销售除啤酒、黄酒外的其他酒类产品而收取的包装物押金,无论是否返还以及会计上如何核算,均应并入销售额征税。而对销售啤酒、黄酒所收取的押金,按一般押金的规定处理。

情境训练 ▶▶▶

【例 3-13】 超洁化妆品公司 2017 年 7 月向乐福商场销售成套化妆品一批,所用包装物单独计价,化妆品不含税售价为 250 000 元,单独计价的包装物不含税售价为 16 000 元,增值税税率为 17%,消费税税率为 30%。销售价税款已存入银行。同月没收非成套化妆品包装物押金 2 340 元(逾期一年未收回包装物)。请计算应交的消费税税额,并进行账务处理。

【解析】 增值税销项税额 = 250 000 × 17% + 16 000 × 17% + 2340/(1 + 17%) × 17%
= 45 560(元)

应交消费税税额 = 250 000 × 30% + 16 000 × 30% + 2 340/(1 + 17%) × 30% = 80 400(元)

相关账务处理如下:

借:银行存款	311 220.00
其他应付款——存入保证金	2 340.00
贷:主营业务收入	250 000.00
其他业务收入	18 000.00
应交税费——应交增值税(销项税额)	45 560.00

应交消费税账务处理:

借:税金及附加	80 400.00
贷:应交税费——应交消费税	80 400.00

公司实际缴纳消费税时,借记"应交税费——应交消费税"账户,贷记"银行存款"账户。发生退税时,作相反的会计分录。

温馨提示 ▶▶▶

1. 从 1995 年 6 月 1 日起,对销售除啤酒、黄酒外的其他酒类产品而收取的包装物押金,无论是否返还以及会计上如何核算,均应并入销售额征收增值税和消费税。而对销售啤酒、黄酒所收取的押金,按一般押金的规定处理。

2. 啤酒、黄酒收取的包装物押金,无论是否逾期,均不缴纳消费税。原因是啤酒、黄酒是从量征税,而非从价征税;而对啤酒、黄酒收取的包装物押金,逾期一年时,要计征增值税,这一点与一般包装物押金相同。

课后查阅资料

1. 请查阅《国家税务总局关于取消包装物押金逾期期限审批后有关问题的通知》(国税函〔2004〕827号)。
2. 请查阅财政部、国家税务总局国税字〔1995〕53号《关于酒类产品包装物押金征税问题的通知》。
3. 请查阅国家税务总局国税发〔1995〕192号《关于加强增值税征收管理若干具体问题的通知》。

(四)委托加工应税消费品的核算

需要缴纳消费税的委托加工物资,除受托方为个人外,由受托方在向委托方交货时代收代缴税款。受托方按照应交税款金额,借记"应收账款""银行存款"等账户,贷记"应交税费——应交消费税"账户。委托加工物资收回后,直接用于销售的,应将受托方代收代缴的消费税计入委托加工物资的成本,借记"委托加工物资"等账户,贷记"应付账款""银行存款"等账户;委托加工物资收回后用于连续生产应税消费品,按规定准予抵扣的,应按已由受托方代收代缴的消费税,借记"应交税费——应交消费税"账户,贷记"应付账款""银行存款"等账户。

情境训练

【例3-14】 黄山卷烟厂委托琅琊卷烟厂代为加工一批烟丝。黄山卷烟厂发给琅琊卷烟厂的烟叶成本为1 000 000元,加工费为200 000元,收到的琅琊卷烟厂开具的增值税专用发票上注明税额为34 000元。烟丝消费税税率为30%,消费税由琅琊卷烟厂代扣代缴。烟丝已经加工完成,黄山卷烟厂已验收入库,加工费及相关税金尚未支付。黄山卷烟厂收回的烟丝,50%继续用于生产卷烟,50%直接对外销售。请计算黄山卷烟厂应付琅琊卷烟厂代扣代缴的消费税税额,并进行相关账务处理。

【解析】 (1)黄山卷烟厂应付琅琊卷烟厂代扣代缴的消费税税额:
(1 000 000 + 200 000) ÷ (1 - 30%) × 30% = 514 285.71(元)

(2)黄山卷烟厂账务处理如下:

发出烟叶:

借:委托加工物资——琅琊卷烟厂(烟丝)	1 000 000.00
贷:原材料——烟叶	1 000 000.00

结算应付加工费、增值税:

借:委托加工物资——琅琊卷烟厂(烟丝)	200 000.00
应交税费——应交增值税(进项税额)	34 000.00
贷:应付账款——琅琊卷烟厂	234 000.00

结算应付代扣代缴的消费税:

借:委托加工物资——琅琊卷烟厂(烟丝)	257 142.86
应交税费——应交消费税	257 142.85
贷:应付账款——琅琊卷烟厂	514 285.71

收回加工烟丝,验收入库:

借:原材料——烟丝　　　　　　　　　　　　　　　　　　　　600 000.00
　　库存商品——烟丝　　　　　　　　　　　　　　　　　　　857 142.86
　　　贷:委托加工物资——琅琊卷烟厂(烟丝)　　　　　　　　　1 457 142.86
(3)琅琊卷烟厂账务处理如下:
收取加工费:
借:应收账款——黄山卷烟厂　　　　　　　　　　　　　　　　234 000.00
　　贷:主营业务收入　　　　　　　　　　　　　　　　　　　　200 000.00
　　　　应交税费——应交增值税(销项税额)　　　　　　　　　　34 000.00
代收代缴消费税:
借:应收账款——黄山卷烟厂　　　　　　　　　　　　　　　　514 285.71
　　贷:应交税费——应交消费税　　　　　　　　　　　　　　　514 285.71
上缴代扣消费税:
借:应交税费——应交消费税　　　　　　　　　　　　　　　　514 285.71
　　贷:银行存款　　　　　　　　　　　　　　　　　　　　　　514 285.71

(五)进口消费税的核算

纳税人进口应税消费品缴纳的消费税,应计入进口消费品的成本。按应税消费品的进口成本连同应缴纳的关税、消费税、增值税,借记"固定资产""材料采购""应交税费——应交增值税(进项税额)"等账户。由于进口货物与海关交税联系在一起,即交税后方能提货,为简化核算,进口货物的关税、消费税,可以不通过"应交税费——应交消费税"账户,直接贷记"银行存款"账户。

情境训练 ▶▶▶

【例3-15】 兴华外贸公司从德国进口小汽车10辆用于销售,海关核定的关税完税价格为每辆30万元,关税税率为100%,消费税税率为5%。请计算该批小汽车进口环节应缴纳的消费税税额,并作出相应会计处理。

【解析】 组成计税价格 = (30 + 30 × 100%) × 10 ÷ (1 - 5%)
　　　　　　　　　　 = 631.58(万元)
应纳消费税税额 = 631.58 × 5% = 31.58(万元)
应纳增值税税额 = 631.58 × 17% = 107.37(万元)
会计处理如下:
借:库存商品——小汽车　　　　　　　　　　　　　　　　　6 315 800.00
　　应交税费——应交增值税(进项税额)　　　　　　　　　　1 073 700.00
　　贷:银行存款　　　　　　　　　　　　　　　　　　　　　7 389 500.00

情境训练 ▶▶▶

【消费税综合训练】琅琊卷烟厂为增值税一般纳税人,主要生产卷烟,其不含增值税的调拨价格为68元/标准条,税务机关为其核定的纳税期限为1个月。该厂2017年6月1日未缴的消费税为4 360 000元,2017年6月10日到税务机关缴纳。该企业的卷烟属于乙类卷烟,比例税率为36%,定额税率为0.003元/支,即150元/标准箱。

琅琊卷烟厂相关信息如下:
纳税人识别号为:340102683965226　　　法人代表:张一
税务会计:陈鸣　　　　　　　　　　　　财务经理:赵玲
开户行:工行合肥市经开区分行　　　　　账号:31024569832

2017年6月初,库存外购烟丝的买价为300万元。6月,该卷烟厂有关业务资料如下:

(1)8日,购入烟丝,不含增值税价款为500万元,取得了增值税专用发票。发票账单和烟丝同时到达企业,该批烟丝已经验收入库。

(2)9日,委托珍珠烟丝厂加工烟丝一批,付出烟叶成本100 000元,支付不含增值税的加工费40 000元。珍珠烟丝厂无同类消费品的销售价格。25日,烟丝加工完成验收入库,加工费用等已经支付,取得珍珠烟丝厂开具的增值税专用发票一张。收回烟丝后全部领用生产卷烟。

(3)10日,将本厂生产的200条卷烟用作礼品赠送给客户,其生产成本为5 600元。

(4)22日,以直接收款方式销售环球牌卷烟1 000标准箱(5000万支),取得不含增值税销售额1 700万元,该批卷烟的销售成本为700万元。

(5)月末,烟丝存货为200万元。当月生产环球牌卷烟1 800标准箱(9 000万支)。

要求:根据以上发生的经济业务资料,计算琅琊卷烟厂2017年6月应纳消费税税额,同时进行相应的账务处理,并填写消费税纳税申报表。

【解析】根据当月发生的经纪业务资料,进行日常涉税业务。

(1)8日,将外购烟丝用于生产卷烟,可按生产领用数量抵扣烟丝已纳消费税。

借:原材料——烟丝　　　　　　　　　　　　　　　　　　　3 500 000.00
　　应交税费——应交消费税　　　　　　　　　　　　　　　1 500 000.00
　　应交税费——应交增值税(进项税额)　　　　　　　　　　850 000.00
　　贷:银行存款　　　　　　　　　　　　　　　　　　　　5 850 000.00

(2)由于珍珠烟丝厂无同类消费品的销售价格,则委托加工这批烟丝的组成计税价格为:

应由珍珠烟丝厂代扣代缴的消费税税额(忽略城建税和教育费附加)
$= (100\ 000 + 40\ 000) \div (1 - 30\%) \times 30\%$
$= 200\ 000 \times 30\%$
$= 60\ 000(元)$

发出委托加工材料时:

借:委托加工物资——珍珠烟丝厂(烟丝)　　　　　　　　　　100 000.00
　　贷:原材料——烟叶　　　　　　　　　　　　　　　　　　100 000.00

支付加工费用时:

珍珠烟丝厂应代收代缴的消费税 = $200\ 000 \times 30\% = 60\ 000(元)$

应纳增值税税额 = $40\ 000 \times 17\% = 6\ 800(元)$

借:委托加工物资　　　　　　　　　　　　　　　　　　　　40 000.00
　　应交税费——应交增值税(进项税额)　　　　　　　　　　6 800.00
　　　　　　——应交消费税　　　　　　　　　　　　　　　60 000.00
　　贷:银行存款　　　　　　　　　　　　　　　　　　　　106 800.00

加工完成收回委托加工材料：

借：原材料　　　　　　　　　　　　　　　　　　　　　140 000.00
　　贷：委托加工物资　　　　　　　　　　　　　　　　　　　　140 000.00

用于生产卷烟时：

借：生产成本　　　　　　　　　　　　　　　　　　　　140 000.00
　　贷：原材料　　　　　　　　　　　　　　　　　　　　　　　140 000.00

（3）琅琊卷烟厂将自己生产的卷烟赠送客户，属于纳税人将自产的应税消费品用于其他方面，应该在移送使用时纳税。

应该按照同类消费品的销售价格——68元/条确定销售额。

销售额 = 68 × 200 = 13 600（元）

应纳增值税税额 = 13 600 × 17% = 2 312（元）

应纳消费税税额 = 13 600 × 36% + 200 × 200 × 0.003 = 5 016（元）

借：管理费用——业务招待费　　　　　　　　　　　　　12 928.00
　　贷：库存商品　　　　　　　　　　　　　　　　　　　　　　5 600.00
　　　　应交税费——应交增值税（销项税额）　　　　　　　　　2 312.00
　　　　　　　　——应交消费税　　　　　　　　　　　　　　　5 016.00

（4）增值税销项税额 = 17 000 000 × 17% = 2 890 000（元）

应纳消费税 = 17 000 000 × 36% + 1 000 × 150 = 6 270 000（元）

确认销售收入：

借：银行存款　　　　　　　　　　　　　　　　　　　19 890 000.00
　　贷：主营业务收入——卷烟　　　　　　　　　　　　　　17 000 000.00
　　　　应交税费——应交增值税（销项税额）　　　　　　　2 890 000.00

结转成本：

借：主营业务成本　　　　　　　　　　　　　　　　　 7 000 000.00
　　贷：库存商品　　　　　　　　　　　　　　　　　　　　 7 000 000.00

计提消费税：

借：税金及附加　　　　　　　　　　　　　　　　　　 6 270 000.00
　　贷：应交税费——应交消费税　　　　　　　　　　　　　 6 270 000.00

（5）月末烟丝存货为200万元。

当期准予扣除已纳消费税的外购烟丝的买价 = 300 + 500 − 200 = 600（万元）

当期准予扣除的外购应税消费品已纳税款 = 600 × 30% = 180（万元）

纳税申报操作步骤：

第一步，根据核算资料填报消费税纳税申报表及其附表。见表3−5（附表省略）。

表 3-5 烟类应税消费品消费税纳税申报表

税款所属期:2017 年 6 月 1 日至 2017 年 6 月 30 日

纳税人名称(公章):琅琊卷烟厂　　　　　　纳税人识别号:340102683965226

填表日期:2017 年 7 月 6 日　　　　　　　　　　　　　　　　金额单位:元至角分

应税消费品名称 \ 项目	适用税率 定额税率	适用税率 比例税率	销售数量	销售额	应纳税额
卷烟	30 元/万支	56%			
卷烟	30 元/万支	36%	5 004	17 013 600.00	6 275 016.00
雪茄烟		36%			
烟丝		30%			
合计	—				6 275 016.00

本期准予抵减税额:1 860 000.00

本期减(免)税额:

期初未缴税额:4 360 000.00

本期缴纳前期应纳税额:4 360 000.00

本期预缴税额:

本期应补(退)税额:4 415 016.00

期末未缴税额:4 415 016.00

声明

　　此纳税申报表是根据国家税收法律的规定填报的,我确定它是真实的、可靠的、完整的。

经办人(签章):陈鸣

财务负责人(签章):赵玲

联系电话:(略)

(如果你已委托代理人申报,请填写)

授权声明

　　为代理一切税务事宜,现授权＿＿＿＿＿(地址)＿＿＿＿＿为本纳税人的代理申报人,任何与本申报表有关的往来文件,都可寄予此人。

授权人签章:

以下由税务机关填写

受理人(签章):　　　　受理日期:　年　月　日　　　　受理税务机关(章):

第二步,办理税款抵扣手续。

琅琊卷烟厂在办理纳税申报时,需办理消费税税款抵扣手续,除应按有关规定提供纳税申报所需资料外,还应当提供以下资料:①外购应税消费品连续生产应税消费品的,提供外购应税消费品增值税专用发票(抵扣联)原件和复印件。②如果外购应税消费品的增值税专用发票属于汇总填开的,除提供增值税专用发票(抵扣联)原件和复印件外,还应提供随同增值税专用发票取得的由销售方开具并加盖财务专用章或发票专用章的销货清单原件和复印件。③委托加工收回应税消费品连续生产应税消费品的,提供"代扣代收税款凭证"原件和复印件。主管税务机关在受理纳税申报后将以上原件退还纳税人,复印件留存。

课后查阅资料 ▶▶▶

请查阅《国家税务总局关于印发〈调整和完善消费税政策征收管理规定〉的通知》(国税发〔2006〕49号)。

第三步,开具税收通用缴款书(见表3-6),缴纳税款。

表3-6 中华人民共和国税收通用缴款书

(2017)皖国缴电:No340155806

隶属关系:
注册类型:　　　　　　　　填发日期:2017年7月6日　　　征收机关:合肥市经开区国税局

缴款单位（人）	代　码	340102683965226		预算科目	编码	3401256324
	全　称	琅琊卷烟厂			名称	有限责任公司消费税
	开户银行	工行合肥市经开区分行			级次	中央
	账　号	31024569832			收款国库	市金库

税款所属时期		年　　　　月　　　　日		税款限缴时期		年　　　　月　　　　日
品　目名　称		课税数量（万支）	计税金额或销售收入	税率或单位税额	已缴或扣除额	实缴金额
卷烟		5 004	17 013 600.00	36%/30元	1 860 000.00	4 415 016.00
金额合计		(大写)肆佰肆拾壹万伍仟零壹拾陆元整				

缴款单位（人）（盖章）经办人（章）	税务机关（盖章）填票人（章）	上列款项已收妥并划转收款单位账户。 国库（银行）盖章　　　　年　月　日	备注

逾期不缴按税法规定加收滞纳金。

温馨提示 ▶▶▶

消费税纳税申报按应税消费品的品种填制纳税申报表及其附表,这一点和增值税纳税申报有较大区别。

模拟实训 ▶▶▶

提供给学生一份某一消费税纳税人发生的经济业务的资料,要求学生根据资料进行该纳税人应纳消费税税额的计算和核算,并据此填制纳税人消费税纳税申报表及其附表。利用学校仿真实训室和税务会计报税软件,练习上门申报纳税和网上申报纳税。

现场实训 ▶▶▶

与当地国税机关联系,带领学生到当地国税机关的办税大厅进行现场纳税申报。

情境小结

1. 正确确定消费税的纳税环节。

2. 消费税的税率有比例税率、定额税率和复合税率三种。其应交消费税的基本计算公式分别为:

(1) 从价定率。

当期应纳消费税额＝应税消费品不含增值税销售额×比例税率

(2) 从量定额。

当期应纳消费税额＝应税消费品销售数量×定额税率

(3) 复合计税。

当期应纳消费税税额＝应税消费品并含增值税销售额×比例税率＋应税消费品销售数量×定额税率

3. 消费税纳税申报流程：

企业发生涉税业务→确定计税依据→计算消费税应纳税额→计算当期准予抵扣的已纳消费税税额→办理当期消费税准予抵扣的手续→计算当期实际应交的消费税税额→填制消费税纳税申报表及其附表→进行纳税申报→缴纳消费税款

情境思考

1. 消费税的特点有哪些？与增值税有何不同？
2. 消费税的征税范围和计税依据应如何确定？
3. 计算消费税的组成计税价格与计算增值税的组成计税价格有何不同？为什么？
4. 消费税的税率有几种？
5. 委托加工应税消费品的消费税的计税依据与增值税的计税依据有何不同？
6. 消费税和增值税账务处理的账户有何不同？为什么？
7. 委托加工收回的应税消费品应如何进行账务处理？为什么？

学习情境四

关税核算与申报

● 工作任务和学习子情境 ●

工作任务
- 理解关税的概念和意义
- 正确确认关税的纳税环节和纳税义务人
- 正确判断关税的征税范围和税率
- 正确确定关税的纳税地点、纳税时间,准确计算关税的应纳税额
- 正确填制关税纳税申报表
- 及时申报、缴纳关税
- 正确进行关税的会计核算

学习子情境
- 关税核算与申报概述
- 关税应纳税额的计算
- 关税纳税申报
- 关税会计核算

● 职业能力目标 ●

专业能力
- 能够正确确认关税的纳税环节和纳税人
- 能够正确判断关税的征税范围和税率
- 能够根据关税涉税业务资料,准确计算关税的完税价格,正确计算关税的应纳税额
- 能够正确填写关税纳税申报表,准确及时进行关税的纳税申报
- 能够根据关税涉税业务凭证,正确进行关税的会计核算

社会能力
- 能够与海关进行良好的沟通与协调,积极争取海关的理解、支持与协助
- 能够向单位领导、其他财会人员及其他相关人员宣传关税政策法规,并力争达成共识
- 培养爱岗敬业精神、团队协作能力和良好的职业素质与道德修养
- 依法按时足额纳税

方法能力
- 能够根据工作任务和学习子情境设计问题的需要,查阅相关税收、会计资料
- 能够清晰地梳理出关税核算与申报的业务流程
- 能够利用网络资源自主学习和掌握关税基础知识和核算,培养关税申报技能

● 重点和难点 ●

重点
- 关税的纳税环节、纳税人、征税范围及税率
- 各种进出口业务涉及关税应纳税额的计算和核算
- 关税的纳税申报

难点
- 关税完税价格的计算和确定
- 应纳关税税额的计算和核算
- 关税纳税申报表的填制与纳税申报

关税核算与申报工作流程

确定应交关税税目、税率→计算关税完税价格→计算应纳关税税额→填制进(出)口关税纳税申报表→进行纳税申报(报送海关审核)→确定应纳税款→缴纳税款→进行关税账务处理

学习子情境 4.1　关税核算与申报概述

情境导入

安乐外贸进出口公司从日本进口设备2台,成交价格为600万元人民币,运费和保险费共2万元,成交价格中包含该公司向境外采购代理人支付的购货佣金6万元,进口关税税率为20%。请问该进口设备的完税价格和进口关税分别为多少?

一、关税的概念

关税是国际通行的税种。在世界大多数国家,尤其是发达国家,关税收入在整个财政收入中的比重不大,而且呈下降趋势。但对发展中国家而言,特别是那些非常依赖进出口业务的发展中国家,征收进出口关税仍然是他们取得财政收入的重要途径之一。我国自从加入世贸组织后,按照"入世"承诺,已经开始分阶段降低和削减关税,关税数额占财政收入的比重也将逐步减少,但随着我国对外经济贸易的不断扩大和综合国力的增强,关税在国家财政资金的筹集方面仍将发挥极为重要的作用。

(一)关税的概念

关税是由海关代表国家,按照国家制定的关税政策和公布实施的税法和进出口税则,对进出关境自由流通的货物和物品征收的一种流转税。

国境是一国政府以国家边界为限,全面行使主权的境域。而关境是海关征收关税的领域。在一般情况下,国境与关境是一致的。但有时两者也会有一定的区别:在存在自由港(如香港)或自由贸易区(如上海外高桥保税物流园区)时,关境就会小于国境;在关税同盟区内,成员国之间的贸易不需要缴纳关税,此时,关境会大于国境,如欧洲联盟。海关在征收进口货物、物品关税的同时,还代征进口增值税和消费税。

(二)关税的特点

与其他税种相比,关税具有以下特征:

(1)纳税上的统一性和一次性。按照全国统一的进出口条例和税则征收关税,在征收一次性关税后,货物就可以在整个关境内流通,不再另行征收关税。这与其他税种如增值税、消费税等流转税是不同的。

(2)征收上的过"关"性。是否征收关税是以货物是否通过关境为标准的。只有进出口关境的货物才征收关税,凡未进出口关境的货物,都不属于关税的征收对象。

(3)税率上的复式性。统一进口货物设置优惠税率和普通税率的复式税制。优惠税率是一般的、正常的税率,适用于同我国签订了贸易互利条约或协定的国家;普通税率适用于

没有同我国签订贸易互利条约或协定的国家。这种复式税制充分反映了关税具有维护国家主权、平等互利发展国际贸易往来和经济技术合作的特点。

(4) 征管上的权威性。关税是通过海关执行的。海关是设在关境上的国家行政管理机构,是贯彻执行本国有关进出口政策、法令和规章的重要工具。关税的任务是根据有关政策、法令和规章,对进出口货物、货币、金银、行李、邮件、运输工具等实施监督管理、征收关税、查禁走私货物、临时保管通关货物和统计进出口商品等。

征收关税是海关担负的整个任务的有机组成部分。目前,各国关税都由专设的海关负责征收,而其他税收都由税务机关负责征收。

(5) 对进出口贸易的调节性。许多国家通过制定和调整关税税率来调节进出口贸易。在出口方面,通过低税、免税和退税来鼓励商品出口;在进口方面,通过税率的高低、减免来调节商品的进口。关税对进出口商品的调节作用主要表现在以下几个方面:①对于国内能大量生产或者暂时不能大量生产但将来可能发展的产品,规定较高的进口关税,以削弱进口商品的竞争能力,保护国内同类产品的生产和发展。②对于非必需品或者奢侈品的进口,规定更高的关税,以达到限制甚至禁止进口的目的。③对于本国不能生产或生产不足的原料、半成品、生活必需品或生产商急需的物资,规定较低的税率或免税,以鼓励进口、满足国内生产和生活需要。④通过关税调节贸易差额。当贸易逆差过大时,提高关税或征收进口附加税,以限制食品进口,缩小贸易逆差;当贸易顺差过大时,通过减免关税、缩小贸易顺差来减少与有关国家的贸易摩擦与矛盾。

二、关税的分类

根据不同的分类标准,关税可以划分为不同的种类。

(一) 按需要征税的进出口货物的流向,可将关税分为进口关税、出口关税和过境关税

1. 进口关税。

进口关税是指海关在外国货物进口时所课征的关税。进口关税通常在外国货物进入关境或国境时征收,或在外国货物从保税仓库提出运往国内市场时征收。各国关税主要是征进口税,目的是保护本国市场和增加财政收入。

2. 出口关税。

出口关税是指在本国货物出口时所课征的关税。为了降低出口货物的成本,提高本国货物在国际市场上的竞争力,世界各国一般不征或少征出口关税。但是,为了限制本国某些产品或自然资源的输出,或保护本国生产、本国市场供应和增加财政收入以及某些特定需要,有些国家也征收出口关税。

3. 过境关税。

过境关税是指对外国货物通过本国国境或关境时征收的一种关税。过境关税最早开征的目的主要是增加国家财政收入,但由于各国交通事业发展,竞争激烈,征收过境关税不仅妨碍国际商品流通,而且减少了港口、运输、仓储等方面的收入,为此逐步废除了过境关税条款。目前,我国也不征收过境关税。

（二）按征收关税的主要目的，可将关税分为财政关税和保护关税

1. 财政关税。

财政关税也称收入关税，是以增加国家财政收入为主要目的而课征的关税，是保护关税的对称。财政关税的税率比保护关税的税率低，因为过高的关税会阻碍进出口贸易的发展，达不到增加财政收入的目的。随着世界经济的发展，财政关税的意义逐渐降低，而被保护关税所代替。

2. 保护关税。

保护关税是以保护本国经济发展为主要目的而课征的关税，为财政关税的对称，是实现一国保护贸易政策的有效工具。保护关税主要是进口关税，税率较高，有的高达百分之几百。征收高额进口税，可使进口商品成本增高，从而削弱该进口商品在进口国市场的竞争力，甚至阻碍其进口，以达到保护本国经济发展的目的。

（三）按关税的征收标准，可将关税分为从价税、从量税、复合税、选择税和滑准税等

（1）从价税以征税对象价格为计税依据，其应纳税额随商品价格的变化而变化，能充分体现合理负担的税收政策，因而大部分税种均采用这一计税方法，如我国现行的关税、增值税等税种。

计算方法：应纳税额 = 课税对象的价格 × 比例税率

（2）从量税以征税对象的数量、重量、体积等作为计税依据，其课税数额与征税对象数量相关而与价格无关。从量税实行定额税率，不受征税对象价格变动的影响，税负水平较为固定，计算简便，如资源税、车船税和城镇土地使用税以及对啤酒、黄酒等征收的消费税。

计算方法：应纳税额 = 课税对象的重量、件数、容积、面积 × 单位税额

（3）复合税是指对某一进出口货物或物品既征收从价税，又征收从量税，即采用从量税和从价税同时征收的一种方法，如对卷烟和白酒征收的消费税。

计算方法：应纳税额 = 从量税额 + 从价税额

（4）选择税是对同一种货物在税则中规定从量、从价两种关税税率，在征税时选择其中征税额较多的一种关税，以免因为物价波动影响财政收入。也可选择税额较少的一种为计税标准计征。

（5）滑准税，又称滑动关税，指对某种货物在税则中预先按照该商品的价格规定几档税率。同一种货物，当价格高时适用较低的税率，价格低时适用较高的税率，目的是使该物品的价格在国内市场上保持相对稳定。

课后查阅资料▶▶▶

请课后到图书馆或网络上查阅我国目前有哪些商品是实行滑准税的。

（四）按货物国别来源而区别对待的原则，可将关税分为最惠国关税、协定关税、特惠关税和普通关税

1. 最惠国关税。

最惠国关税适用原产于与我国共同适用最惠国待遇条款的 WTO 成员国或地区的进口货物，或原产于与我国签订有相互给予最惠国待遇条款的双边贸易协定的国家或地区的进口货物。

2. 协定关税。

协定关税适用原产于我国参加的含有关税优惠条款的区域性贸易协定的有关缔约方的进口货物。

3. 特惠关税。

特惠关税适用原产于与我国签订有特殊优惠关税协定的国家或地区的进口货物。

4. 普通关税。

普通关税适用原产于上述国家或地区以外的国家或地区的进口货物。

(五)按征收对象,可将关税分为正税和特别关税

1. 正税。

关税的正税包括进口税、出口税和过境税三种。

(1)进口税:是海关对进口货物和物品所征收的关税。进口税有正税与附加税之分。正税即按税则法定税率征收的关税;此外征收的即为附加税。进口税是关税中最重要的一种,在许多废除了出口税和过境税的国家,进口税是唯一的关税。

(2)出口税:是海关对出口货物和物品所征收的关税。

(3)过境税:是对外国经过本国国境运往另一国的货物所征收的关税。目前,世界上大多数国家都不征收过境税,我国也不征收过境税。

2. 特别关税。

特别关税是因某种特定的目的而对进口的货物和物品征收的关税。

常见的特别关税有:①反倾销税,即针对实行商品倾销的进口商品而征收的一种进口附加税。②反补贴税,即对于直接或间接接受奖金或补贴的进口货物和物品所征收的一种进口附加税。

我国政府规定,任何国家或者地区对其进口的原产于中华人民共和国的货物征收歧视性关税或者给予其他歧视性待遇的,我国海关对原产于该国家或地区的进口货物,可以征收特别关税。

三、关税的纳税人

关税的纳税人为进口准许进口货物的收货人、出口准许出口货物的发货人,以及准许进出境物品的所有人。进口货物或入境物品应当缴纳进口关税,出口货物或出境物品应当缴纳出口关税。一般情况下,对于携带进境的物品,推定携带人为所有人;对分离运输的行李,推定相应的进出境旅客为所有人;对于以邮寄方式进境的物品,推定其收件人为所有人;对于以邮寄或其他运输方式出境的物品,推定其寄件人或托运人为所有人。

从我国境外采购进口的原产于我国境内的货物,也应当缴纳进口关税。具有进出口经营权的工业企业直接进出口货物,没有进口经营权的工业企业委托有进出口经营权的企业代理进出口货物,都必须按规定缴纳进出口关税,成为关税的纳税人。

关税的课征对象是进出关境的货物和物品。

四、关税的征税范围及税率

(一)关税税则

关税税则又称海关税则,是一国政府根据国家关税政策和经济政策,通过一定的立法程

序制定公布实施的进出口货物和物品的应税与免税商品加以系统分类的一览表。关税税则包括国家实施该税则的法令(税则实施细则及使用说明),税则的归类总规则(该税则中商品归类的原则),各类、章和税目的注释,税目表(商品分类目录和税率)等内容。我国1992年改变了以往的CNNN的税则分类方法,采用以海关合作理事会编制的《商品名称及编码协调制度》(H.S)为基础的编排方法,将应税商品分为二十二大类,确定了我国关税税则,即:

第一类:活动物;动物产品。

第二类:植物产品。

第三类:动、植物油、脂及其分解产品;精制的食用油脂;动、植物蜡。

第四类:食品;饮料、酒及醋、烟草、烟草及烟草代用品的制品。

第五类:矿产品。

第六类:化学工业及其相关工业的产品。

第七类:塑料及其制品;橡胶及其制品。

第八类:生皮、皮革、毛皮及其制品;鞍具及挽具;旅行用品、手提包及类似容器;动物肠线(蚕胶丝除外)制品。

第九类:木及木制品;木炭;软木及软木制品;稻草、秸秆、针茅或其他编结材料制品;篮筐及柳条编织品。

第十类:木浆及其他纤维状纤维素浆;回收(废碎)纸或纸板;纸、纸板及其制品。

第十一类:纺织原料及纺织制品。

第十二类:鞋、帽、伞、杖、鞭及其零件;已加工的羽毛及其制品;人造花;人发制品。

第十三类:石料、石膏、水泥、石棉、云母及类似材料的制品;陶瓷产品;玻璃及其制品。

第十四类:天然或养殖珍珠、宝石或半宝石、贵金属、包贵金属及其制品;仿首饰;硬币。

第十五类:贱金属及其制品。

第十六类:机器、机械器具、电气设备及其零件;录音机及放声机、电视图像、声音的录制和重放设备及其零件、附件。

第十七类:车辆、航空器、船舶及有关运输设备。

第十八类:光学、照相、电影、计量、检验、医疗或外科用仪器及设备、精密仪器及设备;钟表;乐器;上述物品的零件、附件。

第十九类:武器、弹药及其零件、附件。

第二十类:杂项制品。

第二十一类:艺术品、收藏品及古物。

第二十二类:特殊交易品及未分类商品。

(二)关税税率

1. 进口关税税率。

经国务院关税税则委员会审议并报国务院批准,我国从2009年1月1日起进一步调整进出口关税税则,主要涉及最惠国税率、年度暂定税率、协定税率、特惠税率及税则税目等方面。2016年,海关总署发布的《2017年关税调整方案》,已经国务院关税税则委员会第七次全体会议审议通过,并报国务院批准,自2017年1月1日起实施。调整后,2017年版税则税目共计8 547个。

(1)最惠国税率。①对《中华人民共和国加入世界贸易组织关税减让表修正案》附表所列信息技术产品自 2017 年 1 月 1 日至 2017 年 6 月 30 日继续实施首次降税,自 2017 年 7 月 1 日起实施第二次降税。②自 2017 年 1 月 1 日起,对 822 项进口商品实施暂定税率;自 2017 年 7 月 1 日起,将实施进口商品暂定税率的商品范围调减至 805 项。

(2)关税配额税率。继续对小麦等 8 类商品实施关税配额管理,税率不变。其中,对尿素、复合肥、磷酸氢铵 3 种化肥的配额税率继续实施 1% 的暂定税率。继续对配额外进口的一定数量棉花实施滑准税。

(3)协定税率。根据我国与有关国家或地区签署的贸易或关税优惠协定,对有关国家或地区实施协定税率:①中国与澳大利亚、巴基斯坦、瑞士、哥斯达黎加、冰岛、韩国、新西兰、秘鲁的自贸协定,以及内地分别与港澳的更紧密经贸关系安排(CEPA)项下的部分产品的协定税率进一步降低。②中国与东盟、智利、新加坡的自贸协定、亚太贸易协定,以及海峡两岸经济合作框架协议(ECFA)项下商品继续实施协定税率,商品范围和税率水平均维持不变。

(4)特惠税率。对有关最不发达国家继续实施特惠税率,商品范围和税率水平均维持不变。

2. 出口关税税率。

中国海关对出口货物和物品征收的关税。出口货物的关税税率为单一税则制,即只使用一种税率。目前,我国对铬铁等 213 项出口商品征收出口关税,其中有 50 项暂定税率为零。

出口货物应当按照货物的发货人或者他们的代理人、申报人出口之日实施的税则税率征税。

出口货物关税计算公式为:

出口关税 = 完税价格 × 出口税率

以海关审定的成交价格为基础的售予境外的离岸价格,扣除出口关税,即为出口货物完税价格。实际成交价格是一般贸易项下出口货物的买方为购买该货物向卖方实际支付或应当支付的价格。

五、关税优惠政策

关税减免分为法定减免税、特定减免税和临时减免税。根据《海关法》的规定,除法定免税外的其他减免税,均由国务院决定。减征关税在我国加入世界贸易组织之前以税则规定税率为基准,在我国加入世界贸易组织之后以最惠国税率或者普通税率为基准。

(一)法定减免税

法定减免税是税法中明确列出的减税或免税。符合税法规定可予减免税的进出口货物,纳税义务人无须提出申请,海关可以按规定直接予以减免税。海关对法定减免税货物一般不进行后续管理。

我国《海关法》和《进出口条例》明确规定,下列货物、物品予以减免关税:①关税税额在人民币 50 元以下的一票货物;②无商业价值的广告品和货样;③外国政府、国际组织无偿赠送的物资;④进出境运输工具装载的途中必需的燃料、物料和饮食用品;⑤暂时进境或者暂时出境货物的暂时免税;⑥在海关放行前遭受损坏的货物,可以根据海关认定的受损程度减征关税;⑦我国缔结或者参加的国际条约规定减征、免征关税的货物、物品,按照规定予以减免关税;⑧法律规定减征、免征关税的其他货品、物品。

(二)特定减免税

特定减免税也称政策性减免税,指在法定减免税之外,国家按照国际通行规则和我国实际情况,制定发布的有关进出口货物减免关税的政策。特定减免税货物一般有地区、企业和用途的限制,海关需要进行后续管理,也需要进行减免税统计。

(1)科教用品。对科学研究机构和学校,不以营利为目的的,在合理数量范围内,进口国不能生产或者性能不能满足需要的科学研究和教学用品,免征进口关税和进口环节增值税、消费税。

(2)残疾人专用品。对民政部直属企事业单位和省、自治区、直辖市民政部门所属福利机构、假肢厂、荣誉军人康复医院等机构进口的残疾人专用物品,免征进口关税和进口环节增值税、消费税。

(3)扶贫、慈善捐赠物资。对境外捐赠人无偿向受赠人捐赠的直接用于扶贫、慈善事业的物资,免征进口关税和进口环节增值税。

(4)救灾捐赠物资。对外国民间团体、企业、国际友人和我国香港、澳门、台湾地区同胞无偿向我国大陆受灾地区捐赠的直接用于救灾的物资,在合理数量范围内,免征关税和进口环节增值税、消费税。

(5)特定区域物资。保税区、出口加工区等特定区域进口的区内生产性基础项目所需的机器、设备和基建物资可以免税,区内企业进口企业自用的生产、管理和自用合理数量的办公用品及其所需的维修零配件、生产用燃料、建设生产厂房、仓储设施所需的物资、设备可以免税,行政管理机构自用合理数量的管理设备和办公用品及其所需的维修零配件可以免税。

(6)贷款项目进口物资。外国政府贷款和国际金融组织贷款项目进口的自用设备,除《外商投资项目不予免税的进口商品目录》所列商品外,可以免征进口关税和进口环节增值税,按照合同随设备进口的技术及配套件、备件,免征进口关税和进口环节增值税。

(7)国内投资项目进口物资。属国家重点鼓励发展产业的国内投资项目,在投资总额内进口的自用设备除《国内投资项目不予免税的进口商品目录》所列商品外,可以免征进口关税和进口环节增值税;按照合同随设备进口的技术及配套件、备件,免征进口关税和进口环节增值税。

(8)加工贸易的进口料件。加工贸易的进口料件按照国家规定保税进口的,其制成品或者进口料件未在规定的期限内出口的,海关按照规定征收进口关税。加工贸易的进口料件进境时按照国家规定征收进口关税的,其制成品或者进口料件在规定的期限内出口的,海关按照有关规定退还进境时已征收的关税税款。

(三)临时减免税

临时减免税是指法定减免税和特定减免税以外的其他减免税,即国务院根据某个单位、某类商品、某个时期或某批货物的特殊情况和需要,给予特别的临时性减免税优惠。

临时减免税一般是"一案一批"。

【情境导入一解析】按照进出口税则规定,进口货物的完税价格不包括买方向自己采购代理人支付的购货佣金和劳务费用。

进口设备的关税完税价格 = 600 + 2 − 6 = 596(万元)

进口设备应纳关税税额 = 596 × 20% = 119.20(万元)

学习子情境 4.2　关税应纳税额的计算

情境导入二

某外贸公司进口材料 10 000 吨,进口申报价每吨 FOB 纽约 600 元人民币,到达天津港运费为 20 000 元人民币,保险费率为 0.5%,进口关税税率为 50%,请计算进口关税完税价格及应纳进口关税。

一、关税的计税依据

我国现行的进出口关税大多采用从价税,从价关税的计税依据是完税价格。完税价格是经海关审定的进出口成交价格。海关法规定,进口货物以海关审定的正常到岸价格为完税价格,出口货物以海关审定的正常离岸价格扣除出口税为完税价格。

1. 进口货物的完税价格。

第一,以成交价为基础的关税完税价格。

进口货物的完税价格由海关以符合相关条件的成交价格以及该货物运抵中华人民共和国境内输入地点起卸前的运输及其相关费用、保险费为基础审查确定。

进口货物的成交价格是指卖方向中华人民共和国境内销售该货物时买方为进口该货物向卖方实付、应付的,并按照规定调整后的价款总额,包括直接支付的价款和间接支付的价款。

(1)进口货物的成交价格应当符合下列条件:①对买方处置或者使用该货物不予限制,但法律、行政法规规定实施的限制、对货物转售地域的限制和对货物价格无实质性影响的限制除外。②该货物的成交价格没有因搭售或者其他因素的影响而无法确定。③卖方不得从买方直接或者间接获得因该货物进口后转售、处置或者使用而产生的任何收益或者虽有收益但能够按照规定进行调整。④买卖双方没有特殊关系或者虽有特殊关系但未对成交价格产生影响。

(2)进口货物的下列费用应当计入完税价格:①由买方负担的购货佣金以外的佣金和经纪费。②由买方负担的在审查确定完税价格时与该货物视为一体的容器的费用。③由买方负担的包装材料费用和包装劳务费用。④与该货物的生产和向中华人民共和国境内销售有关的,由买方以免费或者低于成本的方式提供并可以按适当比例分摊的料件、工具、模具、消耗材料及类似货物的价款,以及在境外开发、设计等相关服务的费用。⑤作为该货物向中华人民共和国境内销售的条件,买方必须支付的、与该货物有关的特许权使用费。⑥卖方直接或者间接从买方获得的该货物进口后转售、处置或者使用的收益。

(3)进口时在货物的价款中列明的下列税收、费用不计入该货物的完税价格:①厂房、机械、设备等货物进口后进行建设、安装、装配、维修和技术服务的费用。②进口货物运抵境内输入地点起卸后的运输及其相关费用、保险费。③进口关税及国内税收。

第二,进口货物海关估价。

进口货物的成交价格不符合相关规定的,或者成交价格不能确定的,海关经了解有关情况,并与纳税义务人进行价格磋商后,依次以相同货物成交价格方法、类似货物成交价格方法、倒扣价格方法、计算价格方法及其他合理方法确定的价格为基础,估定完税价格。如果进口货物的收货人提出要求,并提供相关资料,经海关同意,可以选择倒扣价格方法和计算价格方法的适用次序。

(1) 相同货物成交价格方法。相同货物成交价格方法,即以与被估的进口货物同时或大约同时(在海关接受申报进口之日的前后各45天以内)进口的相同或类似货物的成交价格为基础估定完税价格。

(2) 倒扣价格方法。倒扣价格方法,即以与被估的进口货物相同、同时或类似进口货物在境内销售的价格为基础估定完税价格。按该价格销售的货物应当同时符合四个条件:①在被估货物进口时或大约同时销售;②按照进口时的状态销售;③在境内第一环节销售合计的货物销售总量最大;④向境内无特殊关系方的销售。以该方法估定完税价格时,下列各项应当扣除:该货物的同等级或同种类货物,在境内销售时的利润和一般费用及通常支付的佣金、货物运抵输入地点之后的运费、保险费、装卸费及其他相关费用、进口关税、进口环节和其他与进口或销售上述货物有关的国内税。

2. 特殊进口货物的完税价格。

(1) 加工贸易进口料件及其制成品。

加工贸易进口料件及其制成品需征税或内销补税的,海关按照一般进口货物的完税价格规定估定完税价格。

(2) 保税区、出口加工区货物。

从保税区或出口加工区销往区外,从保税仓库内销的进口货物(加工贸易进口料件及其制成品除外)以海关审定的价格估定完税价格。对经审核销售价格不能确定的,海关应当按照一般进口货物估价办法的规定估定完税价格。如果销售价格中未包括在保税区、出口加工区或保税仓库中发生的仓储、运输及其他相关费用,应当按照客观量化的数据资料予以计入。

(3) 运往境外修理的货物。

运往境外修理的机械器具、运输工具或者其他货物,出境时已向海关报明并在海关规定的期限内复运进境的,应当以境外修理费和料件费审查确定完税价格。

(4) 运往境外加工的货物。

运往境外加工的货物,出境时已向海关报明并在海关规定的期限内复运进境的,应当以境外加工费和料件费以及复运进境的运输及其相关费用和保险费审查确定完税价格。

(5) 暂时进境货物。

对于经海关批准的暂时进境的货物,应当按照一般进口货物估价办法的规定估定完税价格。

(6) 以租赁方式进口的货物。

以租赁方式进口的货物,以海关审查确定的该货物的租金作为完税价格。

纳税义务人要求一次性缴纳税款的,纳税义务人可以选择按照规定估定完税价格或以海关审查确定的租金总额作为完税价格。

（7）留购的进口货样。

对于境内留购的进口货样、展览品和广告陈列品，以海关审定的留购价格作为完税价格。

（8）予以补税的减免税货物。

减税或免税进口的货物需补税时，应当以海关审定的该货物原进口时的价格，扣除折旧部分价值作为完税价格。计算公式为：

完税价格＝海关审定的该货物原进口时的价格 ×[1－申请补税时实际已使用的时间（月）÷（监管年限×12）]

（9）以其他方式进口的货物。

以易货贸易、寄售、捐赠、赠送等其他方式进口的货物，应当按照一般进口货物估价办法的规定，估定完税价格。

3. 出口货物完税价格的确定。

（1）以成交价为基础的完税价格。

出口货物的完税价格由海关以该货物的成交价格以及该货物运至中华人民共和国境内输出地点装载前的运输及其相关费用、保险费为基础审查确定。

出口货物的成交价格是指该货物出口时卖方为出口该货物应当向买方直接收取和间接收取的价款总额。

出口关税不计入完税价格。

（2）出口货物海关估价方法。

1）出口货物的成交价格不能确定的，海关经了解有关情况，并与纳税义务人进行价格磋商后，与该货物同时或者大约同时向同一国家或者地区出口的相同货物的成交价格。

2）与该货物同时或者大约同时向同一国家或者地区出口的类似货物的成交价格。

3）按照下列各项总和计算的价格，境内生产相同或者类似货物的料件成本、加工费用、通常的利润和一般费用、境内发生的运输及其相关费用、保险费。

4）以合理方法估定的价格。按照规定计入或者不计入完税价格的成本、费用、税收，应当以客观、可量化的数据为依据。

4. 进出口货物完税价格中的运输及其相关费用、保险费的计算。

进口货物的运输及其相关费用、保险费应当按照下列方法计算。

（1）海运进口货物，计算至该货物运抵境内的卸货口岸。如果货物的卸货口岸是内河（江）口岸，则应当计算至内河（江）口岸。

（2）陆运进口货物，计算至该货物运抵境内的第一口岸。如果运输及其相关费用、保险费支付至目的地口岸，则计算至目的地口岸。

（3）空运进口货物，计算至该货物运抵境内的第一口岸。如果该货物的目的地为境内第一口岸外的其他口岸，则计算至目的地口岸。

陆运、空运和海运进口货物的运费应当按照实际支付的费用计算。如果进口货物的运费无法确定或未实际发生，海关应当按照该货物进口同期运输行业公布的运费率（额）计算。

陆运、空运和海运进口货物的保险费应当按照实际支付的费用计算。如果进口货物的保险费无法确定或未实际发生，海关应当按照"货价加运费"两者总额的3‰计算保险费。

邮运的进口货物应当以邮费作为运输机器相关费用、保险费。

以境外边境口岸价格条件成交的铁路或公路运输进口货物，海关应当按照货价的1%计算运输及其相关费用、保险费。

作为进口货物的自驾进口的运输工具,海关在审定完税价格时可以不另行计入运费。

5. 完税价格的审定。

(1)进出口货物的收货人应当向海关如实申报进出口货物的成交价格,提供包括发票、合同、装箱清单及其他证明申报价格真实、完整的单证、书面资料和电子数据。海关认为必要时,还应当向海关补充反映买卖双方关系和成交活动的情况,以及其他与成交价格有关的资料。

(2)海关为审查申报价格的真实性和准确性,可以查阅、复制与进出口货物有关的合同、发票、账册、结付汇凭证、单据、业务函电和其他反映买卖双方关系及交易活动的书面资料和电子数据;可以向进出口货物的收货人及与其有资金往来或有其他业务往来的公司、企业调查与进出口货物价格有关的问题;可以对进出口货物进行查验或提取货样进行检验或化验;可以进入进出口货物收发货人的生产经营场所、货物存放场所,检查与进出口活动有关的货物和生产经营情况;可以向有关金融机构或税务部门查询、了解与进出口货物有关的收付汇资料或缴纳国内税的情况。

(3)海关对申报价格的真实性或准确性有疑问时,应当书面将怀疑的理由告知进出口货物的收发货人,要求其以书面形式做进一步说明,提供资料或其他证据证明其申报价格是真实、准确的。自海关书面通知发出之日起15日内,进出口货物的收发货人未能提供进一步说明,或海关审核所提供的资料或证据后仍有理由怀疑申报价格的真实性或准确性时,海关可以不接受其申报价格,并按照一般进口货物海关估价方法估定完税价格。

(4)海关有理由认为买卖双方之间的特殊关系影响成交价格时,应当书面将怀疑的理由告知进出口货物的收发货人,要求其以书面形式做进一步说明,提供资料或其他证据证明双方之间的关系未影响成交价格。自海关书面通知发出之日起15日内,进出口货物的收发货人未能提供进一步说明,或海关审核所提供的资料或证据后仍有理由认为买卖双方的关系影响成交价格时,海关可以不接受其申报价格,并按照一般进口货物海关估价方法估定完税价格。

(5)海关不接受申报价格,按照相同货物或类似货物成交价格的规定估定完税价格时,为获得合适的相同或类似进出口货物的成交价格,可以与进出口货物的纳税义务人进行价格磋商。

(6)进出口货物的收发货人可以提供书面申请,要求海关就如何确定进出口货物的完税价格做出书面说明。

(7)海关为确定进出口货物的完税价格需要推迟做出估价决定时,进出口货物的收发货人可以在依法向海关提供担保后,先行提取货物。海关对于实行担保放行的货物,应当自具保之日起90日内核查完毕,并将核查结果通知进出口货物收发货人。

二、关税的计算方法

(一)从价税

从价税以进(出)口货物的完税价格作为计税依据,以应征税额占货物完税价格的百分比作为税率,货物进(出)口时以此税率和实际完税价格相乘计算应征税额。

计算公式:

应征税额＝进(出)口货物的完税价格×进(出)口关税税率

减税征收的进口关税税额＝进(出)口货物的完税价格×减按进(出)口关税税率

计算程序：

(1)按照归类原则确定税则归类,将应税货物归入适当的税号。

(2)根据原产地规则和税率适用规定,确定应税货物所适用的税率。

(3)根据完税价格审定办法的有关规定,将成交价格折算成确定应税货物的完税价格。

(4)根据汇率适用规定,将以外币计价的完税价格折算成人民币。

(5)按照计算公式正确计算应征税款。

(二)从量税

从量税是以进(出)口商品的数量、体积、重量等计征关税的方法。计税时,以货物的数量(体积、重量)乘以每单位应纳税金额即可得出该货物的关税税额。

计算公式：

应纳税额＝进(出)口货物数量×单位税额

计算程序：

(1)按照归类原则确定税则归类,将应税货物归入适当的税号。

(2)根据原产地规则和税率适用规定,确定应税货物所适用的税率。

(3)确定其实际进(出)口量。

(4)如计征进口环节增值税,根据完税价格审定办法的有关规定确定应税货物的完税价格。

(5)根据汇率适用规定,将以外币计价的完税价格折算成人民币。

(6)按照计算公式正确计算应征税款。

(三)复合税

复合税是指对某种进(出)口商品混合使用从价税和从量税计征关税。

计算公式：

应纳税额＝进(出)口货物数量×单位税额＋进(出)口货物的完税价格×进(出)口从价关税税率

计算程序：

(1)按照归类原则确定税则归类,将应税货物归入适当的税号。

(2)根据原产地规则和税率适用规定,确定应税货物所适用的税率。

(3)确定其实际进(出)口量。

(4)根据完税价格审定办法的有关规定,确定应税货物的完税价格。

(5)根据汇率适用规定,将以外币计价的完税价格折算成人民币。

(6)按照计算公式正确计算应征税款。

(四)滑准税

计算公式：

关税税额＝应税进(出)口货物数量×单位完税价格×滑准税税率

现行税则《进(出)口商品从量税、复合税、滑准税税目税率表》后注明了滑准税税率的计算公式,该公式是一个与应税进(出)口货物完税价格相关的取整函数。

三、进口货物关税的计算

1. CIF价格(成本、保险费加运费,指定目的港)。

CIF价格(Cost,Insurance and Freight)习惯上又称为"到岸价格"。按照国际贸易惯例的一般解释,在CIF条件下,买卖双方的责任如下:

卖方责任:①负责租船或订舱,在合同规定的装运期限内,将货物装上船并支付到目的港的运费,装船后通知买方;②负责货物装上船以前的一切费用和风险;③负责办理保险,支付保险费;④负责办理出口手续,提供出口国政府或有关方面签发的证件;⑤负责提供有关货运单据,包括正式的保险单据。

买方责任:①负担货物装上船以后的一切费用和风险;②接受卖方提供的有关货运单据,并按合同规定支付货款;③办理在目的港收货的进口手续。

CIF价格,指以我国口岸CIF价格成交或者与我国毗邻的国家以两国共同边境地点交货价格成交的,以该价格作为完税价格。其计算方法如下:

完税价格 = CIF价格

进口关税 = 完税价格 × 进口关税税率

情境训练

【例4-1】 某进出口公司2017年10月申报自营进口商品一批,进口申报价格为CIF上海USD200 000,当日外汇牌价(中间价)为1USD = 6.78RMB,进口关税普通税税率为20%,消费税税率为20%,增值税税率为17%。

【解析】 完税价格 = 200 000 × 6.78 = 1 356 000(元)

进口关税 = 1 356 000 × 20% = 271 200(元)

消费税的组成计税价格 = (关税完税价格 + 关税) ÷ (1 - 消费税税率)

= (1 356 000 + 271 200) ÷ (1 - 20%)

= 2 034 000(元)

应纳消费税税额 = 组成计税价格 × 消费税税率 = 2 034 000 × 20% = 406 800(元)

增值税组成计税价格 = (关税完税价格 + 关税) ÷ (1 - 消费税税率) = 2 034 000(元)

应纳增值税税额 = 2 034 000 × 17% = 345 780(元)

2. FOB价格(船上交货,指定装运港)。

在FOB条件下,卖方要负担风险和费用,领取出口许可证或其他官方证件,并负责办理出口手续。采用FOB价格成交时,卖方还要自费提供证明其已按规定完成交货义务的证件,如果该证件并非运输单据,在买方要求下,并由买方承担风险和费用的情况下,卖方可以协助买方取得提单或其他运输单据。

FOB价格也称离岸价,指以国外口岸FOB价格或者从输出国购买以国外口岸CIF价格成交的,必须分别在上述价格基础上加上从发货口岸或者国外交货口岸运到我国口岸以前的运杂费和保险费作为完税价格。若是以成本加运费价格成交,则应另加保险费作为完税价格。

FOB是在船上交货的意思,即由买方负责派船接运货物,卖方在合同规定的装运港和规定的期限内将货物装上买方指定的船只,并及时通知买方。货物在装船时越过船舷,风险即由卖方转移至买方。在 FOB 条件下,卖方要负担风险和费用,领取出口许可证或其他官方证件,并负责办理出口手续。这是一种经常用到的贸易术语。

完税价格内应当另外加的运费、保险费和其他杂费,原则上应按实际支付的金额计算。其计算公式如下:

完税价格 = FOB + 运费以及相关费用 + 保险费

若无法得到实际支付金额时,也可按外贸系统海运进口运费率计算运杂费或按协商规定的固定运杂费,保险费则按中国人民保险公司的保险费费率计算。其计算公式如下:

完税价格 = (FOB + 运费)/(1 - 保险费率)

情境训练 ▶▶▶

【例 4-2】 某外贸进出口公司受某百货公司委托从日本进口化妆品一批,进口申报价格为 FOB 东京 200 000 元人民币,到达上海港运费为 10 000 元人民币,保险费率为 0.3%,关税税率为 150%,代理费费率为 2%。

【解析】
完税价格 = (200 000 + 10 000) ÷ (1 - 0.3%) = 210 631.90(元)
代交进口关税 = 210 631.90 × 150% = 315 947.84(元)
应收取代理费 = 200 000 × 2% = 4 000(元)

3. CFR 价格(货价加运费价格或称含运费价格)。

CFR(Cost and Freight)价格,指卖方必须在合同规定的装运期内,在装运港将货物交至运往指定目的港的船上,承担货物越过船舷为止的一切费用和货物灭失或损坏的风险,并负责租船或订舱,支付抵达目的港的正常运费。按 CFR 条件成交时,由卖方安排运输,由买方办理货运保险。卖方装船后,务必及时向买方发出装船通知,如卖方不及时发出装船通知,则买方无法及时办货运保险,甚至有可能出现漏保货运险的情况,卖方就应承担货物在运输途中的风险和损失。

CFR 价格,以成本加运费价格成交的,应当另外加上保险费作为完税价格。其计算公式如下:

完税价格 = CFR/(1 - 保险费率)

情境训练 ▶▶▶

【例 4-3】 某企业从日本进口设备 5 台,以运抵青岛港的货价加运费价格成交折合为人民币 2 000 000 元,保险费费率为 0.3%。该设备由青岛运至企业,国内运费 4 200 元,该企业发生设备安装费 3 500 元(由该企业内部安装)。该设备关税税率为 10%,请计算该设备应纳进口关税税额。

【解析】 完税价格 = 2 000 000 ÷ (1 - 0.3%) = 2 006 018.05(元)
应纳进口关税税额 = 2 006 018.05 × 10% = 200 601.81(元)

4. 海关不能正确确定进口货物在采购地的正常批发价格情况下应纳关税的计算。

如果海关不能正确确定进口货物在采购地的正常批发价格,应以申报进口时国内输入的同类货物的正常批发价格,减去进口关税和进口环节的其他税以及进口后的正常运输、存储、营业费用及利润作为完税价格。如果国内输入地点同类货物的正常批发价格不能确定或者有其他特殊情况,货物的完税价格由海关估定。

(1)不缴或只缴纳国内增值税的货物的计算公式如下:

完税价格 = 国内市场批发价 ÷ (1 + 进口关税税率 + 20%)

(2)应缴纳国内增值税、消费税的货物应当扣除国内税,计算出完税价格。其计算公式如下:

完税价格 = 国内市场批发价格 ÷ [1 + 进口关税税率 + (1 + 进口关税税率) ÷ (1 - 消费税税率) × 消费税税率 + 20%]

(公式中的20%为需从批发价格中减除的费用和利润比例)

情境训练

【例4-4】 某烟花厂经批准从国外进口烟花制品材料一批(税则号36049000)。无法确定 CIF 价格,进货地国内同类产品的市场正常批发价格为900 000元,国内消费税税率为15%、进口关税税率为100%。请计算海关核定的关税完税价格及应纳进口关税额。

【解析】 完税价格 = 900 000 ÷ [1 + 100% + 20% + (1 + 100%) ÷ (1 - 15%) × 15%]
= 900 000 ÷ 2.553 = 352 526.44(元)

应纳进口关税税额 = 352 526.44 × 100% = 352 526.44(元)

【情境导入二解析】 完税价格 = (600 × 10 000 + 20 000) ÷ (1 - 0.5%)
= 6 050 251.26(元)

进口设备应纳关税税额 = 6 050 251.26 × 50% = 3 025 125.63(元)

学习子情境4.3 关税纳税申报

情境导入三

上海某进出口公司从德国进口一批机器设备,到岸价格80万美元。外汇牌价1USD = 6.780 RMB。已知:该批货物关税税率为10%,海关于2017年6月17日(周三)填发海关专用税款缴款书,该公司于2017年7月12日缴纳税款。请问该批机器设备是否存在关税滞纳问题,需要缴纳多少关税滞纳金?

一、关税纳税申报表的填制

(一)报关时间

(1)进口货物的纳税义务人应当自运输工具申报进境之日起14日内申报。进出口货物转关运输的,按照海关总署的规定执行。进口货物到达前,纳税义务人经海关核准可以先行申报,具体办法由海关总署另行规定。

(2)出口货物的纳税义务人除海关特准的外,应当在货物运抵海关监管区后、装货的24小时以前,向货物的进出境地海关申报。

(二)报关应提交的材料

报关应提交的材料:①进出口货物报关单(见表4-1和表4-2);②合同;③发票;④装

箱清单；⑤载货清单；⑥提（运）单；⑦代理报关授权委托协议；⑧进出口许可证件；⑨海关要求的加工贸易手册以及其他进出口有关单证。

表4-1 中华人民共和国海关进口货物报关单

预录入编号：230159466678142562　　　　　　　　　　　海关编号：201366772198906

进口口岸 合肥机场 4226	备案号 2399001		进口日期 2017-7-20	申报日期 2017-7-23	
经营单位 合肥市为民公司	运输方式 航空运输		运输工具名称 10980765	提运单号 88654099	
收货单位 合肥市康维公司	贸易方式 一般贸易 0110		征免性质 一般征税（102）	征税比例 照章	
许可证号	起运国（地区） 美国（201）		装货港 美国（201）	境内目的地 合肥（33765）	
批准文号	成交方式 CIF				
合同协议号 2013VM1143	件数 20	包装种类 木箱		毛重（公斤） 2 200	净重（公斤） 2 000
集装箱号 10(66)	随附单据 A		用途 销售		
标记唛码及备注 电子口岸					
项目	商品编号	商品名称	数量及单位	原产国	单价　　总价　　币制　　征免
2	38293	化妆品	50 箱	美国（201）	9 000.00　450 000.00　USD　照章征税
税费征收情况 进口关税税率为 40%					
报人员　　　录入单位	兹申明以上申报无讹，并承担法律责任。		海关审单批注及放行日期（盖章）		
			审单	审价	
报关员　　　张杨 单位地址 邮编 230088　电话 6566899		申报单位（盖章） 填制日期　2017-7-21	征税	统计	
			查验	放行	

表4-2 中华人民共和国海关出口货物报关单

预录入编号：　　　　　　　　　　　　　　　　　海关编号：

出口口岸	备案号	出口日期	申报日期
经营单位	运输方式	运输工具名称	提运单号
发货单位	贸易方式	征免性质	结汇方式
许可证号	运抵国（地区）	起运港	境内货源地
批准文号	成交方式		
合同协议号	件数	包装种类	毛重（公斤）	净重（公斤）
集装箱号	随附单据	生产厂家	
标记唛码及备注			
商品编号	商品名称	数量及单位	最终目的国	单价	总价	币制	征免
税费征收情况			
录入员　　录入单位	兹申明以上申报无讹，并承担法律责任。	海关审单批注及放行日期（盖章） 审单　　　　审价
报关员 单位地址 邮编　　　电话	申报单位（盖章） 填制日期	征税　　　　统计 查验　　　　放行

模拟实训 ▶▶▶

请自拟一笔商品出口报税业务，并填制一张商品出口海关出口货物报关单。

想一想 ▶▶▶

进口与出口货物时，所填写的海关进（出）口货物报关单有何不同？

二、关税应纳税款的缴纳

(一)关税的纳税申报

进出口货物的纳税义务人按照规定的时间向货物进(出)境地海关申报,海关根据税则归类和完税价格计算应缴纳的关税和进口环节代征税,并填发税款缴款书。"海关进(出)口关税专用缴款书"见表4-3。

表4-3 海关进(出)口关税专用缴款书

收入系统:海关系统　　　填发日期:2017年4月4日　　　号码 NO.(1309)77820A10

收款单位	收入机关	中央金库		中国工商银行上海支行 2017.04.04 中央转账	缴款单位	名称	上海远征有限责任公司
	科目	进口关税	预算级次			账号	4400666321
	收款国库	029866 工行市分营业部				开户银行	工行上海市南京路分理处

税号	货物名称	数量	单位	完税价格(¥)	税率(%)	税款金额(¥)
1.39486	TW808B	500PCS	台	3 049 518.00	10	304 951.80

金额人民币(大写)叁拾万零肆仟玖佰伍拾壹元捌角整			合计(¥)	¥ 304 951.80
申请单位编号	42786289	报关单编号	2017879	填制单位　　　收款国库(银行)
合同(批文)号	LP-100405	运输工具(号)	FABARAK	制单人:2B6370
缴款期限	2017年4月18日	提/装货单号		复核人:程晓霞
备注	一般贸易　20170404　国标代码:11010201565105　USD1:RMB6.87			

第一联　收据　国库收款后交缴款单位

(二)关税的缴纳

纳税义务人应当自海关填发税款缴款书之日起15日内(期末遇节假日顺延),向指定银行缴纳税款。

三、关税滞纳金的计算

关税纳税义务人未按指定时间纳税的,逾期按日征收税款总额0.5‰的滞纳金。纳税义务人因不可抗力或者在国家税收政策调整的情况下,不能按期缴纳税款的,经海关总署批准,可以延期纳税,但是,最长不得超过6个月。

【情境导入三解析】 情境导入三中的上海某进出口公司从德国进口一批机器设备,存在关税滞纳现象,从2017年6月17日填发税款缴款书之日起算,至2017年7月12日缴纳关税,其滞纳天数是11天。

该进出口公司应缴纳的关税滞纳金 = 800 000 × 6.8 × 10% × 0.5‰ × 11 = 2 992(元)

学习子情境4.4　关税会计核算

情境导入四

某外贸企业从国外自营进口商品一批,CIF价格折合人民币为1 000 000元,进口关税税率为30%,代征增值税税率为17%,根据海关开出的专用缴款书,以银行转账支票付讫税款。请问,该外贸企业应该如何进行会计处理?

一、关税会计核算科目与账户设置

(一)工业企业关税的账户设置

1. 进口关税的账户设置。

进口货物所缴纳进口关税是企业单位为了取得进口货物的一种必要支出,按照实际成本计价的原则,应当计入所进口货物的成本,进口关税根据进口货物的用途分别借记"材料采购""在途物资""固定资产""工程物资"等账户,同时贷记"应交税费——应交关税"账户。

2. 出口关税的账户设置。

工业企业出口产品应缴纳的出口关税,在实际支付时,借记"税金及附加",贷记"银行存款""应付账款"等,不需通过"应交税费"账户核算。

(二)商品流通企业关税的账户设置

有进出口经营权的商品流通企业(包括商业、粮食、外贸、物资供销、医药商业、供销合作社等),按其经营方式的不同,其进出口业务可以分为自营和代理两大类。不同经营方式下的进出口业务,关税核算的账户设置方法也不一样。

1. 自营进出口业务关税的账户设置。

(1) 自营进口业务关税的账户设置。

商品流通企业自营进口业务所计缴的关税,在会计核算上是通过设置"应交税费——进口关税"和"在途物资"或"材料采购"账户加以反映的。应缴纳的进口关税,借记"在途物资"或"材料采购"账户,贷记"应交税费——进口关税"账户;实际缴纳时,借记"应交税费——进口关税",贷记"银行存款"。也可不通过"应交税费——进口关税"账户,而直接借记"在途物资"或"材料采购"账户,贷记"银行存款""应付账款"等账户。

(2)自营出口业务关税的账户设置。

商品流通企业自营出口业务所计缴的关税,在会计核算上是通过设置"应交税费——出口关税"和"税金及附加"账户加以反映的。应缴纳的出口关税,借记"税金及附加",贷记"应交税费——出口关税";实际缴纳时,借记"应交税费——出口关税",贷记"银行存款"。

2. 代理进出口业务关税的账户设置。

代理进出口业务,对受托方来说,一般不垫付货款,大多以收取手续费形式为委托方提供代理服务。因此,由于进出口而计缴的关税均由委托单位负担,受托单位即使向海关缴纳了关税,也只是代垫或代付,日后仍要从委托方收回。

代理进出口业务所计缴的关税,在会计核算上也是通过设置"应交税费"账户来反映的,其对应账户是"应付账款""应收账款""银行存款"等。

二、关税涉税业务的账务处理

(一)工业企业关税的会计处理

1. 工业企业进口关税的会计处理。

情境训练 ▶▶▶

【例4-5】 某工业企业进口甲材料需 USD100 000,当日的外汇牌价为 USD1 = RMB6.78。该企业对外付汇进口甲材料,应付进口关税 40 000 元,材料已验收入库。代征增值税税率为 17%。请进行相关账务处理。

【解析】 相关账务处理如下:
(1)购入现汇时的会计分录:
借:银行存款——美元户   678 000.00
    贷:银行存款——人民币户   678 000.00
(2)对外付汇,支付进口关税、增值税,计算进口材料采购成本时的会计分录:
A 材料采购成本 = 678 000 + 40 000 = 718 000(元)
应支付增值税 = 718 000 × 17% = 122 060(元)
借:在途物资——甲材料   718 000.00
    应交税费——应交增值税(进项税额)   122 060.00
    贷:银行存款——美元户   678 000.00
        ——人民币户   162 060.00
验收入库时:
借:原材料——甲材料   718 000.00
    贷:在途物资——甲材料   718 000.00

【例4-6】 某工业企业从韩国进口原产地为韩国的某生产用设备 2 台,成交价格 CFR 天津港 HKD120 000,保险费费率为 0.3%,已知:该设备的关税税率为 10%,代征增值税税率为 17%,当日的港元对人民币汇率为 HKD1 = RMB1.07。请计算关税税额和增值税税额,并进行账务处理。

【解析】 港元折合为人民币:120 000 × 1.07 = 128 400(元)
CIF 价格(完税价格) = 128 400 ÷ (1 - 0.3%) = 128 786.36(元)

关税税额 = 128 786.36 × 10% = 12 878.64(元)
增值税税额 = (128 786.36 + 12 878.64) × 17% = 24 083.05(元)
编制会计分录如下：
借：固定资产　　　　　　　　　　　　　　　　　　　　　141 665.00
　　应交税金——应交增值税(进项税额)　　　　　　　　　24 083.05
　　贷：银行存款等　　　　　　　　　　　　　　　　　　　　　165 748.05

2. 工业企业出口关税的会计处理。

【例 4-7】 某铁合金厂向日本出口一批铬铁，国内港口 FOB 价格折合人民币为 5 600 000 元，铬铁出口关税税率为 40%，关税以支票付讫。请计算出口关税税额并编制会计分录。

【解析】 出口关税税额 = 5 600 000/(1 + 40%) × 40% = 1 600 000.00(元)
编制会计分录如下：
借：税金及附加　　　　　　　　　　　　　　　　　　　　　1 600 000.00
　　贷：银行存款　　　　　　　　　　　　　　　　　　　　　　1 600 000.00

(二)商品流通企业关税的会计处理

1. 自营进口业务关税的会计处理。

▶情境训练▶▶▶

【例 4-8】 上海某百货公司自营进口化妆品一批，经海关审定，应交进口关税 120 000 元人民币，企业如数缴纳。请进行账务处理。

【解析】 海关审定应纳关税时：
借：材料采购——进口关税　　　　　　　　　　　　　　　120 000.00
　　贷：应交税费——应交进口关税　　　　　　　　　　　　　120 000.00
企业实际缴纳时：
借：应交税费——应交进口关税　　　　　　　　　　　　　100 000.00
　　贷：银行存款　　　　　　　　　　　　　　　　　　　　　　100 000.00

【例 4-9】 合肥某百货公司从美国 ABC 公司自营进口商品一批，CIF 价格折合人民币为 50 万元，货款未付，商品收到并验收入库。该批商品的进口关税税率为 50%，代征增值税税率为 17%，海关审定后开出专用缴款书。该百货公司以银行存款付讫税款。

【解析】 (1)计算应交关税和物资采购成本。
应交关税税额 = 500 000 × 50% = 250 000(元)
物资采购成本 = 500 000 + 250 000 = 750 000(元)
代征增值税税额 = 750 000 × 17% = 127 500(元)
(2)计提关税和增值税的会计分录。
借：库存商品——××商品　　　　　　　　　　　　　　　750 000.00
　　贷：应交税费——应交进口关税　　　　　　　　　　　　　250 000.00
　　　　应付账款——美国 ABC 公司　　　　　　　　　　　　500 000.00
(3)缴纳关税和增值税的会计分录。

借:应交税费——应交进口关税 250 000.00
　　　　——应交增值税(进项税额) 127 500.00
　贷:银行存款 377 500.00

2. 自营出口业务关税的会计处理。

情境训练 ▶▶▶

【例4-10】 某进出口公司自营出口给日本DFF公司商品一批,我国口岸FOB价折合人民币为104万元,出口关税税率为30%。该公司根据海关开具的税款缴纳凭证,以银行转账支票付讫税款。开具处理如下:

【解析】 完税价格和应纳税额的计算:

完税价格 = 1 040 000 ÷ (1 + 30%) = 800 000(元)

应纳出口关税税额 = 800 000 × 30% = 240 000(元)

编制会计分录如下:

(1)确认销售收入:

借:应收账款——日本DFF公司 1 040 000.00
　贷:主营业务收入 1 040 000.00

(2)计提应交关税:

借:税金及附加 240 000.00
　贷:应交税费——应交出口关税 240 000.00

(3)以银行存款缴纳关税:

借:应交税费——应交出口关税 240 000.00
　贷:银行存款 240 000.00

(三)代理进、出口业务关税的会计处理

1. 代理进口业务关税的会计处理。

情境训练 ▶▶▶

【例4-11】 乙进出口公司接受甲企业委托进口商品一批,进口货款2 000 000元已经汇入乙进出口公司存款账户。该进口商品我国口岸CIF价格为USD200 000,进口税率为20%,计税日外汇牌价为1USD = 6.800 RMB。代理手续费按货价的2%收取,现该批商品已经运达,乙进出口公司向甲委托公司办理结算。

【解析】

该批进口商品的人民币进价 = 200 000 × 6.800 = 1 360 000(元)

该批商品缴纳的进口关税 = 1 360 000 × 20% = 272 000(元)

应收取代理手续费 = 1 360 000 × 2% = 27 200(元)

乙进出口公司有关会计处理如下:

(1)收到甲企业划来的进口货款时:

借:银行存款 2 000 000.00
　贷:应付账款——甲企业 2 000 000.00

(2) 支付进口商品价款时：

借：应付账款——甲企业　　　　　　　　　　　　　　　1 360 000.00
　　贷：银行存款　　　　　　　　　　　　　　　　　　　　　1 360 000.00

(3) 计算应缴纳进口关税时：

借：应付账款——甲企业　　　　　　　　　　　　　　　　272 000.00
　　贷：应交税费——应交进口关税　　　　　　　　　　　　　272 000.00

(4) 缴纳进口关税时：

借：应交税费——应交进口关税　　　　　　　　　　　　　272 000.00
　　贷：银行存款　　　　　　　　　　　　　　　　　　　　　272 000.00

(5) 结算应收取手续费：

借：应付账款——甲企业　　　　　　　　　　　　　　　　 27 200.00
　　贷：其他业务收入（手续费收入）　　　　　　　　　　　　 27 200.00

(6) 将委托方甲企业剩余的进口货款退回：

剩余的进口货款 = 2 000 000 - 1 360 000 - 272 000 - 27 200 = 340 800（元）

借：应付账款——××单位　　　　　　　　　　　　　　　340 800.00
　　贷：银行存款　　　　　　　　　　　　　　　　　　　　　340 800.00

2. 代理出口业务关税的会计处理。

情境训练▶▶▶

【例 4-12】 乙进出口公司接受甲企业委托代理出口商品一批，该出口商品我国口岸 FOB 价格折合人民币为 800 000 元，出口税率为 30%，收取代理手续费 20 000 元。请进行相关会计处理。

【解析】 应交出口关税税额 = 800 000 × 30% = 240 000（元）

计算应缴纳的出口关税时：

借：应收账款——甲企业　　　　　　　　　　　　　　　　240 000.00
　　贷：应交税费——应交出口关税　　　　　　　　　　　　　240 000.00

缴纳出口关税时：

借：应交税费——应交出口关税　　　　　　　　　　　　　240 000.00
　　贷：银行存款　　　　　　　　　　　　　　　　　　　　　240 000.00

确定应收手续费时：

借：应收账款——甲企业　　　　　　　　　　　　　　　　 20 000.00
　　贷：主营业务收入　　　　　　　　　　　　　　　　　　　 20 000.00

收到委托方甲企业划来的税款及手续费时：

借：银行存款　　　　　　　　　　　　　　　　　　　　　260 000.00
　　贷：应收账款——甲企业　　　　　　　　　　　　　　　　260 000.00

【情境导入四解析】 经过上述关税核算方法的学习，现在可以对"情境导入四"提出的问题解答如下：

(1) 计算应纳关税税额和材料采购成本。

应纳关税税额 = 1 000 000 × 30% = 300 000(元)
材料采购成本 = 1 000 000 + 300 000 = 1 300 000(元)
代征增值税税额 = 1 300 000 × 17% = 221 000(元)
(2)相关会计处理：
第一，计提关税，核算材料采购成本。
借：在途物资   1 300 000.00
　　贷：应交税费——应交进口关税   300 000.00
　　　　应付账款——某企业   1 000 000.00
第二，支付关税和增值税：
借：应交税费——应交进口关税   300 000.00
　　　　　　——应交增值税(进项税额)   221 000.00
　　贷：银行存款   521 000.00
第三，商品验收入库时：
借：库存商品——某商品   1 300 000.00
　　贷：在途物资   1 300 000.00

● 情境小结 ●

1. 关税的概念、分类、征税范围、税率及纳税义务人的确定。
2. 关税的纳税申报流程：确定应交关税税目、税率→计算关税完税价格→计算应纳关税税额→填制进(出)口关税纳税申报表→进行纳税申报(报送海关审核)→确定应纳税额→缴纳税款→进行关税账务处理
3. 关税的计算方法：从价税、从量税和复合税。
(1)从价税：应纳税额 = 进(出)口货物的完税价格 × 进(出)口关税税率
(2)从量税：应纳税额 = 进(出)口货物数量 × 单位税额
(3)复合税：应纳税额 = 进(出)口货物数量 × 单位税额 + 进(出)口货物的完税价格 × 进(出)口关税税率

● 情境思考 ●

1. 简述关税的征税对象。
2. 简述关税的分类方法。
3. 简述进出口关税完税价格是如何确认和计算的。
4. 简述进出口关税税额的计算方法。
5. 简述进出口关税的核算方法。
6. 简述关税的纳税申报方法。

学习情境五
企业所得税核算与申报

---● 工作任务和学习子情境 ●---

工作任务
- 了解企业所得税税制结构,理解企业所得税的税收政策
- 在正确计算企业会计利润总额的基础上,学会根据企业所得税政策进行纳税调整,掌握征收企业所得税应纳税所得额的计算方法
- 掌握计算核定征收企业所得税应纳税所得额的方法
- 计算查账征收和核定征收企业所得税应交所得税额
- 掌握查账征收和核定征收企业所得税应交所得税额的会计核算方法
- 办理月(季)度企业所得税纳税申报和预交税款手续
- 办理年度企业所得税纳税申报和缴纳税款手续
- 办理企业所得税汇算清缴相关手续

学习子情境
- 企业所得税核算与申报概述
- 企业所得税应纳税额的计算
- 企业所得税纳税申报
- 企业所得税会计核算

---● 职业能力目标 ●---

专业能力
- 能正确理解和掌握企业所得税的税制结构和相关政策规定
- 能正确界定居民企业纳税人和非居民企业纳税人,并能正确判断各自适用的税率和应享受的税收优惠政策
- 能够根据企业发生的经济业务资料,正确计算企业会计利润总额、应纳税所得额和应交所得税额,并组织企业所得税业务的会计核算
- 能够根据经济业务资料,正确填报企业所得税月(季)度和年度纳税申报表及其相关附表
- 能办理企业所得税月(季)度、年度纳税申报月(季)度预缴、年度汇算清缴及税款缴纳业务

社会能力
- 能够与主管税务机关进行有关企业所得税方面的良好沟通与协调,为企业积极争取税收优惠政策
- 能够向单位领导、其他财会人员等相关人员宣传企业所得税税收政策法规,赢得合作与配合
- 培养爱岗敬业精神、团队协作能力和良好的职业素质与道德修养

学习情境五 企业所得税核算与申报

方法能力
- 能够根据工作任务和学习情境的需要查阅相关企业所得税税收及会计资料
- 能够清晰地梳理出企业所得税核算与申报的业务流程
- 能够利用各种资源自主学习和掌握企业所得税基础知识、纳税调整、应交所得税会计核算、纳税申报和税收筹划的技能

● 重点和难点 ●

重点
- 企业所得税的税制结构
- 居民企业纳税人和非居民企业纳税人的认定
- 企业所得税应纳税所得额和应交所得税额的计算
- 企业所得税纳税申报
- 企业所得税预交和汇算清缴
- 企业所得税应交所得税额的核算

难点
- 企业所得税应纳税所得额和应交所得税额的计算
- 企业所得税年度纳税申报表及其相关附表的填报
- 企业所得税纳税申报
- 月(季)度、年度纳税申报,月(季)度预交、年度汇算清缴及税款缴纳业务
- 企业所得税应交所得税额的核算

● 企业所得税核算与申报业务流程 ●

确定企业会计利润总额→企业所得税纳税调整确定→计算应纳税所得额→适用的税率→计算应纳所得税额→填制月(季)度、年度企业所得税纳税申报表及其附表→进行纳税申报(报送主管税务机关审核)→确定应纳税款→缴纳税款→企业所得税账务处理(编制记账凭证、登记账簿等)

学习子情境5.1 企业所得税核算与申报概述

情境导入一 ▶▶▶

宏远公司2017年度国内会计利润总额为100万元(假定无纳税调整项),年应纳税所得额为100万元,适用25%的所得税税率。另外,该企业分别在美国和德国设有分支机构(我国与美国和德国已经缔结避免双重征税协定)。美国分支机构的应纳税所得额为80万元,美国所得税税率为39%;德国分支机构的应纳税所得额为50万元,所得税税率为30%。假设该企业在美国和德国的所得按我国税法计算的应纳税所得额与按美国和德国两国税法计算的应纳税所得额一致,两个分支机构在美国和德国分别缴纳所得税31.2万元和15万元。请计算宏远公司2017年度应纳税所得额和应纳所得税额,填制2017年度纳税申报表及其附表,并进行2017年度纳税申报。

一、企业所得税的概念

(一)企业所得税的含义

企业所得税是指国家对企业的生产经营所得和其他所得征收的一种税。在我国境内,

企业和其他取得收入的组织为企业所得税的纳税人,不包括个人独资企业和合伙企业。

(二)企业所得税的特点

企业所得税以企业的生产经营所得和其他所得为计税基数,与其他税种相比,具有以下显著特点:

(1)征税范围广。在中华人民共和国境内,企业和其他取得收入的组织都是企业所得税的纳税人,都要依照税法的规定缴纳企业所得税。企业所得税的征税对象包括生产经营所得和其他所得。前者通常是指企业从事产品生产、交通运输、商品流通、劳务服务和其他营利事业等取得的所得;后者通常是指提供资金或财产取得的所得,包括利息、股息、红利、租金、转让资产收益和特许权使用费等所得。因此,企业所得税具有征收上的广泛性。

(2)税负公平,征税以量能负担为原则。企业所得税对企业,不分所有制,不分地区、行业和层次,实行统一的比例税率。在普遍征收的基础上,能使各类企业税负较为公平。由于企业所得税是对企业的经营净收入(也称经营所得)征收的,所以企业一般都具有所得税的承受能力,而且企业所得税的负担水平与纳税人所得多少直接关联,即"所得多的多征,所得少的少征,无所得的不征"。因此,企业所得税是能够较好地体现公平税负和税收中性的一个良性税种。

(3)税基约束力强。企业所得税的税基是应纳税所得额,即纳税人每个纳税年度的收入总额减去准予扣除项目金额之后的余额。所得税的计税涉及纳税人财务会计核算的各个方面,与企业会计核算关系密切。为了保护税基,企业应纳税所得额的计算应严格按照我国《企业所得税暂行条例》及其他有关规定进行,当企业的财务会计处理办法与国家税收法规相抵触时,应当按照税法的规定计算纳税。这一规定弥补了原来税法服从于财务制度的缺陷,有利于保护税基,维护国家利益。企业所得税明确了收入总额、扣除项目金额的确定以及资产的税务处理等内容,使应纳税所得额的计算相对独立于企业的会计核算,体现了税法的强制性与统一性。

(4)纳税人与负税人一致。企业所得税属于企业的终端税种,纳税人缴纳的所得税一般不易转嫁,而由纳税人自己负担。在会计利润总额的基础上,扣除企业所得税后的余额为企业生产经营的净利润。

二、企业所得税的纳税人

企业所得税的纳税人按照纳税义务不同分为居民企业和非居民企业。居民企业,是指依法在中国境内成立,或者依照外国(地区)法律成立但实际管理机构在中国境内的企业。这里的"实际管理机构"是指对企业生产经营、人员、账务、财产等实施实质性全面管理和控制的机构。非居民企业,是指依照外国(地区)法律成立且实际管理机构不在中国境内,但在中国境内设立机构、场所的,或者在中国境内未设立机构、场所,但有来源于中国境内所得的企业。居民企业应当就其来源于中国境内、境外的所得缴纳企业所得税。非居民企业在中国境内设立机构、场所的,应当就其所设机构、场所取得的来源于中国境内的所得,以及发生在中国境外但与其所设机构、场所有实际联系的所得,缴纳企业所得税。非居民企业在中国境内未设立机构、场所的,或者虽设立机构、场所但取得的所得与其所设机构、场所没有实际联系的,应当就其来源于中国境内的所得缴纳企业所得税。

想一想 ▶▶▶

1. 如何正确界定居民企业纳税人和非居民企业纳税人？
2. 居民企业纳税人和非居民企业纳税人的企业所得税税负有何区别？

三、企业所得税的课税对象

企业所得税的征税对象是纳税人的生产经营所得、其他所得和清算所得，包括销售货物所得、提供劳务所得、转让财产所得、股息、红利等权益性投资所得、利息所得、租金所得、特许权使用费所得、接受捐赠所得和其他所得。

企业所得税法明确规定了所得来源地：①销售货物所得，按照交易活动发生地确定。②提供劳务所得，按照劳务发生地确定。③转让财产所得。不动产转让所得按照不动产所在地确定；动产转让所得按照转让动产的企业或者机构、场所所在地确定；权益性投资资产转让所得按照被投资企业所在地确定。④股息、红利等权益性投资所得，按照分配所得的企业所在地确定。⑤利息所得、租金所得、特许权使用费所得，按照负担、支付所得的企业或者机构、场所所在地确定，或者按照负担、支付所得的个人的住所地确定。⑥其他所得，由国务院财政、税务主管部门确定。

四、企业所得税税率

（1）居民企业和中国境内有机构、场所且所得与机构、场所有关联的非居民企业，适用的企业所得税税率为25%。

（2）国家需要重点扶持的高新技术企业，减按15%的企业所得税税率缴纳企业所得税。

（3）符合条件的小型微利企业，减按20%的企业所得税税率缴纳企业所得税。符合条件的小型微利企业，是指从事国家非限制和禁止行业，并符合下列条件的企业：①工业企业，年度应纳税所得额不超过50万元，从业人数不超过100人，资产总额不超过3 000万元；②其他企业，年度应纳税所得额不超过50万元，从业人数不超过80人，资产总额不超过1 000万元。

（4）在境内不设立机构、场所的非居民企业，或虽设立机构、场所但取得的所得与境内机构、场所没有实际联系的，只就来源于中国境内的所得依据法定20%的税率（减半优惠后为10%）缴纳企业所得税。

想一想 ▶▶▶

为何在境内不设机构、场所的非居民企业，或虽设立机构、场所但取得的所得与境内机构、场所没有实际联系的，只就来源于中国境内的所得依据法定20%的税率（减半优惠后为10%）缴纳企业所得税？

课后查阅资料 ▶▶▶

1. 请查阅国家需要重点扶持的高新技术企业认定的具体条件。
2. 请查阅小型微利企业认定的具体条件。

五、企业所得税优惠政策

企业所得税法对需要重点扶持和鼓励发展的产业和项目,给予降低税率和减免税额的税收优惠政策。

(一)促进技术创新和科技进步方面的税收优惠政策

企业所得税法规定了四个方面的税收优惠,实施条例分别作了具体规定:

(1)一个纳税年度内,居民企业转让技术所得不超过500万元的部分,免征企业所得税;超过500万元的部分,减半征收企业所得税。新税法仅限于居民企业取得的技术转让所得,取消了对技术咨询、技术服务、技术培训、技术承包等技术性服务收入的免税规定。

(2)企业开发新技术、新产品、新工艺发生的研究开发费用,可以在计算应纳税所得额时加计扣除。企业实际发生的研究开发费用,未形成无形资产计入当期损益的,在按规定据实扣除的基础上,在2017年1月1日至2019年12月31日期间,再按照实际发生额的75%加计扣除;形成无形资产的,按照无形资产成本的175%摊销。

(3)创业投资企业从事国家需要重点扶持和鼓励的创业投资,可以按投资额的一定比例抵扣应纳税所得额。创业投资企业采取股权投资方式投资于未上市的中小高新技术企业2年以上的,可以按照其投资额的70%在股权持有满2年的当年抵扣该创业投资企业的应纳税所得额;当年不足抵扣的,可以在以后纳税年度结转抵扣。其中,创业投资企业是指在中国境内注册设立的主要从事创业投资的企业组织。创业投资企业主要通过股权上市转让、股权协议转让或者被投资企业回购等途径获得收益。

(4)企业的固定资产由于技术进步等原因,确需加速折旧的,可以采取缩短折旧年限或者加速折旧的方法。实施条例据此明确,可以享受这一优惠的固定资产包括:①由于技术进步,产品更新换代较快的固定资产;②常年处于强震动、高腐蚀状态的固定资产。同时明确,采取缩短折旧年限方法的,最低折旧年限不得低于企业所得税实施条例第六十条规定折旧年限的60%;采取加速折旧方法的,可以采取双倍余额递减法或者年数总和法。

(5)国家需要重点扶持的高新技术企业,减按15%的税率缴纳企业所得税。

国家需要重点扶持的高新技术企业,须同时符合以下条件:

1)拥有核心自主知识产权。在中国境内(不含港、澳、台)注册的企业,近3年内通过自主研发、受让、受赠、并购等方式取得自主知识产权(以取得专利证书为准),或通过5年以上的独占许可方式,对其主要产品(服务)的核心技术拥有自主知识产权(独占范围以全球独占为准)。

2)产品(服务)属于《国家重点支持的高新技术领域》规定的范围。

3)具有大学专科以上学历的科技人员占企业当年职工总数的30%以上,其中研发人员占企业当年职工总数的10%以上。

4)企业为获得科学技术(不包括人文、社会科学)新知识,创造性地运用科学技术新知识,或实质性改进技术、产品(服务)而持续进行了研究开发活动,且近3个会计年度的研究开发费用占销售收入总额的比例符合如下要求:①最近一年销售收入小于5 000万元的企业,比例不低于6%;②最近一年销售收入为5 000万元至20 000万元的企业,比例不低于

4%;③最近一年销售收入在20 000万元以上的企业,比例不低于3%。其中,企业在中国境内发生的研究开发费用总额占全部研究开发费用总额的比例不低于60%。企业注册成立时间不足3年的,按实际经营年限计算。

5)高新技术产品(服务)收入占企业当年(汇缴当年)总收入的60%以上。

(6)对经济特区和上海浦东新区内在2008年1月1日(含)之后完成登记注册的国家需要重点扶持的高新技术企业,在经济特区和上海浦东新区内取得的所得,自取得第一笔生产经营收入所属纳税年度起,第一年至第二年免征企业所得税,第三年至第五年按照25%的法定税率减半征收企业所得税。其中,经济特区是指深圳、珠海、汕头、厦门和海南经济特区。

(二)鼓励基础设施建设方面的企业所得税税收优惠

企业从事国家重点扶持的公共基础设施项目(指《公共基础设施项目企业所得税优惠目录》规定的港口码头、机场、铁路、公路、电力、水利等项目,不包括企业承包经营、承包建设和内部自建自用项目)的投资经营的所得可以免征、减征企业所得税。从事这些项目的投资经营所得,自项目取得第一笔生产经营收入的纳税年度起,第一年至第三年免征企业所得税,第四年至第六年减半征收企业所得税。

(三)支持环境保护、节能节水、资源综合利用、安全生产的税收优惠政策

企业从事环境保护、节能节水项目的所得,可以免征、减征企业所得税。企业凡是从事公共污水处理、公共垃圾处理、沼气综合开发利用、节能减排技术改造、海水淡化等项目的所得,自项目取得第一笔生产经营收入的纳税年度起,第一年至第三年免征企业所得税,第四年至第六年减半征收企业所得税,具体条件和范围由国务院财政、税务主管部门会同国务院有关部门制定,报国务院批准后公布施行。

企业综合利用资源,生产符合国家产业政策规定的产品所取得的收入,可以在计算应纳税所得额时减计收入。实施条例据此明确,企业以《资源综合利用企业所得税优惠目录》规定的资源作为主要原材料,生产国家非限制和禁止并符合国家和行业相关标准的产品取得的收入,减按90%计入收入总额。

企业购置用于环境保护、节能节水、安全生产等设备的投资额,可以按一定比例实行税额抵免。实施条例据此明确,企业购置并实际使用《环境保护专用设备企业所得税优惠目录》《节能节水专用设备企业所得税优惠目录》和《安全生产专用设备企业所得税优惠目录》规定的环境保护、节能节水、安全生产等专用设备的,该专用设备的投资额的10%可以从企业当年的应纳税额中抵免;当年不足抵免的,可以在以后5个纳税年度结转抵免。

(四)关注"三农",扶持农林牧副渔业发展的税收优惠政策

(1)企业从事下列项目的所得,免征企业所得税:①蔬菜、谷物、薯类、油料、豆类、棉花、麻类、糖料、水果、坚果的种植;②农作物新品种的选育;③中药材的种植;④林木的培育和种植;⑤牲畜、家禽的饲养;⑥林产品的采集;⑦灌溉、农产品初加工、兽医、农技推广、农机作业和维修等农、林、牧、渔服务业项目;⑧远洋捕捞。

(2)企业从事下列项目的所得,减半征收企业所得税:①花卉、茶以及其他饮料作物和香料作物的种植;②海水养殖、内陆养殖。

(五)促进公益事业、照顾特殊人群,创造和谐环境方面的税收优惠政策

(1)企业安置残疾人员所支付的工资,在据实扣除的基础上,再按照支付给残疾职工工资的100%加计扣除。

(2)民族自治地方的自治机关对属于地方财政收入的某些税收需要加以照顾和鼓励的,可以实行减税或者免税。但新企业所得税法规定,民族自治地方只能减免地方财政收入的所得税部分,不能减免中央财政收入部分的企业所得税。此外,为与国家产业政策相衔接,对民族自治地方内国家限制和禁止行业的企业,也不得减征或者免征企业所得税。民族自治地方的企业地方所得税的减免,新企业所得税法规定其决定权在省级地方政府。自治州、自治县决定减征或者免征的,须报省、自治区、直辖市人民政府批准。民族自治地方包括自治区、自治州和自治县。

税法同时规定,从事不同税收待遇的项目,各优惠项目应单独计算所得,并合理分摊期间费用;没有单独计算的,不得享受所得税优惠政策。

课后查阅资料 ▶▶▶

1.请查阅我国企业所得税的发展历史。
2.请查阅与企业所得税有关的税收优惠政策。

情境训练 ▶▶▶

【例5-1】 根据企业所得税法的规定,下列关于居民企业和非居民企业的说法,正确的是( )。

A.只有依照中国法律成立的企业才是居民企业
B.依照外国法律成立,实际管理机构在中国境内的企业是非居民企业
C.在境外成立的企业都是非居民企业
D.在中国境内设立机构、场所且在境外成立但实际管理机构不在中国境内的企业是非居民企业

【解析】 居民企业,是指依法在中国境内成立,或者依照外国(地区)法律成立但实际管理机构在中国境内的企业。非居民企业,是指依照外国(地区)法律成立且实际管理机构不在中国境内,但在中国境内设立机构、场所的,或者在中国境内未设立机构、场所,但有来源于中国境内所得的企业。所以,正确答案为D。

【例5-2】 依据新企业所得税法的规定,下列企业属于企业所得税纳税人的有( )。

A.依照中国法律在中国境内成立的私营企业
B.依照中国法律在中国境内成立的个人独资企业
C.依照外国法律成立但实际管理机构在中国境内的企业
D.依照外国法律成立在中国境内设立机构且取得所得的企业
E.依照外国法律成立未在中国境内设立机构但有来源于中国境内所得的企业

【解析】 私营企业中的个人独资企业和合伙企业征收个人所得税,所以,正确答案为C、D、E。

【例5-3】 按照企业所得税法及其实施条例的规定,下列有关企业所得税税率说法不正确的是( )。

A.居民企业适用税率为25%

B. 国家重点扶持的高新技术企业减按15%的税率征税

C. 符合条件的小型微利企业适用税率为20%

D. 未在中国境内设立机构、场所的非居民企业取得中国境内的所得,适用税率为15%

【解析】 选项A、B、C均符合企业所得税法关于适用税率的规定。未在中国境内设立机构、场所的非居民企业,取得中国境内的所得适用的税率应为20%。因此,正确答案为D。

【例5-4】 企业取得下列各项所得,可以免征企业所得税的有(　　)。

A. 林产品的采集所得　　　　　　B. 海水养殖、内陆养殖所得

C. 香料作物的种植所得　　　　　D. 农作物新品种的选育所得

E. 牲畜家禽的饲养所得

【解析】 选项B、C为减半征收企业所得税。选项A、D、E可以免征企业所得税。所以,正确答案为A、D、E。

【例5-5】 某德国企业(实际管理机构不在中国境内)在中国境内设立分支机构,2017年该机构在中国境内取得咨询收入500万元;在中国境内培训技术人员,取得日方支付的培训收入200万元;在中国香港取得与该分支机构无实际联系的所得80万元。2017年度该境内机构企业所得税的应纳税收入总额为(　　)万元。

A. 500　　　　　　B. 580　　　　　　C. 700　　　　　　D. 780

【解析】 非居民企业在中国境内设立机构、场所的,应当就其所设机构、场所取得的来源于中国境内的所得,以及发生在中国境外但与其所设机构、场所有实际联系的所得,缴纳企业所得税。据此,该德国企业来自境内所得额应该是500万元的咨询收入和境内培训的200万元,合计700万元;在中国香港取得的所得不属于境内所得,而且和境内机构无关,所以,不属于境内应税收入。正确答案为C。

【例5-6】 下列各项中,关于企业所得税所得来源的确定正确的是(　　)。

A. 权益性投资资产转让所得,按照投资企业所在地确定

B. 销售货物所得,按照交易活动发生地确定

C. 提供劳务所得,按照所得支付地确定

D. 转让不动产,按照转让不动产的企业或机构、场所所在地确定

【解析】 正确答案为B。因为,权益性投资资产转让所得按照被投资企业所在地确定;提供劳务所得,按照劳务发生地确定;转让不动产,按照不动产所在地确定。

学习子情境5.2　企业所得税应纳税额的计算

情境导入二 ▶▶▶

光华公司为增值税一般纳税人,生产电机。2017年度,该公司销售电机产品取得收入1 000万元,国债利息收入30万元,税金及附加500万元,管理费用100万元(其中业务招待费10万元),销售费用120万元(其中广告费50万元),财务费用80万元,营业外收入150万元,营业外支出130万元,其中税收滞纳金10万元,工商部门罚款20万元,赞助支出50万元。请计算光华公司2017年度的会计利润、应纳税所得额和应交所得税额。

一、企业所得税应纳税所得额的计算

(一)企业所得税的计税依据

企业所得税的计税依据是应纳税所得额。企业应纳税所得额的确定可以采用直接计算法和间接计算法两种方法。

(二)企业所得税应纳税所得额的计算方法

1. 直接计算法。

直接计算法是直接根据各项收入扣除各项成本费用支出等确认应纳税所得额的方法。

基本计算公式为:

应纳税所得额 = 收入总额 − 不征税收入 − 免税收入 − 各项扣除项目 − 允许弥补的以前年度亏损

(1)收入总额,指企业以货币形式和非货币形式从各种来源取得的收入。包括:销售货物收入;提供劳务收入;转让财产收入;股息、红利等权益性投资收益;利息收入;租金收入;特许权使用费收入;接受捐赠收入;其他收入。

1)销售货物收入,是指销售商品、产品、原材料、包装物、低值易耗品以及其他存货取得的收入。

2)提供劳务收入,是指企业从事建筑安装、修理修配、交通运输、仓储租赁、金融保险、邮电通信、咨询经纪、文化体育、科学研究、技术服务、教育培训、餐饮住宿、中介代理、卫生保健、社区服务、旅游、娱乐、加工以及其他劳务服务活动取得的收入。

3)转让财产收入,是指企业转让固定资产、生物资产、无形资产、股权、债权等财产取得的收入。

4)股息、红利等权益性投资收益,是指企业因权益性投资从被投资方取得的收入。股息、红利等权益性投资收益,除国务院财政、税务主管部门另有规定外,按照被投资方作出利润分配决定的日期确认收入的实现。

5)利息收入,是指企业将资金提供给他人使用但不构成权益性投资,或者因他人占用本企业资金取得的收入,包括存款利息、贷款利息、债券利息、欠款利息等收入。

6)租金收入,是指企业提供固定资产、包装物或者其他有形资产的使用权取得的收入。

7)特许权使用费收入,是指企业提供专利权、非专利技术、商标权、著作权以及其他特许权的使用权取得的收入。

8)接受捐赠收入,是指企业接受的来自其他企业、组织或者个人无偿给予的货币性资产、非货币性资产。

9)其他收入,是指企业取得的除以上收入外的其他收入,包括企业资产溢余收入、逾期未退包装物押金收入、确实无法偿付的应付款项、已作坏账损失处理后又收回的应收款项、债务重组收入、补贴收入、违约金收入、汇兑收益、教育费附加返还款等。

对企业而言,其收入总额中,还应包括下列特殊方式取得的收入:①企业以分期收款方式销售货物,按照书面合同约定的收款日期确认收入。②企业受托加工制造大型机械设备、船舶、飞机等,持续时间经常超过12个月,因此,税法规定:持续时间超过12个月的,按照纳税年度内完工进度或者完成的工作量确认收入的实现(企业确定提供劳务交易的完工进度,可以选用下列方法:第一,已完工作量的测量。第二,已经提供的劳务占应提供劳务总量的比例。第三,已经发生的成本占估计总成本的比例)。③企业采用产品分成方式取得的收入,在企业分得产品日期,按照该产品的公允价值确认。④企业发生非货币资产交换,以及将货物、财产、劳务用于捐赠、偿债、赞助、集资、广告、样品、职工福利或者利润分配等用途的,应当视同销售货物、转让财产或提供劳务确认收入。但国务院财政、税务主管部门另有规定的除外。

10)减免或返还流转税的税务处理。对减免或返还的流转税(含即征即退、先征后退),除国务院、财政部、国家税务总局规定有指定用途的项目以外,都应并入企业利润,照章征收企业所得税。

温馨提示 ▶▶▶

企业所得税的视同销售行为与增值税的视同销售行为不完全相同。

想一想 ▶▶▶

增值税的视同销售行为是否形成企业所得税的应纳税所得额?

(2)不征税收入。不征税收入一般不属于营利性活动带来的经济利益,是专门从事特定目的的收入。从企业所得税原理上看,对这些收入征税,没有财政意义。因此,这些收入被列为不征税的收入。具体包括:

1)财政拨款,是指各级人民政府对纳入预算管理的事业单位、社会团体等组织拨付的财政资金。

2)依法收取并纳入财政管理的行政事业性收费、政府性基金。行政事业性收费是指依照法律法规等有关规定,按照国务院规定程序批准,在实施社会公共管理,以及在向公民、法人或者其他组织提供特定公共服务过程中,向特定对象收取并纳入财政管理的费用。政府性基金是指企业依照法律、行政法规等有关规定,代政府收取的具有专项用途的财政资金。

3)国务院规定的其他不征税收入,是指企业取得的,由国务院财政、税务主管部门规定专项用途并经国务院批准的财政性资金,主要是指企业从政府及其有关部门取得的财政补助、补贴、贷款贴息,以及其他各类财政资金,包括直接减免的增值税和即征即退、先征后退、先征后返的各种税收,但不包括企业按规定取得的出口退税款。

课后查阅资料 ▶▶▶

请查阅企业所得税法规定的不征税收入应具备的基本条件。

(3)免税收入。免税收入属于税收优惠,是国家为了实现某些经济和社会目标,在特定时期或者对特定项目取得的经济利益给予的税收优惠。具体包括:

1)国债利息收入。

2)居民企业直接投资于其他居民企业取得的股息、红利等权益性投资收益。不包括连续持有居民企业公开发行并上市流通的股票不足12个月取得的投资收益。

3)在中国境内设立机构、场所的非居民企业从居民企业取得与该机构、场所有实际联系的股息、红利等权益性投资收益。不包括连续持有居民企业公开发行并上市流通的股票不足12个月取得的投资收益。

4)同时符合非营利组织的收入。

企业免税收入主要是指上述第1)—3)项。

想一想

1. 不征税收入与免税收入有何不同?这两者对企业所得税会产生什么影响?

2. 为何将"在中国境内设立机构、场所的非居民企业从居民企业取得与该机构、场所有实际联系的股息、红利等权益性投资收益"作为免税收入?

情境训练

【例5-7】 根据企业所得税相关规定,关于收入确认时间的说法,正确的有(   )。

A. 特许权使用费收入以实际取得收入的日期确认收入的实现

B. 利息收入以合同约定的债务人应付利息的日期确认收入的实现

C. 接受捐赠收入按照实际收到捐赠资产的日期确认收入的实现

D. 作为商品销售附带条件的安装费收入在确认商品销售收入时实现

E. 股息等权益性投资收益以投资方收到所得的日期确认收入的实现

【解析】选项A,特许权使用费收入按照合同约定的特许权使用人应付特许权使用费的日期确认收入的实现;选项E,股息等权益性投资收益按照被投资方作出利润分配决定的日期确认收入的实现。所以,正确答案为B、C、D。

【例5-8】 根据企业所得税相关规定,下列收入中,免税收入有(   )。

A. 国债利息   B. 存款利息   C. 财政补贴   D. 财政拨款

E. 居民企业直接投资于其他居民企业(非上市公司)取得的股息

【解析】选项B是应税收入;选项C、D是不征税收入。所以,正确答案为A、E。

(4)允许扣除项目及其标准。

1)允许扣除项目的一般规定。

企业实际发生的与取得收入有关的(直接相关)、合理的支出,包括成本、费用、税金、损失和其他支出,准予在计算应纳税所得额时扣除。具体包括:

a. 成本,是指企业在纳税申报期间,已经申报确认的销售商品(包括产品、材料、下脚料、废料和废旧物资等)、提供劳务、转让固定资产和无形资产(包括技术转让)的成本。

温馨提示

在税法上,只有销售出去,并在申报纳税期间确认了销售(营业)收入的相关部分商品的成本才能申报扣除。

b. 费用,特指企业申报纳税期间的销售费用、管理费用和财务费用等期间费用。因此,企业发生的期间费用,只要符合税前扣除的基本条件和一般原则规定的、与取得应税收入有关的支出,凡没有计入成本,没有资本化的支出,以及税法没有禁止和限制的(如招待费),都应计入期间费用,在税前扣除。需要注意的是,不能在成本和期间费用之间重复扣除。

c. 税金,一般是指企业缴纳的消费税、资源税、城市维护建设税、出口关税、土地增值税、房产税、车船使用税、土地使用税、印花税、教育费附加等产品销售税金及附加,不包括增值税和企业所得税。

d. 损失。依照国务院财政、税务主管部门的规定,允许扣除的损失,一般是指企业在生产经营活动中发生的固定资产和存货的盘亏、毁损、报废损失,转让财产损失,坏账损失,自然灾害、战争等不可抗力因素造成的损失以及其他损失,减除责任人赔偿和保险赔款后的余额。值得注意的是,企业已经作为损失处理的资产,在以后年度又全部或部分收回时,应当计入当期收入,作为应税收入。

e. 其他支出,是指企业实际发生的与经营活动有关的、合理的,除成本、费用、税金、损失之外的其他支出。

2) 允许扣除项目的具体规定及标准。

工资薪金。企业实际发生的与取得收入有关的、合理的工资薪金支出,准予扣除。在对工资薪金进行合理性确认时,可按以下原则:①企业制定了较为规范的员工工资薪金制度;②企业所制定的工资薪金制度符合行业及地区水平;③企业在一定时期内所发放的工资薪金是相对固定的,工资薪金的调整是有序进行的;④企业对实际发放的工资薪金,已依法履行了代扣代缴个人所得税义务;⑤有关工资薪金的安排,不以减少或逃避税款为目的。

职工福利费。企业发生的职工福利费支出,不超过工资薪金总额14%的部分,准予扣除。

工会经费。企业拨缴的工会经费,不超过工资薪金总额2%的部分,准予扣除。

温馨提示 ▶▶▶

2010年1月1日起,在委托税务机关代收工会经费的地区,企业拨缴的工会经费,也可凭合法、有效的工会经费代收凭据依法在税前扣除。

职工教育经费。除国务院财政、税务主管部门另有规定外,企业发生的职工教育经费,不超过工资薪金总额2.5%的部分,准予扣除;超过部分,准予在以后纳税年度结转扣除。

社会保险费和住房公积金。企业依照国务院有关主管部门或者省级人民政府规定的范围和标准为职工缴纳的"七险一金"(基本养老保险费、补充养老保险费、基本医疗保险费、补充医疗保险费、失业保险费、工伤保险费、生育保险费和住房公积金),准予扣除。其中,补充养老保险费、补充医疗保险费必须在国务院财政、税务主管部门规定的范围和标准内。

想一想 ▶▶▶

企业所得税法允许税前扣除的职工福利费、工会经费、职工教育经费与企业会计准则的规定有何异同?

课后查阅资料 ▶▶▶

1. 请查阅企业会计准则"五险一金"的核算标准。
2. 请查阅当地财政部门和税务机关规定的补充养老保险费、补充医疗保险费的范围和标准。

业务招待费。企业发生的与生产经营活动有关的业务招待费支出,按照发生额的60%扣除,但最高不得超过当年销售(营业)收入的5‰。

温馨提示 ▶▶▶

业务招待费允许扣除的标准是实际发生额的60%与销售(营业)收入的5‰相比较小者。

广告费和业务宣传费。企业发生的符合条件的广告费和业务宣传费支出,除国务院财政、税务主管部门另有规定外,不超过当年销售(营业)收入15%的部分,准予扣除;超过部分,准予在以后纳税年度结转扣除。

专项环境保护、生态恢复资金。企业依照法律、行政法规有关规定提取的用于环境保护、生态恢复等方面的专项资金,准予扣除。上述专项资金提取后改变用途的,不得扣除。

固定资产租赁费。以租赁双方对租赁物所承担的风险和报酬为标准,租赁分为经营租赁和融资租赁。

以融资租赁方式租入的固定资产发生的租赁费支出,按照规定构成融资租入固定资产价值的部分,应当提取折旧费用,分期扣除。融资租赁具有以下特征:第一,租赁期限占据了资产使用寿命的大部分;第二,租赁付款额的现值大于等于租赁资产账面价值的90%;第三,租赁结束后资产所有权可能会转移给承租人,一般情况下承租人有优先购买权。

以经营租赁方式租入的固定资产发生的租赁费支出,按照租赁期限均匀扣除。经营租赁是指除融资租赁以外的其他租赁。经营租赁的特征:通常情况下,在经营租赁中,租赁资产的所有权不转移,租赁期满后,承租人有退租或续租的选择权,而不存在优先购买选择权。

劳动保护支出。企业实际发生的合理的劳动保护费支出,准予扣除。

借款费用。企业在生产经营活动中发生的、合理的、不需要资本化的借款费用,准予扣除。

总机构分摊的费用。非居民企业在中国境内设立机构、场所,就其中国境外总机构发生的与该机构、场所生产经营有关的费用,能够提供总机构出具的汇集范围、定额、分摊依据和方法等证明文件并合理分摊的,准予扣除。

公益性捐赠。经符合条件的公益性团体或县级(含县级)以上人民政府及其部门的公益性捐赠,在会计利润总额12%以内,准予扣除。

财产损失。企业发生的财产损失,按下列规定处理:企业发生的财产损失,应在损失发生当年申报扣除,不得提前或延后。非因计算错误或者客观原因,企业未及时申报的财产损失,逾期不得扣除。企业已申报扣除的财产损失又获得价值恢复或补偿的,应在价值恢复或实际取得补偿年度并入应纳税所得额。

想一想

企业所得税法中准予扣除的项目中,准予在以后纳税年度结转扣除的有哪些?

(5)企业不予扣除项目:①向投资者支付的股息、红利等权益性投资收益款项。②企业所得税税款。③税收滞纳金。④罚金、罚款和被没收财物的损失。⑤超过国家规定允许扣除标准的捐赠支出。⑥赞助支出。⑦未经核定的准备金支出。⑧集团内部企业间相互支付的管理费、租金、特许权使用费、利息等,不得扣除。⑨与取得收入无关的其他支出。

(6)企业允许弥补的以前年度亏损。企业所得税法所称亏损,是指企业依照企业所得税法及其实施条例的规定,将每一纳税年度的收入总额减除不征税收入、免税收入和各项扣除后小于零的数额。企业按照税法口径计算的亏损,可以用以后纳税年度的所得进行弥补,但结转弥补期限最长不得超过5年。

温馨提示

1. 企业所得税法所称的亏损与会计准则所称的亏损不同。后者是指当年总收益小于当年总支出。企业只有按照税法口径计算的亏损,才可以用以后纳税年度的所得进行弥补,且结转弥补期限最长不得超过5年。

2. 企业所得税允许扣除项目名称以及每个项目允许扣除的比例(标准),应该熟记并掌握。

想一想▶▶▶

企业所得税法允许税前扣除的项目的扣除比例与会计准则规定的扣除比例有何不同?

情境训练▶▶▶

【例5-9】 合肥东方彩电生产企业为增值税一般纳税人,适用企业所得税税率为25%。2017年该企业生产经营业务如下:

(1)全年直接销售彩电取得销售收入8 000万元(不含换取原材料的部分),全年购进原材料取得的增值税专用发票上注明的税款为850万元(已通过主管税务机关认证)。

(2)企业接受一批价值100万元的原材料捐赠,并取得捐赠方开具的增值税专用发票,进项税额为17万元,该项捐赠企业已计入营业外收入进行核算。

(3)6月,企业为了提高产品性能与安全度,从国内购入2台安全生产设备并于当月投入使用,增值税专用发票上注明的价款为400万元,进项税额为68万元,企业采用直线法按5年计提折旧,残值率为8%(经税务机构认可),税法规定该设备直线法折旧年限为10年。

要求:计算2017年度该企业的应纳税所得额中可直接扣除的税费是(　　)万元。

A. 42.50　　　　B. 51　　　　C. 49.30　　　　D. 47.94

【解析】 应纳增值税税额=8 000×17%-850-17(受赠材料)-68(安全设备)=425(万元)

应纳城市维护建设税税额=425×7%=29.75(万元)

应交教育费附加额=425×3%=12.75(万元)

税前扣除的税费合计=29.75+12.75=42.5(万元)

所以,正确答案为A。

【例5-10】 合肥爱华电子公司2017年"财务费用"账户列支350万元,其中,4月1日向银行借款500万元用于厂房扩建,借款期限为1年,当年向银行支付了3个季度的借款利息22.5万元,该厂房8月31日竣工结算并交付使用。6月1日,为弥补流动资金不足,经批准向其他企业融资100万元,借款期限1年,年利率12%,按月付息,本年实际支付利息7万元。该企业2017年度所得税允许扣除的财务费用为多少万元?

【解析】 1年期同期银行利率=(22.5÷3×4)÷500×100%=6%

允许扣除的财务费用=[350-(22.5+7)]+22.5÷9×4+100×6%÷12×7
　　　　　　　　　=334(万元)

所以,该企业2017年度所得税允许扣除的财务费用为334万元。

【例5-11】 2017年沃尔玛合肥公司经开区店实现商品销售收入2 000万元,发生现金折扣100万元,接受捐赠收入100万元,转让无形资产所有权收入20万元。该企业当年实际发生业务招待费30万元、广告费240万元、业务宣传费80万元。2017年度该企业可税前扣除的业务招待费、广告费、业务宣传费合计(　　)万元。

A. 294.5　　　　B. 310　　　　C. 325.5　　　　D. 330

【解析】 销售商品涉及现金折扣的,应当按现金折扣前的金额确定销售商品收入金额。

业务招待费扣除限额:2000×0.5%=10(万元),30×60%=18(万元),按10万元扣除。

广告费和业务宣传费扣除限额:2000×15%=300(万元),小于实际发生额320(240+

80)万元,按 300 万元扣除。

合计 = 10 + 300 = 310(万元)。

所以,正确答案为 B。

(7)企业资产的税务处理。

1)固定资产的税务处理。

固定资产是指企业为生产产品、提供劳务、出租或经营管理而持有的、使用时间超过12个月的非货币性资产,包括房屋、建筑物、机器、机械、运输工具以及其他与生产经营活动有关的设备、器具、工具等。

ⅰ.固定资产的计税基础:①外购的固定资产,以购买价款和支付的相关税费以及为使该资产达到预定可使用状态前发生的可直接归属于该资产的运输费、装卸费、安装费和专业人员服务费等其他支出为计税基础。②自行建造的固定资产,以建造该项资产达到预定可使用状态前发生的必要支出为计税基础。③融资租入的固定资产,以租赁合同约定的付款总额和承租人在签订租赁合同过程中发生的相关费用为计税基础;租赁合同未约定付款总额的,以该资产的公允价值和承租人在签订租赁合同过程中发生的相关费用为计税基础。④盘盈的固定资产,以同类固定资产的重置完全价值为计税基础。⑤通过捐赠、投资、非货币性资产交换、债务重组等方式取得的固定资产,以该资产的公允价值和支付的相关税费为计税基础。⑥改建的固定资产,改建过程中发生的改建支出,增加计税基础。

温馨提示▶▶▶

外购的固定资产计税基础中,不包括准予抵扣的增值税进项税额。

ⅱ.固定资产折旧的范围。

企业在计算应纳税所得额时,按规定计算的折旧额准予扣除,但下列固定资产税法规定不得计算折旧扣除:①房屋、建筑物以外未投入使用的固定资产;②以经营租赁方式租入的固定资产;③以融资租赁方式租出的固定资产;④已足额提取折旧仍继续使用的固定资产;⑤与经营活动无关的固定资产;⑥单独估价作为固定资产入账的土地;⑦其他不得计算折旧扣除的固定资产。

ⅲ.固定资产折旧的计提方法:①应当自固定资产投入使用月份的次月起计算折旧;停止使用的固定资产,应当自停止使用月份的次月起停止计提折旧。②应当根据固定资产的性质和使用情况,合理确定固定资产的预计净残值。预计净残值一经确定,不得变更。③固定资产按照直线法计算的折旧,准予扣除。

想一想▶▶▶

企业所得税法规定允许税前扣除的计提固定资产折旧的计算方法与企业会计准则规定的固定资产折旧计提方法有何不同?为什么?

ⅳ.固定资产折旧的计提年限。

除国务院财政、税务主管部门另有规定外,固定资产计提折旧的最低年限如下:①房屋、建筑物,为 20 年;②飞机、火车、轮船、机器、机械和其他生产设备,为 10 年;③与生产经营活动有关的器具、工具、家具等,为 5 年;④飞机、火车、轮船以外的运输工具,为 4 年;⑤电子设备,为 3 年。

温馨提示 ▶▶▶

企业所得税法与企业会计准则规定的固定资产折旧方法存在一定的差别。税法规定，固定资产按照直线法计算的折旧，准予扣除。而企业会计准则规定，固定资产折旧既可以采用直线法，也可以采用双倍余额递减法和年数总和法等加速折旧法计提折旧。

课后查阅资料 ▶▶▶

请查阅企业财务通则关于固定资产折旧年限的规定。

2）生物资产的税务处理。

生物资产是指有生命的动物和植物。生物资产分为消耗性生物资产（如农田作物、蔬菜、用材林以及存栏待售的牲畜等）、生产性生物资产（如经济林、薪炭林、产畜和役畜等）和公益性生物资产（如防风固沙林、水土保湿林和水源涵养林等）。

ⅰ．生物资产的计税基础：①外购的生产性生物资产，以购买的价款和支付的相关税费为计税基础；②通过捐赠、投资、非货币性资产交换、债务重组等方式取得的生产性生物资产，以该资产的公允价值和支付的相关税费为计税基础。

ⅱ．生物资产的折旧方法和折旧年限。生产性生物资产按照直线法计算的折旧额准予扣除。企业应当自生产性生物资产投入使用月份的次月起计算折旧；停止使用的生产性生物资产，应当自停止使用月份的次月起停止计算折旧。企业应当根据生产性生物资产的性质和使用情况，合理确定生产性生物资产的预计净残值。生产性生物资产的预计净残值一经确定，不得变更。税法规定，生产性生物资产计算折旧的最低年限为：林木类生产性生物资产为10年；畜类生产性生物资产为3年。

想一想 ▶▶▶

企业所得税法规定允许税前扣除的计提生物资产的折旧和计提固定资产折旧的年限有何不同？为什么？

生物资产分为生产性生物资产和消耗性生物资产。其中，生产性生物资产需要计提折旧。

3）无形资产的税务处理。

无形资产是指企业长期使用但没有实物形态可辨认的资产，包括专利权、商标权、著作权、土地使用权、非专利技术、商誉等。

ⅰ．无形资产的计税基础：①外购的无形资产，以购买价款和支付的相关税费以及直接归属于使该资产达到预定用途发生的其他支出为计税基础；②自行研发的无形资产，以研发过程中该资产符合资本化条件后至达到预定用途前发生的支出为计税基础；③通过捐赠、投资、非货币性资产交换、债务重组等方式取得的无形资产，以该资产的公允价值和支付的相关税费为计税基础。

ⅱ．无形资产摊销的范围。税法规定，企业按规定计算的无形资产摊销费用，准予扣除。但下列无形资产不得计算摊销费用扣除：①自行开发的支出已在计算应纳税所得额时扣除的无形资产；②自创的商誉；③与经营活动无关的无形资产；④其他不得计算摊销费用扣除的无形资产。

ⅲ．无形资产的摊销方法及年限。无形资产应采用直线法计算摊销额。无形资产摊销年限不得低于10年。作为投资或者受让的无形资产，有关法律规定或合同约定了使用年限的,可以按照规定或约定的年限分期摊销。外购商誉支出,在企业整体转让或者清算时准予扣除。

想一想▶▶▶

企业所得税法规定允许税前扣除的无形资产的摊销方法和摊销年限与企业会计准则的规定有何不同?为什么?

4)长期待摊费用的税务处理。

长期待摊费用是指企业发生的应在一个年度以上或几个年度进行摊销的费用。具体包括:已足额提取折旧的固定资产改建支出;租入固定资产的改建支出;固定资产的大修理支出(修理支出达到取得固定资产时的计税基础50%以上;修理后固定资产使用年限延长2年以上);其他应当作为长期待摊费用的支出。已足额提取折旧的固定资产改建支出,按照该固定资产的预计尚可使用年限分期摊销;租入固定资产的改建支出,按合同约定的剩余租赁期限分期摊销;大修理支出,按照固定资产尚可使用年限分期摊销;其他应当作为长期待摊费用的支出,自支出发生月份的次月起,分期摊销,摊销年限不得低于3年。

温馨提示▶▶▶

1. 企业所得税法规定,作为分期摊销的固定资产大修理支出,必须同时符合以下两个条件:一是修理支出达到取得固定资产时的计税基础50%以上;二是修理后固定资产的使用年限延长2年以上。

2. 企业所得税法规定,符合条件的大修理支出,按照固定资产尚可使用年限分期摊销。

想一想▶▶▶

企业所得税法规定的固定资产的大修理支出和企业会计准则规定的固定资产的大修理支出的分摊方法和期限有何不同?为什么?

5)存货的税务处理。存货是指企业持有以备出售的产品或商品、处在生产过程中的在产品、在生产或提供劳务过程中耗用的材料和物料等。

ⅰ.存货的计税基础:①外购存货。a. 工业企业外购的原材料,以买价加运输费、装卸费、保险费、包装费、运输途中的合理损耗、入库前的挑选整理费用和按规定应计入成本的税费及其他相关费用作为实际成本。注意,不包括存货入库后发生的仓储费用,这些仓储费用应在实际发生时计入当期损益。b. 商品流通企业外购的商品,以进价和规定应计入商品成本的税金作为实际成本。商品流通企业在采购商品过程中发生的运输费、装卸费、保险费以及其他可归属于存货采购成本的费用等进货费用,应当计入存货采购成本,也可先行归集,期末根据所购商品的存、销情况进行分摊。已售商品的进货费用,计入当期损益;未售商品的进货费用,计入期末存货成本。若进货费用金额较小,也可在发生时直接计入当期损益。②自制存货,以存货在生产过程中的加工成本作为实际成本。③委托外单位加工的存货,应以实际耗用的原材料或者半成品价值、往返加工费、运输费、装卸费和保险费等费用以及按规定应计入成本的税金作为实际成本。商品流通企业加工商品,以商品的进货原价、加工费用和按规定应计入成本的税金作为实际成本。④其他方式取得的存货,以该存货的公允价值和支付的相关税费作为实际成本。

温馨提示▶▶▶

外购存货的计税基础中,不包括准予抵扣的增值税进项税额。

ⅱ.存货发出的成本计价方法。

企业使用或者销售存货的成本计算方法,可以在先进先出法、月末一次加权平均法、移动加权平均法和个别计价法中选择一种。计价方法一经选定,不得随意变更。

情境训练

【例5-12】 合肥华彩电子有限公司为增值税一般纳税人,主要生产销售彩色电视机。假定该公司2017年度有关经营业务如下:

(1)销售彩电取得不含税收入8 600万元,与彩电配比的销售成本5 660万元。

(2)1—6月出租设备取得不含税租金收入200万元,计提设备折旧费80万元,接受原材料捐赠取得的增值税专用发票上注明材料金额50万元、增值税进项税额8.5万元,取得国债利息收入30万元。

(3)购进原材料共计3 000万元,取得的增值税专用发票上注明进项税额510万元,支付购料铁路运输费用共计230万元,取得运输发票。

(4)销售费用1 650万元,其中广告费1 400万元。

(5)管理费用850万元,其中业务招待费90万元。

(6)财务费用80万元,其中含向非金融企业借款500万元所支付的年利息40万元(当年金融企业贷款的年利率为5.8%)。

(7)营业外支出300万元,其中包括通过公益性社会团体向贫困山区的捐款150万元。

其他相关资料:①上述销售费用、管理费用和财务费用不涉及转让费用。②取得的相关票据均已通过主管税务机关认证。

要求:采用直接法计算企业所得税应纳税所得额。

【解析】 2017年度应税收入:

营业收入 = 8 600 + 200 = 8 800(万元)

接受捐赠收入 = 58.5(万元)

国债利息收入 = 30(万元)(免税)

2017年度准予税前扣除项目金额:

营业成本 = 5 660 + 80 = 5 740(万元)

税金及附加 = (8 600 × 17% + 200 × 17% - 8.5 - 510 - 230 × 11%) × (7% + 3%)
         = 95.22(万元)

准予扣除的广告费 = 8 800 × 15% = 1 320(万元)

准予税前扣除的业务招待费:

业务招待费 × 60% = 90 × 60% = 54(万元)

销售(营业)收入 × 0.5% = 8800 × 0.5% = 44(万元)

准予税前扣除的业务招待费 = 44(万元)

准予税前扣除的财务费用 = 80 - 40 + 500 × 5.8% = 69(万元)

准予税前扣除的公益性捐赠金额:

会计利润总额 = 8 600 - 5 660 + 200 - 80 + 50 + 8.5 + 30 - 1 650 - 850 - 80 - 300 - 95.22
           = 173.28(万元)

准予税前扣除的公益性捐赠金额 = 173.28 × 12% = 20.7936(万元)

企业所得税应纳税所得额 = (8 800 + 58.5) - (5 740 + 95.22 + 1650 - 1400 + 1 320 +

$$850-90+44+80-40+29+300-150+20.7936)$$
$$=409.4864(万元)$$

2. 间接计算法。

间接计算法是在企业会计利润总额的基础上加或减按照税法规定调整的项目金额,计算确定应纳税所得额的方法。计算公式为:

应纳税所得额 = 会计利润 + 纳税调整增加额 – 纳税调整减少额

说明:公式中,"纳税调整增加额"包括:①会计利润计算中已扣除,但超过税法规定扣除标准部分;②会计利润计算中已扣除,但税法规定不得扣除的项目金额;③未记或少记的应税收益。"纳税调整减少额"包括:①弥补以前年度(5年内)未弥补亏损额;②减税或免税收益;③境外企业或境内联营企业分回利润(先调减,再还原成税前并入应纳税所得额)。

情境训练 ▶▶▶

【例5-13】 接【例5-12】资料,要求采用间接法计算该企业所得税应纳税所得额。

【解析】 (1)应缴纳的增值税 = 8 600×17% + 200×17% – 8.5 – 510 – 230×11%
$$=952.2(万元)$$

应缴纳的城市维护建设税和教育费附加 = 952.2×(7% + 3%) = 95.22(万元)

应缴纳的税金及附加 = 95.22(万元)

(2)会计利润 = 8 600 – 5 660 + 200 – 80 + 50 + 8.5 + 30 – 1 650 – 850 – 80 – 300 – 95.22
$$=173.28(万元)$$

(3)销售(营业)收入 = 8 600 + 200 = 8 800(万元)

广告费用应调整的应纳税所得额 = 1400 – 8 800×15% = 80(万元)

业务招待费×60% = 90×60% = 54(万元)

销售(营业)收入×0.5% = 8800×0.5% = 44(万元)

业务招待费应调整的应纳税所得额 = 90 – 44 = 46(万元)

财务费用应调整的应纳税所得额 = 40 – 500×5.8% = 11(万元)

合计应调整应纳税所得额 = 80 + 46 + 11 = 137(万元)

(4)公益性捐赠应调整的应纳税所得额 = 150 – 173.28×12% = 129.2064(万元)

企业所得税的应纳税所得额 = 173.28 + 80 + 46 + 11 + 129.2064 – 30
$$=409.4864(万元)$$

温馨提示 ▶▶▶

在计算企业所得税应纳税所得额的两种方法中,直接计算法计算企业所得税风险较大,建议采用间接法计算。

情境训练 ▶▶▶

【例5-14】 2017年同安公司实现产品销售收入1 200万元,视同销售收入400万元,债务重组收益100万元,发生的成本费用总额1 600万元,其中业务招待费支出20万元。假定不存在其他纳税调整事项,2017年度该企业的应纳税所得额为(　　)万元。

A. 100　　　　B. 120　　　　C. 112　　　　D. 28

【解析】 招待费限额计算:(1 200 + 400)×5‰ = 8(万元)<20×60% = 12(万元)

应调增应纳税所得额 = 20 – 8 = 12(万元)

应纳税所得额 = 1 200 + 400 + 100 - 1 600 + 12 = 112(万元)
所以,正确答案为 C。

二、企业所得税应纳税额的计算

企业应交所得税额的计算公式为:
应交所得税额 = 应纳税所得额 × 适用税率 - 减免税额 - 抵免税额

(1)减免税额和抵免税额,指依照企业所得税法和国务院的税收优惠规定减征、免征和抵免的应纳税额。

(2)抵免税额的有关规定。按照税收抵免项目的性质,允许抵免税额可以分为两类,即税收抵免和投资抵免。

1)税收抵免。

税收抵免是指在对企业来源于国内外的全部所得课征所得税时,对企业从被投资方分回的所得,允许其在被投资方缴纳的税款按照一定额度抵减企业当期的应纳税额。企业所得税法规定:"企业取得的下列所得已在境外缴纳的所得税额,可以从其当期应缴纳税额中抵免,抵免限额为该项所得依照本法规定计算的应纳税额;超过抵免限额的部分,可以在超过抵免限额的当年的次年起连续五个年度,用每年度抵免限额抵免当年应抵税额后的余额进行抵补。"

在境外已经缴纳的所得税额准予抵免的境外应税所得主要包括两种:一是指居民企业来源于中国境外的应税所得;二是指非居民企业在中国境内设立机构、场所,取得发生在中国境外但与该机构、场所有实际联系的应税所得。

已在境外缴纳的所得税税额,是指企业来源于中国境外的所得依照中国境外税收法律以及相关规定应当缴纳并已经实际缴纳的企业所得税性质的税款。

抵免限额是指企业来源于中国境外的所得,依照企业所得税法和实施条例的规定计算的应纳税额。除另有规定外,该抵免限额应当分国(地区)不分项计算。公式为:

抵免限额 = 中国境内、境外所得依法计算的应纳税总额 × 来源于某国(地区)的应纳税所得额 ÷ 中国境内、境外应纳税所得总额

2)投资抵免,又称为投资津贴。

投资抵免的性质类似于政府对私人的一种补助,即对企业从事国家鼓励的投资项目,允许按照投资额的一定比例抵减企业的应纳税额,以减轻其税负,借以促进资本形成并增强经济增长的潜力。这是世界各国普遍采用的一种引导投资方向的税收优惠措施。

为了实现我国环境、资源、经济和社会的全面、协调和可持续发展,我国税法中规定的允许投资抵免税额包括企业用于环境保护、节能节水、安全生产等专用设备的投资抵免。另外,我国税法规定,对企业允许投资抵免的税额采用有剩余的抵免方式,即允许企业当年的抵免额不超过当年的应纳税额,超过抵免限额的部分,可以在以后五个年度内,用每年度抵免限额抵免当年应抵税额后的余额进行抵补。

温馨提示 ▶▶▶

税收抵免和投资抵免同属于税收优惠政策,但二者又有区别。税收抵免是指在对企业来源于国内外的全部所得课征所得税时,对企业从被投资方分回的所得,允许其在被投资方缴纳的税款按照一定额度抵减企业当期的应纳税额。投资抵免的性质类似于政府对私人的一种补助,即对企业从事国家鼓励的投资项目,允许按照投资额的一定比例抵减企业的应纳税额。

情境训练 ▶▶▶

【例5-15】 承【例5-12】【例5-13】资料,计算2017年度合肥市华彩电子有限公司应交所得税额。

【解析】 应交所得税额 = 409.4864 × 25% = 102.37(万元)

情境训练 ▶▶▶

提供特定企业各会计年度的经营业务资料,让学生分别采用直接法和间接法计算该企业年度应纳税所得额。

学习子情境5.3 企业所得税纳税申报

情境导入 ▶▶▶

新华化工机械制造公司(居民企业)于2015年1月注册成立并进行生产经营。该公司为增值税一般纳税人,采用《企业会计准则》进行会计核算。该公司2017年度生产经营情况如下:

1. 销售产品取得不含税收入9 000万元。
2. 2017年利润表反映的内容如下:
(1)产品销售成本4 500万元。
(2)税金及附加200万元。
(3)销售费用2 000万元(其中广告费200万元);财务费用200万元。
(4)投资收益50万元(投资非上市公司的股权投资按权益法确认的投资收益40万元,国债持有期间的利息收入10万元)。
(5)管理费用1 200万元(其中,业务招待费85万元,新产品研究开发费30万元)。
(6)营业外支出800万元(其中,通过希望工程基金会捐赠给某高校100万元,非广告性赞助支出50万元,存货盘亏损失50万元)。
3. 全年提取并实际支付工资共计1 000万元,职工工会经费、职工教育经费分别按工资总额的2%、2.5%提取。
4. 全年列支职工福利性支出120万元,职工教育费支出15万元,拨缴工会经费20万元。
5. 假设:除资料所给内容外,无其他纳税调整事项。

要求:计算该公司2017年应缴纳的企业所得税,并填制企业所得税纳税申报表,进行纳税申报。

一、企业所得税纳税申报表的填制

(一)企业所得税纳税申报基础知识

1. 企业所得税纳税申报的概念。

企业所得税纳税申报是指纳税人按照企业所得税法规定的期限和内容,向税务机关提交有关企业所得税纳税事项书面报告的法律行为,是企业所得税纳税人履行纳税义务、承担法律责任的主要依据,是税务机关管理企业所得税信息的主要来源和税务管理的一项重要制度。

2. 企业所得税的征收方式。

根据《税收征收管理法》《企业所得税法》及其实施细则的有关规定,企业所得税的征收方式主要有查账征收、核定征收两种。

(1)查账征收。

查账征收是根据企业的账面利润加上或减去纳税调整项目金额后乘以企业所得税率计算征收应交所得税的方法。查账征收的企业必须具备准确核算经营所得的条件,即能依照税收法律法规规定设置账簿,能准确核算收入总额和成本费用支出,能完整保存账簿、凭证及有关纳税资料。

(2)核定征收。

核定征收是指税务机关根据纳税人的具体情况,核定其应税所得率或者核定应纳所得税额,计算征收应交所得税的方法。根据《核定征收企业所得税暂行办法》的规定,居民企业纳税人具有下列情形之一的,主管税务机关应核定征收其企业所得税:①依照法律、行政法规的规定可以不设置账簿的;②依照法律、行政法规的规定应当设置但未设置账簿的;③擅自销毁账簿或者拒不提供纳税资料的;④虽设置账簿,但账目混乱或者成本资料、收入凭证、费用凭证残缺不全,难以查账的;⑤发生纳税义务,未按照规定的期限办理纳税申报,经税务机关责令限期申报,逾期仍不申报的;⑥申报的计税依据明显偏低,又无正当理由的。

特殊行业、特殊类型的纳税人和一定规模以上的纳税人不适用本办法。

3.企业所得税征收方式的鉴定。

企业所得税征收方式鉴定工作每年进行一次,时间为当年的第一季度。企业应当于每年的第一季度填列"企业所得税征收方式鉴定表"(见表5-1)一式三份,报主管税务机关审核。对于鉴定表中5项内容均合格的,实行查账征收。由纳税人自行申报、税务机关定期查账征收。对于鉴定表中1、4、5项中有一项不合格或2、3项均不合格的,实行核定征收办法中的定额征收;对于2、3项中有一项合格一项不合格的,实行核定征收中的核定应税所得率办法征收。当年新办企业,应在领取税务登记证后3个月内鉴定完毕。企业所得税征收方式一经确定,一般在一个纳税年度内不做变更,但对鉴定为查账征收方式的纳税人,发现下列情形之一的,可随时调整为定额或定率征收方式征收企业所得税:①纳税人不据实申报纳税,不按规定提供有关财务资料接受税务检查的;②在税务检查中,发现有情节严重的违反税法规定行为的。

对鉴定为定额或定率征收方式的企业,如能积极改进财务管理,建立健全账簿,规范财务核算,正确计算盈亏,依法办理纳税申报,达到查账征收方式的企业标准的,在次年鉴定时,可予以升级,鉴定为查账征收方式征收企业所得税。

确定一个企业的所得税征收方式,必须结合企业的业务类型、业务量大小、客户情况等综合考虑。

温馨提示 >>>

1.企业所得税征收方式鉴定工作每年进行一次,时间为当年的第一季度。

2.当年新办企业应在领取税务登记证后3个月内鉴定完毕。

3.企业所得税征收方式一经确定,一般在一个纳税年度内不做变更。

4.核定征收企业所得税企业,达到查账征收标准的,可以在次年鉴定时,升级鉴定为查账征收。相反,如果查账征收企业所得税的企业,发现违反查账征收情形的,可随时调整为核定征收。

想一想 >>>

企业所得税查账征收和核定征收有何区别?应该如何进行筹划?

表 5-1　企业所得税征收方式鉴定表

纳税人识别号			
纳税人名称		营业执照发证日期	
纳税人地址		税务登记证发证日期	
经济类型		所属行业	
开户银行		账号	
邮政编码		联系电话	
上(本)年收入总额		上(本)年成本费用额	
上(本)年注册资本		上(本)年固定资产总额	
上(本)年所得税额		上年征收方式	

行次	项目	纳税人申报情况	主管税务机关审核意见
1	账簿设置情况	是□ 否□	是□ 否□
	账簿、凭证保存情况	是□ 否□	是□ 否□
2	收入总额核算情况	是□ 否□	是□ 否□
3	成本费用核算情况	是□ 否□	是□ 否□
4	纳税义务履行情况	是□ 否□	是□ 否□
5	申报纳税情况	是□ 否□	是□ 否□

税务所(分局)意见： 核定企业征收方式： 查账征收□　定额征收□　定率征收□ 核定所得额或应税所得率： 经办人 负责人： 　　　　　　　　　　年　月　日	税政部门意见： 核定企业征收方式： 查账征收□　定额征收□　定率征收□ 核定所得额或应税所得率： 经办人 负责人： 　　　　　　　　　　年　月　日
纳税人意见： 　　　　　　　　　　年　月　日	主管税务机关意见： 　　　　　　　　　　年　月　日

填表说明

1. 表一式二份，税务管理部门一份、纳税人一份。

2. 上述 5 项均合格的，应实行纳税人自行申报、税务机关查账征收的方式征收企业所得税；有一项不合格的，应实行核定征收方式征收企业所得税。实行核定征收方式的，1、4、5 项中有一项不合格，或者 2、3 项均不合格的，应实行定额征收的办法征收企业所得税；1、4、5 项均合格，2、3 项中有一项合格一项不合格的，应实行核定应税所得率的办法征收企业所得税。

4. 纳税申报期限。

（1）纳税年度。企业所得税按纳税年度计算。纳税年度自公历 1 月 1 日起至 12 月 31 日止。企业在一个纳税年度中间开业，或者终止经营活动，使该纳税年度的实际经营期不足

12个月的,应当以其实际经营期为一个纳税年度。企业依法清算时,应当以清算期间作为一个纳税年度。

(2)纳税申报期限。我国的企业所得税实行按年计算,分月或者分季预缴的方法,按年进行汇算清缴。缴纳的企业所得税,以人民币计算。所得以人民币以外货币计算的,应当折合成人民币计算并缴纳税款。

企业应当自月份或者季度终了之日起15日内,向税务机关报送预缴企业所得税纳税申报表及财务会计报告和其他有关资料,预缴税款。

企业应当自年度终了之日起5个月内,向税务机关报送年度企业所得税纳税申报表及财务会计报告和其他有关资料,并汇算清缴,结清应缴应退税款。

企业在年度中间终止经营活动的,应当自实际经营终止之日起60日内,向税务机关办理当期企业所得税汇算清缴。

企业应当在办理注销登记前,就其清算所得向税务机关申报并依法缴纳企业所得税。

温馨提示 ▶▶▶

纳税人不论经营情况如何,均应在每月(季)终了后15日内,向其所在地主管税务机关报送会计报表和预缴所得税申报表;年度终了后5个月内,向其所在地主管税务机关报送财务会计报告和其他有关资料及年度所得税申报表。

5.纳税地点。

(1)居民企业。

除税收法律、行政法规另有规定外,居民企业以企业登记注册地为纳税地点;但登记注册地在境外的,以实际管理机构所在地为纳税地点。企业注册登记地,是指企业依照国家有关规定登记注册的住所地。

居民企业在中国境内设立不具有法人资格的营业机构的,应当汇总计算并缴纳企业所得税。企业汇总计算并缴纳企业所得税时,应当统一核算应纳税所得额,具体办法由国务院财政、税务主管部门另行制定。

(2)非居民企业。

1)在中国境内设立机构、场所的非居民企业,取得来源于中国境内的或来源于境外但与机构、场所有实际联系的所得,以机构、场所所在地为纳税地点。非居民企业在中国境内设立两个或者两个以上机构、场所的,经税务机关审核批准,可以选择由其主要机构、场所汇总缴纳企业所得税。非居民企业经批准汇总缴纳企业所得税后,需要增设、合并、迁移、关闭机构、场所或者停止机构、场所业务的,应当事先由负责汇总申报缴纳企业所得税主要机构、场所向其所在地税务机关报告;需要变更汇总缴纳企业所得税主要机构、场所的,依照前款规定办理。

2)在中国境内未设立机构、场所的非居民企业,或者虽设立机构、场所但取得的所得与其所设机构、场所没有实际联系的,其取得的来源于中国境内的所得,以扣缴义务人所在地为纳税地点。

除国务院另有规定外,企业之间不得合并缴纳企业所得税。

情境训练 ▶▶▶

【例5-16】 下列关于居民纳税人缴纳企业所得税纳税地点的表述,正确的有(   )。

A.企业一般在实际经营管理地纳税

B. 企业一般在登记注册地纳税

C. 登记注册地在境外的,在登记注册地纳税

D. 登记注册地在境外的,在实际管理机构所在地纳税

【解析】 企业所得税法规定,居民企业纳税人以企业登记注册地为纳税地点;但登记注册地在境外的,以实际管理机构所在地为纳税地点。所以,正确答案为 B、D。

【例 5-17】 《中华人民共和国企业所得税法》所称机构、场所,是指在中国境内从事生产经营活动的机构、场所,包括(　　)。

A. 管理机构、营业机构、办事机构

B. 工厂、农场、开采自然资源的场所

C. 提供劳务的场所

D. 从事建筑、安装、装配、修理、勘探等工程作业的场所

E. 其他从事生产经营活动的机构、场所

【解析】 《中华人民共和国企业所得税法》实施细则规定,《中华人民共和国企业所得税法》所称机构、场所,是指在中国境内从事生产经营活动的机构、场所。具体包括:管理机构、营业机构、办事机构;工厂、农场、开采自然资源的场所;提供劳务的场所;从事建筑、安装、装配、修理、勘探等工程作业的场所;其他从事生产经营活动的机构、场所。所以,正确答案为 A、B、C、D、E。

【例 5-18】 下列关于非居民企业所得税纳税地点的表述,正确的有(　　)。

A. 非居民企业在中国境内设立机构、场所的,以机构、场所所在地为纳税地点

B. 非居民企业在中国境内未设立机构、场所的,以扣缴义务人所在地为纳税地点

C. 非居民企业在中国境内设立机构、场所但取得的所得与其所设机构、场所没有实际联系的,以机构、场所所在地为纳税地点

D. 非居民企业在中国境内设立两个或者两个以上机构、场所的,可以自行选择由其主要机构、场所汇总缴纳企业所得税

E. 非居民企业在中国境内设立两个或者两个以上机构、场所的,经税务机关审核批准,可以选择由其主要机构、场所汇总缴纳企业所得税

【解析】 选项 C,非居民企业在中国境内设立机构、场所但取得的所得与其所设机构、场所没有实际联系的所得,以扣缴义务人所在地为纳税地点;选项 D,非居民企业在中国境内设立两个或者两个以上机构、场所的,经税务机关审核批准,可以选择由其主要机构、场所汇总缴纳企业所得税。所以,正确答案为 A、B、E。

(二)企业所得税月(季)度预缴纳税申报表的填报

(1)查账征收企业所得税的居民企业纳税人和在中国境内设立机构、场所的非居民企业纳税人,在月(季)度预缴企业所得税时,应填报"企业所得税月(季)度预缴纳税申报表(A类)"及其附表(见表 5-2 至表 5-5)。

表 5-2 企业所得税月(季)度预缴纳税申报表(A 类)

税款所属期间：　　　　　年　月　日至　　年　月　日

纳税人识别号：□□□□□□□□□□□□□□□

纳税人名称：　　　　　　　　　　　　　　　　　　　金额单位:元至角分

行次	项目	本期金额	累计金额
1	**一、按照实际利润额预缴**		
2	营业收入		
3	营业成本		
4	利润总额		
5	加:特定业务计算的应纳税所得额		
6	减:不征税收入和税收减免应纳税所得额(请填附表1)		
7	固定资产加速折旧(扣除)调减额(请填附表2)		
8	弥补以前年度亏损		
9	实际利润额(4行+5行-6行-7行-8行)		
10	税率(25%)		
11	应纳所得税额(9行×10行)		
12	减:减免所得税额(请填附表3)		
13	实际已预缴所得税额	—	
14	特定业务预缴(征)所得税额		
15	应补(退)所得税额(11行-12行-13行-14行)	—	
16	减:以前年度多缴在本期抵缴所得税额		
17	本月(季)实际应补(退)所得税额	—	
18	**二、按照上一纳税年度应纳税所得额平均额预缴**		
19	上一纳税年度应纳税所得额	—	
20	本月(季)应纳税所得额(19行×1/4或1/12)		
21	税率(25%)		
22	本月(季)应纳所得税额(20行×21行)		
23	减:减免所得税额(请填附表3)		
24	本月(季)实际应纳所得税额(22行-23行)		
25	**三、按照税务机关确定的其他方法预缴**		
26	本月(季)税务机关确定的预缴所得税额		
27	**总、分机构纳税人**		

续表

行次		项目	本期金额	累计金额
28	总机构	总机构分摊所得税额(15行或24行或26行×总机构分摊预缴比例)		
29		财政集中分配所得税额		
30		分支机构分摊所得税额(15行或24行或26行×分支机构分摊比例)		
31		其中:总机构独立生产经营部门应分摊所得税额		
32	分支机构	分配比例		
33		分配所得税额		

是否属于小型微利企业: 　　　是□　　　否□

谨声明:此纳税申报表是根据《中华人民共和国企业所得税法》《中华人民共和国企业所得税法实施条例》和国家有关税收规定填报的,是真实的、可靠的、完整的。

法定代表人(签字):　　　　年　月　日

纳税人公章: 会计主管: 填表日期:　年　月　日	代理申报中介机构公章: 经办人: 经办人执业证件号码: 代理申报日期:　年　月　日	主管税务机关受理专用章: 受理人: 受理日期:　年　月　日

表5-3　企业所得税月(季)度预缴纳税申报表(A类)附表一
税收优惠明细表

填报时间:　年　月　日　　　　　　　　　　　　　　　　　金额单位:元至角分

行次	项目	金额
1	一、免税收入(2+3+4+5)	
2	1.国债利息收入	
3	2.符合条件的居民企业之间的股息、红利等权益性投资收益	
4	3.符合条件的非营利组织的收入	
5	4.其他	
6	二、减计收入(7+8)	
7	1.企业综合利用资源,生产符合国家产业政策规定的产品所取得的收入	
8	2.其他	
9	三、加计扣除额合计(10+11+12+13)	
10	1.开发新技术、新产品、新工艺发生的研究开发费用	

续表

行次	项目	金额
11	2.安置残疾人员所支付的工资	
12	3.国家鼓励安置的其他就业人员支付的工资	
13	4.其他	
14	四、减免所得额合计(15+25+29+30+31+32)	
15	(一)免税所得(16+17+…+24)	
16	1.蔬菜、谷物、薯类、油料、豆类、棉花、麻类、糖料、水果、坚果的种植	
17	2.农作物新品种的选育	
18	3.中药材的种植	
19	4.林木的培育和种植	
20	5.牲畜、家禽的饲养	
21	6.林产品的采集	
22	7.灌溉、农产品初加工、兽医、农技推广、农机作业和维修等农、林、牧、渔服务业项目	
23	8.远洋捕捞	
24	9.其他	
25	(二)减税所得(26+27+28)	
26	1.花卉、茶以及其他饮料作物和香料作物的种植	
27	2.海水养殖、内陆养殖	
28	3.其他	
29	(三)从事国家重点扶持的公共基础设施项目投资经营的所得	
30	(四)从事符合条件的环境保护、节能节水项目的所得	
31	(五)符合条件的技术转让所得	
32	(六)其他	
33	五、减免税合计(34+35+36+37+38)	
34	(一)符合条件的小型微利企业	
35	(二)国家需要重点扶持的高新技术企业	
36	(三)民族自治地方的企业应缴纳的企业所得税中属于地方分享的部分	
37	(四)过渡期税收优惠	
38	(五)其他	
39	六、创业投资企业抵扣的应纳税所得额	
40	七、抵免所得税额合计(41+42+43+44)	

续表

行次	项目	金额
41	(一)企业购置用于环境保护专用设备的投资额抵免的税额	
42	(二)企业购置用于节能节水专用设备的投资额抵免的税额	
43	(三)企业购置用于安全生产专用设备的投资额抵免的税额	
44	(四)其他	
45	企业从业人数(全年平均人数)	
46	资产总额(全年平均数)	
47	所属行业(工业企业□ 其他企业□)	

经办人(签章):　　　　　　　　　　　　　　法定代表人(签章):

表5-4　企业所得税月(季)度预缴纳税申报表(A类)附表二
企业所得税其他优惠明细表

填报时间:　年　月　日　　　　　　　　　　　　　　　　金额单位:元至角分

行次	项目	金额
1	合计	
2	(一)软件生产企业、集成电路企业	
3	(二)转制科研机构	
4	(三)文化事业单位转制	
5	(四)生产和装配伤残人员专门用品企业	
6	(五)下岗失业人员再就业	
7	(六)监狱、劳教企业	
8	(七)享受"两免三减半"的生产性外商投资企业	
9	(八)享受"五免五减半"的港口码头外商投资企业	
10	(九)追加投资单独享受所得税定期减免优惠的外商投资企业	
11	(十)享受延长三年减半征收企业所得税优惠的先进技术外商投资企业	
12	(十一)享受减按15%税率征收企业所得税的能源、交通、港口、码头外商投资企业	
13	(十二)享受"外商投资在3000万美元以上,回收投资时间长的项目"优惠,减按15%税率征收企业所得税的外商投资企业	
14	(十三)新办文化企业	
15	(十四)经济特区新设立高新技术企业优惠政策	
16	(十五)打捞单位免征企业所得税	
17	(十六)技术先进服务型企业	
18	(十七)CDM项目实施企业	

经办人(签章):　　　　　　　　　　　　　　法定代表人(签章):

表5-5 企业所得税月(季)度预缴纳税申报表(A类)附表三
会计利润与预缴申报利润总额差异项目明细表

填报时间： 年 月 日　　　　　　　　　　　　　　　　　　　　金额单位:元至角分

行次	项目	本期发生金额	本期累计金额
1	本期会计利润		
2	纳税调整增加额		
3	其中:房地产企业按预计计税毛利率计算的预计毛利额		
4	纳税调整减少额		
5	其中:1.不征税收入(6+7+8)		
6	财政拨款		
7	行政事业性收费、政府性基金		
8	国务院规定的其他不征税收入		
9	2.免税收入(10+11+12+13)		
10	国债利息收入		
11	权益性投资收益		
12	非营利组织收入		
13	其他		
14	弥补以前年度亏损		
15	本期申报的应纳税所得额		
16	会计利润与预缴申报利润总额差异额(1-15)		

(2)实行核定征收(含核定税额和核定应税所得率两种)企业所得税的居民企业纳税人和在中国境内设立机构、场所的非居民企业纳税人,在月(季)度预缴企业所得税时,应填报"企业所得税月(季)度预缴纳税申报表(B类)"(见表5-6)。

想一想▶▶▶

查账征收企业所得税和实行核定征收企业所得税有何不同?它们分别适用于什么情况的纳税人?

表 5-6　企业所得税月（季）度预缴纳税申报表（B 类）

税款所属期间：　　　　年　月　日至　　年　月　日

纳税人识别号：□□□□□□□□□□□□□□□

纳税人名称：　　　　　　　　　　　　　　　　　　　　　　　金额单位：元至角分

项　目			行次	累计金额
一、以下由按应税所得率计算应纳所得税额的企业填报				
应纳税所得额的计算	按收入总额核定应纳税所得额	收入总额	1	
		减：不征税收入	2	
		免税收入	3	
		其中：国债利息收入	4	
		地方政府债券利息收入	5	
		符合条件居民企业之间股息红利等权益性收益	6	
		符合条件的非营利组织收入	7	
		其他免税收入	8	
		应税收入额（1 行 -2 行 -3 行）	9	
		税务机关核定的应税所得率（%）	10	
		应纳税所得额（9 行 ×10 行）	11	
	按成本费用核定应纳税所得额	成本费用总额	12	
		税务机关核定的应税所得率（%）	13	
		应纳税所得额[12 行 ÷（100% -13 行）×13 行]	14	
应纳所得税额的计算		税率（25%）	15	
		应纳所得税额（11 行 ×15 行或 14 行 ×15 行）	16	
应补（退）所得税额的计算		减：符合条件的小型微利企业减免所得税额	17	
		其中：减半征税	18	
		已预缴所得税额	19	
		应补（退）所得税额（16 行 -17 行 -19 行）	20	
二、以下由税务机关核定应纳所得税额的企业填报				
税务机关核定应纳所得税额			21	
预缴申报时填报	是否属于小型微利企业：　　　　是□　　　　　　　否□			
年度申报时填报	所属行业		从业人数	
	资产总额		国家限制和禁止行业：　是□　否□	

谨声明：此纳税申报表是根据《中华人民共和国企业所得税法》《中华人民共和国企业所得税法实施条例》和国家有关税收规定填报的，是真实的、可靠的、完整的。

法定代表人（签字）：　　　　　　　年　月　日

纳税人公章： 会计主管：	代理申报中介机构公章： 经办人： 经办人执业证件号码：	主管税务机关受理专用章： 受理人：
填表日期：　　年　月　日	代理申报日期：　　年　月　日	受理日期：　　年　月　日

(三)企业所得税年度纳税申报表填报

查账征收企业所得税的居民企业纳税人在年度汇算清缴时,无论盈亏均必须在规定的期限内进行纳税申报,填写企业所得税年度纳税申报表主表及其有关附表。企业所得税年度纳税申报,主要填写一份主表"企业所得税年度纳税申报表(A类)"(见表5-7)和19份附表,分别为"一般企业收入明细表"(见表5-8)、"一般企业成本支出明细表"(见表5-9)、"期间费用明细表"(见表5-10)、"纳税调整项目明细表"(见表5-11)、"视同销售和房地产开发企业特定业务纳税调整明细表"(见表5-12)、"未按权责发生制确认收入纳税调整明细表"(见表5-13)、"投资收益纳税调整明细表"(见表5-14)、"职工薪酬支出及纳税调整明细表"(见表5-15)、"广告费和业务宣传费跨年度纳税调整明细表"(见表5-16)、"捐赠支出及纳税调整明细表"(见表5-17)、"资产折旧、摊销及纳税调整明细表"(见表5-18)、"资产损失税前扣除及纳税调整明细表"(见表5-19)、"企业所得税弥补亏损明细表"(见表5-20)、"免税、减计收入及加计扣除优惠明细表"(见表5-21)、"符合条件的居民企业之间的股息、红利等权益性投资收益优惠明细表"(见表5-22)、"研发费用加计扣除优惠明细表"(见表5-23)、"所得减免优惠明细表"(见表5-24)、"减免所得税优惠明细表"(见表5-25)、"境外所得税收抵免明细表"(见表5-26)。(注:以上所有表格的申报期限为年,金额单位为元)

想一想 ▶▶▶

年度企业所得税纳税申报表主表与其附表之间存在什么样的关系?

课后查阅资料 ▶▶▶

请查阅企业所得税月(季)度预缴表(A)或(B),企业所得税年度纳税申报表及其附表的填表说明。

模拟实训 ▶▶▶

给定某企业月(季)度和年度的纳税申报资料,让学生练习企业所得税月(季)度和年度纳税申报表及其附表的填报。

表 5-7　A100000　中华人民共和国企业所得税年度纳税申报表(A 类)

类别	行次	项目	金额
利润总额计算	1	一、营业收入(填写 A101010\101020\103000)	
	2	减:营业成本(填写 A102010\102020\103000)	
	3	减:税金及附加	
	4	减:销售费用(填写 A104000)	
	5	减:管理费用(填写 A104000)	
	6	减:财务费用(填写 A104000)	
	7	减:资产减值损失	
	8	加:公允价值变动收益	
	9	加:投资收益	
	10	二、营业利润(1-2-3-4-5-6-7+8+9)	
	11	加:营业外收入(填写 A101010/101020/103000)	
	12	减:营业外支出(填写 A102010/102020/103000)	
	13	三、利润总额(10+11-12)	
应纳税所得额计算	14	减:境外所得(填写 A108010)	
	15	加:纳税调整增加额(填写 A105000)	
	16	减:纳税调整减少额(填写 A105000)	
	17	减:免税、减计收入及加计扣除(填写 A107010)	
	18	加:境外应税所得抵减境内亏损(填写 A108000)	
	19	四、纳税调整后所得(13-14+15-16-17+18)	
	20	减:所得减免(填写 A107020)	
	21	减:弥补以前年度亏损(填写 A106000)	
	22	减:抵扣应纳税所得额(填写 A107030)	
	23	五、应纳税所得额(19-20-21-22)	
应纳税额计算	24	税率(25%)	
	25	六、应纳所得税额(23×24)	
	26	减:减免所得税额(填写 A107040)	
	27	减:抵免所得税额(填写 A107050)	
	28	七、应纳税额(25-26-27)	
	29	加:境外所得应纳所得税额(填写 A108000)	
	30	减:境外所得抵免所得税额(填写 A108000)	
	31	八、实际应纳所得税额(28+29-30)	
	32	减:本年累计实际已缴纳的所得税额	
	33	九、本年应补(退)所得税额(31-32)	
	34	其中:总机构分摊本年应补(退)所得税额(填写 A109000)	
	35	财政集中分配本年应补(退)所得税额(填写 A109000)	
	36	总机构主体生产经营部门分摊本年应补(退)所得税额(填写 A109000)	

表 5-8　A101010　一般企业收入明细表

行次	项　目	金额
1	一、营业收入(2+9)	
2	（一）主营业务收入(3+5+6+7+8)	
3	1.销售商品收入	
4	其中:非货币性资产交换收入	
5	2.提供劳务收入	
6	3.建造合同收入	
7	4.让渡资产使用权收入	
8	5.其他	
9	（二）其他业务收入(10+12+13+14+15)	
10	1.销售材料收入	
11	其中:非货币性资产交换收入	
12	2.出租固定资产收入	
13	3.出租无形资产收入	
14	4.出租包装物和商品收入	
15	5.其他	
16	二、营业外收入(17+18+19+20+21+22+23+24+25+26)	
17	（一）非流动资产处置利得	
18	（二）非货币性资产交换利得	
19	（三）债务重组利得	
20	（四）政府补助利得	
21	（五）盘盈利得	
22	（六）捐赠利得	
23	（七）罚没利得	
24	（八）确实无法偿付的应付款项	
25	（九）汇兑收益	
26	（十）其他	

表5-9　A102010　一般企业成本支出明细表

行次	项目	金额
1	一、营业成本(2+9)	
2	（一）主营业务成本(3+5+6+7+8)	
3	1.销售商品成本	
4	其中:非货币性资产交换成本	
5	2.提供劳务成本	
6	3.建造合同成本	
7	4.让渡资产使用权成本	
8	5.其他	
9	（二）其他业务成本(10+12+13+14+15)	
10	1.销售材料成本	
11	其中:非货币性资产交换成本	
12	2.出租固定资产成本	
13	3.出租无形资产成本	
14	4.包装物出租成本	
15	5.其他	
16	二、营业外支出(17+18+19+20+21+22+23+24+25+26)	
17	（一）非流动资产处置损失	
18	（二）非货币性资产交换损失	
19	（三）债务重组损失	
20	（四）非常损失	
21	（五）捐赠支出	
22	（六）赞助支出	
23	（七）罚没支出	
24	（八）坏账损失	
25	（九）无法收回的债券股权投资损失	
26	（十）其他	

表 5-10　A104000　期间费用明细表

行次	项目	销售费用	其中:境外支付	管理费用	其中:境外支付	财务费用	其中:境外支付
		1	2	3	4	5	6
1	一、职工薪酬		*		*	*	*
2	二、劳务费					*	*
3	三、咨询顾问费					*	*
4	四、业务招待费		*		*		*
5	五、广告费和业务宣传费		*		*	*	*
6	六、佣金和手续费						
7	七、资产折旧摊销费		*		*	*	*
8	八、财产损耗、盘亏及毁损损失		*		*	*	*
9	九、办公费		*		*	*	*
10	十、董事会费		*		*	*	*
11	十一、租赁费					*	*
12	十二、诉讼费		*		*	*	*
13	十三、差旅费		*		*	*	*
14	十四、保险费		*		*	*	*
15	十五、运输、仓储费					*	*
16	十六、修理费					*	*
17	十七、包装费		*		*	*	*
18	十八、技术转让费					*	*
19	十九、研究费用					*	*
20	二十、各项税费		*		*	*	*
21	二十一、利息收支	*	*	*	*		
22	二十二、汇兑差额	*	*	*	*		
23	二十三、现金折扣	*	*	*	*		*
24	二十四、党组织工作经费	*	*	*	*	*	*
25	二十五、其他						
26	合计(1+2+3+…+25)						

表 5-11 A105000 纳税调整项目明细表

行次	项目	账载金额	税收金额	调增金额	调减金额
		1	2	3	4
1	一、收入类调整项目(2+3+…+8+10+11)	*	*		
2	（一）视同销售收入（填写 A105010）	*			*
3	（二）未按权责发生制原则确认的收入（填写 A105020）				
4	（三）投资收益（填写 A105030）				
5	（四）按权益法核算长期股权投资对初始投资成本调整确认收益	*	*	*	
6	（五）交易性金融资产初始投资调整	*			*
7	（六）公允价值变动净损益		*		
8	（七）不征税收入	*	*		
9	其中：专项用途财政性资金（填写 A105040）	*	*		
10	（八）销售折扣、折让和退回				
11	（九）其他				
12	二、扣除类调整项目(13+14+…+24+26+27+28+29+30)	*	*		
13	（一）视同销售成本（填写 A105010）	*		*	
14	（二）职工薪酬（填写 A105050）				
15	（三）业务招待费支出				*
16	（四）广告费和业务宣传费支出（填写 A105060）	*	*		
17	（五）捐赠支出（填写 A105070）				
18	（六）利息支出				
19	（七）罚金、罚款和被没收财物的损失		*		*
20	（八）税收滞纳金、加收利息		*		*
21	（九）赞助支出		*		*
22	（十）与未实现融资收益相关在当期确认的财务费用				
23	（十一）佣金和手续费支出				*
24	（十二）不征税收入用于支出所形成的费用	*	*		*

续表

行次	项目	账载金额 1	税收金额 2	调增金额 3	调减金额 4
25	其中:专项用途财政性资金用于支出所形成的费用(填写A105040)	*	*		*
26	(十三)跨期扣除项目				
27	(十四)与取得收入无关的支出		*		*
28	(十五)境外所得分摊的共同支出	*	*		*
29	(十六)党组织工作经费				
30	(十七)其他				
31	三、资产类调整项目(32+33+34+35)	*	*		
32	(一)资产折旧、摊销(填写A105080)				
33	(二)资产减值准备金		*		
34	(三)资产损失(填写A105090)				
35	(四)其他				
36	四、特殊事项调整项目(37+38+…+42)	*	*		
37	(一)企业重组及递延纳税事项(填写A105100)				
38	(二)政策性搬迁(填写A105110)	*	*		
39	(三)特殊行业准备金(填写A105120)				
40	(四)房地产开发企业特定业务计算的纳税调整额(填写A105010)	*			
41	(五)有限合伙企业法人合伙方应分得的应纳税所得额				
42	(六)其他	*	*		
43	五、特别纳税调整应税所得	*	*		
44	六、其他	*	*		
45	合计(1+12+31+36+43+44)	*	*		

表 5-12　A105010　视同销售和房地产开发企业特定业务纳税调整明细表

行次	项　目	税收金额	纳税调整金额
		1	2
1	一、视同销售(营业)收入(2+3+4+5+6+7+8+9+10)		
2	(一)非货币性资产交换视同销售收入		
3	(二)用于市场推广或销售视同销售收入		
4	(三)用于交际应酬视同销售收入		
5	(四)用于职工奖励或福利视同销售收入		
6	(五)用于股息分配视同销售收入		
7	(六)用于对外捐赠视同销售收入		
8	(七)用于对外投资项目视同销售收入		
9	(八)提供劳务视同销售收入		
10	(九)其他		
11	二、视同销售(营业)成本(12+13+14+15+16+17+18+19+20)		
12	(一)非货币性资产交换视同销售成本		
13	(二)用于市场推广或销售视同销售成本		
14	(三)用于交际应酬视同销售成本		
15	(四)用于职工奖励或福利视同销售成本		
16	(五)用于股息分配视同销售成本		
17	(六)用于对外捐赠视同销售成本		
18	(七)用于对外投资项目视同销售成本		
19	(八)提供劳务视同销售成本		
20	(九)其他		
21	三、房地产开发企业特定业务计算的纳税调整额(22-26)		
22	(一)房地产企业销售未完工开发产品特定业务计算的纳税调整额(24-25)		
23	1.销售未完工产品的收入		*
24	2.销售未完工产品预计毛利额		
25	3.实际发生的税金及附加、土地增值税		
26	(二)房地产企业销售的未完工产品转完工产品特定业务计算的纳税调整额(28-29)		
27	1.销售未完工产品转完工产品确认的销售收入		*
28	2.转回的销售未完工产品预计毛利额		
29	3.转回实际发生的税金及附加、土地增值税		

表 5-13　A105020　未按权责发生制确认收入纳税调整明细表

行次	项　目	合同金额（交易金额）	账载金额 本年	账载金额 累计	税收金额 本年	税收金额 累计	纳税调整金额
		1	2	3	4	5	6(4-2)
1	一、跨期收取的租金、利息、特许权使用费收入(2+3+4)						
2	（一）租金						
3	（二）利息						
4	（三）特许权使用费						
5	二、分期确认收入(6+7+8)						
6	（一）分期收款方式销售货物收入						
7	（二）持续时间超过12个月的建造合同收入						
8	（三）其他分期确认收入						
9	三、政府补助递延收入(10+11+12)						
10	（一）与收益相关的政府补助						
11	（二）与资产相关的政府补助						
12	（三）其他						
13	四、其他未按权责发生制确认收入						
14	合计(1+5+9+13)						

表 5-14　A105030　投资收益纳税调整明细表

行次	项　目	持有收益 账载金额	持有收益 税收金额	持有收益 纳税调整金额	处置收益 会计确认的处置收入	处置收益 税收计算的处置收入	处置收益 处置投资的账面价值	处置收益 处置投资的计税基础	处置收益 会计确认的处置所得或损失	处置收益 税收计算的处置所得	处置收益 纳税调整金额	纳税调整金额
		1	2	3(2-1)	4	5	6	7	8(4-6)	9(5-7)	10(9-8)	11(3+10)
1	一、交易性金融资产											
2	二、可供出售金融资产											
3	三、持有至到期投资											
4	四、衍生工具											
5	五、交易性金融负债											
6	六、长期股权投资											

续表

行次	项目	持有收益			处置收益							纳税调整金额
		账载金额	税收金额	纳税调整金额	会计确认的处置收入	税收计算的处置收入	处置投资的账面价值	处置投资的计税基础	会计确认的处置所得或损失	税收计算的处置所得	纳税调整金额	
		1	2	3(2−1)	4	5	6	7	8(4−6)	9(5−7)	10(9−8)	11(3+10)
7	七、短期投资											
8	八、长期债券投资											
9	九、其他											
10	合计(1+2+3+4+5+6+7+8+9)											

表5-15　A105050　职工薪酬支出及纳税调整明细表

行次	项目	账载金额	实际发生额	税收规定扣除率	以前年度累计结转扣除额	税收金额	纳税调整金额	累计结转以后年度扣除额
		1	2	3	4	5	6(1−5)	7(1+4−5)
1	一、工资、薪金支出			*	*			*
2	其中:股权激励			*	*			*
3	二、职工福利费支出				*			*
4	三、职工教育经费支出			*				
5	其中:按税收规定比例扣除的职工教育经费							
6	按税收规定全额扣除的职工培训费用				*			*
7	四、工会经费支出				*			*
8	五、各类基本社会保障性缴款			*	*			*
9	六、住房公积金			*	*			*
10	七、补充养老保险				*			*
11	八、补充医疗保险				*			*
12	九、其他			*	*			*
13	合计(1+3+4+7+8+9+10+11+12)			*				

表 5-16　A105060　广告费和业务宣传费跨年度纳税调整明细表

行次	项　目	金额
1	一、本年广告费和业务宣传费支出	
2	减:不允许扣除的广告费和业务宣传费支出	
3	二、本年符合条件的广告费和业务宣传费支出(1-2)	
4	三、本年计算广告费和业务宣传费扣除限额的销售(营业)收入	
5	乘:税收规定扣除率	
6	四、本企业计算的广告费和业务宣传费扣除限额(4×5)	
7	五、本年结转以后年度扣除额(3>6,本行=3-6;3≤6,本行=0)	
8	加:以前年度累计结转扣除额	
9	减:本年扣除的以前年度结转额[3>6,本行=0;3≤6,本行=8与(6-3)孰小值]	
10	六、按照分摊协议归集至其他关联方的广告费和业务宣传费(10≤3与6孰小值)	
11	按照分摊协议从其他关联方归集至本企业的广告费和业务宣传费	
12	七、本年广告费和业务宣传费支出纳税调整金额 (3>6,本行=2+3-6+10-11;3≤6,本行=2+10-11-9)	
13	八、累计结转以后年度扣除额(7+8-9)	

表 5-17　A105070　捐赠支出及纳税调整明细表

行次	项　目	账载金额	以前年度结转可扣除的捐赠额	按税收规定计算的扣除限额	税收金额	纳税调增金额	纳税调减金额	可结转以后年度扣除的捐赠额
		1	2	3	4	5	6	7
1	一、非公益性捐赠		*	*	*		*	*
2	二、全额扣除的公益性捐赠		*	*		*	*	*
3	三、限额扣除的公益性捐赠(4+5+6+7)							
4	前三年度(　　年)		*	*	*	*		*
5	前二年度(　　年)		*	*	*	*		
6	前一年度(　　年)		*	*	*	*		
7	本　　年(　　年)		*				*	
8	合计(1+2+3)							

表5-18 A105080 资产折旧、摊销及纳税调整明细表

行次	项目		账载金额			税收金额					纳税调整金额
			资产原值	本年折旧、摊销额	累计折旧、摊销额	资产计税基础	税收折旧额	享受加速折旧政策的资产按税收一般规定计算的折旧、摊销额	加速折旧统计额	累计折旧、摊销额	
			1	2	3	4	5	6	7=5-6	8	9(2-5)
1	一、固定资产(2+3+4+5+6+7)							*	*		
2	所有固定资产	(一)房屋、建筑物						*	*		
3		(二)飞机、火车、轮船、机器、机械和其他生产设备						*	*		
4		(三)与生产经营活动有关的器具、工具、家具等						*	*		
5		(四)飞机、火车、轮船以外的运输工具						*	*		
6		(五)电子设备						*	*		
7		(六)其他						*	*		
8	其中:享受固定资产加速折旧及一次性扣除政策的资产加速折旧额大于一般折旧额的部分	(一)重要行业固定资产加速折旧(不含一次性扣除)									*
9		(二)其他行业研发设备加速折旧									*
10		(三)允许一次性扣除的固定资产(11+12+13)									*
11		1.单价不超过100万元专用研发设备									*
12		2.重要行业小型微利企业单价不超过100万元研发生产共用设备									*
13		3.5000元以下固定资产									*
14		(四)技术进步、更新换代固定资产									*
15		(五)常年强震动、高腐蚀固定资产									*
16		(六)外购软件折旧									*
17		(七)集成电路企业生产设备									*

续表

行次	项目	账载金额			税收金额					纳税调整金额
		资产原值	本年折旧、摊销额	累计折旧、摊销额	资产计税基础	税收折旧额	享受加速折旧政策的资产按税收一般规定计算的折旧、摊销额	加速折旧统计额	累计折旧、摊销额	
		1	2	3	4	5	6	7=5-6	8	9(2-5)
18	二、生产性生物资产(19+20)						*	*		
19	（一）林木类						*	*		
20	（二）畜类						*	*		
21	三、无形资产(22+23+24+25+26+27+28+30)						*	*		
22	（一）专利权						*	*		
23	（二）商标权						*	*		
24	（三）著作权						*	*		
25	（四）土地使用权						*	*		
26	（五）非专利技术						*	*		
27	（六）特许权使用费						*	*		
28	（七）软件						*	*		
29	其中：享受企业外购软件加速摊销政策									*
30	（八）其他						*	*		
31	四、长期待摊费用(32+33+34+35+36)						*	*		
32	（一）已足额提取折旧的固定资产的改建支出						*	*		
33	（二）租入固定资产的改建支出						*	*		
34	（三）固定资产的大修理支出						*	*		
35	（四）开办费						*	*		
36	（五）其他						*	*		
37	五、油气勘探投资						*	*		
38	六、油气开发投资						*	*		
39	合计(1+18+21+31+37+38)									
附列资料	全民所有制改制资产评估增值政策资产						*	*		

表 5-19 A105090 资产损失税前扣除及纳税调整明细表

行次	项　　目	资产损失的账载金额	资产处置收入	赔偿收入	资产计税基础	资产损失的税收金额	纳税调整金额
		1	2	3	4	5(4-2-3)	6(1-5)
1	一、清单申报资产损失(2+3+4+5+6+7+8)						
2	（一）正常经营管理活动中,按照公允价格销售、转让、变卖非货币资产的损失						
3	（二）存货发生的正常损耗						
4	（三）固定资产达到或超过使用年限而正常报废清理的损失						
5	（四）生产性生物资产达到或超过使用年限而正常死亡发生的资产损失						
6	（五）按照市场公平交易原则,通过各种交易场所、市场等买卖债券、股票、期货、基金以及金融衍生产品等发生的损失						
7	（六）分支机构上报的资产损失						
8	（七）其他						
9	二、专项申报资产损失(10+11+12+13)						
10	（一）货币资产损失						
11	（二）非货币资产损失						
12	（三）投资损失						
13	（四）其他						
14	合计(1+9)						

表 5-20 A106000 企业所得税弥补亏损明细表

行次	项目	年度	可弥补亏损所得	合并、分立转入(转出)可弥补的亏损额	当年可弥补亏损额	以前年度亏损已弥补额					本年度实际弥补的以前年度亏损额	可结转以后年度弥补的亏损额
						前四年度	前三年度	前二年度	前一年度	合计		
		1	2	3	4	5	6	7	8	9	10	11
1	前五年度											*
2	前四年度					*						
3	前三年度					*	*					
4	前二年度					*	*	*				
5	前一年度					*	*	*	*			
6	本年度					*	*	*	*			
7	可结转以后年度弥补的亏损额合计											

表 5-21　A107010　免税、减计收入及加计扣除优惠明细表

行次	项　目	金额
1	一、免税收入(2+3+6+7+…+16)	
2	（一）国债利息收入免征企业所得税	
3	（二）符合条件的居民企业之间的股息、红利等权益性投资收益免征企业所得税（填写 A107011）	
4	其中：内地居民企业通过沪港通投资且连续持有 H 股满 12 个月取得的股息、红利所得免征企业所得税（填写 A107011）	
5	内地居民企业通过深港通投资且连续持有 H 股满 12 个月取得的股息、红利所得免征企业所得税（填写 A107011）	
6	（三）符合条件的非营利组织的收入免征企业所得税	
7	（四）符合条件的非营利组织（科技企业孵化器）的收入免征企业所得税	
8	（五）符合条件的非营利组织（国家大学科技园）的收入免征企业所得税	
9	（六）中国清洁发展机制基金取得的收入免征企业所得税	
10	（七）投资者从证券投资基金分配中取得的收入免征企业所得税	
11	（八）取得的地方政府债券利息收入免征企业所得税	
12	（九）中国保险保障基金有限责任公司取得的保险保障基金等收入免征企业所得税	
13	（十）中央电视台的广告费和有线电视费收入免征企业所得税	
14	（十一）中国奥委会取得北京冬奥组委支付的收入免征企业所得税	
15	（十二）中国残奥委会取得北京冬奥组委分期支付的收入免征企业所得税	
16	（十三）其他	
17	二、减计收入(18+19+23+24)	
18	（一）综合利用资源生产产品取得的收入在计算应纳税所得额时减计收入	
19	（二）金融、保险等机构取得的涉农利息、保费减计收入(20+21+22)	
20	1. 金融机构取得的涉农贷款利息收入在计算应纳税所得额时减计收入	
21	2. 保险机构取得的涉农保费收入在计算应纳税所得额时减计收入	
22	3. 小额贷款公司取得的农户小额贷款利息收入在计算应纳税所得额时减计收入	
23	（三）取得铁路债券利息收入减半征收企业所得税	
24	（四）其他	
25	三、加计扣除(26+27+28+29+30)	
26	（一）开发新技术、新产品、新工艺发生的研究开发费用加计扣除（填写 A107012）	
27	（二）科技型中小企业开发新技术、新产品、新工艺发生的研究开发费用加计扣除（填写 A107012）	
28	（三）企业为获得创新性、创意性、突破性的产品进行创意设计活动而发生的相关费用加计扣除	
29	（四）安置残疾人员所支付的工资加计扣除	
30	（五）其他	
31	合计(1+17+25)	

表5-22 A107011 符合条件的居民企业之间的股息、红利等权益性投资收益优惠明细表

行次	被投资企业名称	被投资企业统一社会信用代码(纳税人识别号)	投资性质	投资成本	投资比例	被投资企业利润分配确认金额		被投资企业清算确认金额			撤回或减少投资确认金额						合计
						被投资企业做出利润分配或转股决定时间	依决定归属于本公司的股息、红利等权益性投资收益金额	分得的被投资企业清算剩余资产	被清算企业累计未分配利润和累计盈余公积享有部分	应确认的股息所得	从被投资企业撤回或减少投资取得的资产	减少投资比例	收回初始投资成本	取得资产中超过收回初始投资成本部分	撤回或减少投资应享有被投资企业累计未分配利润和累计盈余公积	应确认的股息所得	
	1	2	3	4	5	6	7	8	9	10(8与9孰小)	11	12	13(4×12)	14(11−13)	15	16(14与15孰小)	17(7+10+16)
1																	
2																	
3																	
4																	
5																	
6																	
7																	
8	合计																
9	其中:股票投资—沪港通H股																
10	股票投资—深港通H股																

表5-23　A107012　研发费用加计扣除优惠明细表

	基本信息		
1	□一般企业　　□科技型中小企业	科技型中小企业登记编号	
2	本年可享受研发费用加计扣除项目数量		
	研发活动费用明细		
3	一、自主研发、合作研发、集中研发(4+8+17+20+24+35)		
4	（一）人员人工费用(5+6+7)		
5	1.直接从事研发活动人员工资薪金		
6	2.直接从事研发活动人员五险一金		
7	3.外聘研发人员的劳务费用		
8	（二）直接投入费用(9+10+…+16)		
9	1.研发活动直接消耗材料		
10	2.研发活动直接消耗燃料		
11	3.研发活动直接消耗动力费用		
12	4.用于中间试验和产品试制的模具、工艺装备开发及制造费		
13	5.用于不构成固定资产的样品、样机及一般测试手段购置费		
14	6.用于试制产品的检验费		
15	7.用于研发活动的仪器、设备的运行维护、调整、检验、维修等费用		
16	8.通过经营租赁方式租入的用于研发活动的仪器、设备租赁费		
17	（三）折旧费用(18+19)		
18	1.用于研发活动的仪器的折旧费		
19	2.用于研发活动的设备的折旧费		
20	（四）无形资产摊销(21+22+23)		
21	1.用于研发活动的软件的摊销费用		
22	2.用于研发活动的专利权的摊销费用		
23	3.用于研发活动的非专利技术（包括许可证、专有技术、设计和计算方法等）的摊销费用		
24	（五）新产品设计费等(25+26+27+28)		
25	1.新产品设计费		
26	2.新工艺规程制定费		

续表

	研发活动费用明细	
27	3.新药研制的临床试验费	
28	4.勘探开发技术的现场试验费	
29	(六)其他相关费用(30+31+32+33+34)	
30	1.技术图书资料费、资料翻译费、专家咨询费、高新科技研发保险费	
31	2.研发成果的检索、分析、评议、论证、鉴定、评审、评估、验收费用	
32	3.知识产权的申请费、注册费、代理费	
33	4.职工福利费、补充养老保险费、补充医疗保险费	
34	5.差旅费、会议费	
35	(七)经限额调整后的其他相关费用	
36	二、委托研发[(37-38)×80%]	
37	委托外部机构或个人进行研发活动所发生的费用	
38	其中:委托境外进行研发活动所发生的费用	
39	三、年度研发费用小计(3+36)	
40	(一)本年费用化金额	
41	(二)本年资本化金额	
42	四、本年形成无形资产摊销额	
43	五、以前年度形成无形资产本年摊销额	
44	六、允许扣除的研发费用合计(40+42+43)	
45	减:特殊收入部分	
46	七、允许扣除的研发费用抵减特殊收入后的金额(44-45)	
47	减:当年销售研发活动直接形成产品(包括组成部分)对应的材料部分	
48	减:以前年度销售研发活动直接形成产品(包括组成部分)对应材料部分结转金额	
49	八、加计扣除比例	
50	九、本年研发费用加计扣除总额(46-47-48)×49	
51	十、销售研发活动直接形成产品(包括组成部分)对应材料部分结转以后年度扣减金额(46-47-48≥0,本行=0;46-47-48<0,本行=46-47-48的绝对值)	

表 5-24　A107020　所得减免优惠明细表

行次	减免项目	项目名称	优惠事项名称	优惠方式	项目收入	项目成本	相关税费	应分摊期间费用	纳税调整额	项目所得额 免税项目	项目所得额 减半项目	减免所得额
		1	2	3	4	5	6	7	8	9	10	11(9+10×50%)
1	一、农、林、牧、渔业项目											
2												
3		小计	*	*								
4	二、国家重点扶持的公共基础设施项目											
5												
6		小计	*	*								
7	三、符合条件的环境保护、节能节水项目											
8												
9		小计	*	*								
10	四、符合条件的技术转让项目		*	*						*	*	*
11			*	*						*	*	*
12		小计	*	*								
13	五、实施清洁机制发展项目		*									
14			*									
15		小计	*	*								
16	六、符合条件的节能服务公司实施合同能源管理项目		*									
17			*									
18		小计	*	*								
19	七、其他											
20												
21		小计	*	*								
22	合计	*	*	*								

表5-25　表5-25　A107040　减免所得税优惠明细表

行次	项目	金额
1	一、符合条件的小型微利企业减免企业所得税	
2	二、国家需要重点扶持的高新技术企业减按15%的税率征收企业所得税（填写A107041）	
3	三、经济特区和上海浦东新区新设立的高新技术企业在区内取得的所得定期减免企业所得税（填写A107041）	
4	四、受灾地区农村信用社免征企业所得税（4.1+4.2）	
4.1	（一）芦山受灾地区农村信用社免征企业所得税	
4.2	（二）鲁甸受灾地区农村信用社免征企业所得税	
5	五、动漫企业自主开发、生产动漫产品定期减免企业所得税	
6	六、线宽小于0.8微米（含）的集成电路生产企业减免企业所得税（填写A107042）	
7	七、线宽小于0.25微米的集成电路生产企业减按15%税率征收企业所得税（填写A107042）	
8	八、投资额超过80亿元的集成电路生产企业减按15%税率征收企业所得税（填写A107042）	
9	九、线宽小于0.25微米的集成电路生产企业减免企业所得税（填写A107042）	
10	十、投资额超过80亿元的集成电路生产企业减免企业所得税（填写A107042）	
11	十一、新办集成电路设计企业减免企业所得税（填写A107042）	
12	十二、国家规划布局内集成电路设计企业可减按10%的税率征收企业所得税（填写A107042）	
13	十三、符合条件的软件企业减免企业所得税（填写A107042）	
14	十四、国家规划布局内重点软件企业可减按10%的税率征收企业所得税（填写A107042）	
15	十五、符合条件的集成电路封装、测试企业定期减免企业所得税（填写A107042）	
16	十六、符合条件的集成电路关键专用材料生产企业、集成电路专用设备生产企业定期减免企业所得税（填写A107042）	
17	十七、经营性文化事业单位转制为企业的免征企业所得税	
18	十八、符合条件的生产和装配伤残人员专门用品企业免征企业所得税	
19	十九、技术先进型服务企业减按15%的税率征收企业所得税	

续表

行次	项　目	金额
20	二十、服务贸易创新发展试点地区符合条件的技术先进型服务企业减按 15% 的税率征收企业所得税	
21	二十一、设在西部地区的鼓励类产业企业减按 15% 的税率征收企业所得税	
22	二十二、新疆困难地区新办企业定期减免企业所得税	
23	二十三、新疆喀什、霍尔果斯特殊经济开发区新办企业定期免征企业所得税	
24	二十四、广东横琴、福建平潭、深圳前海等地区的鼓励类产业企业减按 15% 税率征收企业所得税	
25	二十五、北京冬奥组委、北京冬奥会测试赛赛事组委会免征企业所得税	
26	二十六、享受过渡期税收优惠定期减免企业所得税	
27	二十七、其他	
28	二十八、减:项目所得额按法定税率减半征收企业所得税叠加享受减免税优惠	
29	二十九、支持和促进重点群体创业就业企业限额减征企业所得税(29.1＋29.2)	
29.1	（一）下岗失业人员再就业	
29.2	（二）高校毕业生就业	
30	三十、扶持自主就业退役士兵创业就业企业限额减征企业所得税	
31	三十一、民族自治地方的自治机关对本民族自治地方的企业应缴纳的企业所得税中属于地方分享的部分减征或免征(□免征　　　□减征:减征幅度_____ %)	
32	合计(1＋2＋…＋26＋27－28＋29＋30＋31)	

表 5-26　A108000　境外所得税收抵免明细表

行次	国家（地区）	境外税后调整后所得	境外所得纳税调整前所得	弥补以前年度亏损	境外应纳税所得额	抵减境内亏损	抵减境内亏损后的境外应纳税所得额	税率	境外所得应纳税额	境外所得可抵免税额	境外所得抵免限额	本年可抵免境外所得税额	未超过境外所得税抵免限额的余额	本年可抵免以前年度未抵免境外所得税额	按简易办法计算				境外所得抵免所得税额合计
															按低于12.5%的实际税率计算的抵免额	按12.5%计算的抵免额	按25%计算的抵免额	小计	
		1	2	3	4	5(3-4)	6	7(5-6)	8	9(7×8)	10	11	12	13(11-12)	14	15	16	17	18(15+16+17)	19(12+14+18)
1																				
2																				
3																				
4																				
5																				
6																				
7																				
8																				
9																				
10	合计																			

二、企业所得税应纳税款的缴纳

（一）企业所得税预缴申报及税款缴纳

查账征收和核定征收的企业所得税纳税人一般按月（季）度申报纳税。申报期为月度或季度终了后的15日内，到期日遇法定节假日顺延。

1. 所需资料。

"企业所得税预缴纳税申报表（A）或（B）""资产负债表（月或季度）""利润表（月或季度）"以及税务机关要求报送的其他相关资料。

2. 申报程序。

国家税务机关一般要求企业进行远程网上申报，且必须下载并安装所在省（市）国税或地税系统的远程报税软件。月（季）度预缴企业所得税，实行网上申报的纳税人，应打开企业远程纳税申报系统，登录纳税申报平台，根据系统提示步骤进行操作。①选择申报企业所得税；②填报电子版企业所得税月（季）度纳税申报表及其附表、企业所得税月（季）度税收缴款书等；③经网上报税系统自动审核确认后，打印纳税申报表回执；④通过企业网银预缴企业所得税；⑤到开户银行取回企业所得税月（季）度税收缴款书回单；⑥进行企业所得税会计处理，编制记账凭证，登记账簿。

温馨提示 ▶▶▶

查账征收和核定征收的企业所得税纳税人一般按月（季）度申报预缴企业所得税。申报期为月度或季度终了后的15日内，到期日遇法定节假日顺延。年度进行企业所得税汇算清缴，期限为次年的5月31日之前。

（二）企业所得税年度申报及汇算清缴

1. 纳税人依照法律及有关规定计算年度应纳税所得额和应纳所得税额。

在预缴的基础上，确定全年应补缴的、应退税额，并如实、正确填写企业所得税申报表及其附表，完整报送相关资料，并对纳税申报的真实性、准确性和完整性负法律责任。在次年的5月31日前向主管税务机关申报，办理结清手续。

实行查账征收的企业纳税人，无论是否在减、免税时期，也无论盈亏，都应按照规定进行汇算清缴。

纳税人因不可抗力，不能按期办理纳税申报的，可按照征管法及其实施细则的规定，办理延期纳税申报。

纳税人在规定的年度纳税申报期内，发现纳税申报有误的，可在年度纳税申报期内重新办理纳税申报。

实行核定征收的企业纳税人，应按照规定汇算清缴。

2. 所需资料。

（1）查账征收："企业所得税年度纳税申报表（适用查账征收企业）"及其相关附表，企业年度会计报表及附注和财务情况说明书、备案事项的相关资料。

（2）核定征收："企业所得税年度纳税申报表（适用核定征收企业）"、年度利润表、资产负债表和有关的财务报表。

(3)实行核定定额征收的企业所得税纳税人,不进行汇算清缴。

3. 申报程序。

国家税务机关一般要求企业进行远程网上申报,且必须下载并安装所在省(市)国税或地税系统的远程报税软件。实行网上申报的纳税人,办理年度企业所得税纳税申报并进行企业所得税汇算清缴时,应打开企业远程纳税申报系统,登录纳税申报平台,根据系统提示步骤进行操作。①选择税种(申报企业所得税)和申报期限(1月1日至12月31日);②填报电子版企业所得税年度纳税申报表及其附表,确定全年应补缴的、应退税额;③填写电子版企业所得税年度税收缴款书;④经网上报税系统自动审核确认后,打印纳税申报表回执;⑤如需补缴税款,则通过企业网银实际缴纳企业所得税款;⑥到开户银行取回企业所得税月(季)度税收缴款书回单;⑦进行企业所得税会计处理,编制记账凭证,登记账簿。

温馨提示 ▶▶▶

1. 企业所得税年度纳税申报及汇算清缴期限为次年的5月31日前,实行查账征收的企业纳税人,无论是否在减、免税时期,也无论盈亏,都应按照规定进行汇算清缴。

2. 远程网上申报必须经主管税务机关审核,其审核的结果存在三种情况:①对纳税申报资料审核无误的,接收申报;②审核有误,属于资料不齐全、填列项目不完整,或者资料逻辑关系不准确的,向纳税人说明原因,直接将有关资料退还纳税人,由纳税人更正后再次进行纳税申报;③如果纳税人拒不改正,先接收并录入该申报资料,同时移送税源管理处处理。

情境训练 ▶▶▶

【例5-19】 新华化工机械制造公司(居民企业)相关资料如下:

纳税人识别号为:340105128975631246　　法定代表人:陈文

开户银行:徽商银行经开区分行营业部　　账号:2186015693145678

财务负责人:李玉　　税务会计:郭林

假定2017年该公司已预缴企业所得税350 000元,2018年4月22日进行年度纳税申报并办理汇算清缴手续,缴纳2017年企业所得税款。请办理新华机械制造公司的2017年度企业所得税纳税申报及汇算清缴工作。

【解析】 2017年企业所得税纳税申报操作步骤如下:

第一步,计算会计利润总额:

会计利润总额 = 9 000 - 4 500 - 200 - 2 000 - 200 - 1 200 + 50 - 800 = 150(万元)

第二步,计算纳税调整金额:

1. 纳税调整增加额。

(1)业务费调整应纳税所得额:

广告费200 < 9 000 × 15% = 1 350(万元),据实扣除。

(2)业务招待费调增应纳税所得额 = 85 - 85 × 60% = 34(万元)

85 × 60% = 51(万元) > 9 000 × 5‰ = 45(万元)

业务招待费调增应纳税所得额 = 34 + 6 = 40(万元)

(3)捐赠支出调增应纳税所得额 = 100 - 150 × 12% = 82(万元)

(4)赞助支出调增应纳税所得额 = 50(万元)

(5)职工福利费、职工教育经费、工会经费调增应纳税所得额:

准予税前扣除职工福利费:1 000 × 14% = 140(万元)

实际列支职工福利费:120 万元 < 140 万元

准予税前扣除职工教育经费:1 000 × 2.5% = 25(万元)

实际列支职工教育经费:15 万元 < 25 万元

准予税前扣除工会经费:1000 × 2% = 20(万元)

实际列支工会经费:20 万元 = 20 万元

所以,职工福利费、职工教育经费、工会经费不需要调整应纳税所得额。

2.纳税调整减少额。

(1)投资收益 50 万元(投资非上市公司的股权投资按权益法确认的投资收益 40 万元,国债持有期间的利息收入 10 万元),属于免税收入。

投资收益调整减少应纳税所得额 = 50(万元)

(2)加计扣除费用应调减应纳税所得额 = 30 × 75% = 22.5(万元)

第三步,计算应纳税所得额:

应纳税所得额 = 150 + 40 + 82 + 50 - 50 - 22.5 = 249.5(万元)

第四步,计算应交所得税额:

应交所得税额 = 249.5 × 25% = 62.375(万元)

会计处理如下:

借:所得税费用　　　　　　　　　　　　　　　　　　　623 750.00

　　贷:应交税费——应交企业所得税　　　　　　　　　 623 750.00

第五步,填报企业所得税年度纳税申报表附表一"一般企业收入明细表"(见表 5 - 27)、附表二"一般企业成本支出明细表"(见表 5 - 28)、附表三"期间费用明细表"(见表 5 - 29)。

第六步,填报企业所得税年度纳税申报表附表四"纳税调整项目明细表"(见表 5 - 30)。

第七步,填报企业所得税年度纳税申报表附表九"广告费和业务宣传费跨年度纳税调整明细表"(见表 5 - 31)。

该企业涉税资料中未涉及其他企业所得税年度纳税申报表附表。

第八步,填报企业所得税年度纳税申报表主表"企业所得税年度纳税申报表(A 类)"(见表 5 - 32)。

表 5-27　A101010　一般企业收入明细表

行次	项　目	金额
1	一、营业收入(2+9)	90 000 000.00
2	(一)主营业务收入(3+5+6+7+8)	90 000 000.00
3	1.销售商品收入	90 000 000.00
4	其中:非货币性资产交换收入	
5	2.提供劳务收入	
6	3.建造合同收入	
7	4.让渡资产使用权收入	
8	5.其他	
9	(二)其他业务收入(10+12+13+14+15)	
10	1.销售材料收入	
11	其中:非货币性资产交换收入	
12	2.出租固定资产收入	
13	3.出租无形资产收入	
14	4.出租包装物和商品收入	
15	5.其他	
16	二、营业外收入(17+18+19+20+21+22+23+24+25+26)	
17	(一)非流动资产处置利得	
18	(二)非货币性资产交换利得	
19	(三)债务重组利得	
20	(四)政府补助利得	
21	(五)盘盈利得	
22	(六)捐赠利得	
23	(七)罚没利得	
24	(八)确实无法偿付的应付款项	
25	(九)汇兑收益	
26	(十)其他	

表 5-28　A102010　一般企业成本支出明细表

行次	项　目	金额
1	一、营业成本(2+9)	45 000 000.00
2	(一)主营业务成本(3+5+6+7+8)	45 000 000.00
3	1.销售商品成本	45 000 000.00
4	其中:非货币性资产交换成本	
5	2.提供劳务成本	
6	3.建造合同成本	
7	4.让渡资产使用权成本	
8	5.其他	
9	(二)其他业务成本(10+12+13+14+15)	
10	1.销售材料成本	
11	其中:非货币性资产交换成本	
12	2.出租固定资产成本	
13	3.出租无形资产成本	
14	4.包装物出租成本	
15	5.其他	
16	二、营业外支出(17+18+19+20+21+22+23+24+25+26)	8 000 000.00
17	(一)非流动资产处置损失	
18	(二)非货币性资产交换损失	
19	(三)债务重组损失	
20	(四)非常损失	
21	(五)捐赠支出	1 000 000.00
22	(六)赞助支出	
23	(七)罚没支出	
24	(八)坏账损失	
25	(九)无法收回的债券股权投资损失	
26	(十)其他	7 000 000.00

表 5-29 A104000 期间费用明细表

行次	项目	销售费用	其中：境外支付	管理费用	其中：境外支付	财务费用	其中：境外支付
		1	2	3	4	5	6
1	一、职工薪酬		*		*	*	*
2	二、劳务费					*	*
3	三、咨询顾问费					*	*
4	四、业务招待费		*	850 000.00	*	*	*
5	五、广告费和业务宣传费	2 000 000.00	*		*	*	*
6	六、佣金和手续费						
7	七、资产折旧摊销费		*		*	*	*
8	八、财产损耗、盘亏及毁损损失		*		*	*	*
9	九、办公费		*		*	*	*
10	十、董事会费		*		*	*	*
11	十一、租赁费					*	*
12	十二、诉讼费		*		*	*	*
13	十三、差旅费		*		*	*	*
14	十四、保险费		*		*	*	*
15	十五、运输、仓储费					*	*
16	十六、修理费					*	*
17	十七、包装费		*		*	*	*
18	十八、技术转让费					*	*
19	十九、研究费用			300 000.00		*	*
20	二十、各项税费		*		*	*	*
21	二十一、利息收支	*	*	*	*		
22	二十二、汇兑差额	*	*	*	*		
23	二十三、现金折扣	*	*				*
24	二十四、党组织工作经费	*	*	*	*		*
25	二十五、其他	18 000 000.00		10 850 000.00			
26	合计(1+2+3+…+25)	20 000 000.00		12 000 000.00		2 000 000.00	

表 5-30　A105000　纳税调整项目明细表

行次	项　目	账载金额 4	税收金额 1	调增金额 2	调减金额 3
1	一、收入类调整项目(2+3+…8+10+11)	*	*		500 000.00
2	(一)视同销售收入(填写 A105010)	*			*
3	(二)未按权责发生制原则确认的收入(填写 A105020)				
4	(三)投资收益(填写 A105030)				400 000.00
5	(四)按权益法核算长期股权投资对初始投资成本调整确认收益	*	*	*	
6	(五)交易性金融资产初始投资调整	*	*		*
7	(六)公允价值变动净损益		*		
8	(七)不征税收入	*	*		
9	其中:专项用途财政性资金(填写 A105040)	*	*		
10	(八)销售折扣、折让和退回				
11	(九)其他				100 000.00
12	二、扣除类调整项目(13+14+…+24+26+27+28+29+30)	*	*	1 720 000.00	225 000.00
13	(一)视同销售成本(填写 A105010)	*		*	
14	(二)职工薪酬(填写 A105050)	1 550 000.00	1 550 000.00		
15	(三)业务招待费支出	850 000.00	450 000.00	400 000.00	*
16	(四)广告费和业务宣传费支出(填写 A105060)	*	*		
17	(五)捐赠支出(填写 A105070)	1 000 000.00	180 000.00	820 000.00	
18	(六)利息支出	2 000 000.00	2 000 000.00		
19	(七)罚金、罚款和被没收财物的损失		*		*
20	(八)税收滞纳金、加收利息		*		*
21	(九)赞助支出	500 000.00	*	500 000.00	*
22	(十)与未实现融资收益相关在当期确认的财务费用				

续表

行次	项　目	账载金额 4	税收金额 1	调增金额 2	调减金额 3
23	（十一）佣金和手续费支出				*
24	（十二）不征税收入用于支出所形成的费用	*	*		*
25	其中:专项用途财政性资金用于支出所形成的费用（填写 A105040）	*	*		*
26	（十三）跨期扣除项目				
27	（十四）与取得收入无关的支出			*	*
28	（十五）境外所得分摊的共同支出	*			*
29	（十六）党组织工作经费				
30	（十七）其他				225 000.00
31	三、资产类调整项目（32＋33＋34＋35）	*	*		
32	（一）资产折旧、摊销（填写 A105080）				
33	（二）资产减值准备金		*		
34	（三）资产损失（填写 A105090）	500 000.00	500 000.00		
35	（四）其他				
36	四、特殊事项调整项目（37＋38＋…＋42）	*	*		
37	（一）企业重组及递延纳税事项（填写 A105100）				
38	（二）政策性搬迁（填写 A105110）	*	*		
39	（三）特殊行业准备金（填写 A105120）				
40	（四）房地产开发企业特定业务计算的纳税调整额（填写 A105010）	*			
41	（五）有限合伙企业法人合伙方应分得的应纳税所得额				
42	（六）其他	*	*		
43	五、特别纳税调整应税所得		*		
44	六、其他	*	*		
45	合计（1＋12＋31＋36＋43＋44）	*	*	1 720 000.00	725 000.00

表 5-31　A105060　广告费和业务宣传费跨年度纳税调整明细表

行次	项目	金额
1	一、本年广告费和业务宣传费支出	2 000 000.00
2	减:不允许扣除的广告费和业务宣传费支出	0
3	二、本年符合条件的广告费和业务宣传费支出(1-2)	2 000 000.00
4	三、本年计算广告费和业务宣传费扣除限额的销售(营业)收入	90 000 000.00
5	乘:税收规定扣除率	15%
6	四、本企业计算的广告费和业务宣传费扣除限额(4×5)	13 500 000.00
7	五、本年结转以后年度扣除额(3>6,本行=3-6;3≤6,本行=0)	0
8	加:以前年度累计结转扣除额	0
9	减:本年扣除的以前年度结转额[3>6,本行=0;3≤6,本行=8与(6-3)孰小值]	0
10	六、按照分摊协议归集至其他关联方的广告费和业务宣传费(10≤3与6孰小值)	0
11	按照分摊协议从其他关联方归集至本企业的广告费和业务宣传费	0
12	七、本年广告费和业务宣传费支出纳税调整金额(3>6,本行=2+3-6+10-11;3≤6,本行=2+10-11-9)	0
13	八、累计结转以后年度扣除额(7+8-9)	0

表 5-32　A100000　中华人民共和国企业所得税年度纳税申报表(A 类)

行次	类别	项目	金额
1		一、营业收入(填写 A101010/101020/103000)	90 000 000.00
2		减:营业成本(填写 A102010/102020/103000)	45 000 000.00
3		减:税金及附加	2 000 000.00
4		减:销售费用(填写 A104000)	20 000 000.00
5		减:管理费用(填写 A104000)	12 000 000.00
6	利润总额计算	减:财务费用(填写 A104000)	2 000 000.00
7		减:资产减值损失	
8		加:公允价值变动收益	
9		加:投资收益	500 000.00
10		二、营业利润(1-2-3-4-5-6-7+8+9)	9 500 000.00
11		加:营业外收入(填写 A101010/101020/103000)	
12		减:营业外支出(填写 A102010/102020/103000)	8 000 000.00
13		三、利润总额(10+11-12)	1 500 000.00

续表

行次	类别	项目	金额
14	应纳税所得额计算	减:境外所得(填写 A108010)	
15		加:纳税调整增加额(填写 A105000)	1 720 000.00
16		减:纳税调整减少额(填写 A105000)	725 000.00
17		减:免税、减计收入及加计扣除(填写 A107010)	
18		加:境外应税所得抵减境内亏损(填写 A108000)	
19		四、纳税调整后所得(13−14+15−16−17+18)	2 495 000.00
20		减:所得减免(填写 A107020)	
21		减:弥补以前年度亏损(填写 A106000)	
22		减:抵扣应纳税所得额(填写 A107030)	
23		五、应纳税所得额(19−20−21−22)	2 495 000.00
24	应纳税额计算	税率(25%)	25%
25		六、应纳所得税额(23×24)	623 750.00
26		减:减免所得税额(填写 A107040)	
27		减:抵免所得税额(填写 A107050)	
28		七、应纳税额(25−26−27)	623 750.00
29		加:境外所得应纳所得税额(填写 A108000)	
30		减:境外所得抵免所得税额(填写 A108000)	
31		八、实际应纳所得税额(28+29−30)	623 750.00
32		减:本年累计实际已缴纳的所得税额	350 000.00
33		九、本年应补(退)所得税额(31−32)	273 750.00
34		其中:总机构分摊本年应补(退)所得税额(填写 A109000)	
35		财政集中分配本年应补(退)所得税额(填写 A109000)	
36		总机构主体生产经营部门分摊本年应补(退)所得税额(填写 A109000)	

第九步,办理汇算清缴,进行纳税申报,缴纳所得税款 273 750 元(见表 5−27)。

缴纳企业所得税的会计处理如下:

借:应交税费——应交企业所得税　　　　　　　　　　　　273 750.00
　　贷:银行存款　　　　　　　　　　　　　　　　　　　　273 750.00

表 5-33　中华人民共和国税收通用缴款书

纳税人编号： NO.5556278
隶属关系： 市属企业
注册类型： 股份制企业

（2017）皖国缴电

填发日期：2018 年 4 月 22 日　征收机关：合肥市国税局经开分局

缴款单位（人）	代　号	3401051289756310...	预算科目	编　码	略	第一联（收据）国库（银行）收款盖章后退缴款单位
	全　称	新华化工机械制造公司		名　称	股份制企业所得税	
	开户银行	徽商银行经开区分行营业部		级　次	中央60%，地方40%	
	账　号	218615693145678		收款国库	合肥市库	

税款所属时间：2017 年 1 月 1 日至 12 月 31 日　　税款限缴日期：2018 年 4 月 22 日

品目名称	计税所得额	税率	所得税额	已预缴税额	实缴税额
企业所得税	2 495 000.00	25%	623 750.00	350 000.00	273 750.00
金额合计	人民币（大写）贰拾柒万叁仟柒佰伍拾元整				

缴款单位（人）（盖章）经办人（章）郭林	税务机关（盖章）填票人（章）	上列款项已收妥并划转收款单位账户　国库（银行）盖章　　　　　　　2018 年 4 月 22 日	备　注　一般申报银税20122800068安徽省国家税务局

模拟实训 ▶▶▶

给出特定企业某年度企业所得税的纳税申报和汇算清缴资料，让学生利用网中网税务会计软件，在校内会计多功能实训室，模拟网上月（季）度和年度申报纳税，进行企业所得税年度汇算清缴。

现场实训 ▶▶▶

与当地国税或地税机关联系，带领学生到当地国税或地税机关的办税大厅进行现场纳税申报。

课后查阅资料 ▶▶▶

请查阅 2008 年 1 月 1 日起实施的《企业所得税法》和《企业所得税法实施细则》。

学习子情境 5.4　企业所得税的会计核算

情境导入四 ▶▶▶

兴泰公司为增值税一般纳税人，2017 年度利润表中的利润总额为 5 000 万元，该公司适用的所得税税率为 25%。递延所得税资产和递延所得税负债无期初余额。该公司 2017 年度发生的与所得税核算有关的交易和事项如下:①2016年12月末,购入并投入使用一台设备,成本为600万元,预计使用年限为10年,会计采用年数总和法计提折旧。税法规定,使用年限为5年,并采用直线法计提折旧。假定预计净残值为0。②5月18日,购入华宇股票10万股,支付价款200万元,划分为交易性金融资产;年末该股票的市价为260万元。③国债利息收入100万元。④公益性捐赠200万元。⑤税务部门罚款150万元。

请采用资产负债表债务法核算兴泰公司2017年的应交所得税、递延所得税、所得税费用,并进行账务处理。

一、企业所得税核算的资产负债表债务法

(一)企业所得税会计的概念

企业所得税会计是会计与税法规定之间的差异在所得税会计核算中的具体体现。它专门研究如何处理按照企业会计准则计算的会计利润与按照税法计算的应纳税所得额之间差异的会计理论和账务处理方法。

我国现行企业所得税会计准则规定,企业应采用资产负债表债务法核算所得税。

(二)企业所得税会计核算方法——资产负债表债务法

资产负债表债务法从资产负债表出发,通过比较资产负债表上列示的资产、负债按照会计准则规定确定的账面价值与按照税法规定确定的计税基础,将两者之间产生的差异确认为应纳税暂时性差异或可抵扣暂时性差异,并确认相关的递延所得税负债或递延所得税资产,最后在此基础上确定每一会计期间利润表中的所得税费用。

想一想▶▶▶

资产负债表债务法与应付税款法有何区别?

课后查阅资料▶▶▶

请查阅我国企业所得税会计核算方法的变革历史。

(三)计税基础与账面价值

计税基础是指资产负债表日后,资产或负债在计算以后期间应纳税所得额时,根据税法规定还可以再抵扣或应纳税的剩余金额。这是2006年发布的《企业新会计准则》中提出的概念。它分为资产的计税基础、负债的计税基础两类。

账面价值是指某科目(通常是资产类科目)的账面余额减去相关备抵项目后的净额。账面余额是指某科目的账面实际余额,不扣除作为该科目备抵的项目(如累计折旧、相关资产的减值准备等)。

1.资产的账面价值与计税基础。

资产的账面价值代表的是企业持续持有及最终处置某项资产的一定期间内,该资产为企业带来的未来经济利益。

资产的账面价值=账面余额-资产折旧或摊销-资产减值准备

资产的计税基础是指企业收回资产账面价值过程中,计算应纳税所得额时按照税法规定可以自应税经济利益中抵扣的金额,即该项资产在未来使用或最终处置时,允许作为成本

或费用于税前列支的金额。

资产的计税基础＝未来可税前列支的金额

某一资产资产负债表日的计税基础＝成本－以前期间已税前列支的金额

通常情况下，资产取得时其入账价值与计税基础是相同的，其计税基础一般为取得成本。但有些特殊业务，如非货币性交易、企业合并、债务重组等方式下取得的资产，其计税基础有特殊性。因会计准则规定与税法规定不同，资产的后续计量可能造成其账面价值与计税基础之间的差异。

情境训练 ▶▶▶

【例5－20】 一台设备的原值为100万元，折旧30万元已在当期和以前期间抵扣，折余价值70万元。假定税法折旧等于会计折旧，那么此时该项设备的计税基础为（　　）万元。

A．100　　　　B．30　　　　C．70　　　　D．0

【解析】 会计折旧等于税法折旧，折余价值70万元将在未来期间作为折旧或通过处置作为一项减项从应税利润抵扣，未来收回时70万元都不构成应税利润，该设备的计税基础就是其账面价值70万元。所以，正确答案为C。

【例5－21】 甲公司于2017年初以100万元取得一项投资性房地产，采用公允价值模式计量。2017年末，该项投资性房地产的公允价值为120万元，则该项投资性房地产在2017年末的计税基础为（　　）万元。

A．0　　　　B．100　　　　C．120　　　　D．20

【解析】 按照税法规定，不认可该类资产在持有期间因公允价值变动产生的利得或损失，2017年末该项投资性房地产的计税基础为100万元。所以，正确答案为B。

2．负债的账面价值与计税基础。

负债的账面价值代表的是企业预计在未来期间清偿该项负债时的经济利益的流出。

负债的计税基础指负债的账面价值减去未来期间计算应纳税所得额时按照税法规定可予抵扣的金额。公式为：

负债的计税基础＝账面价值－未来期间按照税法规定可予税前扣除的金额

因负债的账面价值与其计税基础不同产生的差异实质上是税法规定就该项负债在未来期间可以税前扣除的金额。

负债的确认与偿还一般不会影响企业的损益，也不会影响其应纳税所得额，未来期间计算应纳税所得额时按照税法规定可予抵扣的金额为0，计税基础即为账面价值，如短期借款、应付账款等。但在某些情况下，负债的确认可能会影响企业的损益，进而影响不同期间的应纳税所得额，使得其计税基础与账面价值之间产生差异，如按照会计规定确认的某些预计负债等。

情境训练 ▶▶▶

【例5－22】 某企业2017年因债务担保确认了预计负债600万元，但担保发生在关联方之间，担保方并未就该项担保收取与相应责任相关的费用。假定税法规定与该预计负债有关的费用不允许税前扣除。那么，2017年末该项预计负债的计税基础为（　　）万元。

A．600　　　　B．0　　　　C．300　　　　D．无法确定

【解析】 计税基础＝账面价值600万元－可从未来经济利益中扣除的金额0＝600万元。所以，正确答案为A。

(四)企业所得税会计差异

所得税会计差异指会计利润与应纳税所得额之间的差异额。按其产生的原因不同,分为永久性差异和暂时性差异两类。

1. 永久性差异。

永久性差异是指某一会计期间,由于会计准则和税法在计算收益、费用或损失时的口径不同、标准不同所产生的税前会计利润与应纳税所得额之间的差异。这种差异不影响其他会计期间,也不会在其他期间得到弥补。在资产负债表债务法下,由于永久性差异只影响当期所得税费用,计入利润表,不对未来资产、负债情况产生影响,因而,所得税会计准则不再强调永久性差异。

永久性差异有以下四种类型:

(1)会计准则规定应确认为收入、收益,但税法规定不作为应纳税所得额的项目。如企业购买国债的利息收入;符合条件的居民企业之间的股息、红利等权益性投资收益;境内设立机构、场所的非居民企业从居民企业取得的与该机构、场所有实际联系的权益性投资收益等。这些项目按会计准则规定,应作为收益,但税法规定属于免税收入,不对其计交所得税,因而,使会计利润大于应纳税所得额,计算应纳税所得额时,从会计利润中减去这些项目,才能得出当期应纳税所得额。

(2)会计准则规定可以列入费用或损失但税法上不允许扣除的项目。这些项目使会计利润低于应纳税所得额,计算应纳税所得额时,应将这些项目金额加到会计利润中,一并计算纳税。产生这些项目的原因:一是由于会计准则与税法关于费用的扣除范围不同,如企业之间支付的管理费、企业内营业机构之间支付的租金和特许权使用费,以及非银行企业内营业机构之间支付的利息;税收滞纳金;罚金、罚款和被没收财务的损失;公益性捐赠之外的捐赠支出;赞助支出;未经核定的准备金支出;与取得收入无关的其他支出等。二是由于会计准则与税法关于费用的扣除标准不同,如非金融企业向非金融企业借款的利息支出;业务招待费;广告费和业务宣传费;公益性捐赠支出等。

(3)会计准则规定不确认为收入但税法规定要作为应税收入的项目。如关联企业之间采取不合理定价减少应纳税所得额,税法规定税务机关有权进行特别纳税调整,调增应纳税所得额;视同销售收入,会计上可以不作为销售收入,税法上要求作为应税收入等。这些项目使会计利润低于应纳税所得额,计算应纳税所得额时,应将这些项目金额加计到会计利润中,一并纳税。

(4)会计准则规定不确认为费用或损失,但税法规定应作为费用或损失扣除。如税法规定企业安置残疾人员所支付的工资,在据实扣除的基础上,再按照支付给残疾职工工资的100%加计扣除;企业为开发新技术、新产品、新工艺发生的研究开发费用,未形成无形资产计入当期损益的,在据实扣除的基础上,加扣75%;形成无形资产的,按照无形资产的成本的175%摊销等。这些项目使会计利润大于应纳税所得额,计算应纳税所得额时,应将这些项目金额从会计利润中减去。

温馨提示 ▶▶▶

从资产负债表角度考虑,永久性差异都是收入、费用的确认问题,直接计入当期损益,不会产生资产、负债的账面价值与其计税基础之间的差异,即不形成暂时性差异,对企业未来期间计税没有影响,不产生递延所得税。因而,所得税会计准则不再强调永久性差异。

情境训练

【例 5-23】 某公司 2017 年 12 月因违反当地有关环保法规的规定,接到环保部门的处罚通知,要求其支付罚款 100 万元,罚款暂未支付。税法规定,企业因违反国家有关法律法规支付的罚款和滞纳金,计算应纳税所得额时不允许税前扣除。截至 2017 年 12 月 31 日,该项罚款尚未支付。2017 年末该公司产生的暂时性差异为( )万元。

A.0　　　　B.100　　　　C.-100　　　　D.不确定

【解析】 按照税法规定,企业违反国家有关法律法规规定支付的罚款和滞纳金不允许税前扣除,即该项负债在未来期间计税时按照税法规定准予税前扣除的金额为 0,则其计税基础 = 账面价值 100 - 未来期间计算应纳税所得额时按照税法规定可予抵扣的金额 0 = 100 万元。该项负债的账面价值 100 万元与其计税基础 100 万元相同,不形成暂时性差异(其本质为永久性差异)。所以,正确答案为 A。

2. 暂时性差异。

暂时性差异是指资产、负债列示在资产负债表的账面价值与其计税基础不同产生的差额,即暂时性差异 = 资产或负债的账面价值 - 计税基础。除因资产、负债的账面价值与其计税基础不同产生的暂时性差异以外,按照税法规定可以结转以后年度的未弥补亏损和税款抵减,也视同可抵扣暂时性差异处理。

根据暂时性差异对未来期间应纳税所得额的影响不同,分为应纳税暂时性差异和可抵扣暂时性差异。

(1)应纳税暂时性差异。

1)概念:应纳税暂时性差异是指在确定未来收回资产或清偿负债期间的应纳税所得额时,将导致产生应税金额的暂时性差异。

2)应纳税暂时性差异产生的原因:

ⅰ.资产的账面价值大于其计税基础,表明该项资产未来期间产生的经济利益不能全部税前抵扣,两者之间的差额会造成未来期间应纳税所得额和应交所得额的增加,产生应纳税暂时性差异,在其产生当期符合确认条件的情况下,应确认相关的递延所得税负债。

情境训练

【例 5-24】 2016 年 12 月,大华公司购进并投入使用的一台设备原值为 100 万元,会计核算预计使用年限为 10 年,税法规定折旧年限为 5 年,假设不考虑预计净残值。请计算 2017 年末该设备的账面价值、计税基础及暂时性差异。

【解析】 2017 年末,该设备的会计年折旧额 = 100÷10 = 10(万元)

2017 年末,该设备的账面价值 = 100 - 10 = 90(万元)

2017 年末,该设备的税法规定年折旧额 = 100÷5 = 20(万元)

2017 年末,该设备的税法规定未来可列支的金额 = 100 - 20 = 80(万元)

2017 年末,该设备的计税基础 = 80(万元)

该设备的账面价值大于其计税基础,产生应纳税暂时性差异:90 - 80 = 10(万元)

ⅱ.负债的账面价值小于其计税基础,表明该项负债在未来期间可以税前抵扣的金额为负数,即应在未来期间应纳税所得额的基础上调增,增加应纳税所得额和应交所得额,产生应纳税暂时性差异,在其产生当期符合确认条件的情况下,应确认相关的递延所得税负债。

3)特点:资产大,税基小,先提后交列负债。延迟交税。

(2)可抵扣暂时性差异。

1)概念:可抵扣暂时性差异是指在确定未来收回资产或清偿负债期间的应纳税所得额时,将产生可抵扣金额,导致未来期间减少应纳税所得额,由此产生递延所得税资产的差异。可抵扣暂时性差异在未来期间转回时会减少转回期间的应纳税所得额,减少未来期间的应交所得税。在可抵扣暂时性差异产生当期,应当确认相关的递延所得税资产。

2)可抵扣暂时性差异产生的原因:

ⅰ.资产的账面价值小于其计税基础,表明该项资产在未来期间产生的经济利益少,按照税法规定允许税前扣除的金额多,企业在未来期间可以减少应纳税所得额并减少应交所得税,符合条件时,应当确认相关的递延所得税资产。

【情境训练】▶▶▶

【例 5-25】 惠康公司 2017 年 12 月 31 日库存存货价值为 100 万元,已经计提跌价准备 40 万元,账面价值为 60 万元。请计算该公司存货产生的暂时性差异。

【解析】 惠康公司 2017 年 12 月 31 日库存存货价值为 100 万元,已经计提跌价准备 40 万元,账面价值为 60 万元。在未来销售过程中可以抵扣的会计成本是 60(100 - 40)万元。存货的账面价值为 60 万元。但是,税法规定,资产减值损失不允许税前扣除,即存货的计税基础是 100 万元。账面价值 60 万元小于未来计税允许扣除的价值 100 万元,形成"可抵扣暂时性差异"。

可抵扣暂时性差异 = 100 - 60 = 40(万元)

ⅱ.负债的账面价值大于其计税基础,表明未来期间按照税法规定与该项负债相关的全部或部分支出可从未来应税经济利益中扣除,减少未来期间的应纳税所得额和应交所得税,符合有关确认条件时,应确认相关的递延所得税资产。

【情境训练】▶▶▶

【例 5-26】 正保公司 2017 年销售产品后承诺提供 3 年的免费保修,预计产品 3 年的保修费 60 万元,并确认记入"预计负债"账户。2017 年未发生保修费用。请计算 2017 年该公司该项负债的暂时性差异。

【解析】 这是一项因为预计负债产生的暂时性差异。2017 年确认销售产品的预计售后 3 年的保修费 60 万元并入账,所以"预计负债"账户的账面价值为 60 万元。按照税法规定,有关的保修费用只有在实际发生时才能够税前扣除。尽管企业当期按照会计准则规定确认了 60 万元的预计负债,而该项保修义务预计在以后 3 年逐期发生,则按照税法规定,有关的保修费用在实际发生时可从税前扣除,即未来期间可从税前扣除的金额总计为 60 万元,则该项负债的账面价值 60 万元减去未来期间按照税法规定可抵扣的 60 万元,其计税基础为 0,即该笔负债的计税基础 = 账面价值 60 万元 - 未来计税时可予抵扣的金额 60 万元 = 0

负债的账面价值 > 计税基础,产生可抵扣暂时性差异。

可抵扣暂时性差异 = 60 - 0 = 60(万元)

3)特点:资产小,税基大,先交待抵列资产。先交待抵。

(3)资产的暂时性差异的内容。

1)存货。存货是指企业持有以备出售的产品或者商品、处在生产过程中的在产品、在生产或者提供劳务过程中耗用的材料和物料等。

《企业会计准则第1号——存货》第十五条规定,资产负债表日,存货应当按照成本与可变现净值孰低计量,存货成本高于其可变现净值的,应当计提存货跌价准备,计入当期损益。该准则第十九条规定,资产负债表日,企业应当确定存货的可变现净值,以前减记存货价值的影响因素已经消失的,减记的金额应当恢复,并在原已计提的存货跌价准备金额内转回,转回的金额计入当期损益。

计提存货跌价准备虽然符合会计信息质量要求,但因此而导致的存货账面价值下降,当期利润减少,在计算企业所得税时税法并不认可。《中华人民共和国企业所得税法》第十条规定,在计算应纳税所得额时,未经核定的准备金支出不得扣除。《中华人民共和国企业所得税法实施条例》第五十六条进一步明确,企业的各项资产,包括固定资产、生物资产、无形资产、长期待摊费用、投资资产、存货等,以历史成本为计税基础,即以企业取得该项资产时实际发生的支出为计税基础。企业持有各项资产期间资产增值或者减值,除国务院财政、税务主管部门规定可以确认损益外,不得调整该资产的计税基础。也就是说,按照税法的规定,资产的减值在转化为实质性损失之前,是不允许税前扣除的,即其计税基础不会因减值准备的提取而发生变化,从而造成资产的账面价值与其计税基础之间产生暂时性差异。该暂时性差异会减少未来期间的应纳税所得额和应交所得税额,属于可抵扣暂时性差异,符合确认条件时,应确认相关的递延所得税资产。

情境训练 ▶▶▶

【例5-27】 泰安公司为增值税一般纳税人,增值税税率为17%。该公司采用成本与可变现净值孰低法对存货进行期末计价。2017年生产的一批A产品的账面成本为4 000万元,市价持续下跌,并在可预见的将来无回升的希望。根据资产负债表日状况确定的A产品的可变现净值为:2017年末3200万元。请计算确定A产品2017年末的暂时性差异。

【解析】 2017年末计提A产品存货跌价准备 = 4 000 - 3 200 = 800(万元)
2017年末计提A产品账面价值 = 4 000 - 800 = 3 200(万元)
2017年末税法规定A产品的计税基础 = 4 000(万元)
账面价值(3 200万元) < 计税基础(4 000万元)
产生可抵扣暂时性差异 = 4 000 - 3 200 = 800(万元)

2)固定资产。

i.折旧方法、折旧年限产生的差异。

会计准则规定对固定资产的后续计量:

某一资产负债表日固定资产账面价值 = 取得时的初始成本 - 累计折旧 - 固定资产减值准备

税法规定对固定资产的后续计量:

某一资产负债表日固定资产计税基础 = 取得时的初始成本 - 税法允许的以前期间税前扣除的折旧额

会计准则规定,企业应当根据与固定资产有关的经济利益的预期实现方法合理选择折旧方法,可以选择直线法,也可以选择双倍余额递减法和年数总和法计提折旧。税法规定,固定资产的折旧应采用直线法计算。只有由于技术进步、产品更新换代较快的固定资产以及常年处于强震动、高腐蚀状态的固定资产,才可以缩短折旧年限或采用双倍余额递减法或年数总和法计提折旧,并且缩短折旧年限计提折旧的,最低折旧年限不得低于规定年限的60%。由于税法明确规定了各类固定资产的折旧年限,如果会计上计提折旧的年限短于税法规定的最低折旧年限,就会产生固定资产持有期间账面价值与计税基础的差异。

ⅱ. 计提固定资产减值准备产生的差异。

在持有固定资产的期间内,会计准则规定,可以提取固定资产减值准备,而税法规定按照会计准则提取的减值准备在资产发生实质性损失前,不允许税前扣除,这就造成了固定资产的账面价值与计税基础之间的差异。

情境训练 ▶▶▶

【例5-28】 华泰公司于2016年末以500万元购入一套设备并投入使用,使用寿命5年,会计采用双倍余额递减法计提折旧,税法规定按照直线法提取折旧,不允许加速折旧。其他情况会计与税法一致,假定无残值。2017年12月31日,华泰公司估计该项资产可收回金额为260万元。

【解析】 会计按双倍余额递减法提取的2017年折旧额=(500-0)×2/5=200(万元)

该项固定资产在2017年12月31日的账面净值=500-200=300(万元)

2017年末提取减值准备=300-260=40(万元)

该项固定资产在2017年12月31日的账面价值=300-40=260(万元)

税法上按照直线法提取2017年折旧额=500÷5=100(万元)

该项固定资产在2017年12月31日的计税基础=500-100=400(万元)

该项固定资产的账面价值(260万元)<计税基础(400万元)

产生可抵扣暂时性差异=400-260=140(万元)

在本期会增加应纳税所得额140万元和应交所得税35万元,而在未来期间会减少应纳税所得额140万元和应交所得税35万元。

3)无形资产。

无形资产的账面价值与计税基础之间的差异主要产生于内部研究开发形成的无形资产以及使用寿命不确定的无形资产。

ⅰ. 内部研究开发形成的无形资产,其税收与会计的差异。

会计准则规定,研究阶段的支出应当费用化,计入当期损益。开发阶段符合资本化条件以后至达到预定用途前发生的支出,应当资本化,作为无形资产的成本。税法规定,企业为开发新技术、新产品、新工艺发生的研究开发费用,未形成无形资产计入当期损益的,在据实扣除的基础上,加计扣除75%;形成无形资产的,按照无形资产成本的175%分期摊销。

因此,内部研究开发形成的无形资产,初始确认时,按照会计准则规定,符合资本化条件以后至达到预定用途前发生的支出总额,形成无形资产的账面价值,而其计税基础是账面价值的175%,两者存在差异。

ⅱ. 无形资产后续计量时,会计与税收的差异。

无形资产后续计量时,会计与税收之间的差异主要产生于无形资产摊销和无形资产减值准备计提两个方面。

首先,无形资产摊销会计与税收的差异。

会计准则规定,企业取得无形资产后,应根据其使用寿命情况,区分为使用寿命有限的无形资产和使用寿命不确定的无形资产。对于使用寿命不确定的无形资产,不要求摊销,但持有期间每年应进行减值测试。税法规定,无形资产按照直线法计算的摊销费用,准予扣除,且无形资产的摊销年限不得低于10年。作为投资或者受让的无形资产,有关法律规定或者合同约定了使用年限的,可以按照规定或者约定的使用年限分期摊销。外购商誉的支出,在企业整体转让或者清算时,准予扣除。税法中没有界定使用寿命不确定的无形资产,所有的无形资产均应在一定期限内摊销。

对于使用寿命不确定的无形资产,会计处理时不予摊销,但计税时按照税法规定确定的摊销额允许税前扣除,造成该类无形资产的账面价值与计税基础的差异。

其次,无形资产计提减值准备会计与税收的差异。

在对无形资产计提减值准备的情况下,因税法对按照会计准则规定计提的无形资产减值准备在形成实质性损失前,不允许扣除,即无形资产的计税基础不会随减值准备的提取发生变化,但其账面价值会因减值准备的提取而下降,从而造成无形资产的账面价值与计税基础的差异。

情境训练 >>>

【例 5-29】 华泰公司2017年度共发生一项专利权的符合资本化条件的开发支出1 000万元,年末达到预定用途,记入"无形资产"账户。税法规定,企业为开发新技术、新产品、新工艺发生的研究开发费用,未形成无形资产计入当期损益的,在据实扣除的基础上,加扣75%;形成无形资产的,按形成无形资产成本的175%摊销。请计算该公司2017年末暂时性差异。

【解析】 华泰公司2017年发生的专利权开发支出1 000万元形成无形资产成本,即期末无形资产的账面价值为1 000万元。

华泰公司2017年发生的专利权开发支出中,按照税法规定可在税前扣除的金额为:

1 000×175% = 1 750(万元)

2017年末该项专利权的形成可抵扣暂时性差异。

可抵扣暂时性差异 = 1 750 - 1 000 = 750(万元)

该项无形资产的账面价值1 000万元与其计税基础1 750万元之间的差额750万元,形成未来期间(假定按10年摊销)每年可抵减应纳税所得额75万元,产生抵减应交所得税的权利。

【例 5-30】 2017年1月1日,A公司董事会批准研发某项新产品专利技术,有关资料如下:

(1)2017年1月,共发生费用6 200万元,其中6 000万元符合资本化条件。当月达到预定用途。A公司预计该新产品专利技术的使用寿命为10年,A公司对其采用直线法摊销;税法规定该项无形资产采用直线法摊销,摊销年限与会计相同。

(2)2017年末,该项无形资产出现减值迹象,经减值测试,该项无形资产的可收回金额为4 320万元,减值后摊销年限和摊销方法不需变更。

(3)按照税法规定,企业为开发新技术、新产品、新工艺发生的研究开发费用,未形成无形资产计入当期损益的,在按照规定据实扣除的基础上,按照研究开发费用的75%加计扣除;形成无形资产的,按照无形资产成本的175%摊销。A公司该研究开发项目符合上述税法规定。

要求:计算2017年末无形资产的账面价值和计税基础,并计算其暂时性差异。

【解析】 2017年末该专利技术的账面价值和计税基础:

减值测试前无形资产的账面价值 = 6 000 - 6 000 ÷ 10 = 5 400(万元)

应计提的减值准备金额 = 5 400 - 4 320 = 1 080(万元)

无形资产的账面价值 = 4 320(万元)

无形资产的计税基础 = 6 000 × 175% - 6 000 × 175% ÷ 10 = 9 450(万元)

2017年末可抵扣暂时性差异 = 9 450 - 4 320 = 5 130(万元)

4)以公允价值计量且其变动计入当期损益的金融资产。

按照《企业会计准则第22号——金融工具确认和计量》的规定,以公允价值计量且其变动计入当期损益的金融资产,在某一会计期末的账面价值为该时点的公允价值。而税法规定,企业对外投资期间,投资资产的成本在计算应纳税所得额时不得扣除。当会计期末公允价值发生变动的,税法不予认可,即当会计期末公允价值变动时,以公允价值计量且其变动计入当期损益的金融资产的账面价值与计税基础不一致。

企业持有的可供出售金融资产计税基础的确定,与以公允价值计量且其变动计入当期损益的金融资产类似。

情境训练 ▶▶▶

【例5-31】 2017年5月20日,华泰公司自证券市场购买华能股票,支付价款500万元,作为以公允价值计量且其变动计入当期损益的金融资产核算。2017年12月31日,该项股票的市价为350万元。请计算确认华泰公司2017年12月31日该项以公允价值计量且其变动计入当期损益的金融资产的暂时性差异。

【解析】 税法规定,企业对外投资期间,投资资产的成本在计算应纳税所得额时不得扣除,所以,以公允价值计量且其变动计入当期损益的金融资产在持有期间的公允价值变动减值的金额,不能冲减应纳税所得额,待出售时一并计入应税收入,计算应纳税所得额。

该项金融资产的变动损益(损失) = 500 - 350 = 150(万元)

该项金融资产的账面价值 = 500 - 150 = 350(万元)

该项金融资产的计税基础 = 500(万元)

该项金融资产的账面价值(350万元) < 计税基础(500万元),所以,2017年12月31日形成该项金融资产的可抵扣暂时性差异为150(500 - 350)万元。该差异在未来期间转回时会减少未来期间的应纳税所得额,导致应交所得税减少。

5)其他资产。

因会计准则规定与税法规定不同,企业持有的其他资产可能造成其账面价值与计税基础之间出现差异。例如,对于生产性生物资产,税法规定了折旧最低年限:林木类生产性生物资产为10年;畜类生产性生物资产为3年。长期待摊销费用摊销年限不得低于3年。如果会计上的折旧和摊销年限与税法不同,就会造成其账面价值与计税基础之间的差异。又如,采用公允价值模式计量的投资性房地产以及其他计提了减值准备的各项资产,账面价值与计税基础就存在差异。

温馨提示 ▶▶▶

各项资产的暂时性差异产生的原因主要是因为会计准则和税法关于计提各项资产的减值损失、折旧和摊销年限、折旧和摊销的计算方法等存在差异。

课后查阅资料 ▶▶▶

请查阅企业会计准则和企业所得税法关于存货、以公允价值计量且其变动计入当期损益的金融资产、固定资产、无形资产及其他资产在计算会计利润和应纳税所得额时的扣除规定。

(4)负债的暂时性差异的内容。

1)预计负债。

按照或有事项会计准则的规定,企业对于预计提供售后服务将发生的支出在满足有关确认条件时,销售当期即确认为费用,同时确认预计负债。而真实性是税法规定税前扣除的首要条件。除税法规定的加计费用等扣除外,任何支出除非确属已经真实发生且必须提供证明其真实发生的"足够"的、"适当"的凭据,否则不得在税前扣除。因此,税法规定与销售产品相关的支出应于实际发生时税前扣除。因该类事项产生的预计负债在期末的计税基础为其账面价值与未来期间可税前扣除的金额之间的差额,因有关的支出实际发生时可全部税前扣除,其计税基础为0。

因其他事项确认的预计负债,应按照税法规定的计税原则确定其计税基础。某些情况下,因为有些事项确认的预计负债,税法规定其支出无论是否实际发生均不允许税前扣除,即未来期间按照税法规定可抵扣的金额为0,账面价值等于计税基础。

想一想 ▶▶▶

或有事项会计准则对于预计提供售后服务将发生的支出在销售当期确认为费用,同时确认预计负债应满足的有关确认条件有哪些?

温馨提示 ▶▶▶

真实性是税法规定税前扣除的首要条件。除税法规定的加计费用等扣除外,任何支出除非确属已经真实发生且必须提供证明其真实发生的"足够"的、"适当"的凭据,否则不得在税前扣除。

情境训练 ▶▶▶

【例 5-32】 2017 年 1 月,华泰公司销售一批产品,承诺提供 4 年保修服务,估计很有可能发生的保修费用为 150 万元,确认为预计负债,并在利润表中确认为销售费用。2017 年实际发生保修支出 30 万元。税法规定,与产品售后服务相关的费用在实际发生时允许税前扣除。

【解析】 2017 年 12 月 31 日,资产负债表中的预计负债的账面价值为 120(150-30)万元。按照税法规定,2017 年度已经实际发生的 30 万元保修费用(预计负债)应当在当期税前扣除,其余的 120 万元在未来期间实际发生时税前扣除。

该项负债 2017 年末的账面价值 = 150 - 30 = 120(万元)

该项负债 2017 年末的计税基础 = 账面价值(120 万元) - 未来期间计算应纳税所得额时按照税法规定可予扣除的金额(120 万元) = 0

账面价值＞计税基础

2017年末该预计负债的账面价值与计税基础之间产生的可抵扣暂时性差异＝账面价值（120万元）－计税基础（0）＝120（万元）

2）预收账款。

企业在收到客户预付的款项时，因不符合收入的确认条件，会计上将其确认为负债。税法中对收入的确认原则一般与会计规定相同，即会计上未确认收入时，计税时一般不计入应纳税所得额，该部分经济利益在未来期间计税时可予税前抵扣的金额为0，计税基础等于账面价值。

但在某些特殊情况下，会发生不符合会计准则规定的收入确认条件而未确认为收入的预收账款，按照税法规定则计入应纳税所得额，计算应交所得税。此时，有关预收账款的计税基础为0，即因产生时已经计算缴纳所得税，未来期间可全额税前抵扣。

3）其他负债。

企业的其他负债项目，如应交的罚款和滞纳金等，在尚未支付前按照会计准则规定确认为费用，同时作为负债反映。税法规定，罚款和滞纳金不得税前扣除，即该部分费用无论是发生在当期，还是在以后期间，均不得税前扣除。计税基础等于账面价值减去未来期间计税时可予税前扣除的金额0的差额，即计税基础等于账面价值。

（5）特殊项目产生的暂时性差异。

特殊项目产生的暂时性差异包括以下两个方面：①未作为资产、负债确认的项目产生的暂时性差异。某些交易和事项发生后，因不符合资产、负债的确认条件而未体现为资产负债表中的资产或负债项目，但按照税法规定能够确定其计税基础，其账面价值与计税基础之间的差异也构成暂时性差异。例如，企业在开始正常的生产经营活动以前发生的筹建费用，会计准则规定应于发生时计入当期损益，不体现为资产负债表中的资产；而税法规定，企业发生筹建费用，应作为长期待摊费用，分期摊销，摊销年限不低于3年。此时，两者之间的差异也形成暂时性差异。②可抵扣亏损及税款抵减产生的暂时性差异。对于按照税法规定可以结转以后年度的未弥补亏损及税款抵减，虽不是因资产、负债的账面价值与计税基础不同产生的，但本质上可抵扣亏损和税款抵减与可抵扣暂时性差异具有同样的作用，均能够减少未来期间的应纳税所得额和应交所得税，所以，应视同可抵扣暂时性差异，在符合确认条件的情况下，应确认与其相关的递延所得税资产。

二、企业所得税会计核算科目与账户设置

1."所得税费用"账户。

本账户属于损益类账户，核算企业确认的应当从当期利润中扣除的所得税费用。借方登记当期应从"本年利润"账户中扣减的所得税费用金额；贷方登记期末结转"本年利润"账户的所得税费用金额。期末，应将本科目的余额转入"本年利润"账户，结转后本账户无余额。本账户可设置"当期所得税费用"和"递延所得税费用"明细账户进行核算。

资产负债表日，企业按税法规定计算确定的当期应交所得税，借记"所得税费用——当期所得税费用"账户，贷记"应交税费——应交企业所得税"账户。

资产负债表日，根据递延所得税资产的应有余额大于"递延所得税资产"账户期初余额的差额，借记"递延所得税资产"账户，贷记"所得税费用——递延所得税费用""资本公

积——其他资本公积"等账户;根据递延所得税资产的应有余额小于"递延所得税资产"账户,期初余额的差额,作相反会计分录。

企业资产负债表日应予确认的递延所得税负债,应当比照上述原则调整本账户、"递延所得税负债"及有关账户。

2."应交税费——应交企业所得税"账户。

本账户为负债类账户,核算企业当期应缴纳的企业所得税。贷方登记企业应纳税所得额按规定税率计算出的应当缴纳的企业所得税税额;借方登记企业实际缴纳的企业所得税税额。期末余额在贷方,表示企业应交而未交的企业所得税税额;期末余额在借方,表示企业多交或应退还的企业所得税税额。

资产负债表日,企业按税法规定计算确定的当期应交所得税,借记"所得税费用——当期所得税费用"账户,贷记"应交税费——应交企业所得税"账户。

企业实际缴纳企业所得税时,应借记"应交税费——应交企业所得税"账户,贷记"银行存款"等账户。

3."递延所得税资产"账户。

本账户为资产类账户,核算企业确认的可抵扣暂时性差异产生的递延所得税资产。借方登记可抵扣暂时性差异的增加额;贷方登记可抵扣暂时性差异的转销额。期末余额在借方,反映企业确认的递延所得税资产金额。本账户应按可抵扣暂时性差异等项目进行明细核算。

资产负债表日,企业确认的递延所得税资产,借记本账户,贷记"所得税费用——递延所得税费用"账户。

资产负债表日,递延所得税资产的应有余额大于其账面期初余额的,应按其差额确认,借记本账户,贷记"所得税费用——递延所得税费用"等账户。

资产负债表日,递延所得税资产的应有余额小于其期初账面余额的,应按其差额确认,作相反的会计分录。

企业合并中取得的资产、负债的入账价值与其计税基础不同形成可抵扣暂时性差异的,应于购买日确认递延所得税资产,借记本账户,贷记"商誉"等账户。

与直接计入所有者权益的交易或事项有关的递延所得税资产,借记本账户,贷记"资本公积——其他资本公积"账户。

需要注意的是,资产负债表日,预计未来期间很可能无法获得足够的应纳税所得额用以抵扣可抵扣暂时性差异的,按原已确认的递延所得税资产中应减记的余额,借记"所得税费用——递延所得税费用""资本公积——其他资本公积"等账户,贷记本账户。

4."递延所得税负债"账户。

本账户为负债类账户,核算企业确认的应纳税暂时性差异产生的所得税负债。贷方登记应纳税暂时性差异的增加额;借方登记应纳税暂时性差异的转销额。期末余额在贷方,反映企业确认的递延所得税负债金额。本账户应按应纳税暂时性差异等项目进行明细核算。

资产负债表日,企业确认的递延所得税负债,借记"所得税费用——递延所得税费用"账户,贷记本账户。

资产负债表日,递延所得税负债的应有余额大于其期初账面余额的,应按其差额确认,借记"所得税费用——递延所得税费用"账户,贷记本账户。

资产负债表日,递延所得税负债的应有余额小于其期初账面余额的,应按其差额确认,作相反的会计分录。

企业合并中取得的资产、负债的入账价值与其计税基础不同形成应纳税暂时性差异的,应于购买日确认递延所得税负债,同时调整"商誉",借记"商誉"等账户,贷记本账户。

与直接计入所有者权益的交易或事项有关的递延所得税负债,借记"资本公积——其他资本公积"账户,贷记本账户。

三、企业所得税涉税业务的账务处理

(一)企业所得税核算的一般程序

(1)按照相关会计准则规定确定资产负债表中除递延所得税资产和递延所得税负债以外的资产、负债的账面价值,即会计规定的资产、负债的账面价值。

(2)以适用的税收法规为基础,确定资产负债表中有关资产、负债的计税基础,即税法规定的资产、负债的账面价值。

(3)比较资产、负债的账面价值与计税基础,确定暂时性差异,并分析其性质。除准则中规定的情况外,对于应纳税暂时性差异与可抵扣暂时性差异,应分别确定其资产负债表日递延所得税负债和递延所得税资产的应有金额,并与期初递延所得税资产和递延所得税负债的余额相比,确定当期应予进一步确认的递延所得税资产和递延所得税负债金额或应予转销的金额,作为递延所得税。

4.按税法规定,确定当期应交的所得税,作为当期所得税。

5.确定利润表中的所得税费用。利润表中的所得税费用包括当期所得税(当期应交所得税)和递延所得税两个部分。

(二)企业所得税涉税业务的具体账务处理

1.核算当期应交所得税。

当期应交所得税即当期所得税,是指企业按照税法规定计算确定的针对当期发生的交易和事项,应缴纳给税务机关的所得税金额。当期所得税应当以适用的税收法规为基础计算确定。计算公式如下:

应交所得税额 = 应纳税所得额 × 25%
　　　　　　 = (会计利润 + 按照会计准则规定计入利润表但计税时不允许税前扣除的费用 ± 计入利润表的费用与按照税法规定可予税前抵扣的金额之间的差额 ± 计入利润表的收入与按照税法规定应计入应纳税所得额的收入之间的差额 − 税法规定的不征税收入 ± 其他需要调整的因素) × 25%

会计分录为:
借:所得税费用
　　贷:应交税费——应交企业所得税

2.核算递延所得税费用(或收益)。

递延所得税费用(或收益)是指按照会计准则规定应予确认的递延所得税资产和递延所

得税负债在会计期末应有的金额相对于原已确认金额之间的差额,但不包括计入所有者权益的交易或事项的所得税影响。计算公式如下:

递延所得税 =(递延所得税负债的期末余额 - 递延所得税负债的期初余额) - (递延所得税资产的期末余额 - 递延所得税资产的期初余额)

需要注意的是,如果某项交易或事项按照会计准则规定应计入所有者权益,由该交易或事项产生的递延所得税资产或递延所得税负债及其变化也计入所有者权益,不构成利润表中的递延所得税费用(或收益)。

会计分录为:
借:递延所得税资产(递延所得税负债)
　　贷:所得税费用

或

借:所得税费用
　　贷:递延所得税负债(递延所得税资产)

3. 核算利润表所得税费用。

在确定了当期应交所得税和递延所得税费用(或收益)后,会计利润表中应予以确认的所得税费用为两者之和。计算公式如下:

所得税费用 = 当期所得税 + 递延所得税
　　　　　 = 当期应交所得税 ± 递延所得税费用(或收益)

温馨提示 ▶▶▶

"所得税费用"是会计利润表中应予以确认的费用额,"应交所得税"是税法规定当期应缴纳的所得税额,"递延所得税资产或递延所得税负债"则是对二者之间存在差异的调节。

情境训练 ▶▶▶

【例 5-33】 同发公司 2017 年度利润表中利润总额为 2 000 万元,该公司适用的所得税税率为 25%。递延所得税资产和递延所得税负债无期初余额。该公司 2017 年度发生的与所得税核算有关的交易和事项如下:

(1)2016 年 12 月,购入并投入使用一台电子设备,成本为 500 万元,预计使用年限为 10 年,假定预计净残值为 0,会计处理按双倍余额递减法计提折旧,税法规定采用年限平均法计提折旧。假定税法规定的使用年限及预计净残值与会计规定相同。

(2)公益性捐赠 300 万元。

(3)当年发生研究开发费 400 万元,未形成无形资产成本。税法规定,企业费用化的研发支出加计 75% 税前扣除。

(4)税务部门滞纳金及罚款 140 万元。

(5)年末存货账面价值 5 000 万元,对其计提了 20 万元的存货跌价准备。

要求:根据以上资料,为企业进行年末企业所得税会计核算。

【解析】 (1)2017 年度当期应交所得税:

应纳税所得额 = 2 000 + (500 × 2/10 - 500/10) + (300 - 2 000 × 12%) - 400 × 75% + 140 + 20
　　　　　　 = 2 000 + 50 + 60 - 300 + 140 + 20 = 1 970(万元)

当期应交所得税 = 1 970 × 25% = 492.5(万元)

(2)2017年度递延所得税:

1)2017年末电子设备的账面价值 = 500 - 500 × 2 ÷ 10 = 400(万元)

2017年末电子设备的计税基础 = 500 - 500 ÷ 10 = 450(万元)

账面价值(400万元) < 计税基础(450万元)。

可抵扣暂时性差异 = 450 - 400 = 50(万元)

2)公益性捐赠300万元,按会计利润2 000万元的12%扣除240万元,超出部分60万元不准税前扣除。属于永久性差异。

3)当年发生研究开发费400万元,未形成无形资产成本。税法规定,企业费用化的研发支出加计75%税前扣除。加计扣除金额为:400 × 75% = 300(万元)。属于永久性差异。

4)税务部门滞纳金及罚款140万元,税法规定不准税前扣除。属于永久性差异。

5)年末存货账面价值5 000万元,对其计提了20万元的存货跌价准备。

存货账面价值 = 5 000 - 20 = 4 980(万元)

存货计税基础 = 5 000(万元)

存货账面价值(4 980万元) < 计税基础(5 000万元),产生可抵扣暂时性差异。

可抵扣暂时性差异 = 5 000 - 4 980 = 20(万元)

可抵扣暂时性差异合计:50 + 20 = 70(万元)

可抵扣暂时性差异产生的递延所得税资产金额 = 70 × 25% = 17.5(万元)

(3)2017年度利润表中所得税费用 = 492.5 - 17.5 = 475(万元)

(4)会计账务处理。

当期应交所得税:

借:所得税费用　　　　　　　　　　　　　　　　4 925 000
　　贷:应交税费——应交企业所得税　　　　　　　　　4 925 000

当期递延所得税:

借:递延所得税资产　　　　　　　　　　　　　　175 000
　　贷:所得税费用　　　　　　　　　　　　　　　　175 000

也可以将上述两笔分录合并编制如下:

借:所得税费用　　　　　　　　　　　　　　　　4 750 000
　　递延所得税资产　　　　　　　　　　　　　　　175 000
　　贷:应交税费——应交企业所得税　　　　　　　　　4 925 000

【例5-34】 邦德公司2017年度有关所得税会计处理的资料如下:

(1)本年度实现税前会计利润90万元,所得税税率为25%。

(2)国债利息收入30万元。

(3)公司债券利息收入2.25万元。

(4)2016年12月投入使用的原值为30万元的A设备,按会计方法计算的该设备的年折旧费用为6万元,折旧费用全部计入当年损益;按税法规定可在应纳税所得额前扣除的该设备的折旧费用为3万元,该设备会计和税法规定的净残值均为0。

假定递延所得税资产和递延所得税负债均无期初余额。要求:

(1)采用资产负债表债务法计算本年度应交的所得税。
(2)计算本期应确认的递延所得税资产或递延所得税负债金额。
(3)计算应计入当期损益的所得税费用,并作出相关的会计分录。

【解析】 (1)计算2017年度当期应交所得税:
应纳税所得额 = 90 - 30 + (6 - 3) = 63(万元)
应交所得税额 = 63 × 25% = 15.75(万元)
(2)计算当年递延所得税:
国债利息收入30万元,免征企业所得税。属于永久性差异。
A 设备的账面价值 = 30 - 6 = 24(万元)
A 设备的计税基础 = 30 - 3 = 27(万元)
A 设备的账面价值(24万元) < 计税基础(27万元),产生可抵扣暂时性差异3(27 - 24)万元。
递延所得税资产金额 = 3 × 25% = 0.75(万元)
(3)2017年度利润表中所得税费用 = 15.75 - 0.75 = 15(万元)
会计账务处理如下:
借:所得税费用   150 000.00
    递延所得税资产   7 500.00
    贷:应交税费——应交企业所得税   157 500.00

【例5-35】 宏远上市公司(以下简称宏远公司)为增值税一般纳税人,增值税税率为17%,所得税采用资产负债表债务法核算,2017年所得税税率为25%。该公司2017年发生以下所得税涉税业务:

(1)3月10日,购入 A 股票10万股,支付价款100万元,划为交易性金融资产;年末持有的 A 股票的市价为120万元。

(2)2016年12月31日,购入一台设备原值600万元,会计按10年直线折旧,税法规定按5年直线折旧,2017年12月末,固定资产预计可收回金额为460万元,假设以前未计提过固定资产减值准备。

(3)全年累计实现利润8 000万元;国债利息收入30万元,违法经营罚款10万元,违反合同的罚款20万元。

要求:
(1)编制上述业务的会计分录。
(2)计算2017年应交所得税、递延所得税和所得税费用,并编制所得税核算的会计分录(答案金额单位用万元表示)。

【解析】 1.编制相关会计分录:
(1)3月10日,购入 A 股票。
借:交易性金融资产——A 股票(成本)   1 000 000.00
    贷:银行存款   1 000 000.00
年末持有的 A 股票的市价120万元。
借:交易性金融资产——A 股票(公允价值变动)   200 000.00
    贷:公允价值变动损益   200 000.00

(2)计提固定资产减值准备。

固定资产减值准备 = (600 - 600 ÷ 10) - 460 = 80(万元)

借:资产减值损失   800 000.00
  贷:固定资产减值准备   800 000.00

2. 计算2017年应交所得税、递延所得税和所得税费用,并编制所得税核算的会计分录。

(1) 2017年应交所得税 = [8 000 - 20 - (120 - 60) + 80 - 30 + 10] × 25% = 1 995(万元)

(2)计算2017年递延所得税。

1)交易性金融资产:

账面价值 = 120(万元)

计税基础 = 100(万元)

账面价值(120万元) > 计税基础(100万元)

应纳税暂时性差异 = 120 - 100 = 20(万元)

产生递延所得税负债 = 20 × 25% = 5(万元)

2)固定资产:

账面价值 = 600 - 600 ÷ 10 - 80 = 460(万元)

计税基础 = 600 - 600 ÷ 5 = 480(万元)

账面价值(460万元) < 计税基础(480万元)

可抵扣暂时性差异 = 480 - 460 = 20(万元)

产生递延所得税资产 = 20 × 25% = 5(万元)

(3)利润表中的所得税费用 = 1 995 + 递延所得税负债 - 递延所得税资产
         = 1 995 + 5 - 5 = 1 995(万元)

(4)会计账务处理:

借:所得税费用   19 950 000.00
  递延所得税资产   50 000.00
  贷:应交税费——应交企业所得税   19 950 000.00
    递延所得税负债   50 000.00

4. 亏损弥补的所得税核算。

企业所得税法规定,企业亏损允许向后递延弥补五年。会计准则要求企业能够结转后期的尚可抵扣的亏损,应当以可能获得用于抵扣尚可抵扣的亏损的未来应税利润为限,确认递延所得税资产,即当期确认法,也就是后转抵减所得税的利润在亏损当年确认。

情境训练▶▶▶

【例5 - 36】 假如宏达公司2015—2017年,每年的应税利润分别为 - 500万元、300万元、400万元,适用的所得税税率为25%,无其他暂时性差异。请编制相关会计分录。

【解析】 递延所得税资产 = - 500 × 25% = - 1250(万元)

2016年末所得税费用 = 300 × 25% = 75(万元)

2017年末所得税费用 = 400 × 25% = 100(万元)

编制会计分录如下:

（1）2015 年末：

借：递延所得税资产　　　　　　　　　　　　　　　　　1 250 000
　　贷：所得税费用　　　　　　　　　　　　　　　　　　　　　1 250 000

（2）2016 年末：

借：所得税费用　　　　　　　　　　　　　　　　　　　750 000
　　贷：递延所得税资产　　　　　　　　　　　　　　　　　　　750 000

（3）2017 年末：

借：所得税费用　　　　　　　　　　　　　　　　　　　1 000 000
　　贷：递延所得税资产　　　　　　　　　　　　　　　　　　　500 000
　　　　应交税费——应交企业所得税　　　　　　　　　　　　　500 000

温馨提示

"递延所得税资产"和"递延所得税负债"是"所得税费用"账户和"应交税费——应交企业所得税"账户差额的调节账户。

模拟实训

给出特定企业某年度发生的涉及企业所得税的资料，让学生采用资产负债表债务法进行企业所得税费用和应交企业所得税的会计核算，编制所得税费用、递延所得税资产、递延所得税负债及应交企业所得税的记账凭证，登记相关账簿。

● 情境小结 ●

1. 企业所得税的税制结构及特点。

2. 正确判断居民企业纳税人和非居民企业纳税人。居民企业应当就其来源于中国境内、境外的所得缴纳企业所得税。非居民企业在中国境内设立机构、场所的，应当就其所设机构、场所取得的来源于中国境内的所得，以及发生在中国境外但与其所设机构、场所有实际联系的所得，缴纳企业所得税。非居民企业在中国境内未设立机构、场所的，或者虽设立机构、场所但取得的所得与其所设机构、场所没有实际联系的，应当就其来源于中国境内的所得缴纳企业所得税。

3. 企业所得税税率包括以下几种：居民企业和境内有机构、场所的非居民企业，适用的税率为25%；国家需要重点扶持的高新技术企业，减按15%的税率；符合条件的小型微利企业，减按20%的税率；在境内不设机构、场所的非居民企业，或虽设立机构、场所但取得的所得与境内机构、场所没有实际联系的，只就来源于中国境内的所得依据法定20%的税率（减半优惠后为10%）。

4. 应纳税所得额的计算方法分为直接法和间接法。

直接法计算应税所得额公式为：

应纳税所得额＝收入总额－不征税收入－免税收入－各项扣除项目－允许弥补的以前年度亏损

间接法计算应纳税所得额公式为：

应纳税所得额＝会计利润＋纳税调整增加额－纳税调整减少额

5. 企业所得税的会计核算采用"资产负债表债务法",对于会计利润表确认的"所得税费用"与按税法规定计算确认的"应交税费——应交所得税"之间的差异,通过"递延所得税资产"和"递延所得税负债"进行调节。

6. 企业所得税征收方式包括:查账征收、核定征收(包含定额征收和核定应税所得率的办法征收)。

7. 企业所得税纳税申报分为月(季)度纳税申报和年度纳税申报与汇算清缴。月(季)度和年度纳税申报可以手工申报,也可以网上远程申报。无论采用哪种申报方式,均需向主管税务机关报送"企业所得税月(季)度预缴表(A)或(B)"及其附表或"企业所得税年度纳税申报表"及其附表,月(季)度或年度财务报告以及税务机关规定需要报送的其他税务资料。

8. 企业所得税月(季)度纳税申报期限为月(季)度终了的15日内,遇法定节假日顺延,企业所得税年度纳税申报和汇算清缴的期限为次年的5月31日之前。

● 情境思考 ●

1. 企业所得税的概念是什么?应如何判断非居民企业与居民企业?
2. 非居民企业与居民企业所得税纳税义务有何不同?
3. 企业所得税税率有哪些?有哪些优惠税率?
4. 企业所得税计算时的不征税收入和免税收入有哪些?二者之间有何区别?
5. 请问会计利润和应纳税所得额有何区别?能否以会计利润代替应纳税所得额计算应交所得税额?
6. 什么是应纳税所得额计算的直接法和间接法?二者计算应交企业所得税额有何区别?
7. 请解释企业所得税核算的"资产负债表债务法"的内容。
8. 什么叫"账面价值和计税基础"?请解释资产的账面价值和计税基础,负债的账面价值和计税基础。
9. 什么叫"暂时性差异"?暂时性差异产生的原因是什么?
10. 请解释"递延所得税资产"和"递延所得税负债"账户的核算内容。
11. 请问当期"所得税费用"与"应交税费——应交所得税"账户之间是否存在差异?若存在,应如何调整?

学习情境六
个人所得税的核算与申报

工作任务和学习子情境

工作任务
- 理解个人所得税的概念和现实意义
- 正确确认个人所得税的纳税人
- 正确判断个人所得税的课税对象和税率
- 准确计算个人所得税的应纳税额
- 正确确定个人所得税的纳税地点、纳税时间
- 正确填制个人所得税纳税申报表
- 及时申报、缴纳个人所得税款
- 正确进行个人所得税会计核算

学习子情境
- 个人所得税核算与申报概述
- 个人所得税应纳税额的计算
- 个人所得税的纳税申报
- 个人所得税的会计核算

职业能力目标

专业能力
- 能够正确确认个人所得税的纳税人
- 能够正确判断个人所得税的课税对象和税率
- 能够根据个人所得税涉税业务资料,准确计算个人所得税的应纳税额
- 能够正确填写个人所得税纳税申报表,准确及时地进行个人所得税的纳税申报
- 能够根据个人所得税涉税业务凭证,正确进行个人所得税的会计核算

社会能力
- 能够与主管税务机关进行良好的沟通与协调,积极争取相关税务机关的支持与协助
- 能够向单位领导、财会人员及其他相关人员宣传个人所得税政策法规,并力争达成共识
- 培养爱岗敬业精神、团队协作能力和良好的职业素质与道德修养

方法能力
- 能够根据工作任务和学习情境设计的需要查阅相关税收、会计资料
- 能够清晰地梳理出个人所得税核算与申报的业务流程
- 能够利用网络资源自主学习和掌握个人所得税基础知识和核算、申报技能

重点和难点

重点
- 个人所得税的纳税人、课税对象及税率
- 个人所得税应纳税额的计算和会计核算
- 个人所得税的纳税申报

难点
- 个人所得税应纳税额的计算和会计核算
- 个人所得税的纳税申报表的填制与纳税申报

学习子情境6.1 个人所得税核算与申报概述

情境导入

2017年,王教授月工资8 000元,1—5月已按规定缴纳了个人所得税,6月另有四笔收入:①在某公司兼职财务顾问取得收入12 000元;②给甲企业讲课取得劳务报酬30 000元,从中拿出10 000元通过民政局向灾区捐赠;③取得利息收入5 000元,其中工商银行存款利息2 000元,单位集资利息3 000元;④出版著作取得收入20 000元。请判断上述四笔收入是否需要纳税,若需纳税,应按哪种征税项目纳税,并计算王教授2017年6月应纳个人所得税税额。

一、个人所得税的概念

个人所得税是以自然人取得的各类应税所得为征税对象而征收的一种所得税,是政府利用税收对个人收入进行调节的一种手段。个人所得税的征税对象不仅包括个人,还包括具有自然人性质的企业。

二、个人所得税的纳税人

个人所得税的纳税人,是在中国境内有住所或者无住所而在境内居住满1年而从中国境内和境外取得所得的个人,以及在中国境内无住所又不居住或者无住所而在境内居住不满1年而从中国境内取得所得的个人,包括中国公民、个体工商业户、个人独资企业、合伙企业投资者、在中国有所得的外籍人员(包括无国籍人员,下同)和香港、澳门、台湾同胞等。

上述纳税人依据住所和居住时间两个标准,区分为居民纳税义务人和非居民纳税义务人,分别承担不同的纳税义务。

(一)居民纳税义务人

居民纳税义务人是指在中国境内有住所,或者无住所而在中国境内居住满1年的个人。居民纳税义务人负有无限纳税义务,应就其来源于中国境内和境外的应纳税所得额缴纳个人所得税。

所谓在中国境内有住所的个人,是指因户籍、家庭、经济利益关系,而在中国境内习惯性居住的个人。所谓在境内居住满1年,是指在一个纳税年度(即公历1月1日起至12月31日止,下同)内,在中国境内居住满365日。在计算居住天数时,对临时离境应视同在华居住,不扣减其在华居住的天数。这里所说的临时离境,是指在一个纳税年度内,一次不超过30日或者多次累计不超过90日的离境。

综上可知,个人所得税的居民纳税义务人包括以下两类:①在中国境内定居的中国公民和外国侨民,不包括虽具有中国国籍却没有在中国大陆定居而是侨居海外的华侨和居住在我国香港、澳门、台湾地区的同胞。②从公历1月1日起至12月31日止,居住在中国境内的外国人、海外侨胞和我国香港、澳门、台湾地区的同胞。这些人如果在一个纳税年度内,一次离境不超过30日,或者多次离境累计不超过90日,仍应被视为全年在中国境内居住,从而判定为居民纳税义务人。

情境训练 ▶▶▶

【例6-1】 请判断下列外籍人员是否为居民纳税人：一个外籍人员从2015年10月起到中国境内的公司任职，在2016纳税年度内，曾于3月7—12日离境回国，12月23日又离境回国欢度圣诞节和元旦。

【解析】 根据相关规定，这两次离境时间相加，没有超过90日的标准，应视作临时离境，不扣减其在华居住天数。因此，该纳税义务人应为居民纳税义务人。

课后查阅资料 ▶▶▶

目前"中国境内"具体是指什么？

（二）非居民纳税义务人

非居民纳税义务人是指在中国境内无住所又不居住，或者无住所而在境内居住不满1年的个人。非居民纳税义务人负有限纳税义务，仅就其来源于中国境内的所得，向中国缴纳个人所得税。

非居民纳税义务人，实际上只能是在一个纳税年度中，没有在中国境内居住，或者在中国境内居住不满1年的外籍人员、华侨或我国香港、澳门、台湾地区的同胞。

想一想 ▶▶▶

纳税义务人在中国境内居住的天数和境内实际工作期间是否一致，如何判定？

课后查阅资料 ▶▶▶

1. 我国个人所得税改革史。
2. 世界范围内个人所得税的征收模式及我国个人所得税采用的征收模式。

三、个人所得税的课税对象

个人所得税的课税对象是个人取得的各项应税所得，包括现金、实物、有价证券和其他形式的经济利益。按应纳税所得的来源划分，现行个人所得税的应税项目共有11个。

（一）工资、薪金所得

工资、薪金所得，是指个人因任职或者受雇而取得的工资、薪金、奖金、年终加薪、劳动分红、津贴、补贴以及与任职或者受雇有关的其他所得。

一般来说，工资、薪金所得属于非独立个人劳动所得，即个人所从事的是由他人指定、安排并接受管理的劳动，如工作或服务于公司、工厂、行政单位、事业单位的人员（私营企业主除外）。他们从上述单位取得的报酬是以工资、薪金的形式体现的。

但是，不属于工资、薪金性质的补贴、津贴或者不属于纳税人本人工资、薪金所得项目的收入，不予征税。这些项目包括：

（1）独生子女补贴。

（2）执行公务员工资制度未纳入基本工资总额的补贴、津贴差额和家属成员的副食品补贴。

（3）托儿补助费。

（4）差旅费津贴、误餐补助。误餐补助是指按照财政部规定，个人因公在城区、郊区工作，不能在工作单位或返回就餐的，根据实际误餐顿数，按规定的标准领取的误餐费。单位以误餐补助名义发给职工的补助、津贴不能包括在内。

(二)个体工商户的生产、经营所得

个体工商户的生产、经营所得,是指:

(1)个体工商户从事工业、手工业、建筑业、交通运输业、商业、饮食业、服务业、修理业及其他行业取得的所得。

(2)个人经政府有关部门批准取得执照,从事办学、医疗、咨询以及其他有偿服务活动取得的所得。

(3)上述个体工商户和个人取得的与生产、经营有关的各项应税所得。

(4)个人因从事彩票代销业务而取得的所得,应按照"个体工商户的生产、经营所得"项目计征个人所得税。

(5)从事个体出租车运营的出租车驾驶员取得的收入,按"个体工商户的生产、经营所得"项目缴纳个人所得税。

出租车属个人所有,但挂靠出租汽车经营单位或企事业单位,驾驶员向挂靠单位缴纳管理费的,或出租汽车经营单位将出租车所有权转移给驾驶员的,出租车驾驶员从事客货运营取得的收入,比照"个体工商户的生产、经营所得"项目征税。

(6)个体工商户和从事生产、经营的个人,取得与生产、经营活动无关的其他各项应税所得,应分别按照其他应税项目的有关规定,计算征收个人所得税。如取得银行存款的利息所得、对外投资取得的股息所得,应按"股息、利息、红利"税目的规定单独计征个人所得税。

(7)个人独资企业、合伙企业的个人投资者以企业资金为本人、家庭成员及相关人员支付与企业生产经营无关的消费性支出及购买汽车、住房等财产性支出,视为企业对个人投资者的利润分配,并入投资者个人的生产经营所得,依照"个体工商户的生产、经营所得"项目计征个人所得税。

(8)其他个人从事个体工商业生产、经营取得的所得。

(三)对企事业单位的承包经营、承租经营的所得

对企事业单位的承包经营、承租经营所得,是指个人承包经营或承租经营以及转包、转租取得的所得。承包项目可分多种,如生产经营、采购、销售、建筑安装等各种承包。转包包括全部转包和部分转包。

(四)劳务报酬所得

劳务报酬所得,指个人独立从事非雇佣的各种劳务所取得的所得。这里的劳务,包括设计、装潢、安装、制图、化验、测试、医疗、法律、会计、咨询、讲学、新闻、广播、翻译、审稿、书画、雕刻、影视、录音、录像、演出、表演、广告、展览、技术服务、介绍服务、经纪服务、代办服务、其他劳务。

(五)稿酬所得

稿酬所得,是指个人因其作品以图书、报刊形式出版、发表而取得的所得。这里的作品,包括文字、书画、摄影以及其他作品。作者去世后,财产继承人取得的遗作稿酬,也应征收个人所得税。

(六)特许权使用费所得

特许权使用费所得,是指个人提供专利权、商标权、著作权、非专利技术以及其他特许权的使用权取得的所得。提供著作权的使用权取得的所得不包括稿酬所得。

(七)利息、股息、红利所得

利息、股息、红利所得,是指个人拥有债权、股权而取得的利息、股息、红利所得。它包括公司债券利息收入、企业集资利息收入和个人结算账户利息收入。

(八)财产租赁所得

财产租赁所得,是指个人出租建筑物、土地使用权、机器设备、车船以及其他财产取得的所得。个人取得的财产转租收入,属于"财产租赁所得"的征税范围,由财产转租人缴纳个人所得税。

(九)财产转让所得

财产转让所得,是指个人转让有价证券、股权、建筑物、土地使用权、机器设备、车船以及其他财产取得的所得。

在现实生活中,个人进行的财产转让主要是个人财产所有权的转让。对个人取得的各项财产转让所得,除股票转让所得外,都要征收个人所得税。

(十)偶然所得

偶然所得,是指个人得奖、中奖、中彩以及其他偶然性质的所得。偶然所得应缴纳的个人所得税税款,一律由发奖单位或机构代扣代缴。

(十一)经国务院财政部门确定征税的其他所得

除上述列举的各项个人应税所得外,其他确有必要征税的个人所得,由国务院财政部门确定。个人取得的所得,难以界定应纳税所得项目的,由主管税务机关确定。

四、个人所得税税率

(一)工资、薪金所得适用税率

工资、薪金所得,适用3%~45%的七级超额累进税率(见表6-1)。

表6-1 工资、薪金所得个人所得税税率和速算扣除数

级数	全月应纳税所得额(含税)	全月应纳税所得额(不含税)	税率(%)	速算扣除数(元)
1	不超过1 500元的	不超过1 455元的	3	0
2	超过1 500~4 500元的部分	超过1 455~4 155元的部分	10	105
3	超过4 500~9 000元的部分	超过4 155~7 755元的部分	20	555
4	超过9 000~35 000元的部分	超过7 755~27 255元的部分	25	1 005
5	超过35 000~55 000元的部分	超过27 255~41 255元的部分	30	2 755
6	超过55 000~80 000元的部分	超过41 255~57 505元的部分	35	5 505
7	超过80 000元的部分	超过57 505元的部分	45	13 505

注:本表所称全月含税应纳税所得额和全月不含税应纳税所得额,是指依照税法的规定,以每月收入额减除费用3 500元后的余额或者再减除附加减除费用后的余额。

(二)个体工商户的生产、经营所得和对企事业单位的承包经营、承租经营适用税率

(1)个体工商户的生产、经营所得和对企事业单位的承包经营、承租经营所得,适用5%~35%的五级超额累进税率(见表6-2)。

表 6-2 个体工商户的生产、经营所得和对企事业单位的
承包经营、承租经营所得个人所得税税率和速算扣除数

级数	全年含税应纳税所得额	全年不含税应纳税所得额	税率(%)	速算扣除数(元)
1	不超过 15 000 元的部分	不超过 14 250 元的部分	5	0
2	超过 15 000 ~ 30 000 元的部分	超过 14 250 ~ 27 750 元的部分	10	750
3	超过 30 000 ~ 60 000 元的部分	超过 27 750 ~ 51 750 元的部分	20	3 750
4	超过 60 000 ~ 100 000 元的部分	超过 51 750 ~ 79 750 元的部分	30	9 750
5	超过 100 000 元的部分	超过 79 750 元的部分	35	14 750

注:本表所称全年含税应纳税所得额和全年不含税应纳税所得额,对个体工商户的生产、经营所得来源,是指以每一纳税年度的收入总额,减除成本、费用、相关税费以及损失后的余额;对企事业单位的承包经营、承租经营所得来源,是指以每一纳税年度的收入总额,减除必要费用后的余额。

值得注意的是,由于目前实行承包(租)经营的形式较多,分配方式也不同,因此,承包、承租人按照承包、承租经营合同(协议)规定取得所得的适用税率也不一致。

1)承包、承租人对企业经营成果不拥有所有权,仅是按合同(协议)规定取得一定所得的,其所得按"工资、薪金"所得项目征税,适用3%~45%的七级超额累进税率。

2)承包、承租人按合同(协议)的规定只向发包、出租方交纳一定费用后,企业经营成果归其所有的,承包、承租人取得的所得,按对企事业单位的承包经营、承租经营所得项目,适用5%~35%的五级超额累进税率。

(2)个人独资企业和合伙企业的个人投资者取得的生产经营所得,也适用5%~35%的五级超额累进税率。

(三)稿酬所得适用税率

稿酬所得,适用比例税率,税率为20%,并按应纳税额减征30%,故其实际税率为14%。

(四)劳务报酬所得适用税率

劳务报酬所得,适用比例税率,税率为20%。对劳务报酬所得一次收入畸高的,可以实行加成征收,具体办法由国务院规定。

根据《个人所得税法实施条例》的规定,劳务报酬所得一次收入畸高,是指个人一次取得劳务报酬,其应纳税所得额超过20 000元。对应纳税所得额超过20 000~50 000元的部分,依照税法规定计算应纳税额后,再按照应纳税额加征五成;超过50 000元的部分,加征十成。因此,劳务报酬所得实际上适用20%、30%、40%的三级超额累进税率(见表6-3)。

表 6-3 劳务报酬所得个人所得税税率和速算扣除数

级数	每次应纳税所得额	税率(%)	速算扣除数(元)
1	不超过 20 000 元的部分	20	0
2	超过 20 000 ~ 50 000 元的部分	30	2 000
3	超过 50 000 元的部分	40	7 000

注:本表所称每次应纳税所得额,是指每次收入额减除费用800元(每次收入额不超过4 000元时)或者减除20%的费用(每次收入额超过4 000元时)后的余额。

(五) 特许权使用费所得,利息、股息、红利所得,财产租赁所得,财产转让所得,偶然所得和其他所得适用税率

特许权使用费所得,利息、股息、红利所得,财产租赁所得,财产转让所得,偶然所得和其他所得,适用比例税率,税率为20%。从2007年8月15日起,居民储蓄利息税率调为5%;自2008年10月9日起,暂免征收储蓄存款利息的个人所得税。对个人出租住房取得的所得,减按10%的税率征收个人所得税。

课后查阅资料 ▶▶▶

请查阅个人所得税11项征税范围的具体规定。

温馨提示 ▶▶▶

个人所得税的11个应税项目中,工资薪金所得、个体工商户的生产经营所得、劳务报酬所得、稿酬所得、财产转让所得是学习中的重点和难点,其征收范围、税率和政策必须熟练掌握。

情境训练 ▶▶▶

【例6-2】 以下属于工资、薪金所得项目的是( )。
A. 托儿补助费　　　B. 劳动分红　　　C. 投资分红　　　D. 独生子女补贴

【解析】 A、D选项不属于纳税人工资、薪金所得,是个人所得税不予征税的项目;C选项不属于工资、薪金所得项目,属于利息、股息、红利所得项目;B选项属于工资、薪金所得项目。正确答案为B。

【例6-3】 个人参加笔会现场作画取得的作画所得属于( )。
A. 工资、薪金所得　　　　　　B. 稿酬所得
C. 劳务报酬所得　　　　　　D. 个体户生产经营所得

【解析】 个人参加笔会现场作画取得的作画所得属于劳务报酬所得,正确答案为C。注意,该项所得不属于稿酬所得。

【例6-4】 下列个人所得在计算个人所得税应纳税所得额时,采用定额与定率相结合扣除费用的是( )。
A. 个体工商户的生产、经营所得　　　B. 工资、薪金所得
C. 劳务报酬所得　　　　　　　　　D. 偶然所得

【解析】A选项按规定扣除成本费用及损失;B选项定额扣除费用;D选项不得扣除费用。正确答案为C。

【例6-5】以下应按照"财产转让所得"项目征收个人所得税的是( )。
A. 个人转让国债所得　　　　B. 个人将收藏的已故作家文字作品手稿拍卖所得
C. 个人转让住房所得　　　　D. 个人将自己的文字作品手稿拍卖所得

【解析】选项A、B、C都属于财产转让所得,选项D属于稿酬所得。正确答案为ABC。

五、个人所得税优惠政策

《个人所得税法》及其实施条例以及财政部、国家税务总局的若干规定等,都对个人所得项目给予了减税、免税的优惠。

(一)免征个人所得税的优惠

(1)省级人民政府、国务院部委和中国人民解放军军以上单位,以及外国组织、国际组织颁发的科学、教育、技术、文化、卫生、体育、环境保护等方面的奖金。

(2)国债和国家发行的金融债券利息。

(3)按照国务院规定发给的政府特殊津贴和国务院规定免纳个人所得税的补贴、津贴。

(4)福利费(生活补助费)、抚恤金、救济金(生活困难补助费)。

(5)保险赔款。

(6)军人的转业费、复员费。

(7)按照国家统一规定发给干部、职工的安家费、退职费、退休工资、离休工资、离休生活补助费。

(8)依照我国有关法律规定应予免税的各国驻华使馆、领事馆的外交代表及领事官员和其他人员的所得。

(9)中国政府参加的国际公约以及签订的协议中规定免税的所得。

(10)个人取得的教育储蓄存款利息。

(11)经国务院财政部门批准免税的所得。

(二)减征个人所得税的优惠

(1)残疾、孤老人员和烈属的所得。

(2)因严重自然灾害造成重大损失的。

(3)其他经国务院财政部门批准减税的。

(三)暂免征收个人所得税的优惠

(1)外籍个人以非现金形式或实报实销形式取得的住房补贴、伙食补贴、搬迁费、洗衣费。

(2)外籍个人按合理标准取得的境内、境外出差补贴。

(3)外籍个人取得的探亲费、语言训练费、子女教育费等,经当地税务机关审核批准为合理的部分。可以享受免征个人所得税优惠的探亲费,仅限于外籍个人在我国的受雇地与其家庭所在地(包括配偶或父母居住地)之间搭乘交通工具,且每年不超过两次的费用。

(4)外籍个人从外商投资企业取得的股息、红利所得。

(5)凡符合下列条件之一的外籍专家取得的工资、薪金所得,可免税:

1)根据世界银行专项借款协议,由世界银行直接派往我国工作的外国专家;

2)联合国组织直接派往我国工作的专家;

3)为联合国援助项目来华工作的专家;

4)援助国派往我国专为该国无偿援助项目工作的专家;

5)根据两国政府签订文化交流项目来华工作2年以内的文教专家,其工资、薪金所得由该国负担的;

6)根据我国大专院校国际交流项目来华工作2年以内的文教专家,其工资、薪金所得由该国负担的;

7)通过民间科研协定来华工作的专家,其工资、薪金所得由该国政府机构负担的。

(6)个人举报、协查各种违法、犯罪行为而获得的奖金。

(7)个人办理代扣代缴税款手续,按规定取得的扣缴手续费。

(8)个人转让自用达5年以上并且是唯一的家庭居住用房取得的所得。

(9)对个人购买福利彩票、赈灾彩票、体育彩票,一次中奖收入在1万元以下(含1万元)的暂免征收个人所得税,超过1万元的,全额征收。

(10)企业和个人按照省级以上人民政府规定的比例提取并缴付的住房公积金、医疗保险金、基本养老保险金、失业保险金,不计入个人当期的工资、薪金收入,免予征收个人所得税。超过规定的比例缴付的部分,计征个人所得税。个人领取原提存的住房公积金、医疗保险金、基本养老保险金时,免予征收个人所得税。

(四)对在中国境内无住所,但在境内居住1年以上5年以下的纳税人的减免税优惠

在中国境内无住所,但在境内居住1年以上5年以下的个人,其来源于中国境外的所得,经主管税务机关批准,可以只就由中国境内公司、企业以及其他经济组织或者个人支付的部分缴纳个人所得税;居住超过5年的个人,从第6年起,应当就其来源于中国境内外的全部所得缴纳个人所得税。

(五)对在中国境内无住所,但在一个纳税年度中在中国境内连续或者累计居住不超过90日的纳税人的减免税优惠

在中国境内无住所,但在一个纳税年度中在中国境内连续或者累计居住不超过90日的个人,其来源于中国境内的所得,由境外雇主支付并且不由该雇主在中国境内的机构、场所负担的部分,免予缴纳个人所得税。

情境训练

【例6-6】 下列项目不得享受个人所得税减免税优惠的有(　　)。

A.外籍个人以实报实销形式取得的住房补贴和伙食补贴

B.外籍个人取得搬迁费的现金补贴

C.个人取得的保险赔款

D.个人取得的企业债券利息收入

【解析】 外籍个人取得的住房补贴、搬迁费、伙食补贴等只有在非现金形式或实报实销形式下可以暂免征收个人所得税。个人取得的保险赔偿款是免税的。所以,正确答案为B、D。

学习情境6.2　个人所得税应纳税额的计算

情境导入二

中国公民杨某2017年1—6月收入情况如下:①每月工资收入4 500元,于2017年1月取得上年度年终奖24 000元。②3月,取得兼职收入40 000元,并从中拿出10 000元通过市政府捐赠给贫困地区。③5月,从A国取得特许权使用费收入25 000元,该收入在A国缴纳个人所得税3 600元;同时从A国取得股息收入2 000元,该收入在A国缴纳个人所

得税 500 元。④ 6 月,转让自己拥有的一辆轿车,取得转让收入 200 000 元,转让过程中发生相关税费 20 000 元。该车购进价格为 160 000 元,购入时发生相关税费 10 000 元。请计算杨某 2017 年 1—6 月应纳的个人所得税。

一、工资、薪金所得应纳税额的计算

1. 月工资、薪金所得应纳税额的计算。

应纳税额 = 应纳税所得额 × 适用税率 - 速算扣除数
= (每月收入额 - 3 500 元或 4 800 元) × 适用税率 - 速算扣除数

情境训练

【例 6-7】 假定某纳税人 2017 年 1 月含税工资收入 4 200 元,该纳税人不适用附加减除费用的规定。请计算该纳税人当月应纳个人所得税税额。

【解析】 应纳税所得额 = 4 200 - 3 500 = 700(元)
应纳税额 = 700 × 3% - 0 = 21(元)

【例 6-8】 假定某外商投资企业中工作的美国专家(假设为非居民纳税人),2017 年 2 月取得由该企业发放的含税工资收入 10 400 元。请计算该专家 2 月应纳个人所得税税额。

【解析】 应纳税所得额 = 10 400 - 4 800 = 5 600(元)
应纳税额 = 5 600 × 20% - 555 = 565(元)

2. 个人取得全年一次性奖金计税方法。

纳税人取得全年一次性奖金,单独作为一个月工资、薪金所得计算纳税,由扣缴义务人发放时代扣代缴。

(1) 将雇员取得的全年一次性奖金除以 12 个月,按其商数确定适用税率和速算扣除数。如果在发放年终一次性奖金的当月,雇员当月工资、薪金所得低于税法规定的费用扣除额,应将全年一次性奖金减除"雇员当月工资、薪金所得与费用扣除额的差额"后的余额,按上述办法确定全年一次性奖金的适用税率和速算扣除数。

(2) 将雇员个人当月内取得的全年一次性奖金,按上一条确定的适用税率和速算扣除数计算征税,计算公式如下:

1) 如果雇员当月工资、薪金所得高于(或等于)税法规定的费用扣除额,适用公式为:

应纳税额 = 全年一次性奖金 × 适用税率 - 速算扣除数

2) 如果雇员当月工资、薪金所得低于税法规定的费用扣除额,适用公式为:

应纳税额 = (当月取得全年一次性奖金 - 当月工资、薪金所得与费用扣除额的差额) × 适用税率 - 速算扣除数

(3) 在一个纳税年度内,对每一个纳税人,该计税办法只允许采用一次。

(4) 雇员取得除全年一次性奖金以外的其他各种名目奖金,如半年奖、季度奖、先进奖等,一律与当月工资、薪金合并缴纳个人所得税。

情境训练

【例 6-9】 李某为公司职员,2017 年 1 月取得工资 4 000 元,当月发放上年度年终奖 60 000元。请计算李某 12 月应纳个人所得税税额。

【解析】 李某12月工资应纳个税=(4 000-3 500)×3%=15(元)
年终奖单独作一个月收入计税
找税率:60 000÷12=5 000,适用税率20%,速算扣除数为555。
年终奖应纳个税=60 000×20%-555=11 445(元)
李某12月应纳个人所得税=15+11 445=11 460(元)

【例6-10】 小王2017年1月取得工资3 000元,当月发放上年度年终奖60 000元。请计算小王当月应纳个人所得税税额。

【解析】 1月工资不够3 500元,不征税。
年终奖单独作一个月收入计税。
找税率:(60 000-500)÷12=4 958.33,适用税率20%,速算扣除数为555。
年终奖应纳个税税额=(60 000-500)×20%-555=11 345(元)

二、个体工商户的生产、经营所得应纳税额的计算

个体工商户的生产、经营所得,以每一纳税年度的收入总额,减除成本、费用以及损失后的余额,为应纳税所得额。

个体工商户的生产、经营所得应纳税额的计算公式为:

应纳税所得额=全年收入总额-(成本+费用+损失)

应纳税额=应纳税所得额×适用税率-速算扣除数

需要注意以下几点:

(1)自2011年9月1日起,个体工商户业主的费用扣除标准统一确定为42 000元/年,即3 500元/月。

(2)个体工商户向其从业人员实际支付的合理的工资、薪金支出,允许在税前据实扣除。

(3)个体工商户拨缴的工会经费,发生的职工福利费、职工教育经费支出分别在工资、薪金总额2%、14%、2.5%的标准内据实扣除。

(4)个体工商户每一纳税年度发生的广告费和业务宣传费用不超过当年销售(营业)收入15%的部分,可据实扣除;超过部分,准予在以后纳税年度结转扣除。

(5)个体工商户每一纳税年度发生的与其生产经营业务直接相关的业务招待费支出,按照发生额的60%扣除,但最高不得超过当年销售(营业)收入的5‰。

(6)个体工商户在生产、经营期间借款利息支出,凡有合法证明的,不高于按金融机构同类、同期贷款利率计算的数额的部分,准予扣除。

(7)个体工商户或个人专营种植业、养殖业、饲养业、捕捞业,应对其所得计征个人所得税。兼营上述四业并且四业的所得单独核算的,对属于征收个人所得税的,应与其他行业的生产、经营所得合并计征个人所得税;对于四业的所得不能单独核算的,应就其全部所得计征个人所得税。

(8)个体工商户和从事生产、经营的个人,取得与生产、经营活动无关的各项应税所得,应分别适用各应税项目的规定计算征收个人所得税。

情境训练▶▶▶

【例6-11】 某小型运输公司系个体工商户,账证比较健全,2017年12月取得营业额为

220 000元,准许扣除的当月成本、费用及相关税金共计170 600元。1—11月累计应纳税所得额为68 400元,1—11月累计已预缴个人所得税13 200元。请计算该个体工商户2017年度应补缴的个人所得税。

【解析】 按照税收法律、法规和文件规定,先计算全年应纳税所得额,再计算全年应纳税额。该个体工商户2017年度应补缴的个人所得税计算方法如下:
(1)全年应纳税所得额 = 220 000 - 170 600 + 68 400 = 117 800(元)
(2)应纳个人所得税税额 = 117 800 × 35% - 14 750 = 26 480(元)
(3)该个体工商户2017年度应补缴的个人所得税税额 = 26 480 - 13 200 = 13 280(元)

三、对企事业单位的承包经营、承租经营所得应纳税额的计算

对企事业单位的承包经营、承租经营所得,其个人所得税应纳税额的计算公式为:
应纳税额 = (纳税年度收入总额 - 必要费用) × 适用税率 - 速算扣除数
其中:纳税年度收入总额 = 经营利润 + 工资、薪金性质所得(不包括上缴的承包费)
需要说明的是:
(1)对企事业单位的承包经营、承租经营所得,以每一纳税年度的收入总额,减除必要费用(3 500元/月)后的余额为应纳税所得额。在一个纳税年度中,承包经营或者承租经营期限不足1年的,以其实际经营期为纳税年度。
(2)企事业单位的承包经营、承租经营所得适用的速算扣除数,同个体工商户的生产、经营所得适用的速算扣除数。

情境训练 ▶▶▶

【例6-12】 假定2017年3月1日,某个人与事业单位签订承包合同经营招待所,承包期为3年。2017年招待所实现承包经营利润150 000元,按合同规定,承包人每年应从承包经营利润中上缴承包费30 000元。请计算该承包人2017年应纳个人所得税税额。

【解析】 (1)2017年应纳税所得额 = 承包经营利润 - 上缴费用 - 每月必要费用扣减合计
= 150 000 - 30 000 - 3 500 × 10 = 85 000(元)
(2)应纳个人所得税税额 = 85 000 × 30% - 9 750 = 15 750(元)

四、劳务报酬所得应纳税额的计算

对劳务报酬所得,其个人所得税应纳税额的计算公式:
(1)每次收入不超过4 000元的:
应纳税额 = 应纳税所得额 × 适用税率 = (每次收入额 - 800) × 20%
(2)每次收入在4 000元以上的:
应纳税额 = 应纳税所得额 × 适用税率 = 每次收入额 × (1 - 20%) × 20%
(3)每次收入的应纳税所得额超过20 000元的:
应纳税额 = 应纳税所得额 × 适用税率 - 速算扣除数
= 每次收入额 × (1 - 20%) × 适用税率 - 速算扣除数
劳务报酬所得适用的速算扣除数见表6-3。

情境训练 ▶▶▶

【例 6-13】 某歌星 2017 年 5 月一次取得表演收入 40 000 元,扣除 20% 的费用后,应纳税所得额为 32 000 元。请计算其应纳个人所得税税额。

【解析】 应纳税额 = 每次收入额 ×(1 - 20%)× 适用税率 - 速算扣除数
= 40 000 ×(1 - 20%)× 30% - 2 000 = 7 600(元)

五、稿酬所得应纳税额的计算

稿酬所得应纳税额的计算公式:
(1)每次收入不超过 4 000 元的:
应纳税额 = 应纳税所得额 × 适用税率 ×(1 - 30%)
= (每次收入额 - 800)× 20% ×(1 - 30%)
(2)每次收入在 4 000 元以上的:
应纳税额 = 应纳税所得额 × 适用税率 ×(1 - 30%)
= 每次收入额 ×(1 - 20%)× 20% ×(1 - 30%)

情境训练 ▶▶▶

【例 6-14】 某作家 2017 年 2 月在杂志上发表一篇小说,取得稿酬收入 20 000 元。请计算其应纳个人所得税税额。

【解析】 应纳税额 = 应纳税所得额 × 适用税率 ×(1 - 30%)
= 20 000 ×(1 - 20%)× 20% ×(1 - 30%)= 2 240(元)

六、特许权使用费所得应纳税额的计算

特许权使用费所得应纳税额的计算公式:
(1)每次收入不超过 4 000 元的:
应纳税额 = 应纳税所得额 × 适用税率 =(每次收入额 - 800)× 20%
(2)每次收入在 4 000 元以上的:
应纳税额 = 应纳税所得额 × 适用税率 = 每次收入额 ×(1 - 20%)× 20%

情境训练 ▶▶▶

【例 6-15】 李某转让商标使用权取得收入 10 000 元,请计算其应缴纳的个人所得税税额。

【解析】 应纳税额 = 应纳税所得额 × 适用税率
= 每次收入额 ×(1 - 20%)× 20%
= 10 000 ×(1 - 20%)× 20%
= 1 600(元)

七、利息、股息、红利所得应纳税额的计算

利息、股息、红利所得应纳税额的计算公式:
应纳税额 = 应纳税所得额 × 适用税率 = 每次收入额 × 20%

情境训练 ▶▶▶

【例 6-16】 刘某在某外商投资企业任职,取得其投资分红收入 10 000 元,请计算其应

缴纳的个人所得税税额。

【解析】 应纳税额 = 应纳税所得额 × 适用税率
= 每次收入额 × 20%
= 10 000 × 20% = 2 000(元)

八、财产租赁所得应纳税额的计算

财产租赁所得一般以个人每次取得的收入,定额或定率减除规定费用后的余额为应纳税所得额。每次收入不超过 4 000 元的,定额减除费用 800 元;每次收入在 4 000 元以上的,定率减除 20% 的费用。对个人按市场价格出租的居民住房取得的所得,自 2001 年 1 月 1 日起暂减按 10% 的税率征收个人所得税。财产租赁所得以 1 个月内取得的收入为一次。

财产租赁所得应纳税所得额的计算公式:

(1) 每次(月)收入不超过 4 000 元的:

应纳税所得额 = 每次(月)收入额 - 准予扣除项目 - 修缮费用(800 元为限) - 800

(2) 每次(月)收入超过 4 000 元的:

应纳税所得额 = [每次(月)收入额 - 准予扣除项目 - 修缮费用(800 元为限)] × (1 - 20%)

财产租赁收入,在计算缴纳个人所得税时,应依次扣除以下费用:

(1) 财产租赁过程中缴纳的税费:增值税(对个人出租住房,不区分用途,5% 的征收率减按 1.5%)、城市维护建设税、房产税、教育费附加。税费要有完税(缴税)凭证才可扣除。

(2) 向出租方支付的租金。

(3) 由纳税人负担的该出租财产实际开支的修缮费用。该费用必须提供有效、准确凭证,每月以 800 元为限,一次扣除不完的余额可结转下期继续扣除。

(4) 税法规定的费用扣除标准。

个人转租房屋的,其向房屋出租方支付的租金及增值税税额,在计算转租所得时凭合法支付凭据准予扣除。

情境训练▶▶▶

【例 6-17】 王某于 2017 年 1 月将其自有的面积为 150 平方米的 4 间房屋按市场价出租给张某作为经营场所,租期 1 年。王某每月取得租金收入 2 500 元,全年租金收入 30 000 元。请计算王某全年租金收入应缴纳的个人所得税税额。

【解析】 财产租赁收入以每月内取得的收入为一次,因此,刘某每月及全年应纳税额为:

(1) 每月应纳税额 = (2 500 - 800) × 20% = 340(元)

(2) 全年应纳税额 = 340 × 12 = 4 080(元)

本例在计算个人所得税时未考虑其他税费。如果对租金收入计征增值税、城市维护建设税、房产税和教育费附加等,还应将其从税前的收入中先扣除后再计算应缴纳的个人所得税。

假定上例中,当年 2 月因下水道堵塞找人修理,发生修理费用 500 元,有维修部门的正式收据,则 2 月和全年的应纳税额为:

(1) 2 月应纳税额 = (2 500 - 500 - 800) × 20% = 240(元)

(2) 全年应纳税额 = 340 × 11 + 240 = 3 980(元)

九、财产转让所得应纳税额的计算

财产转让所得应纳税额的计算公式：

应纳税额 = 应纳税所得额 × 适用税率 =（收入总额 - 财产原值 - 合理税费）× 20%

情境训练 ▶▶▶

【例6-18】 林某于2017年2月转让机器设备一台,取得转让收入60 000元,该设备原价为50 000元,转让时支付的相关税费为2 000元。请计算林某应纳个人所得税税额。

【解析】（1）应纳税所得额 = 收入总额 - 财产原值 - 合理费用
$$= 60\ 000 -（50\ 000 + 2\ 000）= 8\ 000（元）$$

（2）应纳税额 = 8 000 × 20% = 1 600（元）

十、偶然所得应纳税额的计算

偶然所得应纳税额的计算公式为：

应纳税额 = 应纳税所得额 × 适用税率 = 每次收入额 × 20%

情境训练 ▶▶▶

【例6-19】 陈某在参加商场的有奖销售过程中,中奖所得共计价值20 000元。陈某领奖时告知商场,从中奖收入中拿出4 000元通过教育部门向某希望小学捐赠。请按照规定计算商场代扣代缴个人所得税后,陈某实际可得中奖金额。

【解析】（1）根据税法有关规定,陈某的捐赠额可以全部从应纳税所得额中扣除（因为 4 000 ÷ 20 000 = 20%,小于捐赠扣除比例30%）。

（2）应纳税所得额 = 偶然所得 - 捐赠额 = 20 000 - 4 000 = 16 000（元）

（3）应纳税额（即商场代扣税款）= 应纳税所得额 × 适用税率
$$= 16\ 000 × 20\% = 3\ 200（元）$$

（4）陈某实际可得金额 = 20 000 - 4 000 - 3 200 = 12 800（元）

十一、其他所得应纳税额的计算

其他所得应纳税额的计算公式：

应纳税额 = 应纳税所得额 × 适用税率 = 每次收入额 × 20%

学习子情境6.3　个人所得税纳税申报

情境导入三 ▶▶▶

中国公民李某2017年全年收入情况如下：

(1) 每月工资收入4 500元,12月取得年终奖18 000元。

(2) 每月均赴郊县参加乡村文艺演出一次,每次收入5 000元,每次均通过当地教育局向农村义务教育捐款2 000元。

(3)在国内某报刊连载其自传作品,获得稿酬 5 000 元。
(4)当年购买国库券取得利息收入 3 000 元,储蓄存款利息收入 800 元。
(5)出租自有住房每月租金收入 2 500 元。

请计算李某 2017 年度应缴纳的个人所得税税额,并办理该公民 2017 年度个人所得税的纳税申报。

一、个人所得税纳税申报表的填制

(一)个人所得税的代扣代缴(见表 6-4)

表 6-4 扣缴个人所得税报告表

税款所属期:　　年　月　日 至　　年　月　日
扣缴义务人名称:　　　　　　　扣缴义务人所属行业:□一般行业　　□特定行业月份申报
扣缴义务人编码:□□□□□□□□□□□　　　　　　　　　　　　　　　　单位:元至角分

序号	姓名	身份证件类型	身份证件号码	所得项目	所得期间	收入额	免税所得	税前扣除项目								减除费用	准予扣除的捐赠额	应纳税所得额	税率%	速算扣除数	应纳税额	减免税额	应扣缴税额	已扣缴税额	应补(退)税额	备注
								基本养老保险费	基本医疗保险费	失业保险费	住房公积金	财产原值	允许扣除的税费	其他	合计											
1	2	3	4	5	6	7	8	9	10	11	12	13	14	15	16	17	18	19	20	21	22	23	24	25	26	27
合计																										

谨声明:此扣缴报告表是根据《中华人民共和国个人所得税法》及其实施条例和国家有关税收法律法规规定填写的,是真实的、完整的、可靠的。

　　　　　　　　　　　　　　　　　　　　　　　　法定代表人(负责人)签字:　　　　　　　年　月　日

扣缴义务人公章: 经办人:	代理机构(人)签章: 经办人: 经办人执业证件号码:	主管税务机关受理专用章: 受理人:
填表日期:　年　月　日	代理申报日期:　年　月　日	受理日期:　年　月　日

《扣缴个人所得税报告表》填表说明

本表适用于扣缴义务人办理全员全额扣缴个人所得税申报(包括向个人支付应税所得,但低于减除费用、不需扣缴税款情形的申报),以及特定行业职工工资、薪金所得个人所得税的月份申报。

一、表头项目的填写

1. 税款所属期:为税款所属期月份第一日至最后一日。
2. 扣缴义务人名称:填写实际支付个人所得的单位(个人)的法定名称全称或姓名。
3. 扣缴义务人编码:填写办理税务登记或扣缴登记时,由主管税务机关所确定的扣缴义务人税务编码。
4. 扣缴义务人所属行业:扣缴义务人按以下两种情形在对应框内打"√"。

(1)一般行业:是指除《中华人民共和国个人所得税法》及其实施条例规定的特定行业以外的其他所有行业。

(2)特定行业:指符合《中华人民共和国个人所得税法》及其实施条例规定的采掘业、远洋运输业、远洋捕捞业以及国务院财政、税务主管部门确定的其他行业。

二、表内项目的填写

1. 第2列"姓名":填写纳税人姓名。中国境内无住所个人,其姓名应当用中、外文同时填写。
2. 第3列"身份证件类型":填写能识别纳税人唯一身份的有效证照名称。
3. 第4列"身份证件号码":填写能识别纳税人唯一身份的号码。
4. 第5列"所得项目":按照税法第二条规定的项目填写。同一纳税人有多项所得时,分行填写。
5. 第6列"所得期间":填写扣缴义务人支付所得的时间。
6. 第7列"收入额":填写纳税人实际取得的全部收入额。
7. 第8列"免税所得":是指税法第四条规定可以免税的所得。
8. 第9—16列"税前扣除项目":是指按照税法及其他法律法规规定,可在税前扣除的项目。
9. 第17列"减除费用":是指税法第六条规定可以在税前减除的费用。没有的,则不填。
10. 第18列"准予扣除的捐赠额":是指按照税法及其实施条例和相关税收政策规定,可以在税前扣除的捐赠额。
11. 第19列"应纳税所得额":根据相关列次计算填报。第19列 = 第7列 – 第8列 – 第16列 – 第17列 – 第18列。
12. 第20列"税率"及第21列"速算扣除数":按照税法第三条规定填写。部分所得项目没有速算扣除数的,则不填。
13. 第22列"应纳税额":根据相关列次计算填报。第22列 = 第19列 × 第20列 – 第21列。
14. 第23列"减免税额":是指符合税法规定可以减免的税额。其中,纳税人取得"稿酬所得"时,其根据税法第三条规定可按应纳税额减征的30%,填入此栏。
15. 第24列"应扣缴税额":根据相关列次计算填报。第24列 = 第22列 – 第23列
16. 第25列"已缴税额":是指扣缴义务人当期实际扣缴的个人所得税税款。
17. 第26列"应补(退)税额":根据相关列次计算填报。第26列 = 第24列 – 第25列。
18. 27列"备注":填写非本单位雇员、非本期收入及其他有关说明事项。

（二）个人所得税年度申报（见表6-5）

表6-5 个人所得税纳税申报表
（适用于年所得12万元以上的纳税人申报）

所得年份：　　年　　　　填表日期：　　年　月　日　　　　金额单位：元至角分

纳税人姓名		国籍（地区）		身份证照类型		身份证照号码							
任职、受雇单位		任职受雇单位税务代码		任职受雇单位所属行业		职务			职业				
在华天数		境内有效联系地址				境内有效联系地址邮编			联系电话				
此行由取得生产经营所得的纳税人填写		生产经营单位税务登记证						生产经营单位名称					

所得项目	年所得额			应纳税所得额	应纳税额	已缴（扣）税额	抵扣税额	减免税额	应补税额	应退税额	备注
	境内	境外	合计								
1.工资、薪金所得											
2.个体工商户的生产、经营所得											
3.对企事业单位的承包经营、承租经营所得											
4.劳务报酬所得											
5.稿酬所得											
6.特许权使用费所得											
7.利息、股息、红利所得											
8.财产租赁所得											
9.财产转让所得											
其中：股票转让所得				—	—	—	—	—	—	—	
个人房屋转让所得											
10.偶然所得											
11.其他所得											
合　计											

我声明，此纳税申报表是根据《中华人民共和国个人所得税法》及有关法律、法规的规定填报的，我保证它是真实的、可靠的、完整的。

纳税人（签字）

代理人（签章）：　　　　　　　　　　　　　　联系电话：

税务机关受理人（签字）：　　税务机关受理时间：　年　月　日　　受理申报税务机关名称（盖章）：

注：本表一式三份，税务机关受理后退还一份纳税人留存。

个人所得税纳税申报表(适用于年所得12万元以上纳税人申报)填表须知

一、本表根据《中华人民共和国个人所得税法》及其实施条例和《个人所得税自行纳税申报办法(试行)》制定,适用于年所得12万元以上纳税人的年度自行申报。

二、负有纳税义务的个人,可以由本人或者委托他人于纳税年度终了后3个月以内向主管税务机关报送本表。不能按照规定期限报送本表时,应当在规定的报送期限内提出申请,经当地税务机关批准,可以适当延期。

三、填写本表应当使用中文,也可以同时用中、外两种文字填写。

四、本表各栏的填写说明如下:

1. 所得年份和填表日期:

申报所得年份:填写纳税人实际取得所得的年度;

填表日期,填写纳税人办理纳税申报的实际日期。

2. 身份证照类型:

填写纳税人的有效身份证照(居民身份证、军人身份证件、护照、回乡证等)名称。

3. 身份证照号码:

填写中国居民纳税人的有效身份证照上的号码。

4. 任职、受雇单位:

填写纳税人的任职、受雇单位名称。纳税人有多个任职、受雇单位时,填写受理申报的税务机关主管的任职、受雇单位。

5. 任职、受雇单位税务代码:

填写受理申报的任职、受雇单位在税务机关办理税务登记或者扣缴登记的编码。

6. 任职、受雇单位所属行业:

填写受理申报的任职、受雇单位所属的行业。其中,行业应按国民经济行业分类标准填写,一般填至大类。

7. 职务:填写纳税人在受理申报的任职、受雇单位所担任的职务。

8. 职业:填写纳税人的主要职业。

9. 在华天数:

由中国境内无住所的纳税人填写在税款所属期内在华实际停留的总天数。

10. 中国境内有效联系地址:

填写纳税人的住址或者有效联系地址。其中,中国有住所的纳税人应填写其经常居住地址。中国境内无住所居民住在公寓、宾馆、饭店的,应当填写公寓、宾馆、饭店名称和房间号码。

经常居住地,是指纳税人离开户籍所在地最后连续居住一年以上的地方。

11. 经营单位纳税人识别码、纳税人名称:纳税人取得的年所得中含个体工商户的生产、经营所得和对企事业单位的承包经营、承租经营所得时填写本栏。

纳税人识别码:填写税务登记证号码。

纳税人名称:填写个体工商户、个人独资企业、合伙企业名称,或者承包承租经营的企事业单位名称。

12. 年所得额:

填写在纳税年度内取得相应所得项目的收入总额。年所得额按《个人所得税自行纳税申报办法》的规定计算。

各项所得的计算,以人民币为单位。所得以非人民币计算的,按照税法实施条例第四十三条的规定折合成人民币。

13. 应纳税所得额:

填写按照个人所得税有关规定计算的应当缴纳个人所得税的所得额。

14. 已缴(扣)税额:
填写取得该项目所得在中国境内已经缴纳或者扣缴义务人已经扣缴的税款。
15. 抵扣税额:
填写个人所得税法允许抵扣的在中国境外已经缴纳的个人所得税税额。
16. 减免税额:
填写个人所得税法允许减征或免征的个人所得税税额。
17. 本表为 A4 横式,一式三份,税务机关受理后退还一份纳税人留存。

二、个人所得税应纳税款的缴纳

个人所得税的纳税办法,有自行申报纳税和代扣代缴两种。

(一)自行申报纳税

自行申报纳税,是由纳税人自行在税法规定的纳税期限内,向税务机关申报取得的应税所得项目和数额,如实填写个人所得税纳税申报表,并按照税法规定计算应纳税额,据此缴纳个人所得税的一种方法。

1. 自行申报纳税的纳税义务人。

(1)自 2006 年 1 月 1 日起,年所得 12 万元以上的。

(2)从中国境内两处或者两处以上取得工资、薪金所得的。

(3)从中国境外取得所得的。

(4)取得应税所得,没有扣缴义务人的。

(5)国务院规定的其他情形。

2. 自行申报纳税的申报期限。

一般情况下,纳税人应在取得应税所得的次月 15 日内向主管税务机关申报所得并缴纳税款。

(1)年所得 12 万元以上的纳税人,在纳税年度终了后 3 个月内向主管税务机关办理纳税申报。

(2)对于账册健全的个体工商户,其生产经营所得应纳的税款实行按年计算,分月预缴,由纳税人在次月 15 日内申报预缴,年度终了后 3 个月内进行汇算清缴,多退少补。对账册不健全的个体工商户,其生产经营所得的应纳税款,由税务机关依据《税收征管法》自行确定征收方式。

(3)纳税人年终一次性取得对企事业单位的承包经营、承租经营所得的,自取得所得之日起 30 日内办理纳税申报;在 1 个纳税年度内分次取得承包经营、承租经营所得的,在每次取得所得后的次月 15 日内申报预缴;纳税年度终了后 3 个月内汇算清缴,多退少补。

(4)劳务报酬,稿酬,特许权使用费,利息、股息、红利,财产租赁,财产转让所得和偶然所得等,按次计征。取得所得的纳税人应当在次月 15 日内将应纳税款缴入国库,并向税务机关报送个人所得税纳税申报表。

(5)从中国境外取得所得的纳税人,在纳税年度终了后 30 日内向中国境内主管税务机关办理纳税申报。

(6)纳税人确有困难,不能按照规定的期限办理纳税申报的,经主管税务机关核准,可以延期申报。

3. 自行申报纳税的申报方式。

纳税人可以采取数据电文、邮寄等方式申报,也可以直接到主管税务机关申报,或者采取符合主管税务机关规定的其他方式申报。纳税人采取邮寄方式申报的,以邮政部门挂号信函收据作为申报凭据,以寄出的邮戳日期为实际申报日期。

纳税人也可以委托有税务代理资质的中介机构或者他人代为办理纳税申报。

4. 自行申报纳税的申报地点。

(1)个人所得税自行申报的,其申报地点一般应为收入来源地的主管税务机关。

(2)纳税人从两处或两处以上取得工资、薪金的,可选择并固定在其中一地税务机关申报纳税。

(3)从中国境外取得所得的,向中国境内户籍所在地主管税务机关申报。在中国境内没有户籍的,向中国境内经常居住地主管税务机关申报。

(4)个人独资企业和合伙企业投资者个人所得税应向企业的实际经营管理所在地主管税务机关申报。

(5)纳税人要求变更申报纳税地点的,须经原主管税务机关批准。

(二)代扣代缴

代扣代缴,是指按照税法规定负有扣缴税款义务的单位或者个人,在向个人支付应纳税所得时,应计算应纳税额,从其所得中扣除并缴入国库,同时向税务机关报送扣缴个人所得税报告表。这种方法,有利于控制税源、防止漏税和逃税。

1. 扣缴义务人。

税法规定,个人所得税以取得应税所得的个人为纳税义务人,以支付所得的单位或者个人为扣缴义务人。扣缴义务人包括企业(公司)、事业单位、机关、社团组织、军队、驻华机构、个体户等单位或者个人。

2. 代扣代缴的范围。

扣缴义务人在向个人支付下列所得时,应代扣代缴个人所得税:①工资、薪金所得;②对企事业单位的承包经营所得;③劳务报酬所得;④稿酬所得;⑤特许权使用费所得;⑥利息、股息、红利所得;⑦财产租赁所得;⑧财产转让所得;⑨偶然所得;⑩经国务院财政部门确定征税的其他所得。

3. 代扣代缴期限。

扣缴义务人每月所扣的税款,应当在次月15日内缴入国库,并向主管税务机关报送"扣缴个人所得税报告表"(见表6-4)、代扣代收税款凭证和包括每一纳税人姓名、单位、职务、收入、税款等内容的支付个人收入明细表以及税务机关要求报送的其他有关资料。

4. 代扣代缴的违章处罚。

扣缴义务人违反上述规定不报送或者报送虚假纳税资料的,一经查实,其未在支付个人收入明细表中反映的向个人支付的款项,在计算扣缴义务人应纳税所得额时不得作为成本费用扣除。税务机关根据代扣代缴的税款,支付2%的手续费。

扣缴义务人应扣未扣、应收而不收税款的,由税务机关向纳税人追缴税款,对扣缴义务人处应扣未扣、应收未收税款50%以上3倍以下的罚款。扣缴义务人因有特殊困难不能按期报送"扣缴个人所得税报告表"及其他有关资料的,经县级税务机关批准,可以延期申报。

学习子情境6.4 个人所得税会计核算

情境导入四 ▶▶▶

李某为公司职员,2018年1月工资为8 000元,当月发放上年度年终奖50 000元。请计算李某当月应缴纳的个人所得税并进行相关会计处理。

一、个人所得税会计核算账户设置

单位支付给职工的工资、薪金代扣代缴的个人所得税,借记"应付职工薪酬"等账户,贷记"应交税费——代扣个人所得税"账户;取得代扣代缴手续费时,应记入"其他业务收入"账户。该账户贷方登记单位在向个人支付所得时代扣的个人所得税,借方登记已向税务机关缴纳代扣的个人所得税。该账户的期末余额一般在贷方,表示期末累计已代扣尚未申报解缴的个人所得税税额。

单位支付承包经营、承租经营所得,劳务报酬所得,稿酬所得,特许权使用费所得,利息、股息、红利所得,财产租赁所得,财产转让所得,偶然所得和其他所得的,在代扣代缴时,应借记"应付债券""应付股利""应付账款""其他应付款""管理费用""财务费用"等账户,贷记"应交税费——代扣个人所得税"账户。个体工商户缴纳所得税的核算程序、基本内容与企业所得税基本相同,要通过"留存收益"和"应交税费——应交个人所得税"等账户进行会计处理。

想一想 ▶▶▶

个人所得税的会计核算还会涉及哪些账户?

二、个人所得税涉税业务的账务处理

(一)工资、薪金所得的会计核算

支付工资、薪金所得的单位扣缴的工资、薪金所得应纳的个人所得税税款,实际上是个人工资、薪金所得的一部分。代扣时,借记"应付职工薪酬"账户,贷记"应交税费——代扣个人所得税"账户。上交代扣的个人所得税时,借记"应交税费——代扣个人所得税"账户,贷记"银行存款"账户。

情境训练 ▶▶▶

【例6-20】 华泰公司为职工顾某发放2017年5月工资4 000元。税款由顾某自己承担,企业负责代扣代缴。请计算华泰公司代扣代缴顾某个人所得税税额,并进行相关账务处理。

【解析】 应纳个人所得税税额 = (4 000 - 3 500) × 3% - 0 = 15(元)

支付职工工资时:

借:应付职工薪酬——工资　　　　　　　　　　　　　　　　4 000
　　贷:库存现金　　　　　　　　　　　　　　　　　　　　　3 985

　　　　应交税费——代扣个人所得税　　　　　　　　　　　　　　　　　　15
上交税款时：
　借：应交税费——代扣个人所得税　　　　　　　　　　　　　　　　　　15
　　　贷：银行存款　　　　　　　　　　　　　　　　　　　　　　　　　　15

（二）个体工商户生产经营所得的会计核算

个体工商户取得生产经营所得按规定计算应纳的所得税，借记"留存收益"账户，贷记"应交税费——应交个人所得税"账户。实际上交税款时，借记"应交税费——应交个人所得税"账户，贷记"银行存款"账户。

情境训练▶▶▶

【例6-21】　某个体工商户2017年纳税年度取得生产经营所得300 000元，经税务机关核定，其成本、费用及损失合计为250 000元。请计算其全年应纳个人所得税税额并编制会计分录。

【解析】　（1）应纳税款的计算：
应纳税所得额 = 300 000 - 250 000 = 50 000（元）
应纳税额 = 50 000 × 20% - 3 750 = 6 250（元）
（2）编制会计分录如下：
计算应纳税所得额时：
　借：留存收益　　　　　　　　　　　　　　　　　　　　　　　　　　6 250
　　　贷：应交税费——应交个人所得税　　　　　　　　　　　　　　　　6 250
实际缴纳税款时：
　借：应交税费——应交个人所得税　　　　　　　　　　　　　　　　　6 250
　　　贷：银行存款　　　　　　　　　　　　　　　　　　　　　　　　6 250

（三）对企事业单位的承包经营、承租经营所得的会计核算

对企事业单位的承包经营、承租经营取得的所得，如果由支付所得的单位代扣代缴，支付所得的单位代扣税款时，借记"应付利润"账户，贷记"应交税费——代扣个人所得税"账户。实际上交代扣税款时，借记"应交税费——代扣个人所得税"账户，贷记"银行存款"账户。

情境训练▶▶▶

【例6-22】　假定2017年5月1日，某个人与事业单位签订承包合同经营饭店，承包期为3年。2017年，该饭店实现承包经营利润100 000元，按合同规定，承包人每年应从承包经营利润中上交承包费30 000元。请计算该承包人2017年应纳个人所得税税额，并进行相关账务处理。

【解析】　（1）2017年应纳税所得额 = 承包经营利润 - 上交费用 - 每月必要费用扣减合计
　　　　　　　　　　　　= 100 000 - 30 000 - 3 500 × 12 = 28 000（元）
（2）应纳个人所得税税额 = 28 000 × 10% - 750 = 2 050（元）
（3）编制会计分录如下：
代扣税款时：

借:应付利润	2 050
贷:应交税费——代扣个人所得税	2 050

上交税款时:

借:应交税费——代扣个人所得税	2 050
贷:银行存款	2 050

(四)劳务报酬、特许权使用费、稿酬、财产转让所得、财产租赁所得、偶然所得、其他所得的会计核算

企事业单位支付给个人的劳务报酬、特许权使用费、稿酬、财产转让所得、财产租赁费,一般由支付单位作为扣缴义务人向纳税人扣留税款,并记入该企事业单位的有关期间费用账户,即企事业单位在支付上述费用时,根据情况借记"无形资产""固定资产""管理费用""财务费用""销售费用"等账户,贷记"应交税费——代扣个人所得税""库存现金"等账户;实际缴纳时,借记"应交税费——代扣个人所得税"账户,贷记"银行存款""库存现金"等账户。

【例6-23】 甲企业支付给王某项目设计费2 800元。请计算王某应缴纳的个人所得税税额并进行相关会计处理。

【解析】 (1)应纳所得税税额 = (2 800 - 800) × 20% = 400(元)

(2)会计处理如下:

支付劳务报酬时:

借:管理费用	2 800
贷:应交税费——代扣个人所得税	400
银行存款	2 400

实际缴纳税款时:

借:应交税费——代扣个人所得税	400
贷:银行存款	400

● 情境小结 ●

1. 个人所得税的基本税制要素。
2. 个人所得税应纳税额的计算和个人所得税的账务处理。
3. 个人所得税纳税申报表的填制及税款缴纳。

● 复习思考题 ●

1. 全年一次性奖金与半年奖、季度奖、加班奖、考勤奖在计算个人所得税时有何区别?
2. 简述个人所得税纳税申报时需要填列的具体项目和填列方法。
3. 简述个人所得税与企业所得税在会计核算上的联系和区别。

学习情境七
其他地方税费的核算与申报

● 工作任务和学习子情境 ●

工作任务
- 理解其他地方税费的概念和现实意义
- 正确确认其他地方税费的纳税环节和纳税人
- 正确判断其他地方税费的征税范围和税率
- 准确计算其他地方税费的应纳税额
- 正确确定其他地方税费的纳税地点、纳税时间
- 及时申报、缴纳其他地方税费款
- 正确进行其他地方税费的会计核算

学习子情境
- 土地增值税核算与申报
- 资源税核算与申报
- 印花税核算与申报
- 城镇土地使用税和耕地占用税核算与申报
- 房产税和契税核算与申报
- 车辆购置税和车船税核算申报
- 城市维护建设税核算与申报
- 地方财政规费核算与申报

● 职业能力目标 ●

专业能力
- 能够正确确认其他地方税费的纳税环节和纳税人
- 能够正确判断其他地方税费的征税范围和税率
- 能够根据其他地方税费涉税业务资料,准确计算其他地方税费的应纳税额
- 能够准确、及时地进行其他地方税费的纳税申报
- 能够根据其他地方税费涉税业务凭证,正确进行其他地方税费的会计核算

社会能力
- 能够与主管税务机关进行良好的沟通与协调,积极争取相关税务机关的支持与协助
- 能够向单位领导、财会人员及其他相关人员宣传消费税政策法规,并力争达成共识
- 培养爱岗敬业精神、团队协作能力和良好的职业素质与道德修养

方法能力
- 能够根据工作任务和学习子情境设计的需要查阅相关税收、会计资料
- 能够清晰地梳理出其他地方税费核算与申报的业务流程
- 能够利用网络资源自主学习和掌握其他地方税费的基础知识和核算、申报技能

● 重点和难点 ●

重点
- 其他地方税费的纳税环节、纳税人、征税范围及税率
- 其他地方税费应纳税额的计算和核算
- 其他地方税费的纳税申报

难点
- 其他地方税费应纳税额的计算和核算
- 其他地方税费申报表的填制与纳税申报

学习子情境7.1 土地增值税核算与申报

情境导入

某外商投资房地产开发公司于2017年1月将一座写字楼整体转让给某单位,合同约定的转让价为20 000万元,公司按税法规定在转让环节缴纳相关税费20万元(不含增值税);公司为取得土地使用权而支付的地价款和按国家统一规定缴纳的有关费用和税金为3 500万元;投入房地产开发成本为4 200万元;房地产开发费用中的利息支出为1 200万元(不能按转让房地产项目计算分摊利息支出,也不能提供金融机构证明)。请计算该房地产开发公司转让写字楼应缴纳的土地增值税税额。

土地增值税核算与申报业务流程:确定应交土地增值税税目、税率→计算应纳税额和可扣除税额→填制纳税申报表→进行纳税申报(报送主管税务机关审核)→确定应纳税款→缴纳税款→土地增值税账务处理(根据发票、税款计算单、税收缴款书等编制记账凭证、登记账簿等)。

土地增值税法是指国家制定的用以调整土地增值税征收与缴纳之间权利及义务关系的法律规范。土地增值税是对有偿转让国有土地使用权及地上建筑物和其他附着物产权,取得增值收入的单位和个人征收的一种税。土地属于不动产,对土地课税是一种古老的税收形式,也是当代各国普遍征收的一种财产税。

征收土地增值税的作用:①增强国家对房地产开发和房地产交易市场的调控。②有利于国家抑制炒买炒卖土地获取暴利的行为。③增加国家财政收入为经济建设积累资金。我国的土地增值税以转让房地产的增值额为征税对象,在计算方法上考虑我国实际情况,采用扣除法和评估法计算增值额。

一、土地增值税概述

(一)纳税义务人

土地增值税的纳税义务人为转让国有土地使用权、地上的建筑物及其附着物(以下简称转让房地产)并取得收入的单位和个人。单位包括各类企事业单位、国家机关和社会团体及其他组织。个人是指个体经营者。

(二)征税范围

土地增值税是对转让国有土地使用权及其地上建筑物和附着物的行为征税,不包括国有土地使用权出让所取得的收入。

土地增值税的征税范围不包括未转让土地使用权、房产产权的行为,是否发生转让行为主要以房地产权属(指土地使用权和房产产权)的变更为标准。凡土地使用权、房产产权未转让的(如房地产的出租),不征收土地增值税。

土地增值税的基本范围包括:

（1）转让国有土地使用权。国有土地是指按国家法律规定属于国家所有的土地。

（2）地上的建筑物及其附着物连同国有土地使用权一并转让。地上的建筑物是指建于土地上的一切建筑物，包括地上地下的各种附属设施。附着物，是指附着于土地上的不能移动或一经移动即遭损坏的物品。

（3）土地增值税只对有偿转让的房地产征税，对以继承、赠予等方式无偿转让的房地产不予征税。

温馨提示▶▶▶

土地使用权转让行为不同于土地使用权出让行为。转让是指土地使用者将土地使用权再转移的行为，包括出售、交换和赠与行为。出让是国家以土地所有者的身份将国有土地使用权在一定年限内出让给土地使用者，由土地使用者向国家支付土地使用权出让金的行为。

想一想▶▶▶

国有土地使用权转让行为是否应征土地增值税？国有土地使用权出让行为是否应征土地增值税？

（三）税率

土地增值税税率是以转让房地产增值率高低为依据，按照累进原则设计的，实行分级计税。我国现行的土地增值税采用四级超率累进税率，最低税率为30%，最高税率为60%（见表7-1）。表7-1中所列四级超率累进税率，每级"增值额未超过扣除项目金额"的比例，均包括本比例数。

表7-1 土地增值税四级超率累进税率和速算扣除数

级数	增值额与扣除项目金额的比率	税率	速算扣除系数
1	不超过50%的部分	30%	0
2	超过50%~100%的部分	40%	5
3	超过100%~200%的部分	50%	15
4	超过200%的部分	60%	35

（四）纳税期限和纳税地点

1. 纳税期限。

纳税人应按照税务机关核定的税额及规定的期限缴纳土地增值税。纳税人没有依法缴纳土地增值税的，土地管理部门和房产管理部门可拒办权属变更手续。

2. 纳税地点。

纳税申报地点为房地产所在地，房地产所在地是指房地产的坐落地。纳税人转让房地产坐落在两个或两个以上地区的，应按房地产所在地分别纳税。

（五）土地增值税的减免

（1）纳税人建造"普通标准住宅"出售，增值额未超过扣除项目金额20%的，予以免税；超过20%的，应按全部增值额缴纳土地增值税。

（2）对居民个人拥有的住宅，在其转让时暂免征收土地增值税。

二、土地增值税应纳税额的计算与会计处理

(一)应税收入的确定

根据《土地增值税暂行条例》及其实施细则的规定,纳税人转让房地产取得的应税收入,应包括转让房地产的全部价款及有关的经济收益。从收入的形式来看,包括货币收入、实物收入和其他收入。

1. 货币收入。

货币收入是指纳税人转让房地产而取得的现金、银行存款、支票、银行本票、汇票等各种信用票据和国库券、金融债券、企业债券、股票等有价证券。这些类型的收入,其实质都是转让方因转让土地使用权、房屋产权而向取得方收取的价款。

2. 实物收入。

实物收入是指纳税人转让房地产而取得的各种实物形态的收入,如钢材、水泥等建材,房屋、土地等不动产等。

3. 其他收入。

其他收入是指纳税人转让房地产而取得的无形资产收入或具有财产价值的权利,如专利权、商标权、著作权、专有技术使用权、土地使用权、商誉权等。

(二)允许扣除项目及金额

计算土地增值税应纳税额,并不是直接对转让房地产所取得的收入征税,而是要对收入额减除国家规定的各项扣除项目金额后的余额计算征税(这个余额就是纳税人在转让房地产中获取的增值额)。因此,要计算增值额,首先必须确定扣除项目。税法准予纳税人从转让收入额中减除的扣除项目包括以下几项:

1. 取得土地使用权所支付的金额。

取得土地使用权所支付的金额包括两方面:①纳税人为取得土地使用权所支付的地价款。如果是以协议、招标、拍卖等出让方式取得土地使用权的,地价款为纳税人所支付的土地出让金;如果是以行政划拨方式取得土地使用权的,地价款为按照国家有关规定补交的土地出让金;如果是以转让方式取得土地使用权的,地价款为向原土地使用权人实际支付的地价款。②纳税人在取得土地使用权时按国家统一规定缴纳的有关费用。这是指纳税人在取得土地使用权过程中为办理有关手续,按国家统一规定缴纳的有关登记、过户手续费。

2. 房地产开发成本。

房地产开发成本是指纳税人开发房地产项目实际发生的成本,包括土地的征用及拆迁补偿费、前期工程费、建筑安装工程费、基础设施费、公共配套设施费、开发间接费用等。

3. 房地产开发费用。

房地产开发费用是指与房地产开发项目有关的销售费用、管理费用和财务费用,但在计算土地增值税时,房地产开发费用并不是按照纳税人实际发生额进行扣除。

4. 与转让房地产有关的税金。

与转让房地产有关的税金是指在转让房地产时缴纳的城市维护建设税、印花税。因转让房地产缴纳的教育费附加,也可视同税金予以扣除。

5. 财政部确定的其他扣除项目。

需要注意的是,对从事房地产开发的纳税人,可按"取得土地使用权所支付的金额和房地产开发成本"之和,加计20%的扣除。该优惠只适用于从事房地产开发的纳税人,除此之外的其他纳税人均不适用。从事房地产开发的纳税人只有在销售"新建商品房"时,才适用20%的规定;从事房地产开发的纳税人在销售使用过的旧房时,并不适用20%的规定。

(三)土地增值税的计算

1. 土地增值税的计算顺序。
(1)计算转让房地产取得的收入(货币收入、实物收入)。
(2)计算扣除项目金额。
(3)计算增值额 = 转让房地产的收入 – 扣除项目金额。
(4)计算增值率 = 增值额 ÷ 扣除项目金额。
(5)根据增值率确定适用的税率。

2. 速算扣除计算法。
(1)增值额未超过扣除项目金额50%:
土地增值税税额 = 增值额 × 30%
(2)增值额超过扣除项目金额50%、未超过100%:
土地增值税税额 = 增值额 × 40% – 扣除项目金额 × 5%
(3)增值额超过扣除项目金额100%、未超过200%:
土地增值税税额 = 增值额 × 50% – 扣除项目金额 × 15%
(4)增值额超过扣除项目金额200%:
土地增值税税额 = 增值额 × 60% – 扣除项目金额 × 35%

温馨提示 ▶▶▶

新建房地产和存量房地产,在计算土地增值税时,两者的扣除项目内容不同。

情境训练 ▶▶▶

【例7-1】 A公司转让一幢2007年建造的公寓楼,当时造价为5 000万元,经房地产评估机构评定,该楼的重置成本为6 000万元,成新度折扣率为七成。转让前为取得土地使用权支付的地价款和有关费用为1 400万元,转让环节缴纳的相关税费共计280万元。转让时取得转让收入7 800万元。请计算该公司应纳土地增值税税额。

【解析】 (1)转让收入 = 7 800(万元)
(2)扣除项目金额:
房地产评估价格 = 6 000 × 70% = 4 200(万元)
取得土地使用权支付的金额 = 1 400(万元)
与转让房地产有关的税金 = 280(万元)
扣除项目金额合计 = 4 200 + 1 400 + 280 = 5 880(万元)
(3)增值额 = 7 800 – 5 880 = 1 920(万元)
(4)增值额与扣除项目金额的比率 = 1 920 ÷ 5 880 = 32.6%
(5)应纳土地增值税税额 = 1 920 × 30% = 576(万元)

(四)土地增值税的会计处理

1. 房地产开发企业土地增值税的会计处理。

计算土地增值税时：

借：税金及附加
　　贷：应交税费——应交土地增值

实际缴纳土地增值税时：

借：应交税费——应交土地增值税
　　贷：银行存款

2. 预缴土地增值税的会计处理。

纳税人在项目全部竣工前转让房地产取得的收入，由于涉及成本计算及其他原因，而无法据以计算土地增值税，可以预缴土地增值税。待项目全部竣工、办理结算手续后，再进行清算，多退少补。

企业预缴土地增值税时：

借：应交税费——应交土地增值税
　　贷：银行存款

待房地产营业收入实现时，再按应缴的土地增值税处理：

借：税金及附加
　　贷：应交税费——应交土地增值税

情境训练▶▶▶

【例7-2】 某房地产开发公司在某项目竣工前，预先售出部分房地产而取得收入2 000万元，假设预缴土地增值税200万元；项目竣工后，工程全部收入4 500万元。按税法规定计算，该项目应交土地增值税480万元。

【解析】 企业的会计处理：

企业预缴土地增值税时：

借：应交税费——应交土地增值税　　　　　　　　　　　　2 000 000
　　贷：银行存款　　　　　　　　　　　　　　　　　　　　　2 000 000

营业收入实现时：

借：税金及附加　　　　　　　　　　　　　　　　　　　　　4 500 000
　　贷：应交税费——应交土地增值税　　　　　　　　　　　　4 500 000

汇算清缴时：

借：应交税费——应交土地增值税　　　　　　　　　　　　2 500 000
　　贷：银行存款　　　　　　　　　　　　　　　　　　　　　2 500 000

3. 商品房预售的涉税会计处理。

商品房交付使用前采取一次性收款或分次收款的，收到购房款时：

借：银行存款
　　贷：预收账款

按规定预缴土地增值税时：

借:应交税费——应交土地增值税
　　贷:银行存款
该商品房交付使用后,开出发票结算账单交给买主时,作为收入实现
借:预收账款
　　贷:主营业务收入
同时,计算由实现的营业收入负担的土地增值税:
借:税金及附加
　　贷:应交税费——应交土地增值税
按照税法规定,该项目全部竣工、办理决算后进行清算,企业收到退回多交土地增值税:
借:银行存款
　　贷:应交税费——应交土地增值税
补缴土地增值税时,作相反的会计分录。

4. 现房销售的涉税会计处理。

在现货房地产销售情况下,采用一次性收款、房地产移交使用、发票账单提交买主、钱货两清的,应于房地产移交和发票结算账单提交买主时作为销售实现,借记"银行存款"等,贷记"主营业务收入"等。同时,计算应由实现的营业收入负担的土地增值税,借记"税金及附加",贷记"应交税费——应交土地增值税"。

采用赊销、分期收款方式销售房地产的,应以合同规定的收款时间作为销售实现,分次结转收入,并计算应交的土地增值税,借记"税金及附加",贷记"应交税费——应交土地增值税"。

5. 兼营房地产业务的企业土地增值税会计处理。

兼营房地产业务的企业转让房地产应交的土地增值税,记入"其他业务支出"账户。企业按规定计算出应缴纳的土地增值税时,借记"其他业务支出",贷记"应交税费——应交土地增值税"。企业实际缴纳土地增值税时,借记"应交税费——应交土地增值税",贷记"银行存款"。

6. 转让房地产业务的企业土地增值税会计处理。

企业转让国有土地使用权连同地上建筑物及其附着物,应通过"固定资产清理"账户核算,取得的转让收入记入"固定资产清理"账户的贷方;应缴纳的土地增值税,借记"固定资产清理",贷记"应交税费——应交土地增值税"。

情境训练

【例7-3】 某工业企业以450万元购进某项土地及其附着物。3年后,该企业将土地使用权和地上建筑物一并转让给A企业,取得转让收入550万元,应交流转税30万元;转让时,建筑物已累计折旧42万元。

【解析】 增值额=5 500 000-4 500 000-300 000=700 000(元)
增值率=700 000÷4 800 000=14.58%
应纳土地增值税税额=700 000×30%=210 000(元)
编制会计分录如下:
转让固定资产时:

```
借:固定资产清理                              4 080 000
    累计折旧                                   420 000
    贷:固定资产                                        4 500 000
收到收入时:
借:银行存款                                 5 500 000
    贷:主营业务收入                                    5 500 000
计算应纳土地增值税税额:
借:固定资产清理                                210 000
    贷:应交税费——应交土地增值税                        210 000
实际缴纳土地增值税时:
借:应交税费——应交土地增值税                   210 000
    贷:银行存款                                         210 000
```

想一想 ▶▶▶

某企业以 1 000 万元购进一项房产。5 年后转让,取得转让收入 1 600 万元,按规定支付有关税金 88 万元,转让时此项建筑物已计提折旧 140 万元。请计算该企业应纳土地增值税税额并进行相应的账务处理。

三、土地增值税的纳税申报

土地增值税的纳税人应于转让房地产合同签订之日起 7 日内到房地产所在地的税务机关办理纳税申报,并向税务机关提交房屋及建筑物产权、土地使用权证书、土地转让和房产买卖合同、房地产评估报告以及其他与转让房地产有关的资料。纳税人因经常发生房地产转让而难以在每次转让后申报的,经税务机关审核同意后,可以定期进行纳税申报,具体期限由税务机关根据情况确定。

课后查阅资料 ▶▶▶

请查阅我国土地增值税的发展史和改革史。

学习子情境7.2 资源税核算与申报

情境导入二 ▶▶▶

某煤矿 2017 年 1 月生产原煤 10 000 吨,当月销售 8 500 吨,自己使用 1 800 吨。同时,生产天然气 62 万立方米,当月全部销售。请计算该煤矿 1 月应纳资源税税额(该矿适用的单位税额为 0.5 元/吨)。

资源税核算与申报业务流程:确定应交资源税税目、税率→计算应纳税额和可扣除税额→填制纳税申报表→进行纳税申报(报送主管税务机关审核)→确定应纳税款→缴纳税款→资源税账务处理(根据发票、税款计算单、税收缴款书等编制记账凭证、登记账簿等)。

一、资源税的概述

资源税是以特定自然资源为纳税对象而征收的一种税,是对在我国境内开采应税矿产品或者生产盐的单位和个人征收的一个税种。

(一)资源税的纳税人及扣缴义务人

1. 资源税的纳税人。

资源税的纳税人是指在中华人民共和国境内开采应税资源的矿产品或者生产盐的单位和个人。

2. 资源税的扣缴义务人。

收购资源税未税矿产品的独立矿山、联合企业以及其他单位为资源税的扣缴义务人。现行资源税暂行条例把收购未税矿产品的单位规定为资源税的扣缴义务人,主要是针对零星、分散、不定期开采的情况,为了加强管理,避免漏税,由扣缴义务人在收购未税矿产品时代扣代缴资源税。

(二)资源税的税目、税率

1. 税目。

资源税税目包括5大类,在5个税目下面又设有若干个子目。现行资源税的税目及子目主要是根据资源税应税产品和纳税人开采资源的行业特点设置的。

(1)原油,是指开采的天然原油,不包括人造石油。

(2)天然气,是指专门开采或者与原油同时开采的天然气。

(3)煤炭,是指原煤,不包括洗煤、选煤及其他煤炭制品。

(4)其他非金属矿原矿,是指上列产品和井矿盐以外的非金属矿原矿。

(5)金属矿原矿,包括铁矿石、金矿、铜矿、铝土矿、镍矿、钨、钼,以及其他金属矿产品原矿或精矿。

纳税人开采主矿产品的过程中伴采的其他应税矿产品,凡未单独规定适用税额的,一律按主矿产品或视同主矿产品税目征收资源税。

2. 税率。

资源税采取从价定率或者从量定额的办法计征,分别以应税产品的销售额乘以纳税人具体适用的比例税率或者以应税产品的销售数量乘以纳税人具体适用的定额税率计算,实施"级差调节"的原则。级差调节是指运用资源税对因资源贮存状况、开采条件、资源优劣、地理位置等客观存在的差别而产生的资源级差收入,通过实施差别税额标准进行调节。资源条件好的,税率、税额高一些;资源条件差的,税率、税额低一些。具体规定见表7-2。

温馨提示 ▶▶▶

纳税人开采或者生产不同税目应税产品的,应当分别核算;不能准确提供不同税目应税产品的销售额或者销售数量的,从高适用税率。

表 7-2 资源税税目税率明细表

税目		征税对象	税率幅度
一、原油			6%~10%
二、天然气			6%~10%
三、煤炭			2%~10%
四、金属矿	铁矿	精矿	1%~6%
	金矿	金锭	1%~4%
	铜矿	精矿	2%~8%
	铝土矿	原矿	3%~9%
	铅锌矿	精矿	2%~6%
	镍矿	精矿	2%~6%
	锡矿	精矿	2%~6%
	未列举名称的其他金属矿产品	原矿或精矿	不超过20%
五、非金属矿	石墨	精矿	3%~10%
	硅藻土	精矿	1%~6%
	高岭土	原矿	1%~6%
	萤石	精矿	1%~6%
	石灰石	原矿	1%~6%
	硫铁矿	精矿	1%~6%
	磷矿	原矿	3%~8%
	氯化钾	精矿	3%~8%
	硫酸钾	精矿	6%~12%
	井矿盐	氯化钠初级产品	1%~6%
	湖盐	氯化钠初级产品	1%~6%
	提取地下卤水晒制的盐	氯化钠初级产品	3%~15%
	煤层(成)气	原矿	1%~2%
	黏土、砂土	原矿	每吨或立方米0.1~5元
	未列举名称的其他非金属矿产品	原矿或精矿	从量税率每吨或立方米不超过30元;从价税率不超过20%
六、海盐		氯化钠初级产品	1%~5%

(三)资源税的税收优惠

根据现行政策规定,资源税的减税、免税政策如下:

(1)原油、天然气优惠政策:

1)开采原油过程中用于加热、修井的原油,免税。

2)油田范围内运输稠油过程中用于加热的原油、天然气,免征资源税。

3)稠油、高凝油和高含硫天然气资源税减征40%。

4)三次采油资源税减征30%。三次采油,是指二次采油后继续以聚合物驱、三元复合驱、泡沫驱、二氧化碳驱、微生物驱等方式进行采油。

(2)纳税人开采或者生产应税产品过程中,因意外事故或者自然灾害等遭受重大损失的,由省、自治区、直辖市人民政府酌情决定减税或者免税。

(3)对依法在建筑物下、铁路下、水体下通过充填开采方式采出的矿产资源,资源税减征50%。

(4)国务院规定的其他减税、免税项目。纳税人的减税、免税项目,应当单独核算课税数量;未单独核算或者不能准确提供课税数量的,不予减税或者免税。

(5)从2007年1月1日起,对地面抽采煤层气暂不征收资源税。煤层气是指赋存于煤层及其围岩中与煤炭资源伴生的非常规天然气,也称煤矿瓦斯。

(6)自2010年6月1日起,纳税人在新疆开采的原油、天然气,自用于连续生产应税产品的,不缴纳资源税;自用于其他方面的,视同销售,依照本规定计算缴纳资源税。

二、资源税的计算

(一)计税依据

1. 从价定率征收的计税依据。

实行从价定率征收的,以销售额作为计税依据。销售额是指纳税人销售应税产品向购买方收取的全部价款和价外费用,不包括收取的增值税销项税额和运杂费用。

价外费用包括价外向购买方收取的手续费、补贴、基金、集资费、返还利润、奖励费、违约金、滞纳金、延期付款利息、赔偿金、代收款项、代垫款项、包装费、包装物租金、储备费、优质费、运输装卸费以及其他各种性质的价外收费。

下列项目不包括在价外费用之内:

(1)同时符合以下条件的代垫运输费用:①承运部门的运输费用发票开具给购买方的;②纳税人将该项发票转交给购买方的。

(2)同时符合以下条件代为收取的政府性基金或者行政事业性收费:①由国务院或者财政部批准设立的政府性基金,由国务院或者省级人民政府及其财政、价格主管部门批准设立的行政事业性收费;②收取时开具省级以上财政部门印制的财政票据;③所收款项全额上缴财政。

2. 从量定额征收的计税依据。

实行从量定额征收的,以销售数量为计税依据。销售数量的具体规定为:

(1)销售数量,包括纳税人开采或者生产应税产品的实际销售数量和视同销售的自用数量。

（2）纳税人不能准确提供应税产品销售数量的，以应税产品的产量或者主管税务机关确定的折算比换算成的数量为计征资源税的销售数量。

（3）纳税人在资源税申报时，除财政部、国家税务总局另有规定外，应将其应税和减免税项目分开计算和报送。

（4）对于连续加工前无法正确计算原煤移送使用量的煤炭，可按加工产品的综合回收率，将加工产品实际销量和自用量折算为原煤数量，以此作为课税数量。

（5）金属和非金属矿产品原矿，因无法准确掌握纳税人移送使用原矿数量的，可将其精矿按选矿比折算成原矿数量，以此作为课税数量，其计算公式为：

选矿比 = 精矿数量 ÷ 耗用原矿数量

（二）应纳税额的计算

资源税的应纳税额按从价定率或者从量定额的办法，分别以应税产品的销售额乘以纳税人具体适用的比例税率或者以应税产品的销售数量乘以纳税人具体适用的定额税率计算。

实行从价定率征收的，根据应税产品的销售额和规定的适用税率计算应纳税额，具体计算公式为：

应纳税额 = 销售额 × 适用税率

实行从量定额征收的，根据应税产品的课税数量和规定的单位税额计算应纳税额，具体计算公式为：

应纳税额 = 课税数量 × 单位税额

代扣代缴应纳税额 = 收购未税矿产品的数量 × 适用的单位税额

想一想 ▶▶▶

某冶金联合企业附属的矿山，2017年3月开采铅锌矿石6 000吨，销售5 000吨，铅锌矿石适用资源税税率每吨15元。请计算该矿山3月应纳资源税税额。

（三）资源税的会计处理

为反映和监督资源税的计算和缴纳，纳税人应设置"应交税费——应交资源税"账户，贷方登记企业本期应缴纳的资源税，借方登记企业实际缴纳及应抵扣的资源税，贷方余额表示企业应缴而未缴的资源税。

（1）企业对外销售应税产品应纳资源税，借记"税金及附加"，贷记"应交税费——应交资源税"账户。

（2）企业自产自用应税产品应缴纳的资源税，借记"生产成本""制造费用"账户，贷记"应交税费——应交资源税"账户。

（3）独立矿山、联合企业收购未税矿产品，按实际支付的收购款，借记"材料采购"账户，贷记"银行存款"账户，按代扣代缴的资源税，借记"材料采购"账户，贷记"应交税费——应交资源税"账户。纳税人按规定上缴资源税时，借记"应交税费——应交资源税"账户，贷记"银行存款"账户。

（4）纳税义务人按规定上缴资源税时，借记"应交税费——应交资源税"账户，贷记"银行存款"账户,纳税人和税务机关结算上月税款,补缴时,借记"应交税费——应交资源税"账户,贷记"银行存款"账户;退回税款时,借记"银行存款"账户,贷记"应交税费——应交资源税"账户。企业未按规定缴纳资源税,向税务机关缴纳滞纳金时,借记"营业外支出"账户,贷记"银行存款"账户。

情境训练 ▶▶▶

【例7-4】 某天然气开采企业,2017年1月专门开采天然气1 000万立方米,对外销售专门开采的天然气900万立方米,取得不含增值税的销售收入1 200万元,款项已存入银行。已知该企业天然气的资源税税率为6%,试计算该企业当月应纳资源税税额并进行会计处理。

【解析】 天然气从价计征,开采天然气直接销售的以销售额为计税依据。

该企业应纳资源税税额 = 1 200 × 6% = 72(万元)

会计处理如下:

借:银行存款	13 560 000
贷:主营业务收入	12 000 000
应交税费——应交增值税(销项税额)	1 560 000
借:税金及附加	720 000
贷:应交税费——应交资源税	720 000
借:应交税费——应交资源税	720 000
贷:银行存款	720 000

三、资源税的纳税申报

(一)纳税义务发生时间

(1)纳税人销售应税产品,其纳税义务发生时间为:

纳税人采取分期收款结算方式的,其纳税义务发生时间为销售合同规定的收款日期的当天。

纳税人采取预收货款结算方式的,其纳税义务发生时间为发出应税产品的当天。

纳税人采取其他结算方式的,其纳税义务发生时间为收讫销售款或者取得索取销售款凭据的当天。

(2)纳税人自产自用应税产品的纳税义务发生时间,为移送使用应税产品的当天。

(3)扣缴义务人代扣代缴税款的纳税义务发生时间,为支付首笔货款或首次开具支付货款凭据的当天。

(二)纳税期限

(1)纳税期限是纳税人发生纳税义务后缴纳税款的期限。资源税的纳税期限为1日、3日、5日、10日、15日或者1个月,纳税人的纳税期限由主管税务机关根据实际情况具体核定。不能按固定期限计算纳税的,可以按次计算纳税。

(2)纳税人以1个月为一期纳税的,自期满之日起10日内申报纳税;以1日、3日、5日、10日或者15日为一期纳税的,自期满之日起5日内预缴税款,于次月1日起10日内申报纳税并结清上月税款。

（三）纳税地点

（1）凡是缴纳资源税的纳税人，都应当向应税产品的开采或者生产所在地主管税务机关缴纳税款。

（2）如果纳税人在本省、自治区、直辖市范围内开采或者生产应税产品，其纳税地点需要调整的，由所在地省、自治区、直辖市税务机关决定。

（3）如果纳税人应纳的资源税属于跨省开采，其下属生产单位与核算单位不在同一省、自治区、直辖市的，对其开采的矿产品一律在开采地纳税，其应纳税款由独立核算、自负盈亏的单位按照开采地的实际销售量（或者自用量）及适用的单位税额计算划拨。

（4）扣缴义务人代扣代缴的资源税，也应当向收购地主管税务机关缴纳。

课后查阅资料 ▶▶▶

请查阅我国资源税的修改史。

学习子情境 7.3 印花税核算与申报

情境导入三 ▶▶▶

某企业 2017 年 2 月签订产品购销合同一份，金额为 530 000 元；签订借款合同一份，金额为 200 000 元。请计算该企业当月应纳印花税税额并进行会计处理。

印花税核算与申报业务流程：确定应交印花税税目、税率→计算应纳税额和可扣除税额→填制纳税申报表→进行纳税申报（报送主管税务机关审核）→确定应纳税款→缴纳税款→印花税账务处理（根据发票、税款计算单、税收缴款书等编制记账凭证、登记账簿等）。

一、印花税概述

印花税法是指国家制定的用以调整印花税征收与缴纳之间权利及义务关系的法律规范。现行印花税法的基本规范，是 1988 年 8 月 6 日国务院发布并于同年 10 月 1 日实施的《中华人民共和国印花税暂行条例》。

印花税是以经济活动和经济交往中，书立、领受应税凭证的行为为征税对象征收的一种税。印花税因其采用在应税凭证上粘贴印花税票的方法缴纳税款而得名。

征收印花税的作用：①有利于增加财政收入；②有利于配合和加强经济合同的监督管理；③有利于培养公民的纳税意识；④有利于配合对其他应纳税种的监督管理。

二、印花税的纳税人

印花税的纳税义务人，是在中国境内书立、使用、领受印花税法所列举的凭证并应依法履行纳税义务的单位和个人。

这里的单位和个人，是指国内各类企事业单位、机关、团体、部队以及中外合资企业、合作企业、外资企业、外国公司和其他经济组织及其在华机构等。

上述单位和个人,按照书立、使用、领受应税凭证的不同,可以分别确定为立合同人、立据人、立账簿人、领受人、使用人和各类电子应税凭证的签订人。

(1)立合同人,指合同的当事人,即对凭证有直接权利义务关系的单位和个人,但不包括合同的担保人、证人、鉴定人。各类合同的纳税人是立合同人。

(2)立据人。产权转移书据的纳税人是立据人,即在土地、房屋权属转移过程中买卖双方的当事人。

(3)立账簿人。营业账簿的纳税人是立账簿人,即书立并使用营业账簿的单位和个人。

(4)领受人。权利、许可证照的纳税人是领受人,即领取或接受并持有该项凭证的单位和个人。例如,某人因其发明创造,经申请依法取得国家专利机关颁发的专利证书,该人即为纳税人。

(5)使用人。在国外书立、领受,但在国内使用的应税凭证,其纳税人是使用人。

(6)各类电子应税凭证的签订人,即以电子形式签订的各类应税凭证的当事人。

温馨提示▶▶▶

1. 对应税凭证,凡由两方或两方以上当事人共同书立的,其当事人各方都是印花税的纳税人,应各就其所持凭证的计税金额履行纳税义务。

2. 在境外书立、领受但在国内使用的、在我国境内具有法律效力、受我国法律保护的凭证,也是印花税应税凭证,其使用人为纳税人。

三、印花税的税目与税率

(一)税目

印花税的税目,指印花税法明确规定的应当纳税的项目,它具体划定了印花税的征税范围。一般而言,列入税目的就要征税,未列入税目的就不征税。印花税共有以下13个税目:

(1)购销合同,包括供应、预购、采购、购销结合及协作、调剂、补偿、易货等合同。电网与用户之间签订的供用电合同不属于印花税列举征税的凭证,不征收印花税。

(2)加工承揽合同,包括加工、定做、修缮、修理、印刷、广告、测绘、测试等合同。

(3)建设工程勘察设计合同,包括勘察、设计合同。

(4)建筑安装工程承包合同,包括建筑、安装工程承包合同。承包合同包括总承包合同、分包合同和转包合同。

(5)财产租赁合同,包括租赁房屋、船舶、飞机、机动车辆、机械、器具、设备等合同,还包括企业、个人出租门店、柜台等签订的合同。

(6)货物运输合同,包括民用航空运输、铁路运输、海上运输、内河运输、公路运输和联运合同,以及作为合同使用的单据。

(7)仓储保管合同,包括仓储、保管合同,以及作为合同使用的仓单、栈单(或称入库单)等。

(8)借款合同,银行及其他金融组织与借款人(不包括银行同业拆借)所签订的借款合同,以及只填开借并作为合同使用、取得银行借款的借据。银行及其他金融机构经营的融资租赁业务,是一种以融物方式达到融资目的的业务,实际上是分期偿还的固定资金借款。因此融资租赁合同属于借款合同。

(9)财产保险合同,包括财产、责任、保证、信用等保险合同,以及作为合同使用的单据。财产保险合同,分为企业财产保险、机动车辆保险、货物运输保险、家庭财产保险和农牧业保险五大类。"家庭财产两全保险"属于家庭财产保险性质,其合同在财产保险合同之列,应照章纳税。

(10)技术合同,包括技术开发、转让、咨询、服务等合同,以及作为合同使用的单据。技术转让合同包括专利申请权转让、专利实施许可和非专利技术转让。技术咨询合同是当事人就有关项目的分析、论证、预测和调查订立的技术合同。但一般的法律、会计、审计等方面的咨询不属于技术咨询,其所立合同不贴印花。技术服务合同是当事人一方委托另一方就解决有关特定技术问题(改进产品结构、改良工艺流程、提高产品质量、降低产品成本、保护资源环境、实现安全操作、提高经济效益等)提出实施方案。

(11)产权转移书据,是指单位和个人产权的买卖、继承、赠予、交换、分割等所立的书据,包括财产所有权和版权、商标专用权、专利权、专有技术使用权等转移书据和土地使用权出让合同、土地使用权转让合同、商品房销售合同等权力转移合同。

(12)营业账簿,指单位或者个人记载生产经营活动的财务会计核算账簿。营业账簿按其反映内容的不同,可分为记载资金的账簿和其他账簿。记载资金的账簿是指反映生产经营单位资本金数额增减变化的账簿。其他账簿是指除上述账簿以外的有关其他生产经营活动内容的账簿,包括日记账簿和各明细分类账簿。

(13)权利、许可证照,包括政府部门发给的房屋产权证、工商营业执照、商标注册证、专利证、土地使用证。

(二)税率

现行印花税的税率有两种形式,即比例税率和定额税率。

1. 比例税率。

在印花税的 13 个税目中,各类合同以及具有合同性质的凭证(含以电子形式签订的各类应税凭证)、产权转移书据、营业账簿中记载资金的账簿,适用比例税率。

印花税的比例税率分为 4 个档次,分别是 0.05‰、0.3‰、0.5‰、1‰。

2. 定额税率。

在印花税的 13 个税目中,"权利、许可证照"和"营业账簿"税目中的其他账簿,适用定额税率,均为按件贴花,税额为 5 元。采用定额税率,便于纳税人缴纳及税务机关征管。印花税税目税率见表 7-3。

四、印花税的计算与会计处理

(一)印花税的计算

纳税人的应纳税额,根据应税凭证的性质,分别按比例税率或者定额税率计算,其计算公式为:应纳税额 = 应税凭证计税金额(或应税凭证件数)×适用税率

表 7-3 印花税税目税率

税目	范围	税率	纳税人	说明
1.购销合同	包括供应、预购、采购、购销结合及协作、调剂、补偿、易货等合同	按购销金额 0.3‰ 贴花	立合同人	
2.加工承揽合同	包括加工、定做、修缮、修理、印刷、广告、测绘、测试等合同	按加工或承揽收入 0.5‰ 贴花	立合同人	
3.建设工程勘察设计合同	包括勘察、设计合同	按收取费用 0.5‰ 贴花	立合同人	
4.建筑安装工程承包合同	包括建筑、安装工程承包合同	按承包金额 0.3‰ 贴花	立合同人	
5.财产租赁合同	包括租赁房屋、船舶、飞机、机动车辆、机械、器具、设备等合同	按租赁金额 1‰贴花。税额不足 1 元按 1 元贴花	立合同人	
6.货物运输合同	包括民用航空运输、铁路运输、海上运输、内河运输、公路运输和联运合同	按运输收取的费用 0.5‰贴花	立合同人	单据作为合同使用的,按合同贴花
7.仓储保管合同	包括仓储、保管合同	按仓储收取的保管费用 1‰贴花	立合同人	仓单或栈单作为合同使用的,按合同贴花
8.借款合同	银行及其他金融组织与借款人(不包括银行同业拆借)所签订的借款合同	按借款金额 0.05‰ 贴花	立合同人	单据作为合同使用的,按合同贴花
9.财产保险合同	包括财产、责任、保证、信用等保险合同	按收取的保险费收入 1‰贴花	立合同人	单据作为合同使用的,按合同贴花
10.技术合同	包括技术开发、转让、咨询、服务等合同	按所记载金额 0.3‰ 贴花	立合同人	
11.产权转移书据	包括财产所有权和版权、商标专用权、专利权、专有技术使用权等转移书据,土地使用权出让合同、土地使用权转让合同、商品房销售合同等	按所记载金额 0.5‰ 贴花	立据人	
12.营业账簿	生产、经营用账册	记载资金的账簿。按实收资本和资本公积的合计金额 0.5‰ 贴花。其他账簿按件贴花 5 元	立账簿人	
13.权利、许可证照	包括政府部门发给的房屋产权证、工商营业执照、商标注册证、专利证、土地使用证	按件贴花 5 元	领受人	

情境训练

【例7-5】 华泰公司2017年2月开业,当年发生以下有关业务事项:领受房屋产权证、工商营业执照、土地使用证各1件;与其他企业订立转移专用技术使用权书据1份,所载金额为100万元;订立产品购销合同1份,所载金额为200万元;订立借款合同1份,所载金额为400万元;企业记载资金的账簿,"实收资本""资本公积"为800万元;其他营业账簿10本。试计算该企业当年应缴纳的印花税税额。

【解析】 (1)企业领受权利、许可证照应纳税额=3×5=15(元)

(2)企业订立产权转移书据应纳税额=1 000 000×0.5‰=500(元)

(3)企业订立购销合同应纳税额=2 000 000×0.3‰=600(元)

(4)企业订立借款合同应纳税额=4 000 000×0.05‰=200(元)

(5)企业记载资金的账簿应纳税额=8 000 000×0.05‰=4 000(元)

(6)企业其他营业账簿应纳税额=10×5=50(元)

(7)当年企业应纳印花税税额=15+500+600+200+4 000+50=5 365(元)

(二)印花税的会计处理

由于印花税主要是由纳税人以购买并一次贴足印花税票的方式缴纳税款的,不存在与税务机关结算或清算税款的问题,所以,印花税不通过"应交税费"账户核算,而是直接借记"管理费用"账户,贷记"银行存款"账户。

情境训练

【例7-6】 某公司主要从事建筑工程机械的生产制造,2017年3月发生以下业务:①启用账簿8本;②签订钢材采购合同1份,采购金额为900万元;③新增实收资本300万元,资本公积50万元。请计算该公司应缴纳的印花税税额,并进行相关会计处理。

【解析】 (1)该公司2017年启用账簿8本应纳印花税税额=8×5=40(元)

签订钢材采购合同应纳印花税税额=9 000 000×0.3‰=2 700(元)

新增记载资金的营业账簿应纳印花税税额=(3 000 000+500 000)×0.5‰
=1 750(元)

应纳印花税税额合计=40+2 700+1 750=4 490(元)

(2)缴纳印花税时:

借:管理费用　　　　　　　　　　　　　　　　　　　　　　　　4 490
　　贷:银行存款　　　　　　　　　　　　　　　　　　　　　　　　4 490

课后查阅资料

请查阅自2013年1月1日起执行的《小企业会计准则》的规定,会计核算时,印花税记入的账户。

五、印花税的纳税申报

(一)纳税环节

印花税应当在书立或领受时贴花,具体是指在合同签订时、账簿启用时和证照领受时贴花。如果合同是在国外签订的,并且不便在国外贴花,则应在将合同带入境时办理贴花纳税手续。

（二）纳税地点

印花税一般实行就地纳税。对于全国性商品物资订货会（包括展销会、交易会等）上所签订合同应纳的印花税，由纳税人在其所在地及时办理贴花完税手续；对地方主办、不涉及省际关系的订货会、展销会上所签订合同应纳的印花税，其纳税地点由各省、自治区、直辖市人民政府自行确定。

（三）纳税期限

印花税的纳税方法不同，纳税期限也不一样。具体规定如下：

（1）自行贴花，根据规定自行计算应纳税额，自行购买印花税票，至一次贴足印花税票并加以注销时完成纳税。一般适用于应税凭证较多或者贴花次数较多的纳税人。

（2）汇贴或汇缴，汇总缴纳期限为1个月。一般适用于应税凭证较多或者贴花次数较多的纳税人。

（3）委托代征，纳税期限自书立、领受或者使用应税凭证时开始，到纳税义务完成时为止。

（四）纳税申报

印花税的纳税人应按照条例的有关规定及时办理纳税申报，并如实填写"印花税纳税申报表"。

学习子情境7.4　城镇土地使用税和耕地占用税核算与申报

学习子情境7.4.1　城镇土地使用税核算与申报

情境导入四 ▶▶▶

某工业企业占用土地5 000平方米，该企业位于中等城市，当地政府核定该企业的土地使用税单位税额为12元/平方米。请计算该企业应纳土地使用税税额。

城镇土地使用税核算与申报业务流程：确定应交城镇土地使用税税目、税率→计算应纳税额和可扣除税额→填制纳税申报表→进行纳税申报（报送主管税务机关审核）→确定应纳税款→缴纳税款→城镇土地使用税账务处理（根据发票、税款计算单、税收缴款书等编制记账凭证、登记账簿等）。

城镇土地使用税法是指国家制定的调整城镇土地使用税征收与缴纳之间权利及义务关系的法律规范。现行城镇土地使用税法的基本规范，是2006年12月31日国务院修改并颁布的《中华人民共和国城镇土地使用税暂行条例》（以下简称《城镇土地使用税暂行条例》）。

一、纳税义务人

城镇土地使用税是以国有土地为征税对象，对拥有土地使用权的单位和个人按实际占用面积征收的一种税。

在城市、县城、建制镇、工矿区范围内使用土地的单位和个人,为城镇土地使用税(以下简称土地使用税)的纳税人。

这里的单位,包括国有企业、集体企业、私营企业、股份制企业、外商投资企业、外国企业以及其他企业和事业单位、社会团体、国家机关、军队以及其他单位;这里的个人,包括个体工商户以及其他个人。

城镇土地使用税的纳税人通常包括以下几类:

(1)拥有土地使用权的单位和个人。

(2)拥有土地使用权的单位和个人不在土地所在地的,其土地的实际使用人和代管人为纳税人。

(3)土地使用权未确定或权属纠纷未解决的,其实际使用人为纳税人。

(4)土地使用权共有的,共有各方都是纳税人,由共有各方分别纳税。

二、征税范围与计税依据

(一)征税范围

城镇土地使用税的征税范围,包括在城市、县城、建制镇和工矿区内的国家所有和集体所有的土地。

上述城市、县城、建制镇和工矿区分别按以下标准确认:①城市是指经国务院批准设立的市;②县城是指县人民政府所在地;③建制镇是指经省、自治区、直辖市人民政府批准设立的建制镇;④工矿区是指工商业比较发达,人口比较集中,符合国务院规定的建制镇标准,但尚未设立建制镇的大中型工矿企业所在地,工矿区须经省、自治区、直辖市人民政府批准。

上述城镇土地使用税的征税范围中,城市的土地包括市区和郊区的土地,县城的土地是指县人民政府所在地的城镇的土地,建制镇的土地是指镇人民政府所在地的土地。

建立在城市、县城、建制镇和工矿区以外的工矿企业,不需缴纳城镇土地使用税。

另外,自2009年1月1日起,公园、名胜古迹内的索道公司经营用地,应按规定缴纳城镇土地使用税。

(二)计税依据

城镇土地使用税以纳税人实际占用的土地面积为计税依据,土地面积计量单位为平方米,即税务机关根据纳税人实际占用的土地面积,按照规定的税额计算应纳税额,向纳税人征收土地使用税。

纳税人实际占用的土地面积按下列办法确定:①由省、自治区、直辖市人民政府确定的单位组织测定土地面积的,以测定的面积为准;②尚未组织测量,但纳税人持有政府部门核发的土地使用证书的,以证书确认的土地面积为准;③尚未核发土地使用证书的,应由纳税人申报土地面积,据以纳税,待核发土地使用证以后再作调整。

三、税率(定额税率,采用有幅度的差别税额)

城镇土地使用税采用定额税率,即采用有幅度的差别税额,按大、中、小城市和县城、建制镇、工矿区分别规定每平方米土地使用税年应纳税额。具体标准:①大城市1.5元至30元;

②中等城市 1.2 元至 24 元;③小城市 0.9 元至 18 元;④县城、建制镇、工矿区 0.6 元至 12 元。

城镇土地使用税税率见表 7-4。

表 7-4 城镇土地使用税税率

级别	人口(人)	每平方米税额(元)
大城市	50 万以上	1.5~30
中等城市	20 万~50 万	1.2~24
小城市	20 万以下	0.9~18
县城、建制镇、工矿区		0.6~12

各省、自治区、直辖市人民政府可根据市政建设情况和经济繁荣程度在规定税额幅度内,确定所辖地区的适用税额幅度。经济落后地区,土地使用税的适用税额标准可适当降低,但降低额不得超过上述规定最低税额的 30%。经济发达地区的适用税额标准可以适当提高,但须报财政部批准。

四、税收优惠

(一)城镇土地使用税减免的一般规定

(1)国家机关、人民团体、军队自用的土地。

(2)由国家财政部门拨付事业经费的单位自用的土地。

(3)宗教寺庙、公园、名胜古迹自用的土地。

(4)市政街道、广场、绿化地带等公共用地。

(5)直接用于农、林、牧、渔业的生产用地。

(6)经批准开山填海整治的土地和改造的废弃土地,从使用的月份起免缴土地使用税 5~10 年。

(7)由财政部另行规定免税的能源、交通、水利设施用地和其他用地。

(二)城镇土地使用税减免的特殊规定

(1)经有关主管部门批准的集体和个人所办的各类学校、医院、托儿所、幼儿园的自用土地,暂免征收土地使用税。

(2)对免税单位无偿使用纳税单位的土地(如公安、海关等单位使用铁路、民航等单位的土地),免征城镇土地使用税;对纳税单位无偿使用免税单位的土地,纳税单位应照章缴纳城镇土地使用税。

(3)房地产开发公司开发建造商品房的用地,除经批准开发建设经济适用房的用地外,对各类房地产开发用地一律不得减免城镇土地使用税。

五、应纳税额的计算与会计处理

(一)应纳税额的计算

城镇土地使用税的应纳税额可以通过纳税人实际占用的土地面积乘以该土地所在地段

的适用税额求得。其计算公式为:

全年应纳税额＝实际占用应税土地面积(平方米)×适用税额

(二)城镇土地使用税的会计处理

缴纳城镇土地使用税的单位,于会计年度终了时预计应交税额,借记"管理费用"账户,贷记"应交税费——应交城镇土地使用税"账户。实际缴纳时,借记"应交税费——应交城镇土地使用税"账户,贷记"银行存款"账户。

【例7-7】 设在某城市的一家企业使用土地面积为10 000平方米,经税务机关核定,该土地为应税土地,每平方米年税额为4元。请计算该企业全年应纳土地使用税税额并进行相关会计处理。

【解析】 应纳土地使用税税额＝10 000×4＝40 000(元)

计提应纳税额时:

借:管理费用   40 000
　　贷:应交税费——应交城镇土地使用税   40 000

实际缴纳时:

借:应交税费——应交城镇土地使用税   40 000
　　贷:银行存款   40 000

> **课后查阅资料 ▶▶▶**
>
> 请查阅自2013年1月1日起执行的《小企业会计准则》的规定,在小企业进行会计核算时,城镇土地使用税应记入的账户。

六、城镇土地使用税的纳税申报

(一)纳税期限

城镇土地使用税实行按年计算、分期缴纳的征收方法,具体纳税期限由省、自治区、直辖市人民政府确定。

(二)纳税义务发生时间

(1)纳税人购置新建商品房,自房屋交付使用之次月起,缴纳城镇土地使用税。

(2)纳税人购置存量房,自办理房屋权属转移、变更登记手续,房地产权属登记机关签发房屋权属证书之次月起,缴纳城镇土地使用税。

(3)纳税人出租、出借房产,自交付出租、出借房产之次月起,缴纳城镇土地使用税。

(4)以出让或转让方式有偿取得土地使用权的,应由受让方从合同约定交付土地时间的次月起缴纳城镇土地使用税;合同未约定交付时间的,由受让方从合同签订的次月起缴纳城镇土地使用税。

(5)纳税人新征用的耕地,自批准征用之日起满一年时开始缴纳土地使用税。

(6)纳税人新征用的非耕地,自批准征用次月起缴纳土地使用税。

(7)自2009年1月1日起,纳税人因土地的权利发生变化而依法终止城镇土地使用税纳税义务的,其应纳税款的计算应截止到土地权利发生变化的当月末。

> **温馨提示** ▶▶▶
>
> 上述纳税义务发生时间,只有第5种情况从"征用之日起满一年"时缴纳城镇土地使用税,其余都是从"次月"起缴纳城镇土地使用税。

(三)纳税地点和征收机构

城镇土地使用税在土地所在地缴纳。

纳税人使用的土地不属于同一省、自治区、直辖市管辖的,由纳税人分别向土地所在地的税务机关缴纳土地使用税;在同一省、自治区、直辖市管辖范围内,纳税人跨地区使用的土地,其纳税地点由各省、自治区、直辖市地方税务局确定。

(四)纳税申报

城镇土地使用税的纳税人应按照规定及时办理纳税申报,并如实填写"城镇土地使用税纳税申报表"。

学习子情境7.4.2 耕地占用税核算与申报

> **情境导入五** ▶▶▶
>
> 某公司经批准占用耕地50公顷,用于建设高尔夫球场。当地政府规定的耕地占用税税额为5元/公顷。计算该公司应纳耕地占用税额。
>
> 耕地占用税核算与申报业务流程:确定应交耕地占用税税目、税率→计算应纳税额和可扣除税额→填制纳税申报表→进行纳税申报(报送主管税务机关审核)→确定应纳税款→缴纳税款→耕地占用税账务处理(根据发票、税款计算单、税收缴款书等编制记账凭证、登记账簿等)。

一、纳税义务人

耕地占用税是对占用耕地建房或从事其他非农业建设的单位和个人,就其实际占用的耕地面积征收的一种税,它属于对特定土地资源占用课税。

耕地占用税的纳税义务人,是占用耕地建房或从事非农业建设的单位和个人。

这里的单位,包括国有企业、集体企业、私营企业、股份制企业、外商投资企业、外国企业以及其他企业和事业单位、社会团体、国家机关、军队以及其他单位;这里的个人,包括个体工商户以及其他个人。

二、征税范围与计税依据

(一)征税范围

耕地占用税的征税范围包括纳税人为建房或从事其他非农业建设而占用的国家所有和集体所有的耕地。

所谓耕地,是指种植农业作物的土地,包括菜地、园地。其中,园地包括花圃、苗圃、茶园、果园、桑园和其他种植经济林木的土地。

占用鱼塘及其他农用土地建房或从事其他非农业建设,也视同占用耕地,必须依法征收耕地占用税。占用已开发从事种植、养殖的滩涂、草场、水面和林地等从事非农业建设,由省、自治区、直辖市本着有利于保护土地资源和生态平衡的原则,结合具体情况确定是否征收耕地占用税。

此外,在占用之前3年内属于上述范围的耕地或农用土地,也视为耕地。

(二)计税依据

耕地占用税以纳税人占用耕地的面积为计税依据,以每平方米为计量单位。

三、税率(定额税率,采用有幅度的差别税额)

由于在我国的不同地区之间人口和耕地资源的分布极不均衡,有些地区人口稠密,耕地资源相对匮乏;而有些地区则人烟稀少,耕地资源比较丰富。各地区之间的经济发展水平也有很大差异。考虑到不同地区之间客观条件的差别以及与此相关的税收调节力度和纳税人负担能力方面的差异,耕地占用税在税率设计上采用了地区差别定额税率。税率规定如下:①人均耕地不超过1亩的地区(以县级行政区域为单位,下同),每平方米为10元至50元;②人均耕地超过1亩但不超过2亩的地区,每平方米为8~40元;③人耕地超过2亩但不超过3亩的地区,每平方米6~30元;④人均耕地超过3亩的地区,每平方米5~25元。

经济特区、经济技术开发区和经济发达、人均耕地特别少的地区,适用税额可以适当提高,但最多不得超过上述规定税额的50%(见表7-5)。

表7-5 各省、自治区、直辖市耕地占用税平均税额

单位:元/平方米

地区	平均税额
上海	45
北京	40
天津	35
江苏、浙江、福建、广东	30
辽宁、湖北、湖南	25
河北、安徽、江西、山东、河南、重庆、四川	22.5
广西、海南、贵州、云南、陕西	20
山西、吉林、黑龙江	17.5
内蒙古、西藏、甘肃、青海、宁夏、新疆	12.5

四、税收优惠

(一)免征耕地占用税

(1)军事设施占用耕地。
(2)学校、幼儿园、养老院、医院占用耕地。
(3)建设直接为农业生产服务的生产设施占用规定的农用地,免征耕地占用税。

(二)减征耕地占用税

(1)铁路线路、公路线路、飞机场跑道、停机坪、港口、航道占用耕地,减按每平方米2元的税额征收耕地占用税。

根据实际需要,国务院财政、税务主管部门商国务院有关部门并报国务院批准后,可以对前款规定的情形免征或者减征耕地占用税。

(2)农村居民占用耕地新建住宅,按照当地适用税额减半征收耕地占用税。

(3)农村烈士家属、残疾军人、革命老根据地、少数民族聚居区和边远贫困山区生活困难的农村居民,在规定用地标准以内新建住宅缴纳耕地占用税确有困难的,经所在地乡(镇)人民政府审核,报经县级人民政府批准后,可以免征或者减征耕地占用税。

免征或者减征耕地占用税后,纳税人改变原占地用途,不再属于免征或者减征耕地占用税情形的,应当按照当地适用税额补缴耕地占用税。

想一想

耕地占用税与城镇土地使用税的区别。

五、应纳税额的计算与会计处理

(一)应纳税额的计算

耕地占用税以纳税人实际占用的耕地面积为计税依据,以每平方米土地为计税单位,按适用的定额税率计税。其计算公式为:

应纳税额 = 实际占用耕地面积(平方米)× 适用定额税率

情境训练

【例7-8】 假设某市一家企业新占用19 800平方米耕地用于工业建设,所占耕地适用的定额税率为20元/平方米。计算该企业应纳的耕地占用税。

【解析】 应纳税额 = 19 800 × 20 = 396 000(元)

(二)耕地占用税的会计处理

企业征用耕地获得批准后,按规定交清耕地占用税,应借记"在建工程"账户,贷记"银行存款"账户。如因结算差错等原因,需补交耕地占用税,分为以下两种情况进行会计处理:

(1)工程尚未完工,或已完工尚未投入生产经营的,应借记"在建工程"账户,贷记"银行存款"账户。

(2)工程已完工并投入生产经营的,应借记"在建工程"账户,贷记"银行存款"账户,同时,由于工程完工并投入生产经营,在建工程成本已形成固定资产价值,因此,还应转入"固定资产"账户,借记"固定资产"账户,贷记"在建工程"账户。

六、耕地占用税的征收管理与纳税申报

耕地占用税由地方税务机关负责征收。土地管理部门在通知单位或者个人办理占用耕地手续时,应当同时通知耕地所在地同级地方税务机关。获准占用耕地的单位或者个人应当在收到土地管理部门的通知之日起30日内缴纳耕地占用税。土地管理部门凭耕地占用税完税凭证或者免税凭证和其他有关文件发放建设用地批准书。

纳税人临时占用耕地,应当依照本条例的规定缴纳耕地占用税。纳税人在批准临时占用耕地的期限内恢复所占用耕地原状的,全额退还已经缴纳的耕地占用税。

占用林地、牧草地、农田水利用地、养殖水面以及渔业水域滩涂等其他农用地建房或者从事非农业建设的,比照本条例的规定征收耕地占用税。建设直接为农业生产服务的生产设施占用前款规定的农用地的,不征收耕地占用税。

课后查阅资料▶▶▶

1. 我国耕地占用税范围变革的具体时间。
2. 我国耕地占用税的发展史。

学习子情境7.5　房产税和契税核算与申报

学习子情境7.5.1　房产税核算与申报

情境导入六▶▶▶

某企业2017年5月固定资产分类账中,房产原值为3 500 000元,当地政府规定,企业自用房屋,按房产原值一次减除20%后作为房产余值纳税。计算该企业5月应纳的房产税额。

房产税核算与申报业务流程:确定应交房产税税目、税率→计算应纳税额和可扣除税额→填制纳税申报表→进行纳税申报(报送主管税务机关审核)→确定应纳税款→缴纳税款→房产税账务处理(根据发票、税款计算单、税收缴款书等编制记账凭证、登记账簿等)。

一、房产税概述

房产税法是指国家制定的调整房产税征收与缴纳之间权利及义务关系的法律规范。现行房产税法的基本规范,是1986年9月15日国务院颁布的《中华人民共和国房产税暂行条例》(以下简称《房产税暂行条例》)。

房产税是以房屋为征税对象,按照房屋的计税余值或租金收入,向产权所有人征收的一种财产税。

(一)房产税的纳税义务人

房产税是以房屋为征税对象,按照房屋的计税余值或租金收入向产权所有人征收的一种财产税。房产税以在征税范围内的房屋产权所有人为纳税人。其中:

(1)产权属国家所有的,由经营管理单位纳税;产权属集体和个人所有的,由集体单位和个人纳税。

这里的单位,包括国有企业、集体企业、私营企业、股份制企业、外商投资企业、外国企业以及其他企业和事业单位、社会团体、国家机关、军队以及其他单位;这里的个人,包括个体工商户以及其他个人。

(2)产权出典的,由承典人纳税。所谓产权出典,是指产权所有人将房屋、生产资料等的产权在一定期限内典当给他人使用而取得资金的一种融资业务。这种业务大多发生于出典人急需用款,但又想保留产权回赎权的情况。承典人向出典人交付一定的典价之后,在质典期内即获抵押物品的支配权,并可转典。产权的典价一般要低于卖价。出典人在规定期间内须归还典价的本金和利息,方可赎回出典房屋等的产权。由于在房屋出典期间,产权所有人已无权支配房屋,因此,税法规定由对房屋具有支配权的承典人为纳税人。

(3)产权所有人、承典人不在房屋所在地的,或者产权未确定及租典纠纷未解决的,由房产代管人或者使用人纳税。

(4)产权未确定及租典纠纷未解决的,亦由房产代管人或者使用人纳税。所谓租典纠纷,是指产权所有人在房产出典和租赁关系上,与承典人、租赁人发生各种争议,特别是权利和义务的争议悬而未决的。此外,还有一些产权归属不清的问题,也都属于租典纠纷。对租典纠纷尚未解决的房产,规定由代管人或使用人为纳税人,主要目的在于加强征收管理,保证房产税及时入库。

(5)无租使用其他房产的问题。纳税单位和个人无租使用房产管理部门、免税单位及纳税单位的房产,应由使用人代为缴纳房产税。

(6)自2009年1月1日起,外商投资企业、外国企业和组织以及外籍个人,依照《中华人民共和国房产税暂行条例》缴纳房产税。

温馨提示 ▶▶▶

外商投资企业、外国企业、华侨和香港、澳门、台湾同胞投资兴办的企业以及外籍人员和港澳台同胞等在内地拥有的房产,自2009年1月1日起征收房产税,在此以前不征房产税,而是征收城市房地产税。

(二)房产税的课征对象及范围

房产税以房产为征税对象。所谓房产,是指有屋面和围护结构(有墙或两边有柱),能够遮风避雨,可供人们在其中生产、学习、工作、娱乐、居住或贮藏物资的场所。房地产开发企业建造的商品房,在出售前,不征收房产税,但对出售前房地产开发企业已使用或出租、出借的商品房应按规定征收房产税。

房产税的征税范围为城市、县城、建制镇和工矿区。具体规定如下:

(1)城市是指国务院批准设立的市。

(2)县城是指县人民政府所在地的地区。

(3)建制镇是指经省、自治区、直辖市人民政府批准设立的建制镇。

(4)工矿区是指工商业比较发达、人口比较集中、符合国务院规定的建制镇标准但尚未设立建制镇的大中型工矿企业所在地。开征房产税的工矿区须经省、自治区、直辖市人民政府批准。

(三)税率及计税依据

1. 税率。

我国现行房产税采用的是比例税率。由于房产税的计税依据分为从价计征和从租计征两种形式,所以房产税的税率也有两种:一种是按房产原值一次减除10%~30%后的余值计征的,税率为1.2%;另一种是按房产出租的租金收入计征的,税率为12%。从2008年1月1日起,对个人按市场价格出租的居民住房,用于居住的,可暂减按4%的税率征收房产税。

2. 计税依据。

房产税的计税依据是房产的计税价值或房产的租金收入。按照房产计税价值征税的,称为从价计征;按照房产租金收入计征的,称为从租计征。

(1)从价计征。是以房产余值为计税依据。依照房产原值一次减除10%~30%后的余值计算缴纳。具体比例由省、自治区、直辖市人民政府确定。

(2)从租计征。房产出租的,以房屋出租取得的租金收入为计税依据,计算缴纳房产税。

需要注意的是,以房产投资收取固定收入、不承担经营风险的,视同出租,以"租金收入"为计税依据计征房产税。

自2007年1月1日起,对居民住宅区内业主共有的经营性房产,由实际经营(包括自营和出租)的代管人或使用人缴纳房产税。其中,自营的按照房产原值减除10%~30%后的余值计征;出租房产的,按照租金收入计征。

想一想 ▶▶▶

房地产开发企业建造的商品房,在出售前,是否征收房产税。

课后查阅资料 ▶▶▶

出售前房地产开发企业已使用或出租、出借的商品房的征税情况。

(四)税收优惠

(1)国家机关、人民团体、军队自用的房产免征房产税。但上述免税单位的出租房,以及非自身业务使用的生产、营业用房,不属于免税范围。

(2)由国家财政部门拨付事业经费(全额或差额)的单位(学校、医疗卫生单位、托儿所、幼儿园、敬老院以及文化、体育、艺术类单位)所有的、本身业务范围内使用的房产免征房产税。

需要注意的是,上述单位所属的附属工厂、商店、招待所等用房,应照章纳税。

(3)宗教寺庙、公园、名胜古迹自用的房产免征房产税。宗教寺庙、公园、名胜古迹中附设的营业单位,如影剧院、饮食部、茶社、照相馆等所使用的房产及出租的房产,不属于免税范围,应照章纳税。

(4)个人所有非营业用的房产(居民住房)免征房产税。对个人拥有的营业用房或者出租的房产,不属于免税房产,应照章纳税。

(5)经财政部批准免税的其他房产。

> 温馨提示 ▶▶▶

自 2011 年 1 月 28 日起,在上海、重庆等地开始对某些个人住房试征房产税。

二、房产税的计算与会计处理

(一)房产税的计算

1. 从价计征房产税的计算:
房产税的应纳税额 = 应税房产原值 × (1 - 扣除比例) × 1.2%
2. 从租计征房产税的计算:
房产税的应纳税额 = 租金收入 × 12%

(二)房产税的会计处理

按规定缴纳的房产税,应在"管理费用""其他业务支出""制造费用"等账户中据实列支。
1. 计算税金时,编制会计分录如下:
借:管理费用(其他业务支出)(制造费用)
　　贷:应交税费——应交房产税
2. 缴纳税金时,编制会计分录如下:
借:应交税费——应交房产税
　　贷:银行存款

> 情境训练 ▶▶▶

【例 7-9】 有一大型企业,其生产用房原值为 80 000 000 元,还建有一座房产原值为 2 500 000 元的内部医院、一所房产原值为 1 500 000 元的幼儿园。当地规定,允许减除房产原值的 25%。请计算该企业应纳房产税税额并进行会计处理。

【解析】 (1)计算应纳房产税税额。
企业办医院、幼儿园自用房产,可免征房产税。
应纳房产税税额 = 80 000 000 × (1 - 25%) × 1.2% = 720 000(元)
(2)会计处理。
计提应缴纳的房产税时:
借:管理费用　　　　　　　　　　　　　　　　　　　　　　　720 000
　　贷:应交税费——应交房产税　　　　　　　　　　　　　　　　　　720 000
实际缴纳时:
借:应交税费——应交房产税　　　　　　　　　　　　　　　　720 000
　　贷:银行存款　　　　　　　　　　　　　　　　　　　　　　　　　720 000

三、房产税的纳税申报

(一)纳税义务发生时间

(1)纳税人将原有房产用于生产经营,从生产经营之月起缴纳房产税。

(2)纳税人自行新建房屋用于生产经营,从建成之次月起缴纳房产税。

(3)纳税人委托施工企业建设的房屋,从办理验收手续之次月起缴纳房产税。

(4)纳税人购置新建商品房,自房屋交付使用之次月起缴纳房产税。

(5)纳税人购置存量房,自办理房屋权属转移、变更登记手续,房地产权属登记机关签发房屋权属证书之次月起,缴纳房产税。

(6)纳税人出租、出借房产,自交付出租、出借房产之次月起,缴纳房产税。

(7)房地产开发企业自用、出租、出借本企业建造的商品房,自房屋使用或交付之次月起,缴纳房产税。

(8)自2009年1月1日起,纳税人因房产的实物或权利状态发生变化而依法终止房产税纳税义务的,其应纳税款的计算应截止到房产的实物或权利状态发生变化的当月末。

温馨提示

上述纳税义务发生时间,只有第1种情形从"之月"起缴纳房产税,其余都是从"之次月"起缴纳房产税。

(二)纳税期限

房产税实行按年计算、分期缴纳的征收方法,具体纳税期限由省、自治区、直辖市人民政府确定。

(三)纳税地点

房产税在房产所在地缴纳。房产不在同一地方的纳税人,应按房产的坐落地点分别向房产所在地的税务机关纳税。

(四)纳税申报

房产税的纳税人应按照条例的有关规定,及时办理纳税申报,并如实填写"房产税纳税申报表"。

学习子情境7.5.2 契税核算与申报

情境导入七

王某共有两套房屋,2017年2月将第一套市价为95万元的房产与李某交换,并支付给李某15万元,已知当地确定的契税税率为3%。计算王某应纳契税税额。

契税核算与申报业务流程:确定应交契税税目、税率→计算应纳税额和可扣除税额→填制纳税申报表→进行纳税申报(报送主管税务机关审核)→确定应纳税款→缴纳税款→契税账务处理(根据发票、税款计算单、税收缴款书等编制记账凭证、登记账簿等)。

一、契税概述

契税是以在中华人民共和国境内转移土地、房屋权属为征税对象,向产权承受人征收的一种财产税。

（一）征税对象及范围

契税的征税对象是境内转移的土地、房屋权属。具体包括以下内容：

1. 国有土地使用权出让。

国有土地使用权出让是指土地使用者向国家交付土地使用权出让费用，国家将国有土地使用权在一定年限内让与土地使用者的行为。

2. 土地使用权的转让。

土地使用权的转让是指土地使用者以出售、赠予、交换或者其他方式将土地使用权转移给其他单位和个人的行为。土地使用权的转让不包括农村集体土地承包经营权的转移。

3. 房屋买卖。

房屋买卖是指以货币为媒介，出卖者向购买者过渡房产所有权的交易行为。以下几种特殊情况，视同买卖房屋：

（1）以房产抵债或实物交换房屋。经当地政府和有关部门批准，以房抵债和实物交换房屋，均视同房屋买卖，应由产权承受人按房屋现值缴纳契税。对已缴纳契税的购房单位和个人，在未办理房屋权属变更登记前退房的，退还已纳契税；在未办理房屋权属变更登记后退房的，不予退还已纳契税。

情境训练 ▶▶▶

【例7-10】 甲某因无力偿还乙某债务，而以自有的房产折价抵偿债务。经双方同意，有关部门批准，乙某取得甲某的房屋产权，在办理产权过户手续时，按房产折价款缴纳契税。如以实物（金银首饰等等价物品）交换房屋，应视同以货币购买房屋。

（2）以房产作投资或作股权转让。这种交易业务属房屋产权转移，应根据国家房地产管理的有关规定，办理房屋产权交易和产权变更登记手续，视同房屋买卖，由产权承受方按契税税率计算缴纳契税。以自有房产作股投入本人独资经营的企业，免纳契税。因为以自有的房地产投入本人独资经营的企业，产权所有人和使用权使用人未发生变化，不需办理房产变更手续，也不办理契税手续。

情境训练 ▶▶▶

【例7-11】 甲某以自有房产投资于乙某企业。其房屋产权变为乙某企业所有，故产权所有人发生变化，因此，乙某企业在办理产权登记手续后，按甲某入股房产现值（国有企事业房产须经国有资产管理部门评估核价）缴纳契税。如丙某以股份方式购买乙某企业房屋产权，丙某在办理产权登记后，按取得房产买价缴纳契税。

（3）买房拆料或翻建新房，应照章征收契税。

情境训练 ▶▶▶

【例7-12】 甲某购买乙某房产，不论其目的是取得该房产的建筑材料或是翻建新房，实际构成房屋买卖。甲某应首先办理房屋产权变更手续，并按买价缴纳契税。

4. 房屋赠予。

房屋赠予是指房屋产权所有人将房屋无偿转让给他人所有。其中，将自己的房屋转交给他人的法人和自然人，称作房屋赠予人；接受他人房屋的法人和自然人，称为受赠人。房屋赠予的前提必须是,产权无纠纷,赠予人和受赠人双方自愿。

由于房屋是不动产,价值较大,故法律要求赠予房屋应有书面合同(契约),并到房地产管理机关或农村基层政权机关办理登记过户手续,才能生效。如果房屋赠予行为涉及涉外关系,还需公证处证明和外事部门认证,才能有效。房屋的受赠人要按规定缴纳契税。

5. 房屋交换。

房屋交换是指房屋所有者之间互相交换房屋的行为。

随着经济形势的发展,有些特殊方式转移土地、房屋权属的,也视同土地使用权转让、房屋买卖或者房屋赠予。一是以土地、房屋权属作价投资、入股;二是以土地、房屋权属抵债;三是以获奖方式承受土地、房屋权属;四是以预购方式或者预付集资建房款方式承受土地、房屋权属。

6. 承受国有土地使用权支付的土地出让金。

对承受国有土地使用权所应支付的土地出让金,要计征契税。不得因减免土地出让金而减免契税。

(二)纳税义务人及税率

1. 纳税义务人。

契税的纳税义务人是境内转移土地、房屋权属,承受的单位和个人。境内是指中华人民共和国实际税收行政管辖范围内。土地、房屋权属是指土地使用权和房屋所有权。这里的单位,是指企业单位、事业单位、国家机关、军事单位和社会团体以及其他组织;这里的个人,是指个体经营者及其他个人,包括中国公民和外籍人员。

2. 税率。

契税实行3%~5%的幅度税率。实行幅度税率是考虑到我国经济发展的不平衡,各地经济差别较大的实际情况。因此,各省、自治区、直辖市人民政府可以在3%~5%的幅度税率规定范围内,按照本地区的实际情况决定。

(三)税收优惠

(1)国家机关、事业单位、社会团体、军事单位承受土地、房屋用于办公、教学、医疗、科研和军事设施的,免征契税。

(2)城镇职工按规定第一次购买公有住房,免征契税。

对个人购买普通住房,且该住房属于家庭(成员范围包括购房人、配偶以及未成年子女,下同)唯一住房的,减半征收契税。对个人购买90平方米及以下普通住房,且该住房属于家庭唯一住房的,减按1%税率征收契税。

(3)因不可抗力灭失住房而重新购买住房的,酌情减免。不可抗力是指自然灾害、战争等不能预见、不可避免并不能克服的客观情况。

(4)土地、房屋被县级以上人民政府征用、占用后,重新承受土地、房屋权属的,由省级人民政府确定是否减免。

(5)承受荒山、荒沟、荒丘、荒滩土地使用权,并用于农、林、牧、渔业生产的,免征契税。

(6)经外交部确认,依照我国有关法律规定以及我国缔结或参加的双边和多边条约或协定,应当予以免税的外国驻华使馆、领事馆、联合国驻华机构及其外交代表、领事官员和其他外交人员承受土地、房屋权属的,免征契税。

二、应纳税额的计算及会计处理

(一)应纳税额的计算

1. 计税依据。

契税的计税依据为不动产的价格。由于土地、房屋权属转移方式不同,定价方法不同,因而具体计税依据视不同情况而定。

(1)国有土地使用权出让、土地使用权出售、房屋买卖,以成交价格为计税依据。成交价格是指土地、房屋权属转移合同确定的价格,包括承受者应交付的货币、实物、无形资产或者其他经济利益。

(2)土地使用权赠予、房屋赠予,由征收机关参照土地使用权出售、房屋买卖的市场价格核定。

(3)土地使用权交换、房屋交换,为所交换的土地使用权、房屋的价格差额。也就是说,交换价格相等时,免征契税;交换价格不等时,由多交付的货币、实物、无形资产或者其他经济利益的一方缴纳契税。

(4)以划拨方式取得土地使用权,经批准转让房地产时,由房地产转让者补交契税。计税依据为补交的土地使用权出让费用或者土地收益。

为了避免偷、逃税款,税法规定,成交价格明显低于市场价格并且无正当理由的,或者所交换土地使用权、房屋的价格的差额明显不合理并且无正当理由的,征收机关可以参照市场价格核定计税依据。

(5)房屋附属设施征收契税的依据:①采取分期付款方式购买房屋附属设施土地使用权、房屋所有权的,应按合同规定的总价款计征契税。②承受的房屋附属设施权属如为单独计价,按照当地确定的适用税率征收契税;如与房屋统一计价的,适用与房屋相同的契税税率。

(6)个人无偿赠予不动产行为(法定继承人除外),应对受赠人全额征收契税。

2. 应纳税额的计算。

契税采用比例税率。应纳税额的计算公式为:

应纳税额 = 计税依据 × 税率

【例7-13】 居民甲有两套住房,将一套出售给居民乙,成交价格为200 000元;将另一套两室住房与居民丙交换成两处一室住房,并支付给丙换房差价款60 000元。试计算甲、乙、丙相关行为应缴纳的契税税额(假定税率为4%)。

【解析】 甲应缴纳契税税额 = 60 000 × 4% = 2 400(元)

乙应缴纳契税税额 = 200 000 × 4% = 8 000(元)

丙不缴纳契税。

(二)会计处理

1. 企业的会计处理。

(1)预提税金时,编制会计分录如下:

借:固定资产、无形资产
　　贷:应交税费——应交契税
(2)缴纳税金时,编制会计分录如下:
借:应交税费——应交契税
　　贷:银行存款

单位也可以不通过"应交税费——应交契税"账户,在实际缴纳契税时,借记"固定资产""无形资产"账户,贷记"银行存款"账户。

2.事业单位的会计处理。
(1)取得土地使用权,并按规定缴纳契税:
借:无形资产——土地使用权
　　贷:银行存款
(2)取得房屋产权,并按规定缴纳契税:
借:固定资产
　　贷:固定基金
同时:
借:专用基金
　　事业支出
　　贷:银行存款

三、契税的征收管理与纳税申报

(一)纳税义务发生时间

契税的纳税义务发生时间是纳税人签订土地、房屋权属转移合同的当天,或者纳税人取得其他具有土地、房屋权属转移合同性质凭证的当天。

(二)纳税期限

纳税人应当自纳税义务发生之日起 10 日内,向土地、房屋所在地的契税征收机关办理纳税申报,并在契税征收机关核定的期限内缴纳税款。

(三)纳税地点

契税在土地、房屋所在地的征收机关缴纳。

(四)征收管理

纳税人办理纳税事宜后,征收机关应向纳税人开具契税完税凭证。纳税人持契税完税凭证和其他规定的文件材料,依法向土地管理部门、房产管理部门办理有关土地、房屋的权属变更登记手续。土地管理部门和房产管理部门应向契税征收机关提供有关资料,并协助契税征收机关依法征收契税。

课后查阅资料 ▶▶▶

我国契税征税范围的变革具体时间。

学习子情境 7.6　车辆购置税和车船税核算与申报

学习子情境 7.6.1　车辆购置税核算与申报

情境导入八▶▶▶

某公司进口的一部免税车辆现因改变用途需依法缴纳车辆购置税。已知该车原价 10 万元,同类型新车最低计税价格为 15 万元,该车已使用 3 年,规定使用年限为 15 年,车辆购置税税率为 10%,计算该公司应缴纳的车辆购置税税额。

车辆购置税核算与申报业务流程:确定应交车辆购置税税目、税率→计算应纳税额和可扣除税额→填制纳税申报表→进行纳税申报(报送主管税务机关审核)→确定应纳税款→缴纳税款→车辆购置税账务处理(根据发票、税款计算单、税收缴款书等编制记账凭证、登记账簿等)。

一、车辆购置税概述

车辆购置税是以在中国境内购置规定车辆为课税对象、在特定的环节向车辆购置者征收的一种税。就其性质而言,属于直接税的范畴。

(一)纳税义务人

车辆购置税的纳税人是指在我国境内购置应税车辆的单位和个人。其中,购置是指购买使用行为、进口使用行为、受赠使用行为、自产自用行为、获奖使用行为以及以拍卖、抵债、走私、罚没等方式取得并使用的行为。

这里的单位,包括国有企业、集体企业、私营企业、股份制企业、外商投资企业、外国企业以及其他企事业单位、社会团体、国家机关、部队以及其他单位。

这里的个人,包括个体工商户及其他个人,既包括中国公民又包括外国公民。

(二)征税范围

车辆购置税以列举的车辆作为征税对象,未列举的车辆不纳税。其征税范围包括汽车、摩托车、电车、挂车、农用运输车。具体规定如下:

1. 汽车,包括各类汽车。
2. 摩托车。

(1)轻便摩托车:最高设计时速不大于 50km/h,发动机气缸总排量不大于 50cm³ 的两个或三个车轮的机动车。

(2)二轮摩托车:最高设计车速大于 50km/h,或发动机气缸总排量大于 50cm³ 的两个车轮的机动车。

(3)三轮摩托车:最高设计车速大于 50km/h,发动机气缸总排量大于 50cm³,空车质量不大于400kg的三个车轮的机动车。

3. 电车。

(1)无轨电车:以电能为动力,由专用输电电缆供电的轮式公共车辆。

(2)有轨电车:以电能为动力,在轨道上行驶的公共车辆。

4. 挂车。

(1)全挂车:无动力设备,独立承载,由牵引车辆牵引行驶的车辆。

(2)半挂车:无动力设备,与牵引车共同承载,由牵引车辆牵引行驶的车辆。

5. 农用运输车。

(1)三轮农用运输车:柴油发动机,功率不大于7.4kW,载重量不大于500kg,最高车速不大于40km/h的三个车轮的机动车。

(2)四轮农用运输车:柴油发动机,功率不大于28kW,载重量不大于1 500kg,最高车速不大于50km/h的四个车轮的机动车。

为了体现税法的统一性、固定性、强制性和法律的严肃性特征,车辆购置税征收范围的调整由国务院决定,其他任何部门、单位和个人无权擅自扩大或缩小车辆购置税的征税范围。

(三)税率与计税依据

1. 税率。

车辆购置税实行统一比例税率,税率为10%。

2. 计税依据。

车辆购置税以应税车辆为课税对象,计量单位不规范以及征收车辆购置附加费的做法,实行从价定率、价外征收的方法计算应纳税额,应税车辆的价格即计税价格就成为车辆购置税的计税依据。但是,由于应税车辆购置的来源不同,应税行为的发生不同,计税价格的组成也就不一样。车辆购置税的计税依据有以下几种情况:

(1)购买自用应税车辆计税依据的确定。

纳税人购买自用的应税车辆的计税依据为纳税人购买应税车辆而支付给销售方的全部价款和价外费用(不含增值税)。

购买的应税自用车辆包括购买自用的国产应税车辆和购买自用的进口应税车辆,如从国内汽车市场、汽车贸易公司购买自用的进口应税车辆。

价外费用是指销售方价外向购买方收取的手续费、基金、违约金、包装费、运输费、保管费、代垫款项、代收款项和其他各种性质的价外收费,但不包括增值税税款。

(2)进口自用应税车辆计税依据的确定。

纳税人进口自用的应税车辆以组成计税价格为计税依据,组成计税价格的计算公式为:

组成计税价格 = 关税完税价格 + 关税 + 消费税

进口自用的应税车辆是指纳税人直接从境外进口或委托代理进口自用的应税车辆,即非贸易方式进口自用的应税车辆。进口自用的应税车辆的计税依据,应根据纳税人提供的、经海关审查确认的有关完税证明资料确定。

(3)其他自用应税车辆计税依据的确定。

现行政策规定,纳税人自产、受赠、获奖和以其他方式取得并自用的应税车辆的计税依据,凡不能或不能准确提供车辆价格的,由主管税务机关依国家税务总局核定的相应类型的应税车辆的最低计税价格确定。因此,纳税人自产自用、受赠使用、获奖使用和以其他方式取得并自用的应税车辆,一般以国家税务总局核定的最低计税价格为计税依据。

(4)最低计税价格作为计税依据的确定。

现行车辆购置税条例规定:"纳税人购买自用或者进口自用应税车辆,申报的计税价格低于同类型应税车辆的最低计税价格,又无正当理由的,按照最低计税价格征收车辆购置税。"也就是说,纳税人购买和自用的应税车辆,首先应分别按前述计税价格、组成计税价格来确定计税依据。当申报的计税价格偏低,又无正当理由的,应以最低计税价格作为计税依据。

最低计税价格由国家税务总局依据全国市场的平均销售价格制定。根据纳税人购置应税车辆的不同情况,国家税务总局对以下几种特殊情形应税车辆的最低计税价格规定如下:

1)对已缴纳并办理了登记注册手续的车辆,其底盘和发动机同时发生更换,其最低计税价格按同类型新车最低计税价格的70%计算。

2)免税、减税条件消失的车辆,其最低计税价格的确定方法为:

最低计税价格 = 同类型新车最低计税价格 $\times [1-(已使用年限 \div 规定使用年限)] \times 100\%$

其中,规定使用年限为:国产车辆按10年计算;进口车辆按15年计算。超过使用年限的车辆,不再征收车辆购置税。

3)非贸易渠道进口车辆的最低计税价格,为同类型新车最低计税价格。

车辆购置税的计税依据和应纳税额应使用统一货币单位计算。纳税人以外汇结算应税车辆价款的,按照申报纳税之日中国人民银行公布的人民币基准汇价,折合成人民币计算应纳税额。

二、应纳税额的计算与会计处理

(一)应纳税额的计算

车辆购置税实行从价定率的方法计算应纳税额,计算公式为:

应纳税额 = 计税依据 × 税率

由于应税车辆的来源、应税行为的发生以及计税依据组成的不同,车辆购置税应纳税额的计算方法也有区别。

1.购买自用应税车辆应纳税额的计算。

在应纳税额的计算当中,应注意以下费用的计税规定:

(1)购买者随购买车辆支付的工具件和零部件价款应作为购车价款的一部分,并入计税依据中征收车辆购置税。

(2)支付的车辆装饰费应作为价外费用并入计税依据中计税。

(3)代收款项应区别征税。凡使用代收单位(受托方)票据收取的款项,应视作代收单位价外收费,购买者支付的价费款,应并入计税依据中一并征收;凡使用委托方票据收取,受托方只履行代收义务和收取代收手续费的款项,应按其他税收政策规定征税。

(4)销售单位开给购买者的各种发票金额中包含增值税税款,因此,计算车辆购置税时,应换算为不含增值税的计税价格。

(5)购买者支付的控购费,是政府部门的行政性收费,不属于销售者的价外费用范围,不应并入计税价格计税。

(6)销售单位开展优质销售活动所开票收取的有关费用,属于经营性收入,企业在代理过程中按规定支付给有关部门的费用,企业已作经营性支出列支核算,其收取的各项费用并在一张发票上难以划分的,应作为价外收入计算征税。

情境训练▶▶▶

【例7-14】 宋某2017年1月,从某汽车有限公司购买一辆小汽车供自己使用,支付了含增值税税款在内的款项234 000元,另支付代收临时牌照费550元、代收保险费1 000元,支付购买工具件和零配件价款3 000元,车辆装饰费1 300元。所支付的款项均由该汽车有限公司开具"机动车销售统一发票"和有关票据。请计算宋某应纳车辆购置税税额。

【解析】 计税依据=(234 000+550+1 000+3 000+1 300)÷(1+17%)
=205 000(元)
应纳税额=205 000×10%=20 500(元)

2.进口自用应税车辆应纳税额的计算。

纳税人进口自用的应税车辆应纳税额的计算公式为:

应纳税额=(关税完税价格+关税+消费税)×税率

情境训练▶▶▶

【例7-15】 2017年1月,某外贸公司从国外进口10辆宝马公司生产的某型号小轿车。该公司报关进口这批小轿车时,经报关地海关对有关报关资料的审查,确定关税完税价格为每辆185 000元,海关按关税政策规定每辆征收了关税203 500元,并按消费税、增值税有关规定分别代征了每辆小轿车的进口消费税11 655元和增值税66 045元。由于联系业务需要,该公司将一辆小轿车留在本单位使用。根据以上资料,计算应纳车辆购置税税额。

【解析】 计税依据=185 000+203 500+11 655=400 155(元)
应纳税额=400 155×10%=40 015.5(元)

3.其他自用应税车辆应纳税额的计算。

纳税人自产自用、受赠使用、获奖使用和以其他方式取得并自用应税车辆的,凡不能取得该型车辆的购置价格,或者低于最低计税价格的,以国家税务总局核定的最低计税价格作为计税依据计算征收车辆购置税。其计算公式为:

应纳税额=最低计税价格×税率

4.特殊情形下自用应税车辆应纳税额的计算。

(1)减税、免税条件消失车辆应纳税额的计算。

对减税、免税条件消失的车辆,纳税人应按现行规定,在办理车辆过户手续前或者办理变更车辆登记注册手续前向税务机关缴纳车辆购置税。

应纳税额=同类型新车最低计税价格×[1-(已使用年限÷规定使用年限)]×100%×
税率

(2)未按规定纳税车辆应补税额的计算。

纳税人未按规定纳税的,应按现行政策规定的计税价格,区分情况分别确定征税。不能提供购车发票和有关购车证明资料的,检查地税务机关应按同类型应税车辆的最低计税价格征税;如果纳税人回落籍地后提供的购车发票金额与支付的价外费用之和高于核定的最低计税价格,落籍地主管税务机关还应对其差额计算补税。

应纳税额 = 最低计税价格 × 税率

(二)会计处理

(1)企业购置(包括购买、进口、自产、受赠、获奖或者以其他方式取得并自用)应税车辆,按规定缴纳的车辆购置税,借记"固定资产"等账户,贷记"银行存款"账户。

(2)企业购置的减税、免税车辆改制后用途发生变化的,按规定应补交的车辆购置税,借记"固定资产"账户,贷记"银行存款"账户。

三、车辆购置税的纳税申报

(一)纳税申报

车辆购置税实行一车一申报制度。纳税人在办理纳税申报时,应如实填写"车辆购置税纳税申报表",同时提供车主身份证明、车辆价格证明、车辆合格证明及税务机关要求提供的其他资料的原件和复印件。主管税务机关应对纳税申报资料进行审核,确定计税依据,征收税款,核发完税证明。征税车辆在完税证明征税栏加盖车辆购置税征税专用章,免税车辆在完税证明免税栏加盖车辆购置税征税专用章。完税后,由税务机关保存有关复印件,并对已经办理纳税申报的车辆建立车辆购置税征收管理档案。

主管税务机关在为纳税人办理纳税申报手续时,对设有固定装置的非运输车辆应当实地验车。

(二)纳税环节

车辆购置税的征税环节为使用环节,即最终消费环节。具体而言,纳税人应当在向公安机关等车辆管理机构办理车辆登记注册手续前,缴纳车辆购置税。

购买二手车时,购买者应当向原车主索要"车辆购置税完税证明"。购买已经办理车辆购置税免税手续的二手车,购买者应当到税务机关重新办理申报缴税或免税手续。未按规定办理的,按征管法的规定处理。

(三)纳税地点

纳税人购置应税车辆,应当向车辆登记注册地的主管税务机关申报纳税;购置不需办理车辆登记注册手续的应税车辆,应当向纳税人所在地主管税务机关申报纳税。车辆登记注册地是指车辆的上牌落籍地或落户地。

(四)纳税期限

纳税人购买自用的应税车辆,自购买之日起 60 日内申报纳税;进口自用的应税车辆,应当自进口之日起 60 日内申报纳税;自产、受赠、获奖和以其他方式取得并自用的应税车辆,应当自取得之日起 60 日内申报纳税。

这里的"购买之日"是指纳税人购车发票上注明的销售日期;"进口之日"是指纳税人报关进口的当天。

课后查阅资料 ▶▶▶

我国车辆购置税开始执行的年份。

学习子情境 7.6.2　车船使用税核算与申报

情境导入九 ▶▶▶

某运输公司有净吨位为 500 吨的机动船舶 3 艘,载重吨位为 50 吨的非机动船舶 2 艘。请计算该企业应纳车船使用税税额。

车船使用税核算与申报业务流程:确定应交车船使用税税目、税率→计算应纳税额和可扣除税额→填制纳税申报表→进行纳税申报(报送主管税务机关审核)→确定应纳税款→缴纳税款→车船使用税账务处理(根据发票、税款计算单、税收缴款书等编制记账凭证、登记账簿等)。

一、车船使用税概述

(一)纳税义务人

车船使用税(简称车船税),是指在中华人民共和国境内的车辆、船舶的所有人或者管理人按照《中华人民共和国车船税暂行条例》应缴纳的一种税。

车船税的纳税义务人,是指在中华人民共和国境内,车辆、船舶(以下简称车船)的所有人或者管理人,应当依照《中华人民共和国车船税暂行条例》的规定缴纳车船税。

(二)征税范围

车船税的征税范围是指在中华人民共和国境内属于车船税法所附"车船税税目税额表"规定的车辆、船舶。车辆、船舶是指:

(1)依法应当在车船管理部门登记的机动车辆和船舶。

(2)依法不需要在车船管理部门登记、在单位内部场所行驶或者作业的机动车辆和船舶。

这里的车船管理部门,是指公安、交通运输、农业、渔业、军队、武装警察部队等依法具有车船登记管理职能的部门;这里的单位,是指依照中国法律、行政法规规定,在中国境内成立的行政机关、企事业单位、社会团体以及其他组织。

(三)税目与税率

国务院财政部门、税务主管部门可以根据实际情况,在"车船税税目税额表"规定的税目范围和税额幅度内,划分子税目,并明确车辆的子税目税额幅度和船舶的具体适用税额。车辆的具体适用税额由省、自治区、直辖市人民政府在规定的子税目幅度内确定。

车船税采用定额税率,即对征税的车船规定单位固定税额。车船税确定税额总的原则是:非机动车船的税负轻于机动车船;人力车的税负轻于畜力车;小吨位船舶的税负轻于大船舶。由于车辆与船舶的行驶情况不同,车船税的税额也有所不同(见表 7-6)。

表7-6 车船税税目税额表

税目	目录		计税单位	年基准税额	备注
乘用车按发动机气缸容量（排气量分档）	1.0升(含)以下的		每辆	60元至360元	核定载客人数9人（含）以下
	1.0升以上至1.6升(含)			300元至540元	
	1.6升以上至2.0升(含)			360元至660元	
	2.0升以上至2.5升(含)			660元至1 200元	
	2.5升以上至3.0升(含)			1 200元至2 400元	
	3.0升以上至4.0升(含)			2 400元至3 600元	
	4.0升以上的			3 600元至5 400元	
商用车	客车		每辆	480元至1 440元	核定载客人数9人（包括电车）
	货车		整备质量每吨	16元至120元	包括半挂牵引车、三轮汽车和低速载货汽车等
挂车			整备质量每吨	按照货车税额的50%计算	
其他车辆	专用作业车		整备质量每吨	16元至120元	不包括拖拉机
	轮式专用机械车			16元至120元	
摩托车			每辆	36元至180元	
船舶	机动船舶	净吨位不超过200吨		每吨3元	拖船、非机动驳船分别按机动船舶税额的50%计算
		净吨位超过200吨但不超过2 000吨		每吨4元	
		净吨位超过2 000吨但不超过10 000吨		每吨5元	
		净吨位超过10 000吨		每吨6元	
	游艇	艇身长度不超过10米		每米600元	
		艇身长度超过10米但不超过18米		每米900元	
		艇身长度超过18米但不超过30米		每米1 300元	
		艇身长度超过30米		每米2 000元	
		辅助动力帆艇		每米600元	

想一想 ▶▶▶

车辆购置税与车船使用税的纳税人有什么区别。

二、应纳税额的计算与会计处理

（一）计税依据

1. 载客汽车、摩托车：以每辆为计税依据。
2. 载货汽车、三轮汽车、低速货车：以自重每吨为计税依据。
3. 船舶：以净吨位每吨为计税依据。

（二）应纳税额的计算

1. 载客汽车和摩托车的应纳税额 = 辆数 × 适用年税额。
2. 载货汽车、三轮汽车、低速货车的应纳税额 = 自重吨位数 × 适用年税额。
3. 船舶的应纳税额 = 净吨位数 × 适用年税额。
4. 拖船和非机动驳船的应纳税额 = 净吨位数 × 适用年税额 × 50%。

情境训练 ▶▶▶

【例7-16】某企业有机动客车8辆，机动载货汽车12辆，载货汽车每辆净吨位为8吨。该企业所在地省人民政府规定载货汽车每吨全年税额为40元，客车每辆全年税额为120元。请计算该企业应纳车船使用税税额。

【解析】应纳税额 = 客车车辆数量 × 单位税额 + 载货汽车的载重 × 单位税额
$$= 8 \times 120 + 12 \times 8 \times 40 = 4\,800（元）$$

（三）会计处理

按规定缴纳的车船税，记入"管理费用"账户。

1. 按月预提税金时，编制会计分录如下：

借：管理费用
　　贷：应交税费——应交车船税

2. 缴纳税金时，编制会计分录如下：

借：应交税费——应交车船税
　　贷：银行存款

温馨提示 ▶▶▶

自2013年1月1日起执行的《小企业会计准则》规定：会计核算时，车船使用税不记入"管理费用"账户，而记入"税金及附加"账户。

三、车船使用税的纳税申报

（一）纳税期限

车船税的纳税义务发生时间，为车船管理部门核发的车船登记证书或者行驶证书所记载日期的当月。纳税人未按照规定到车船管理部门办理应税车船登记手续的，以车船购置发票所载开具时间的当月作为车船税的纳税义务发生时间。对未办理车船登记手续且无法提供车船购置发票的,由主管地方税务机关核定纳税义务发生时间。

(二) 纳税地点

车船税的纳税地点为车船的登记地或者车船税扣缴义务人所在地。依法不需要办理登记的车船,车船税的纳税地点为车船的所有人或者管理人所在地。

扣缴义务人代收代缴车船税的,纳税地点为扣缴义务人所在地。

纳税人自行申报缴纳车船税的,纳税地点为车船登记地的主管税务机关所在地。

依法不需要办理登记的车船,纳税地点为车船所有人或者管理人主管税务机关所在地。

(三) 纳税申报

车船税按年申报,分月计算,一次性缴纳。纳税年度为公历1月1日至12月31日。具体申报纳税期限由省、自治区、直辖市人民政府规定。

(1) 税务机关可以在车船管理部门、车船检验机构的办公场所集中办理车船税征收事宜。

(2) 公安机关交通管理部门在办理车辆相关登记和定期检验手续时,对未提交自上次检验后各年度依法纳税或者免税证明的,不予登记,不予发放检验合格标志。

(3) 海事部门、船舶检验机构在办理船舶登记和定期检验手续时,对未提交依法纳税或者免税证明,且拒绝扣缴义务人代收代缴车船税的纳税人,不予登记,不予发放检验合格标志。

(4) 对于依法不需要购买机动车交通事故责任强制保险的车辆,纳税人应当向主管税务机关申报缴纳车船税。

(5) 纳税人在首次购买机动车交通事故责任强制保险时缴纳车船税或者自行申报缴纳车船税的,应当提供购车发票及反映排气量、整备质量、核定载客人数等与纳税相关的信息及其相应凭证。

(6) 负责船舶登记、检验的船舶管理部门或者船舶检验机构为船舶车船税的扣缴义务人,应当在登记、检验时依法代收车船税,并出具代收税款凭证。

学习子情境7.7 城市维护建设税核算与申报

情境导入十 ▶▶▶

某市甲公司2017年3月实际缴纳增值税80 000元、消费税60 000元,请计算该公司2017年3月应纳城市维护建设税税额。

城市维护建设税核算与申报业务流程:确定应交城市维护建设税税目、税率→计算应纳税额和可扣除税额→填制纳税申报表→进行纳税申报(报送主管税务机关审核)→确定应纳税款→缴纳税款→城市维护建设税账务处理(根据发票、税款计算单、税收缴款书等编制记账凭证、登记账簿等)。

城市维护建设税法,是指国家制定的用以调整城市维护建设税征收与缴纳权利及义务关系的法律规范。

一、城市维护建设税概述

(一)纳税义务人

城市维护建设税(简称城建税)是对从事工商经营,缴纳增值税、消费税的单位和个人征收的一种税。

城建税的纳税义务人,是指负有缴纳增值税、消费税义务的单位和个人,包括国有企业、集体企业、私营企业、股份制企业、其他企业和行政单位、事业单位、军事单位、社会团体、其他单位,以及个体工商户及其他个人。

城建税的代扣代缴、代收代缴,一律比照增值税、消费税的有关规定办理。增值税、消费税的代扣代缴、代收代缴义务人同时也是城市维护建设税的代扣代缴、代收代缴人。

(二)税率

城建税的税率,是指纳税人应缴纳的城建税税额与纳税人实际缴纳的增值税和消费税税额之间的比率。按纳税人所在地的不同,城建税设置了三档地区差别比例税率(特殊规定除外):①纳税人所在地为市区的,税率为7%。②纳税人所在地为县城、镇的,税率为5%。③纳税人所在地不在市区、县城或者镇的,税率为1%;开采海洋石油资源的中外合作油(气)田所在地在海上,其城建税适用1%的税率。

城建税的适用税率,应当按纳税人所在地的规定税率执行。但是,对下列两种情况,可按缴纳增值税和消费税所在地的规定税率就地缴纳城建税:①由受托方代扣代缴、代收代缴增值税和消费税的单位和个人,其代扣代缴、代收代缴的城建税按受托方所在地适用税率执行;②流动经营等无固定纳税地点的单位和个人,在经营地缴纳增值税和消费税的,其城建税的缴纳按经营地适用税率执行。

(三)计税依据

城建税的计税依据,是指纳税人实际缴纳的增值税和消费税的税额。纳税人违反增值税和消费税有关税法而加收的滞纳金和罚款,是税务机关对纳税人违法行为的经济制裁,不作为城建税的计税依据,但纳税人在被查补增值税和消费税和被处以罚款时,应同时对其偷漏的城建税进行补税、征收滞纳金和罚款。

城建税以增值税和消费税税额为计税依据并同时征收,如果要免征或者减征增值税和消费税,也就要同时免征或者减征城建税。

但对出口产品退还增值税、消费税的,不退还已缴纳的城建税。

二、应纳税额的计算与会计处理

(一)应纳税额的计算

城建税纳税人的应纳税额大小是由纳税人实际缴纳的增值税和消费税税额决定的,其计算公式为:

应纳税额 = 纳税人实际缴纳的增值税、消费税税额 × 适用税率

情境训练 ▶▶▶

【例7-17】 某市区一家企业2017年3月实际缴纳增值税300 000元,缴纳消费税400 000元。请计算该企业应纳的城建税税额。

【解析】 应纳城建税税额=(实际缴纳的增值税税额+实际缴纳的消费税税额)×适用税率
= (300 000 + 400 000) × 7%
= 700 000 × 7%
= 49 000(元)

由于城建税法实行纳税人所在地差别比例税率,所以在计算应纳税额时,应注意根据纳税人所在地来确定适用税率。

(二)会计处理

1. 账户设置:
应交税费——应交城市维护建设税
2. 每月计算城市维护建设税时:
借:税金及附加
　　贷:应交税费——应交城市维护建设税

三、城市维护建设税的纳税申报

城建税的纳税义务发生时间与增值税和消费税纳税义务发生时间一致。纳税人缴纳增值税和消费税的地点,就是缴纳城建税的地点,城建税应与增值税和消费税同时缴纳。

课后查阅资料 ▶▶▶

1. 进口产品是否征收城市维护建设税的情况。
2. 出口产品是否退还城市维护建设税的情况。

学习子情境7.8　地方财政规费核算与申报

学习子情境7.8.1　教育费附加和地方教育费附加的核算与申报

情境导入十一 ▶▶▶

某市某企业2017年6月缴纳增值税20万元,缴纳消费税10万元。请计算该企业应纳的教育费附加额。

一、教育费附加的基本概述

(一)概念

教育费附加是对缴纳增值税、消费税的单位和个人征收的一种附加费,主要起到发展地方性教育事业,扩大地方教育经费的资金来源的作用。

(二)纳税人

凡缴纳增值税、消费税的单位和个人,均为教育费附加的纳税人。

二、应交教育费附加的计算与会计处理

(一)应交教育费附加的计算

1. 计税依据与税率。

教育费附加以纳税人实际缴纳的增值税、消费税税额为计税依据,计征比率为3%。

减免增值税、消费税也同时减免教育费附加。对海关代征进口货物的增值税、消费税的,不征收教育费附加。

2. 教育费附加的计算公式为:

应纳教育费附加 = 实际缴纳的增值税、消费税税额 ×3%

(二)应交教育费附加的会计处理

为了核算教育费附加,企业应在"应交税费"账户下设置"应交教育费附加"明细账户。该账户贷方反映本期应缴纳的教育费附加,借方反映实际缴纳的教育费附加,期末贷方余额表示企业应交未交的教育费附加。

企业按规定计算出的教育费附加,借记"税金及附加""其他业务成本"等账户,贷记"应交税费——应交教育费附加"账户;实际上交教育费附加时,应借记"应交税费——应交教育费附加"账户,贷记"银行存款"账户。

三、教育费附加的申报

纳税人应在申报缴纳增值税、消费税的同时,申报、缴纳教育费附加。

四、地方教育费附加

地方教育费附加是省政府根据国家有关规定,为实施"科教兴省"战略、增加地方教育的资金投入、促进本省教育事业发展开征的一项政府基金。按照地方教育费附加使用管理规定,在省行政区域内,除三资企业外,凡缴纳增值税、消费税的单位和个人,都应按规定缴纳地方教育费附加。

地方教育费附加以单位和个人实际缴纳的增值税、消费税的税额为计征依据,与增值税、消费税同时计算征收,征收率由各省地方税务机关自行制定。

教育费附加的计算:教育费附加 = 应交税金 ×3%

课后查阅资料 ▶▶▶

请查阅教育费附加征税范围的具体规定。

学习子情境7.8.2 水利建设基金核算与申报

一、基本概念

水利建设基金是用于水利建设的专项资金,由中央水利建设基金和地方水利建设基金组成。中央水利建设基金主要用于关系国民经济和社会发展全局的大江大河重点工程的维护和建设。

地方水利建设基金主要用于城市防洪及中小河流、湖泊的治理、维护和建设。跨流域、跨省(自治区、直辖市)的重大水利建设工程和跨国河流、国界河流属于我国重点防护工程的治理费用,由中央和地方共同负担。

地方水利建设基金的征收对象为在本省范围内从事生产经营活动,取得销售收入或营业收入的企事业单位和个体经营者。

个体经营者包括依法办理工商登记的个体工商户和虽没有办理工商登记或按照有关规定免于登记但实际从事生产经营活动的个人。

对未达到增值税起征点的企事业单位和个体经营者,不征收地方水利建设基金。

二、水利建设基金的计算与会计处理

(一)水利建设基金的计算

(1)凡有销售收入或营业收入的企事业单位及个体经营者,按销售收入或营业收入的1‰计征地方水利建设基金。

(2)银行(含信用社)的利息收入按0.6‰,其他销售收入或营业收入按1‰计征地方水利建设基金。

(3)保险公司的保费收入按0.6‰,其他销售收入或营业收入按1‰计征地方水利建设基金。

(4)信托投资公司、证券公司、期货公司、金融租赁公司、财务公司等各类非银行金融机构,按业务收入的1‰计征地方水利建设基金。

(二)水利建设基金的会计处理

水利建设基金记入"税金及附加"账户:
借:税金及附加
　　贷:应交税费——应交水利建设基金
实际缴纳时:
借:应交税费——应交水利建设基金
　　贷:银行存款等

三、水利建设基金的申报

水利建设基金的征收机关为财政部门,代征机关有国税部门、地税部门、财政部驻各地

财政监察专员办事处。缴纳增值税的企事业单位和个体工商户,其缴纳的水利建设基金由国税部门负责代为征收;缴纳增值税的非银行金融机构、旅游、交通运输、建筑安装、文化体育、娱乐、饮食和其他服务等行业的企业和个体工商户缴纳的水利建设基金,由地税部门代为征收。

各地可采取按月(季)征收的方式,即按企事业单位和个体经营者上月(季)销售收入或营业收入计征地方水利建设基金。按月(季)申报期限参照主税种的申报期限执行。

地方水利建设基金按属地原则确定缴纳地点。

学习子情境7.8.3 残疾人就业保障基金核算与申报

一、基本概念

残疾人就业保障金简称残保金,是指在实施分散按比例安排残疾人就业的地区,凡安排残疾人达不到省、自治区、直辖市人民政府规定比例的机关、团体、企事业单位和城乡集体经济组织,根据地方有关法规的规定,按照年度差额人数和上年度本地区职工年平均工资计算缴纳用于残疾人就业的专项资金。

二、残疾人就业保障基金的计算与会计处理

(一)残疾人就业保障基金的计算

应缴纳的保障金 =(单位上年度在职职工总数×1.5% - 已安排残疾职工人数)× 本地区上年度职工年平均工资

假定您所在地的上年度职工年平均工资为 20 000 元,单位上年度在职职工总数为 200人,无残疾人。应缴纳的保障金为 60 000(200×20 000×1.5%)元。

(二)残疾人就业保障基金的会计处理

(1)企业应在"其他应付款"账户下设置"应交残疾人就业保障金"明细账户(外商投资企业在"其他应付款"账户下设置"应交残疾人就业保障金"明细账户),核算企业按规定应缴纳的残疾人就业保障金。

(2)企业按规定计算出应缴纳的残疾人就业保障金,借记"管理费用——残疾人就业保障金"账户,贷记"其他应付款——应交残疾人就业保障金"账户或"其他应付款——应交残疾人就业保障金"账户;实际上交时,借记"其他应付款——应交残疾人就业保障金"或"其他应付款——应交残疾人就业保障金"账户,贷记"银行存款"账户。

企业超比例安置残病人就业或者为安排残疾人就业做出显著成绩,按规定收到的奖励,借记"银行存款"等账户,贷记"管理费用——残疾人就业保障金"账户。

(3)企业逾期未缴纳残疾人就业保障金,按规定缴纳的滞纳金,借记"营业外支出"账户,贷记"银行存款"账户。

三、残疾人就业保障基金的申报

应缴纳残保金的机关、团体、企事业单位和其他组织,在残保金申报审核通过后15个工

作日内,持残保金审核机构出具的"一般缴款书(收据)"到开户银行划款或到其他银行现金缴纳。

课后查阅资料 ▶▶▶

残疾人就业保障基金征税的具体规定。

● 情境小结 ●

1. 土地增值税、资源税、房产税、印花税、城镇土地使用税和耕地占用税、城市维护建设税、教育费附加等其他地方税费的基本税制要素。
2. 其他地方税费应纳税额的计算和相关账务处理。
3. 其他地方税费纳税申报表的填制及税款缴纳的相关内容。

● 情境思考 ●

1. 土地增值税的征税范围和计税依据是什么?
2. 纳税人的房产分处两地时,如何确定其纳税地点?
3. 车船税的计税依据如何确定?
4. 城市维护建设税和教育费附加的计税依据分别是什么?应交税额怎么计算?